An Introduction to the Mathematics of Money

수리금융의 이해

데이비드 러브락 · 메리루 멘델 · A. 레리 라이트 지음
박기현 옮김

KM 경문사

서문

서론

어떤 사람들은 저축과 투자를 구분하여, 저축은 상대적으로 위험이 없으면서 적당한 보상이 있는 계좌에 돈을 예치하는 것으로, 반면 투자는 더 위험하고 더 많은 보상이 가능한 것으로 생각한다. 이 책에서는 이 둘을 구분하지 않고 모두 투자라는 같은 범주 안에서 다룬다.

일반적으로 소득을 두 범주로 나눌 수 있다. 일상적인 직업에서 얻는 소득인 근로소득(earned income)과 투자로부터 얻는 불로소득(unearned income)이 그것이다. 여러분은 근로소득의 기대치를 상향시키려 대학에 다닐 것이다. 그런데 왜 불로소득, 즉 투자소득(investment income)을 굳이 생각해야 할까?

투자해야 하고 또 투자에 대해 생각해야 하는 이유는 많다. 장래에 여러분 자신의 금융을 관리해야 한다는 것이 아마 가장 큰 이유일 것이다. 여러분은 (생활비, 비상금과 같은) 단기 목표와 (차량 구입, 주택 구입, 자녀 교육, 중증 의료비 지불, 은퇴 비용 마련과 같은) 장기 목표를 위한 돈이 필요하다.

투자는 차입(borrowing)과 차출(lending), 그리고 매입(buying)과 매도(selling)를 수반한다.

- 차입과 차출. 우리가 은행 저축 계좌에 돈을 예치한다면, 우리는 우리의 돈을 차출하는 것이고 은행은 차입하는 것이다. 우리는 은행, 기업, 정부, 또는 개인에 돈을 차출할 수 있다. 그 대가로 차입자는 우리에게 이자를 지불하고 미래의 어느 시점에 우리의 초기투자금을 반환하기로 약속한다. 차입자는 왜 이렇게 할까? 왜냐하면 차입자는 이 돈을 사용하여 우리에게 약속한 이자보다 더 많이 벌기를 기대하기 때문이다. 차입과 차출의 예로 저축 계좌, 양도성 예금 증서(certificate of deposit, CD), 단기금융시장 계좌(money-market accounts), 채권(bond) 등이 있다.

- 매입과 매도. 투자 목적으로 무언가를 매입하는 것은 매도자로부터 자산을 매입하는 것이다. 우리는 이 자산이 이익(profit)을 낳거나 가치가 높아져서 그 중 일정 부분의 우리에게 되돌아오기를 기대한다. 이에 대한 예로 부동산(real estate)이나 기업의 주식(stock)을 보유하는 것을 들 수 있다. 주식을 매입하여 돈을 버는 (또는 잃는) 길은 두 가지이다. 대중의 기대와 견해에 의해 결정되는 주가상승(appreciation)(또는 주가하락(depreciation))과 회사가 이익을 나누고자 결정하여 주주에게 지급하는 배당금(dividend)이 그것이다.

투자할 때 이익에 영향을 미치는 요소가 세 가지 있다. 세금(tax), 인플레이션(inflation), 그리고 위험(risk)이다. 먼저 세금은 누구에게나 영향을 미친다. 둘째 인플레이션은 이익이 생긴다면 영향을 준다. 세째로 위험은 투자의 수익성에 영향을 끼친다. 그러므로 위험은 투자하기 전에 다루어야 한다. 일반적으로 높은 수익을 기대한다면 높은 위험도 예상해야 한다. 마찬가지로 낮은 위험은 보통 낮은 수익과 연결되어 있다. 위험이 클수록 실제로 돈을 잃을 확률이 크다. 위험에는 여러 타입이 있다. 예를 들면 인플레이션, 시장(market), 환율 변동(currency fluctuation), 정치(political), 이자율(interest-rate), 유동성(liquidity), 경제, 채무불이행(default), 영업(buisiness) 등의 위험이 있다.

목표와 배경

저자들은 이 책을 쓰면서 두 가지 목표를 염두에 두었다.

- 투자를 이용하여 학생들에게 다른 수학 강의에서 대하게 될 아이디어, 기법, 응용을 소개하는 것이다. 이러한 것에는 귀납법에 의한 증명, 재귀관계식, (특히 산술 기하 평균 부등식과 코시-슈바르츠 부등식을 포함한) 부등식, 확률과 통계 기초 등이 있다.
- 학생들에게 평생에 걸쳐 실제로 사용할 투자의 기초를 소개하는 것이다. 아직 안 했을지라도 인생을 살아가면서 신용카드, 학자금 대출, 자동차 대출, 저축 계좌, 양도성 예금 증서, 단기 금융시장 계좌, 모기지 상환, 채권 매입과 매도, 주식 매입과 매도를 접하게 될 것이다.

이 책은 2/3학년생을 대상으로 하고 있으며 투자에 대한 경험이나 배경지식을 가정하고 있지 않다. 두 학기 동안 미적분학을 들었다고 하고 또 약간의 수학적 지식을 갖추었다고 가정한다. 특히 이 책에서 부등식, 로그함수, 지수함수(exp), 적분, 뉴튼의 방법, 수열의 극한, 기하급수, 이항 전개, 테일러 급수를 사용한다.

각 장 말미에 문제들이 있다. 몇몇 문제는 스프레드시트 프로그램이 있어야 하고 또 그 프로그램을 사용할 줄 알아야 한다. 나머지 문제 중 계산이 들어 있는 것은 (로그, 지수 그리고 y^x를 계산할 수 있는) 공학계산기나 금융계산기만 있으면 된다. 어떤 문제는 웹으로부터 데이터를 얻어야 하므로 WWW에 접속할 수 있어야 한다.[1]

일러두기

이 책에서 다음과 같은 번호 체계를 사용한다. 예 2.3은 2장에 있는 세 번째 예를 나타내고 정리 4.1은 4장에 있는 첫 번째 정리를 나타내며, 그림 4.2는 4장에 있는 두 번째 그림, 표 1.3은 1장에 있는 세 번째 표, 문제 1.5는 1장에 있는 다섯 번째 문제를 나타낸다.

기호 △는 풀이의 끝을 표시하고, 기호 □는 증명의 끝을 표시한다.

많은 정리에 이름을 붙였다(예를 들어, 복리 정리). 이는 학생들이 찾아보기 쉽게 하기 위한 것이다.

[1] 웹페이지 www.mathematics-of-money.com를 이 책을 위해 개설하였다.

문제를 두 그룹으로 나누었다. “걷기”는 평이하고 직접적인 계산에 관한 것들이고, “뛰기”는 더 어려운 문제들이다.

부록은 두 부분으로 되어 있다. 부록 A는 수학적 귀납법, 재귀적 관계, 부등식을 다룬다. 이 내용은 강의 초반에 소개되어야 한다. 부록 B는 확률과 통계의 기본을 다룬다. 이 부분은 강의 뒷부분에서야 필요하므로 필요할 때 소개해도 된다. 많은 학생들이 이 내용들을 다른 강의를 들어 알고 있을 것이다.

별다른 말이 없으면 모든 수치는 소수점 이하 세 자리로 반올림하고 모든 달러는 센트로 반올림한다. 이러한 약속으로 인해 같은 계산을 다른 방식으로 하면 답이 약간 달라질 수 있다.

전부는 아니나 대부분의 경우 이 책에서 이자율은 양의 값으로 가정하였다. 이자율이 음수가 되는 경우도 있다는 것을 알면 흥미있을 것이다. 예를 들어 [21]을 보라. 투자에 관한 참고도서로 [4]가 훌륭하다. 더 상급인 책은 [18]이다.

이 책에 포함된 정보는 투자, 법률 또는 회계에 대한 조언으로 해석되기를 의도하지 않는다.

가족

이 책에서 투자 사례와 문제를 어떤 개인에 관한 것으로 설정하기 위해 가상의 가족인 켄드릭스 집안을 만들었다. 헬렌 켄드릭(48), 휴즈 켄드릭(50)은 부부로 쌍둥이인 웬디(25)와 톰(25) 그리고 대학 신입생인 아만다(20)를 두었다. 제나 카멜(35)는 휴즈의 직장동료 중 한 명이다.

감사의 말

이 책은 애리조나대학교 수학과와 컬럼비아대학교 산업공학 및 OR 학과에서 한 강의를 토대로 저술되었다. 여러 학생이 귀중한 의견을 주었고 원고에 있는 오류를 수정해주었다. 특히 저자들은 톰 윌크닝Tom Wilkening과 마이클 어반식Michael Urbancic에게 감사한다.

저자들은 또한 애리조나 대학교 수학과의 웨인 헤커Wayne Hacker, 데이비드 로멘David Lomen, 두그 울머Doug Ulmer가 원고의 많은 부분을 검토하고 여러 오류를 수정해준 것에 감사한다.

초청강연 시리즈에서 대학의 내부와 외부에서 전문 분야에 대해 전문가를 초청하여 의견을 나누었다. 그 강연들은 강의의 핵심이었고 학생들에게 수리금융이 실제 세계에 어떻게 응용되는지 알려주었다. 저자들은 초청연사로 오신 데니스 바트렛Dennis Bartlett, 수 버로즈Sue Burroughs, 스티브 쿠Steve Kou, 스티브 프레주로키Steve Przewlocki, 로렌 라이트Lauren Wright에게 감사한다.

머레이 테이텔바움Murray Teitelbaum과 뉴욕증권거래소에 있는 교사워크샵프로그램과 관계된 많은 사람 중 몇 분에게 특별히 감사를 표한다.

그 외에도 원고를 준비하는 데 도움을 주신 분들인 팻 브로켓Pat Brockett, 한 가오Han Gao, 조 하우드Joe Harwood, 파반 코라다Pavan Korada, 로버트 마이어Robert Maier, 찰스 뉴만Charles Newman, 케이트 슈로트만Keith Schlottman, 마이클 소벨Michael Sobel, 아라미안 와시락Aramian

Wasielak께 감사한다

또한 원고를 검토해주신 분들께 값진 제안을 해주신 데 감사한다.

마지막으로 저자들은 스프링게르 출판사에서 이 책을 담당해서 꼭 필요한 지원과 조언을 해준 아치 도산즈Achi Dosanjh, 야나 메르멜Yana Mermel, 프란츠 간츠Frank Ganz에게 감사한다.

애리조나 턱슨
2006년 7월

데이비드 러브락David Lovelock
메리루 멘델Marilou Mendel
A. 레리 라이트A. Larry Wright

차례

1

단리

여러분이라면 \$100를 지금 받는 것과 1년 후에 받는 것 중 어느 것을 택하겠는가? 액수가 같아도 대부분의 사람들은 이자를 벌 수 있기 때문에 \$100를 지금 받는 것을 선호할 것이다. 그러므로 돈에 대해 말할 때는 액수뿐만 아니라 시기도 언급해야 한다. 오늘의 돈이 같은 액수의 미래의 돈보다 더 가치있다는 이 개념을 화폐의 시간가치(time value of money)라 부른다. 어떤 돈의 현재가(present value)는 오늘의 가치를 말하며 미래가(future value)는 후일의 가치를 말한다. 이에 관하여 1장과 2장에서 다룬다. 대부분 지금 \$100를 받는 것을 선호하는 또 다른 이유는 그 돈의 구매력이 미래에는 인플레이션으로 인해 현재보다 작아질 우려가 있기 때문인데, 이에 관해서는 3장에서 논의한다.

돈에 이자가 붙는 방식은 다양하다. 예를 들면, 단리(simple interest), 연복리(compounded annually), 반기복리(compounded semi-annually), 분기복리(compounded quarterly), 월복리(compounded monthly), 일복리(compounded daily), 연속복리(compounded continuously)로 이자가 붙는다. 이자율(interest rate)에 대해 언급할 때는 이러한 방법 중 어느 것을 쓰는지 명확하게 하는 것이 중요하다.[1]

이 장에서 우리는 단리에 초점을 맞출 것이다. 복리는 2장에서 다룬다. 이 두 장을 잘 숙지하고 있어야 나머지 장들을 이해하는 데 부족함이 없다.

1.1 단리 정리

우리가 연이자율 10%로 \$1,000를 5년 동안 투자한다고 하자. 그러면 1년 후 \$1,000의 10%, 즉 \$100를 번다. 이자를 인출하여 장롱 속에 넣고 원래의 \$1,000를 둘째 해의 이자를 벌기 위해 남겨두자. 그 돈은 다시 \$100를 벌고, 이 돈을 또 장롱 속에 넣으면 우리는 2년 후에 원래의 \$1,000와 장롱 속의 \$200를 갖게 된다. 이렇게 5년 동안 계속하면 우리는 원래의 \$1,000와 장롱 속의 \$500를 합하여 합계 \$1,500를 갖게 된다. 표 1.1에 세부 사항이 기록되어 있다. (이 표를 계산기나 스프레드시트를 이용하여 검증하고 빠진 칸을 채우라.)

[1]이자율에 관해서는 [15]를 보라. 거기에는 기원전 약 400년까지 거슬러 올라가는 역사를 요약한 내용도 담겨있다.

년	연초 원금	연말 이자	연말 합계
1	$1,000.00	$100.00	$1,100.00
2	$1,000.00	$100.00	$1,200.00
3			
4	$1,000.00	$100.00	$1,400.00
5	$1,000.00	$100.00	$1,500.00

표 1.1: 단리

이제 이 과정에 관한 일반적인 공식을 끌어내기로 한다. 먼저 어느 시기의 총액은 **그 시점의 $1,000의 미래가**(future value)임에 유의하자. 그러므로 $1,500는 5년 후의 미래가이다. 연이자율(annual interest rate)을 **명목이자율**(nominal rate), **인용이자율**(quoted rate), 또는 **표시이자율**(stated rate)이라 부른다. 1년마다 계산하는 과정을 넘어 복잡한 경우도 다루기 위해 전체 이자기간이 n이고 이자기간은 1년에 m번 있다고 하자. (예를 들어, 5년 동안 이자가 1년에 네 번, 즉 3개월에 한 번씩 계산된다면, $m = 4$이고 $n = 4 \times 5 = 20$이다.) 따라서 다음과 같이 둔다.[2]

P_0	투자하는 **초기원금**(initial principal) (**현재가**(present value), **총액 일시불**(lump sum)),
n	**전체 이자기간 수**(total number of interest periods),
P_n	P_0의 n째 이자기간 말의 **미래가**,
m	**연간 이자기간 수**(number of interest periods per year),
$i^{(m)}$	소수로 표기한 **명목이자율**(annual interest rate),
i	**이자기간당 이자율**(interest rate per interest period).

이자기간당 이자율은

$$i = \frac{i^{(m)}}{m}$$

이다. 예를 들어, 명목이자율이 12%이며 1년에 네 번 계산된다면, $m = 4$이고 $i^{(4)} = 0.12$이므로 $i = 0.12/4 = 0.03$이 분기당 이자율이다.

이 표기법을 사용하여 표 1.1을 표 1.2와 같이 스프레드시트 형식[3]로 다시 작성하자.

첫 이자기간($n = 1$) 말에 이자로 iP_0를 받으므로 한 이자기간 뒤의 P_0의 미래가는

$$P_1 = P_0 + iP_0 = P_0(1 + i)$$

이다.

둘째 이자기간($n = 2$) 말에 다시 이자로 iP_0를 받으므로 둘째 이자기간 뒤의 미래가는

$$P_2 = P_1 + iP_0 = P_0(1 + i) + iP_0 = P_0(1 + 2i).$$

[2]이 장에서는 서술된 의미로 이 기호들을 사용할 것이다. 통화단위로 달러를 사용하고, m과 n은 양의 정수라 하고 $i^{(m)} > 0$이라 한다. 이하 다음 장에서도 적절히 유사하게 기호와 가정을 사용한다.

[3]이 스프레드 형태를 앞으로 계속 사용할 것이다. 언제나 여러 방법으로 계산을 검산해보는 것이 중요하다. 스프레드시트는 그런 도구로 훌륭하다. 1년에 해당하는 행의 마지막 항목, 즉 $P_0 + iP_0 = P_1$은 그 항목의 값이 $P_0 + iP_0$이고 이를 P_1라 지칭함을 의미한다.

년	기간 초 원금	이자	기간 말 합계
1	P_0	iP_0	$P_0 + iP_0 = P_1$
2	P_0	iP_0	$P_1 + iP_0 = P_2$
3	P_0	iP_0	$P_2 + iP_0 = P_3$
4	P_0	iP_0	$P_3 + iP_0 = P_4$
5	P_0	iP_0	$P_4 + iP_0 = P_5$

표 1.2: 단리—스프레드시트 형식

이다.

셋째 이자기간($n = 3$) 말에 다시 이자로 iP_0를 받으므로 셋째 이자기간 뒤의 미래가는

$$P_3 = P_2 + iP_0 = P_0(1 + 2i) + iP_0 = P_0(1 + 3i)$$

이다.

이로부터 다음 정리를 생각할 수 있겠다.

정리 1.1 (단리 정리). 원금 P_0를 1년에 m번 이자가 계산되며 **단리** 명목이자율이 $i^{(m)}$인 곳에 투자한다고 하자. 그러면 n 이자기간 말에 P_0의 미래가는, $i = i^{(m)}/m$라 둘 때,

$$P_n = P_0(1 + ni) \tag{1.1}$$

이다.

증명. 적어도 두 가지 방법으로 증명할 수 있다. 수학적 귀납법(241쪽 참조)을 이용하거나 재귀관계식(243쪽 참조)을 이용하는 것이다.

먼저 수학적 귀납법을 이용하여 증명하자. $n = 1$일 때 식 (1.1)이 참이다. 식이 $n = k$일 때 참이라고, 즉

$$P_k = P_0(1 + ki)$$

이라 가정하자. 이 식이 $n = k + 1$일 때 참임을 보여야 한다.

이제 P_{k+1}, 즉 $k + 1$ 기간 말에 총액은 이 기간 초의 금액 P_k와 이 기간 동안의 이자 iP_0의 합, 즉

$$P_{k+1} = P_k + iP_0$$

이므로

$$P_{k+1} = P_0(1 + ki) + iP_0 = P_0(1 + (k + 1)i)$$

이고 이로부터 $n = k+1$일 때 식 (1.1)이 참임이 나온다. 이렇게 해서 수학적 귀납법에 의해 증명이 끝났다.

이제 (1.1)을 재귀관계식을 이용하여 증명하자. 식

$$P_{k+1} = P_k + iP_0$$

이 성립하므로, 이 식을 $k = 0$에서 $k = n - 1$까지 더하면,

$$\sum_{k=0}^{n-1} P_{k+1} = \sum_{k=0}^{n-1} P_k + \sum_{k=0}^{n-1} iP_0$$

가 된다. 이 방정식의 양변에서 같은 항을 소거하면

$$P_n = P_0 + \sum_{k=0}^{n-1} iP_0 = P_0(1 + ni)$$

가 된다. 이것으로 재귀관계식에 의한 증명이 끝났다. □

단리 정리 해설

- $P_n = P_0(1 + ni)$이 세 변수 P_0, n, i의 함수라는 사실을 볼 수 있다. P_n은 P_0에 정비례하며[4] 다른 두 변수 각각에 대해 선형이다. 그러므로 다른 두 변수를 고정시키고 어느 한 변수에 대해 미래가의 그래프를 그리면 직선이 된다. 이에 대한 예가 그림 1.1에 있는데, 거기서 $1의 미래가가 5%(아래 곡선)와 10%(위 곡선)의 명목이자율 $i^{(1)}$에 대해 연수 n의 함수로 나타나 있다. 왜 $P_0 = 1$로 택했는지 궁금할 것이다. 이는 P_n이 P_0에 정비례하므로, $P_0 = 1$일 때 P_n의 값을 알면 다른 P_0에 대해서는 그저 P_0를 곱하면 되기 때문이다. 이는 중요한 사실로 앞으로 계속해서 쓰이게 될 것이다.

- $P_n - P_0$은 원금 가치절상(principal appreciation)을 나타낸다. $P_n - P_0$은 단리일 때 $P_n = P_n - P_0 = P_0ni$, 즉 P_0, n, i에 비례한다. 그래서 이 둘 중 어느 하나를 두 배로 하면 원금 가치절상 값은 두 배가 된다. 그림 1.1에서 이를 볼 수 있다. 예를 들어 $n = 20$일 때를 보면 10%에서 현재가($1)에서 미래가($3)까지의 높이가 5%에서 현재가($1)에서 미래가($2)까지의 높이의 두 배가 된다.

- $(P_n - P_0)/P_0$을 수익률(rate of return)이라 부른다. 단리의 경우 $(P_n - P_0)/P_0 = ni$가 되므로, 이자기간 수 n이나, 기간당 이자 i를 두 배로 하면 수익률이 두 배가 된다.

- $(P_n - P_0)/(nP_0)$는 기간당 수익률이다. 단리의 경우 $(P_n - P_0)/(nP_0) = i$가 되므로, 기간당 단리 이자율이 기간당 수익률이다.

- 방정식 (1.1)은 $n \geq 0$일 때 성립한다. $n < 0$일 때는 어떻게 될까? 달리 말하면, 지난 n년 동안 단리로 연이자율 i로 예금하여 P_0가 되었다면 n년 전에 얼마(P_{-n}이라 쓰자)로 시작하였을까? (1.1)에서

$$P_0 = P_{-n}(1 + ni)$$

[4]함수 $f(x)$가 어떤 상수 a가 있어서 $f(x) = ax$가 될 때 x에 정비례한다고 한다. "정비례"는 "선형"의 특별한 경우이다.

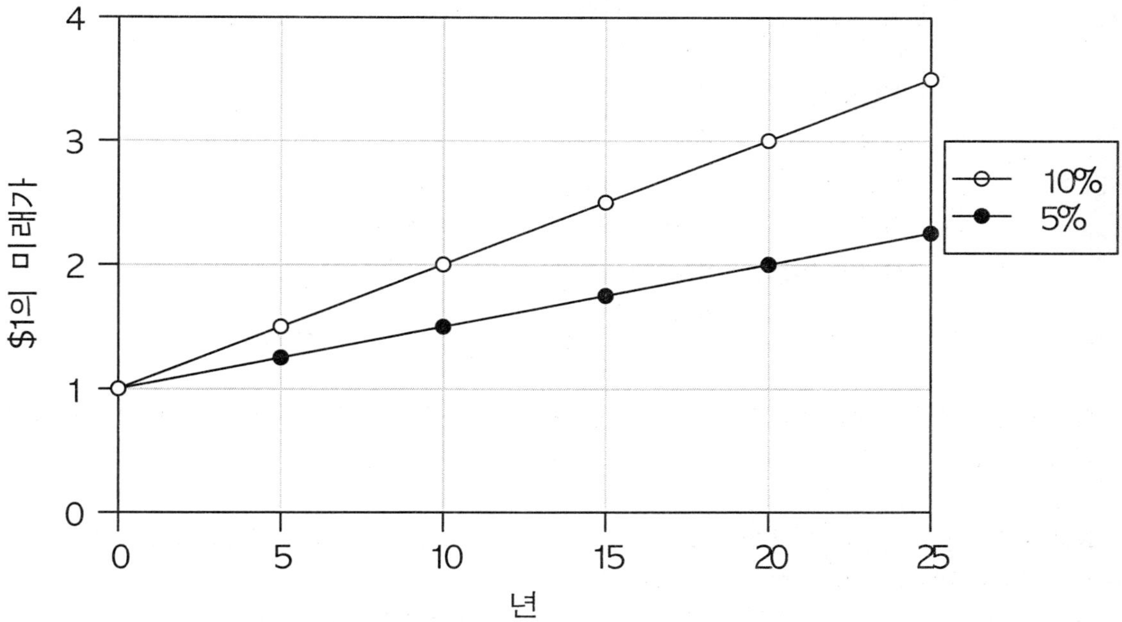

그림 1.1: 단리 5%와 10%로 계산한 $1의 미래가

가 되므로

$$P_{-n} = P_0 \frac{1}{1+ni}, \tag{1.2}$$

이다. 이것은 (1.1)에 n 대신에 $-n$을 넣은 것과는 다르다. 그러므로 (1.1)은 $n \geq 0$인 경우에만 성립한다.

금융 관련

일반화된 투자 형태 중에 양도성예금증서(CD, certificate of deposit)를 통한 투자가 있다. CD는 금융기관에서 발행한다. 금융기관은 약정기간 동안 예금주의 초기투자에 대해 고정금리를 지급한다. 기간은 일반적으로 6개월, 1년, 2년, 또는 5년이다.[5] 보통 장기투자가 단기투자보다 위험하므로 기간이 길수록 이자율이 높다.[6] 예금주는 약정기간이 끝나기 전에는 위약금을 물어야 초기투자를 회수할 수 있지만(10 쪽의 문제 1.4를 보라), 예금주의 계좌에 입금되는 이자는 원하면 인출할 수 있다. 일반적으로 CD를 개설하기 위해서는 최소 금액이 필요하다. 어떤 CD들은 어떤 상한액까지 연방예금보험조합(Federal Deposit Insurance Corporation, FDIC)에 의해 보증되므로 상대적으로 무위험이다. 다른 것들은 보증되지 않으므로 발행기관이 도산하면 손해 볼 수 있다. 그러한 CD들은 FDIC-보증 CD들보다 보통 더 높은 이자를 지급한다.

[5] 우리나라의 경우 보통 60–180일이다.

[6] 위험한 예로 기관의 지급불능이나 투자자가 낮은 이자율에 묶이는 것이 있다. 위험은 5장과 10장에서 더 자세하게 다룬다.

양도성예금증서	
만기	6–60개월
지급주기	단기인 경우 만기일 지급; 장기인 경우 월별 지급
위약금	조기 인출
발행자	상업은행, 상호신용금고, 신용조합
위험	인플레이션, 이자율, 재투자, 유동성
시장화 가능성	가능함
제약	최소 투자

예 1.1. 톰 캐드릭은 CD에 $1,000를 5년 동안 10%로 투자한다. 그는 매년 말에 이자를 인출한다. 그가 이자를 써버리거나 투자하지 않는다고 하면 5년 말에 얼마를 갖고 있겠는가?

풀이. 매년 말에 이자가 인출되므로 단리에 속하는 사례이다. 여기서 원금은 $1,000이고 (그러므로 $P_0 = 1000$), 연간 기간 수는 1 (그러므로 $m = 1$), 이자율은 10% (그러므로 $i^{(1)} = 0.1$, 그리고 $i = i^{(1)}/m = 0.1$), 그리고 연수는 5 (그러므로 $n = 5$)이다. 따라서 최종 금액은 $P_5 = 1000(1+5(0.1)) = \$1,500$로 2쪽의 단계별 계산과 일치한다. △

예 1.2. 헬렌 캔드릭은 CD에 $1,000를 투자하여 5년 동안에 2배가 되었다. 매년 이자를 인출하였다고 하면 이는 연이자율 얼마에 해당하는가?

풀이. 여기서 원금은 $1,000 (그러므로 $P_0 = 1000$), 연간 기간 수는 1 (그러므로 $m = 1$), 연수는 5 (그러므로 $n = 5$), 최종 금액은 $2,000 (그러므로 $P_5 = \$2000$)이다. (1.1)에서

$$2000 = 1000(1+5i)$$

이므로 $i = 0.2$이고 $i^{(1)} = mi = 0.2$, 즉 20%이다.

$P_0 = 2000$, $P_{-5} = 1000$, $n = 5$이라 두고 (1.2)를 이용하여 풀면

$$1000 = 2000\frac{1}{1+5i}$$

이고, 여기서도 $i^{(1)} = mi = 0.2$를 얻는다. △

금융 관련

CD 외에도 저축, 대출 등 은행에서 이용할 수 있는 투자 수단은 많다. 가장 일반적인 것이 예금계정, 당좌계정, 단기금융계정이다.

예금계정은 규정한 연이자율을 지급한다. 많은 경우, 이자는 일일잔고(daily balance)로 계산된다. 당좌계정은 이자를 지급할 수도 있고 안 할 수도 있다. 예금계정과 당좌계정은 "유동적(liquid)",

즉 예금주가 언제든지 위약금을 물지 않고 현금을 인출할 수 있다. 예금계정과 당좌계정은 보통 정부가 어떤 상한액까지 지급을 보장한다.[7]

단기금융계정(money market account)에 있는 펀드는 단기 지방채(short-term municipal bond), 미국 재무성 증권(Treasury Bill)[8], 그리고 단기 회사채와 같은 수단으로 투자된다. 단기금융계정은 예금계정이나 당좌계정, CD보다 대체로 더 높은 이자를 지급한다. 단기금융계정은 한 달에 인출할 수 있는 횟수가 제한되어 있다는 의미에서 유동적이지 않다.

CD, 예금계정, 당좌계정, 단기금융계정에 대해 각 기관이 제공하는 이자율은 신문의 금융 섹션이나 인베스터스비지니스데일리와 월스리트저널과 같은 금융신문에서 찾아볼 수 있다.

예금계정	
만기	없음
지급주기	월별 지급
위약금	조기 인출
발행자	상업은행, 상호신용금고, 신용조합
위험	재투자
시장화 가능성	없음
제약	없음

예 1.3. 헬렌 캔드릭은 명목이자율 5%로 이자가 지급되는 예금계좌를 보유하고 있다. 이자는 최소일일잔고에 대해 연간 365번 계산되며 월말에 계좌에 입금된다. 헬렌은 4월 초에 \$1,000의 계좌를 열었다. 4월 11일에 \$200를 예치하고 4월 21일에 \$300를 인출하였다. 4월에 얻은 이자는 얼마인가?

풀이. 여기서 $i^{(m)} = 0.05$이고 $m = 365$이므로 $i = 0.05/365$이다. 4월 1일부터 4월 11일 마감까지 \$1,000가 은행에 있었으므로 얻은 이자는 $1000(1 + 11(0.05/365)) - 1000 = \$1.51$이다.[9] 그러나 이 \$1.51를 월말에야 받을 수 있다. 4월 12일부터 4월 20일까지 헬렌은 은행에 \$1,200가 있으므로, 이자는 $1200(1+9(0.05/365)) - 1200 = \$1.48$이다. 그러나 이 \$1.48를 월말에야 받을 수 있다. 4월 21일부터 4월 30일 마감까지 헬렌은 은행에 \$900가 있으므로, 이자는 $900(1+10(0.05/365)) - 900 = \$1.23$이다. 이제 헬렌은 이자 총액 $\$1.51 + \$1.48 + \$1.23 = \$4.22$를 받는다.[10] △

[7] 우리나라의 경우 예금자 보호법에 의해 예금보험공사가 1인당 각 금융기관마다 원금과 수정의 이자를 합하여 최고 5천만원까지 보장되며 초과금액은 보장되지 않는다.

[8] 재무성 증권은 8.5절에서 다룬다.

[9] 이자는 최소일일잔고로 계산된다는 점에 유의한다. 4월 11일의 최소잔고는 \$1,000이다.

[10] 금융 거래가 센트 단위로 반올림되므로, 모든 계산에 반올림 오차가 발생할 우려가 있다. 예를 들어 $1.3698 + 1.6438 + 1.2328 = 4.2464$는 더한 다음 반올림하면 4.25가 된다. 그런데 더하기 전에 반올림하면 $1.37 + 1.64 + 1.23 = 4.24$가 된다.

1.2 이자기간일 계산의 불명확성

수학으로만 보면 이자기간 수 전체 n과 연간 이자기간 수 m을 계산할 때 불명확한 점이 없다. 그러나 실제로는 이자기간이 일로 계산될 때 이러한 값들이 명확하지 않다.

두 날짜 사이의 일수

두 날짜 사이의 일수를 계산하는 관례적인 방법은 많다. 가장 보편적인 것은 두 날짜 사이의 실제 일수나 한 달을 30일로 해서 계산한다.

두 날짜 사이의 **실제 일수**(actual number of days) 혹은 **정확한 일수**(exact number of days)는 주어진 날짜에서 처음 혹은 마지막 날을 제외한 중간에 있는 날을 세어 계산한다. 그래서 1월 31과 2월 5일 사이의 실제 일수는 5이다. 9쪽에 있는 표 1.3는 날짜에 번호를 매긴 것으로 실제 일수를 계산할 때 편리하다.

예 1.4. 2005년 5월 4일과 2005년 10월 3일 사이의 실제 일수는 얼마인가?

풀이. 표 1.3에 따르면 5월 4일은 124번이고 10월 3일은 276번이다. 그러므로 두 날짜 사이의 실제 일수는 $276 - 124 = 152$일이다. 윤년인 경우 2월 29일을 무시할 수도 있고 셀 수도 있는데, 센다면 표 1.3에서 2월 28일 이후의 날에는 번호를 하나씩 더한다. 실제 방법에서는 2월 29일을 센다. △

두 번째 관행적인 방법은 **월 30일 방법**(30-day month method)으로 모든 달이 30일이라 가정하는 방법이다. 이때 m_i은 월, d_i는 일, y_i는 연이라 할 때 ($i = 1, 2$), $m_1/d_1/y_1$에서 $m_2/d_2/y_2$까지의 일수는 식[11]

$$\text{일수} = 360(y_2 - y_1) + 30(m_2 - m_1) + (d_2 - d_1) \tag{1.3}$$

로 주어진다.

예 1.5. 2005년 5월 4일과 2005년 10월 3일 사이에 월 30일 관행을 따른다면 몇 일이 있는가?

풀이. 여기서 $m_1 = 5$, $d_1 = 4$, $y_1 = 2005$, $m_2 = 10$, $d_2 = 3$, $y_2 = 2005$이므로 (1.3)에 의해 두 날짜 사이에 $360(2005 - 2005) + 30(10 - 5) + (3 - 4) = 149$일이 있다. △

날짜에 번호 붙이기

일수를 계산할 때 사용하는 관행으로 또 다른 것이 있다. 가장 보편적인 두 방법은 (1년의 일수가 365 또는 366인) 실제 방법과 (1년의 일수를 $12 \times 30 = 360$으로 계산하는) 월 30일 방법이다.

실제 방법을 사용하여 두 날짜 사이의 일수를 계산하고 1년의 실제 일수를 계산할 때 이 관행을 "실제/실제(actual/actual)"라고 한다. 이 관행에 따라 계산한 이자를 **정확한 이자**(exact interest)라 한다.

[11] 이 공식도 보편적으로 받아들여지는 것은 아니다. 때로 $d_1 = 31$이거나 $d_2 = 31$이면 추가적인 관행을 채택한다. (10쪽의 문제 1.9를 보라.)

일	1월	2월	3월	4월	5월	6월	7월	8월	9월	10월	11월	12월
1	1	32	60	91	121	152	182	213	244	274	305	335
2	2	33	61	92	122	153	183	214	245	275	306	336
3	3	34	62	93	123	154	184	215	246	276	307	337
4	4	35	63	94	124	155	185	216	247	277	308	338
5	5	36	64	95	125	156	186	217	248	278	309	339
6	6	37	65	96	126	157	187	218	249	279	310	340
7	7	38	66	97	127	158	188	219	250	280	311	341
8	8	39	67	98	128	159	189	220	251	281	312	342
9	9	40	68	99	129	160	190	221	252	282	313	343
10	10	41	69	100	130	161	191	222	253	283	314	344
11	11	42	70	101	131	162	192	223	254	284	315	345
12	12	43	71	102	132	163	193	224	255	285	316	346
13	13	44	72	103	133	164	194	225	256	286	317	347
14	14	45	73	104	134	165	195	226	257	287	318	348
15	15	46	74	105	135	166	196	227	258	288	319	349
16	16	47	75	106	136	167	197	228	259	289	320	350
17	17	48	76	107	137	168	198	229	260	290	321	351
18	18	49	77	108	138	169	199	230	261	291	322	352
19	19	50	78	109	139	170	200	231	262	292	323	353
20	20	51	79	110	140	171	201	232	263	293	324	354
21	21	52	80	111	141	172	202	233	264	294	325	355
22	22	53	81	112	142	173	203	234	265	295	326	356
23	23	54	82	113	143	174	204	235	266	296	327	357
24	24	55	83	114	144	175	205	236	267	297	328	358
25	25	56	84	115	145	176	206	237	268	298	329	359
26	26	57	85	116	146	177	207	238	269	299	330	360
27	27	58	86	117	147	178	208	239	270	300	331	361
28	28	59	87	118	148	179	209	240	271	301	332	362
29	29		88	119	149	180	210	241	272	302	333	363
30	30		89	120	150	181	211	242	273	303	334	364
31	31		90		151		212	243		304		365

표 1.3: 날짜에 번호 붙이기

월 30일 방법을 사용하여 두 날짜 사이의 일수를 계산하고 1년의 일수를 계산할 때 이 관행을 "30/360"이라고 한다. 이 관행에 따라 계산한 이자를 통상이자(ordinary interest)라 한다.

실제 방법을 사용하여 두 날짜 사이의 일수를 계산하고 월 30일 방법을 사용하여 1년의 일수를 계산할 때 이 관행을 "실제/360(actual/360)"라고 한다. 이 관행에 따라 계산한 이자를 은행가규칙(Banker's Rule)으로 계산한 이자라 한다.

1.3 연습문제

걷기

1.1. 톰 켄드릭은 \$1,000를 명목이자율 $i^{(1)}$로 투자하고 매년 말에 이자를 인출하였다. 4년째 해 말에 이자 총액 \$300를 벌었다. 이때 명목이자율은 얼마인가?

1.2. 톰 켄드릭은 \$1,000를 명목이자율 $i^{(2)}$로 투자하고 매 6개월 말에 이자를 인출하였다. 4년째 해 말에 이자 총액 \$300를 벌었다. 이때 명목이자율은 얼마인가? 문제 1.1의 답보다 높을 것으로 기대하는가 낮을 것으로 기대하는가?

1.3. 휴즈 켄드릭은 명목이자율 3%로 이자를 지급하는 저축계정을 가지고 있다. 이자는 1년에 365번 최소일일잔고에 대해 계산되어 월말에 계정에 입금된다. 휴즈가 \$1,500의 계정을 3월 1일 열었다. 3월 13일 \$500를 인출하고 3월 27일 \$750를 저금하였다. 이때 3월에 이자는 모두 얼마인가?

1.4. CD는 보통 조기 인출에 대한 위약금이 있다. 약관에 "이자가 발생하든 하지 않든 90일치 이자에 해당하는 위약금이 있다"고 명시되었다고 하자. 어떤 상황에서 CD를 매입하여 손실을 볼 수 있는가?

1.5. 2004년 10월 4일과 2005년 5월 4일 사이의 실제 일수는 몇인가?

1.6. 2004년 10월 4일과 2005년 5월 4일 사이의 월 30일 관행에 따른 일수는 몇인가?

1.7. 왜 식 (1.3), 즉 $360(y_2-y_1)+30(m_2-m_1)+(d_2-d_1)$이 월 30일 관행에 따른 두 날짜 사이의 일수를 정확하게 계산하는지 설명하라.

1.8. 왜 30/360 이자 계산 방법이 윤년에 애매해지지 않는가?

1.9. 두 날짜 사이의 일수를 계산할 때 어떤 관행은 월 30일 공식 (1.3), 즉 $360(y_2-y_1)+30(m_2-m_1)+(d_2-d_1)$을 쓰지만 d_1과 d_2를 $i=1,2$에 대해

$$d_i = \begin{cases} d_i, & 1 \le d_i \le 30\text{일 때}, \\ 30, & d_i = 31\text{일 때} \end{cases}$$

라 둔다. 이를 때로는 30(E) 방법이라 부른다. 월 30일 방법과 30(E) 방법에 따라 계산한 사이의 일수가 다른 두 날짜를 찾아라.

뛰기

1.10. 정확한 이자를 이용하여 계산한 단리가 은행가규칙에 따라 계산한 단리에 비해 결코 크지 않음을 보여라. 유사한 관계가 통상이자와 은행가규칙 사이에 성립하는가? 이에 대해 설명하라.

복습문제

- "화폐의 시간가치"란 무엇을 뜻하는가?
- 화폐의 현재가와 미래가 사이의 차는 무엇인가?
- 단리는 어떻게 계산하는가?
- 귀납법에 의한 증명이란 무엇인가?
- 재귀관계식이란 무엇인가?
- 두 날짜 사이의 일수를 계산할 때 왜 애매함이 생기는가?
- 두 날짜 사이의 일수는 어떻게 계산하는가?
- CD, 저축계정, 당좌계정 사이의 주된 차이는 무엇인가?
- 투자에서 수익률이란 무엇인가?
- 단리 정리가 말하는 것은 무엇인가?

2

복리

단리와 이 장의 주제인 복리 사이의 차이점은 단리는 그렇지 않지만 복리는 이자가 이자를 낳는다는 점이다.

2.1 복리 정리

5년 동안 연복리 10%로 $1,000를 투자한다고 하자. 1년후 $1,000의 10%인 $100가 이자로 발생한다. 이 이자를 원금과 결합한 합계는 $\$1,000 + \$100 = \$1,100$가 된다. 2년 말에 이 새로운 합계에 10% 이자, 즉 $110가 붙어서 새로운 합계는 $\$1,100 + \$110 = \$1,210$이 된다. 이를 5년 동안 계속하면 5년째 말에 $1,610.51가 된다.[1] 표 2.1에 자세하게 계산되어 있다. (계산기나 스프레드시트 프로그램으로 표에 있는 계산을 검증하고 빈 칸을 채워라.)

	연초	연말	
연도	원금	이자	합
1	$1,000.00	$100.00	$1,100.00
2	$1,100.00	$110.00	$1,210.00
3			
4	$1,331.00	$133.10	$1,464.10
5	$1,464.10	$146.41	$1,610.51

표 2.1: 복리

이제 이 과정에 관한 일반적인 공식을 끌어내도록 하자. 단리에서와 같이 전체 이자기간을

[1] 이를 $1,000을 단리 10%로 5년 동안 투자한 것과 비교하라. 6쪽의 예 1.1을 보라.

n이라 하고 1년에 이자기간이 m번 있다고 하자. n 이자기간 말의 총액을 미래가(또는 누적원금(accumulated principal))라 하고 연이자율을 명목이자율(nominal rate)이라 부른다. 그러므로 다음과 같이 둔다.[2]

P_0	투자하는 **초기원금**(initial principal) (현재가(present value), 총액 일시불(lump sum)),
n	**전체 이자기간 수**(total number of interest periods),
P_n	P_0의 n째 이자기간 말의 **미래가**(future value),
m	**연간 이자기간 수**(number of interest periods per year),
$i^{(m)}$	소수로 표기한 **명목이자율**(annual interest rate),
i	**이자기간당 이자율**(interest rate per interest period).

이자기간당 이자율은 $i = i^{(m)}/m$이다.

미래가 P_n을 구하는 공식을 찾아보자. $n = 1$, $n = 2$, 등등에 대해 미래가를 구하고 그 패턴이 어떻게 되는지 보기로 한다. 위 표기법으로 표 2.1을 표 2.2와 같이 스프레드시트 형식으로 쓰자. 이에 대한 설명은 다음에 있다.

기간	기간 초 원금	이자	기간 말 합
1	P_0	iP_0	$P_0 + iP_0 = P_1$
2	P_1	iP_1	$P_1 + iP_1 = P_2$
3	P_2	iP_2	$P_2 + iP_2 = P_3$
4	P_3	iP_3	$P_3 + iP_3 = P_4$
5	P_4	iP_4	$P_4 + iP_4 = P_5$

표 2.2: 복리—스프레드시트 형식

첫 이자기간($n = 1$) 말에 iP_0를 이자로 받으므로 P_0의 한 이자기간 후의 미래가는

$$P_1 = P_0 + iP_0 = P_0(1+i)$$

이다.

둘째 이자기간($n = 2$) 말에 iP_1를 이자로 받으므로 P_0의 두 이자기간 후의 미래가는

$$P_2 = P_1 + iP_1 = P_1(1+i) = P_0(1+i)^2$$

이다.

셋째 이자기간($n = 3$) 말에 iP_2를 이자로 받으므로 P_0의 세 이자기간 후의 미래가는

$$P_3 = P_2 + iP_2 = P_2(1+i) = P_0(1+i)^3$$

[2] 2 쪽의 각주 2를 보라.

이다.

이로부터 다음 정리를 생각할 수 있겠다.

정리 2.1 (복리 정리). 원금 P_0을 n 이자기간동안 **복리**로 1년에 m번 계산되는 명목이자율 $i^{(m)}$인 곳에 투자한다고 하자. 그러면 n 이자기간 말에 P_0의 미래가 P_n는, $i = i^{(m)}/m$라 하면

$$P_n = P_0(1+i)^n \tag{2.1}$$

이다.

증명. 이 정리를 수학적 귀납법이나 재귀관계식을 이용하여 증명할 수 있다.

먼저 수학적 귀납법을 이용하여 증명하자. $n = 1$일 때 식 (2.1)이 참임을 알고 있다. 식이 $n = k$일 때 참이라고, 즉

$$P_k = P_0(1+i)^k$$

이라 가정하자. 이 식이 $n = k+1$일 때 참임을 보여야 한다.

$$P_{k+1} = P_k + iP_k$$

이므로

$$P_{k+1} = P_k(1+i) = P_0(1+i)^{k+1}$$

이고 이로부터 $n = k+1$일 때 식 (2.1)이 참임이 나온다. 이렇게 해서 수학적 귀납법에 의한 증명이 끝났다.

이제 (1.1)을 재귀관계식을 이용하여 증명하자. 식

$$P_{k+1} = P_k + iP_k = (1+i)P_k$$

이 성립하므로, 이 식에 $1/(1+i)^{k+1}$를 곱하면,

$$\frac{1}{(1+i)^{k+1}}P_{k+1} = \frac{1}{(1+i)^k}P_k$$

가 된다. 이 식을 $k = 0$에서 $k = n-1$까지 더하면,

$$\sum_{k=0}^{n-1}\frac{1}{(1+i)^{k+1}}P_{k+1} = \sum_{k=0}^{n-1}\frac{1}{(1+i)^k}P_k$$

이 된다. 이 방정식의 양변에 있는 같은 항을 소거하면

$$\frac{1}{(1+i)^n}P_n = P_0$$

로 식 (2.1)과 같다. 이것으로 재귀관계식에 의한 증명이 끝났다. □

복리정리 해설

- $P_n = P_0(1+i)^n$은 P_0과 n, 그리고 i를 세 변수로 가지는 함수라 할 수 있다. 그것은 P_0에 대해서는 선형이지만, i와 n에 대해서는 비선형이다. 그러므로 P_0를 고정하고 i나 n에 대해 그래프를 그리면 직선이 아니다.
- 표 2.3에 해마다 복리로 계산되는 (즉 $m = 1$) \$1의 미래가가 이자율 i와 기간에 대해 정리되어 있다.

	년					
이자율	5	10	15	20	25	30
3%	1.159	1.344	1.558	1.806	2.094	2.427
4%	1.217	1.480	1.801	2.191	2.666	3.243
5%	1.276	1.629	2.079	2.653	3.386	4.322
6%	1.338	1.791	2.397	3.207	4.292	5.743
7%	1.403	1.967	2.759	3.870	5.427	7.612
8%	1.469	2.159	3.172	4.661	6.848	10.063
9%	1.539	2.367	3.642	5.604	8.623	13.268
10%	1.611	2.594	4.177	6.727	10.835	17.449
11%	1.685	2.839	4.785	8.062	13.585	22.892
12%	1.762	3.106	5.474	9.646	17.000	29.960
13%	1.842	3.395	6.254	11.523	21.231	39.116
14%	1.925	3.707	7.138	13.743	26.462	50.950
15%	2.011	4.046	8.137	16.367	32.919	66.212

표 2.3: \$1의 미래가

- 표 2.3을 보면 P_n이 i에 종속되어 있음을 알 수 있다. 그림 2.1에 복리로 계산한 \$1의 미래가를 10년에 대해 (아래 곡선) 그리고 20년에 대해 (위 곡선) i에 대한 함수로 나타내었다. 두 곡선 모두 증가하며 위로 오목하다. 이에 대한 증명은 39쪽에 문제 2.26으로 제시되었다.
- 표 2.3을 보면 P_n이 n에 종속되어 있음을 알 수 있다. 그림 2.2에 복리로 계산한 \$1의 미래가를 5% 이자율에 대해 (아래 곡선) 그리고 10% 이자율에 대해 (위 곡선) n에 대한 함수로 나타내었다. 두 곡선 모두 증가하며 위로 오목하다. 이에 대한 증명은 39쪽에 문제 2.27로 제시되었다.
- $P_n - P_0$과 P_0 사이의 선형 관계로 인하여, P_0이 두 배가 되면 원금 가치절상(principal appreciation), $P_n - P_0 = P_0((1+i)^n - 1)$은 두 배가 된다. 그런데 i나 n이 두 배가 되면 어떻게 되는가?
  - 첫째로, 이자율 i가 두 배가 되면 원금 가치절상이 어떻게 되는지 보기로 하자. 그림 2.2에서 $n = 25$일 때를 보면 보면 10%에서 현재가(\$1)에서 미래가(약 \$10.80)까지의

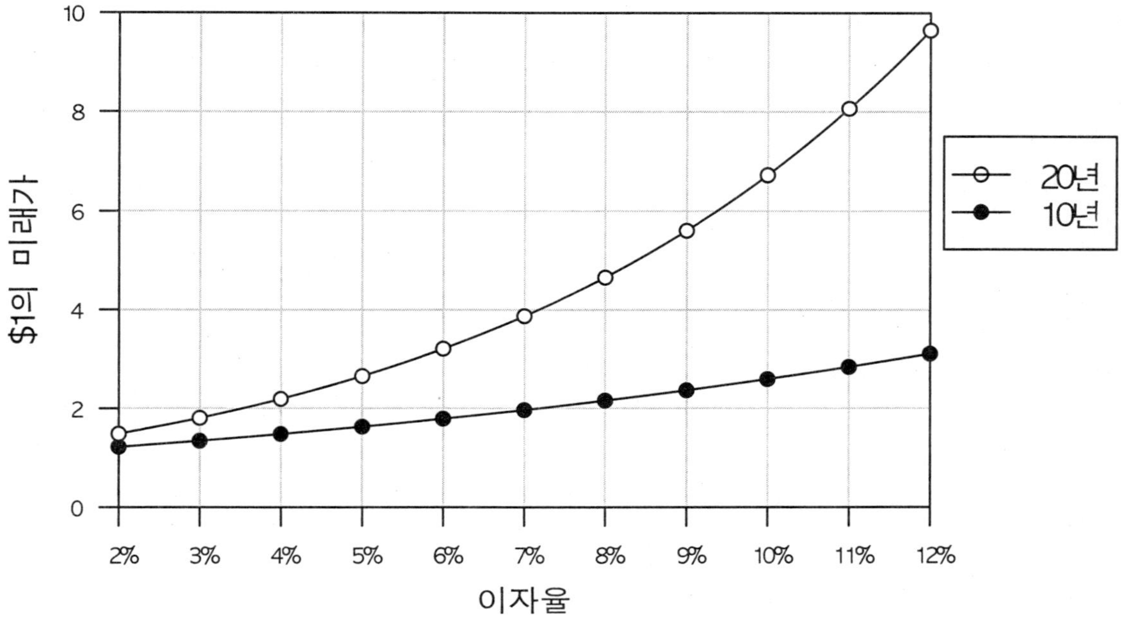

그림 2.1: 복리로 계산한 10년과 20년 후 $1의 미래가

높이가 5%에서 현재가($1)에서 미래가(약 $3.40)까지의 높이의 두 배를 넘는다. 이는 이자율을 두 배하면 원금 가치절상이 두 배 이상이 될 것임을 말해준다. 이에 대한 증명은 39쪽에 문제 2.28로 제시되었다.

- 둘째로, 기간 n을 두 배로 하면 원금 가치절상이 어떻게 될지 살펴보자. 그림 2.2에서 10% 곡선을 보면 $n = 20$일 때 현재가($1)에서 미래가(약 $6.70)까지의 높이가 $n = 10$일 때 현재가($1)에서 미래가(약 $2.60)까지의 높이의 두 배를 넘는다. 이는 기간을 두 배하면 원금 가치절상이 두 배 이상이 될 것임을 말해준다. 이에 대한 증명은 40쪽에 문제 2.29로 제시되었다.

• 방정식 (2.1)이 $n \geq 0$일 때 성립한다. $n < 0$일 때도 성립하는가? 달리 말하면, 지난 n 이자기간 동안 이자율 i로 저축하여 $n = 0$일 때 P_0가 되게 하려면 n 이자기간 전에 얼마로 시작했어야 하는가? 그 액수를 P_{-n}이라 하자. 식 (2.1)에서

$$P_0 = P_{-n}(1+i)^n$$

가 되어야 하고, 여기서

$$P_{-n} = P_0 \frac{1}{(1+n)^n} = P_0(1+i)^{-n}$$

을 얻는다. 이 식은 식 (2.1)에서 n을 $-n$으로 바꾼 것과 같다. 그러므로 식 (2.1)은 $n = 0, \pm1, \pm2, \ldots$에 대해 성립한다.

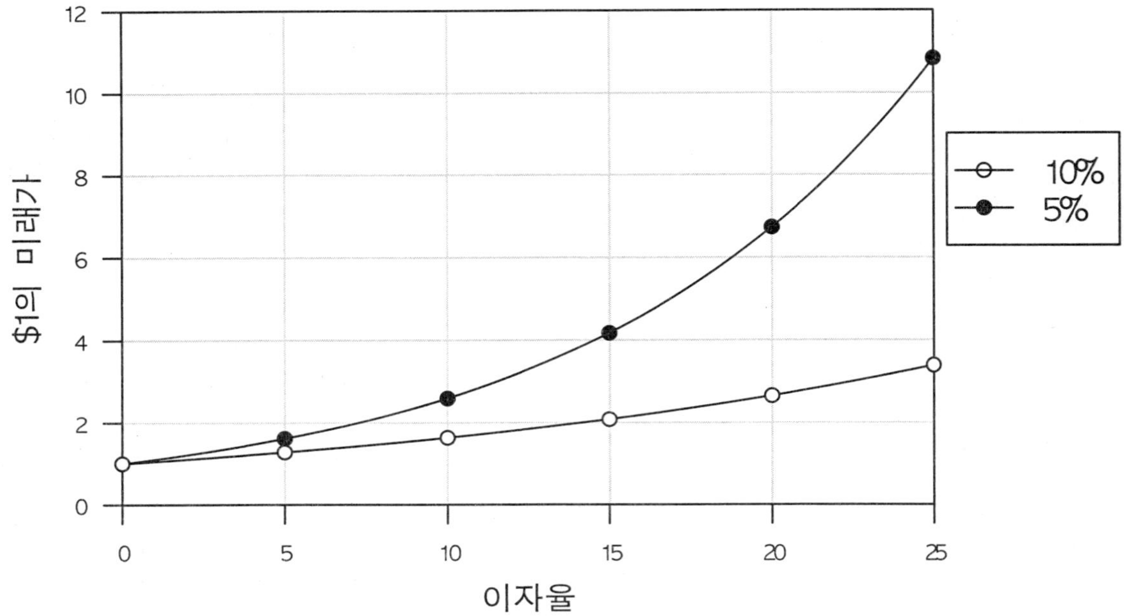

그림 2.2: 연이자율 5%와 10%로 복리로 계산한 $1의 미래가

- 미래의 화폐 총액을 계산할 때, 즉 현재가로부터 미래가를 계산할 때, **복리**(compounding) 개념을 사용한다. 과거의 화폐 총액을 계산할 때, 즉 미래가로부터 현재가를 계산할 때, **할인**(discounting) 개념을 사용한다.

  예를 들어 $1,000를 연간 6% 복리로 2년 동안 투자하면, 이 $1,000는 $1000(1+0.06)^2 = \$1,123.60$로 커진다. 이것이 복리로 커진 것으로, 이때 $1,000의 미래가는 $1,123.60라 말하고 $(1+0.06)^2$를 **복리인수**(compounding factor)라 말한다. 반면 "계정에 2년내에 $1,123.60가 들어있으려면 1년에 한 번 복리 6%인 곳에 투자할 때 얼마를 투자해야 하는가?"라는 질문에 대한 답은 $1123.60(1+0.06)^{-2} = \$1,000.00$이다. 이것은 할인된 것이다. 이때 $\$1,000$를 $\$1,123.60$의 할인가(discounted value)라 하고 $(1+0.06)^{-2}$를 **할인인수**(discount factor)라 한다.

예 2.1. 톰의 쌍둥이 누나인 웬디 켄드릭은 $1,000를 CD에 연간 10%로 5년 동안 투자하였다. 그런데 이자가 매년 말에 부리되었을 때, 그녀는 그것을 계정에 남겨두었다. 5년 말에 그녀가 가진 총액은 얼마인가?

풀이. 이자가 인출되지 않고 이자에 이자가 붙으므로 복리에 해당하는 사례이다. 여기서 원금은 $1,000 (그러므로 $P_0 = 1000$)이고, 연간 1회 (그러므로 $m = 1$) 이자가 계산되며, 이자율은 10% (그러므로 $i^{(1)} = 0.1$이고 $i = i^{(1)}/1 = 0.1$)이고 이자기간 수는 5 (그러므로 $n = 5$)이다. 따라서 최종 액수는 $P_5 = 1000(1+0.1)^5 = \$1,610.51$이다. 이것은 6쪽의 예 1.1에서 그녀의 남동생이 단리로 번 것보다 $110.51가 더 많다. △

예 2.2. 예 2.1의 조건에 대해 이자가 각각 다음과 같이 복리로 부리될 때, 미래가를 계산하라.

(a) 회기별, 즉 1년에 2번.
(b) 분기별, 즉 1년에 4회.
(c) 월별, 즉 1년에 12회.
(d) 일별, 즉 1년에 365회.

풀이.

(a) 이 경우 $i^{(2)} = 0.10$이고 $m = 2$이므로 회기 이자율 i는 $i^{(2)}/2 = 0.10/2$이다. 이것이 2×5 번 이자가 붙으므로, 5년 후의 P_0의 미래가는

$$P_{10} = P_0 \left(1 + \frac{i^{(2)}}{2}\right)^{2\times 5} = 1000\left(1 + \frac{0.10}{2}\right)^{10} = \$1,628.89$$

이다.

(b) 이 경우 $i^{(4)} = 0.10$이고 $m = 4$이므로 분기 이자율 i는 $i^{(4)}/4 = 0.10/4$이다. 이것이 4×5 번 이자가 붙으므로, 5년 후의 P_0의 미래가는

$$P_{20} = P_0 \left(1 + \frac{i^{(4)}}{4}\right)^{4\times 5} = 1000\left(1 + \frac{0.10}{4}\right)^{20} = \$1,638.62$$

이다.

(c) 이 경우 $i^{(12)} = 0.10$이고 $m = 12$이므로 월 이자율 i는 $i^{(12)}/12 = 0.10/12$이다. 이것이 12×5 번 이자가 붙으므로, 5년 후의 P_0의 미래가는

$$P_{60} = P_0 \left(1 + \frac{i^{(12)}}{12}\right)^{12\times 5} = 1000\left(1 + \frac{0.10}{12}\right)^{60} = \$1,645.31$$

이다.

(d) 이 경우 $i^{(365)} = 0.10$이고 $m = 365$이므로 일 이자율 i는 $i^{(365)}/365 = 0.10/365$이다. 이것이 365×5 번 이자가 붙으므로, 5년 후의 P_0의 미래가는

$$P_{1825} = P_0 \left(1 + \frac{i^{(365)}}{365}\right)^{365\times 5} = 1000\left(1 + \frac{0.10}{365}\right)^{1825} = \$1,648.61$$

이다.

△

이로부터 다음 결과를 얻는다.

P_0에 명목이자율 $i^{(m)}$으로 **1년에** m**번 복리로 이자가 붙는다면**, N년 후의 P_0의 미래가는

$$P_{m,N} = P_0 \left(1 + \frac{i^{(m)}}{m}\right)^{mN} \tag{2.2}$$

이다.

연속으로 복리가 붙는다면, 즉 연당 이자기간 수가 한없이 커져 $m \to \infty$이며 명목이자율 $i^{m)}$은 모든 m에 대해 같다면, 모든 x에 대해 $\lim_{m\to\infty}(1+x/m)^m = e^x$이므로,[3] 명목이자율 $i^{(\infty)}$에 대해 N년 후의 P_∞로 표기하는 P_0의 미래가는

$$P_\infty = P_0 e^{i^{(\infty)}N}$$

과 같다.

그러므로 18쪽의 예 2.1에서 \$1,000가 10%로 5년 동안 연속으로 복리가 붙는다면 $P_\infty = 1000e^{0.1\times 5} = \$1,648.72$가 된다.

$i^{(m)} = 0.1$를 사용하여 앞의 결과를 표로 만들면 다음과 같다.

m	미래가
1	\$1,610.51
2	\$1,628.89
4	\$1,638.62
12	\$1,645.31
365	\$1,648.61
∞	\$1,648.72

이 표를 보고 유추해 보면 명목이자율 $i^{(m)}$이 모든 m에 대해 같다고 하면 복리가 붙는 기간을 더 짧게 할수록 미래가는 커진다. 이를 다음과 같이 확인할 수 있다.

정리 2.2. $i^{(m)}$이 양수이며 $m(m \geq 1)$에 무관하다면 수열 $\left\{\left(1+\frac{i^{(m)}}{m}\right)^m\right\}$은 증가, 즉,

$$\left(1+\frac{i^{(m-1)}}{m-1}\right)^{m-1} < \left(1+\frac{i^{(m)}}{m}\right)^m$$

이고 $e^{i^{(m)}}$에 의해 위로 유계이며, $\lim_{m\to\infty}\left(1+\frac{i^{(m)}}{m}\right)^m = e^{i^{(m)}}$이다.

증명. 이를 증명하기 위해 산술–기하 평균 부등식(245쪽의 부록 A.3을 참조)을 사용한다. 즉 $a_1, a_2, \ldots, a_m$이 0 이상이면

$$(a_1 a_2 \cdots a_m)^{1/m} \leq \frac{a_1 + a_2 + \cdots + a_m}{m}$$

[3]문제 2.31을 보라.

이 성립하며 등호가 성립할 필요충분조건은 $a_1 = a_2 = \cdots = a_m$ 이다.

$a_1 = 1, a_2 = a_3 = \cdots = a_m = 1 + i^{(m-1)}/(m-1)$ 이라 두면,

$$\left(\left(1+\frac{i^{(m-1)}}{m-1}\right)^{m-1}\right)^{1/m} < \frac{1+(m-1)\left(1+\frac{i^{(m)}}{m}\right)^m}{m}$$

이거나[4] 또는

$$\left(\left(1+\frac{i^{(m-1)}}{m-1}\right)^{m-1}\right)^{1/m} < \frac{m+i^{(m-1)}}{m} = 1+\frac{i^{(m-1)}}{m}$$

이다.

그런데 $i^{(m-1)} = i^{(m)}$ 이므로 (왜 그런가?),

$$\left(1+\frac{i^{(m-1)}}{m-1}\right)^{m-1} < \left(1+\frac{i^{(m)}}{m}\right)^m$$

이다. 그러므로 수열 $\left\{\left(1+\frac{i^{(m)}}{m}\right)^m\right\}$ 은 증가한다.

$\lim_{m\to\infty}\left(1+\frac{i^{(m)}}{m}\right)^m = e^{i^{(m)}}$ 이므로, 수열은 $e^{i^{(m)}}$ 에 의해 위로 유계이다. □

41쪽의 문제 2.42에서 정리 2.2보다 더 일반적인 결과를 증명한다.

일정한 수익률이지만 부리 기간이 다른 투자들을 비교하기 위해 보통 각 투자에 대한 연간 실효이자율을 계산한다.[5]

정의 2.1. **연간 실효이자율**(annual effective rate (EFF)), i_{eff} 이란 (연 m 회 부리되는) 명목이자율 $i^{(m)}$, 또는 (연속으로 부리되는) 명목이자율 $i^{(\infty)}$ 과 동등한 연수익률 $i^{(1)}$ 을 말한다.[6]

투자가 1년에 m 번 부리된다면, 이는

$$P_0(1+i_{\text{eff}}) = P_0\left(1+\frac{i^{(m)}}{m}\right)^m$$

임을 뜻한다. 그러므로

$$i_{\text{eff}} = \left(1+\frac{i^{(m)}}{m}\right)^m - 1 = (1+i)^m - 1 \tag{2.3}$$

이 된다.

투자가 연속으로 부리된다면, 이는

$$P_0(1+i_{\text{eff}}) = P_0 e^{i^{(\infty)}}$$

[4] $a_1 \neq a_2$ 이므로 등호는 성립하지 않는다.

[5] 2.3절에서 연단위 투자가 아닌 경우의 투자들을 비교하는 방법을 다룬다. 이 비교에는 투자의 내부수익률(Internal Rate of Return (IRR))을 사용한다.

[6] 부채에 관해 말할 때 연간 실효이자율을 때로 연간 백분율(Annual Percentage Rate (APR))이라 부른다. 재무계산기에서는 연간 실효이자율을 흔히 EFF 단추로 표시한다.

임을 뜻한다. 그러므로

$$i_{\text{eff}} = e^{i^{(\infty)}} - 1 \tag{2.4}$$

이 된다.

예 2.3. 워싱턴 연방저축은행은 1년에 365번 부리되는 명목이자율 4.88%의 CD에 투자하도록 권유한다. EFF는 얼마인가?

풀이. 식 (2.3)과 $i^{(365)} = 0.0488$, 그리고 $m = 365$으로부터

$$i_{\text{eff}} = \left(1 + \frac{0.0488}{365}\right)^{365} - 1 = 0.05$$

를 얻는다. 그러므로 $i_{\text{eff}} = 5\%$이다. △

예 2.4. 웬디 켄드릭은 둘 다 만기가 1년인 CD 두 개 중 하나를 택하려 한다. 하나는 반 년마다 부리되는 명목이자율 8%, 그리고 다른 것은 1년에 365번 부리되는 명목이자율 7.85%를 제시한다. 어느 것이 더 나은 거래인가?

풀이. $i^{(2)} = 0.08$이면, $i = 0.08/2$이므로

$$i_{\text{eff}} = \left(1 + \frac{0.08}{2}\right)^{2} - 1 = 0.0816$$

이다.

$i^{(365)} = 0.0785$이면, $i = 0.0785/365$이므로

$$i_{\text{eff}} = \left(1 + \frac{0.0785}{365}\right)^{365} - 1 = 0.0817$$

이다.

두 번째 CD가 더 나은 거래이다.

또 다른 풀이 방법은 초기투자를 P_0라 가정하고 각 CD의 미래가를 계산하는 것이다. 처음 경우에 CD의 미래가는 $P_0(1+0.08/2)^2 = 1.0816P_0$이고 둘째 경우에는 $P_0(1+0.0785/365)^{365} = 1.0817P_0$이다. △

예 2.5. 헨리 켄드릭의 회사는 어떤 장비를 지금 \$200,000에, 혹은 지금 \$70,000, 1년 후 \$70,000, 그리고 2년 후 \$70,000에 구입할 수 있다. 자금을 명목이자율 6%로 월복리로 투자할 수 있는 경우라면 어느 선택이 더 나은가?

풀이. 이를 두 가지 다른 방법으로 풀 수 있는데, 여기서 현재가 개념을 살펴볼 수 있다.

풀이 1.

세 현금흐름의 현재가는

$$70000 + 70000\left(1+\frac{0.06}{12}\right)^{-12} + 70000\left(1+\frac{0.06}{12}\right)^{-24} = \$198,036.37$$

이다. 그래서 현재가가 $200,000보다 적으므로 $\$200,000 - \$198,036.37$, 즉, $1,963.63를 절약할 수 있는데, 이는 미래가 $1963.63\left(1+\frac{0.06}{12}\right)^{24} = \$2,213.32$에 해당한다. 따라서 할부안이 더 낫다.

풀이 2.

두 선택을 평가하기 위해 헨리의 회사가 $200,000를 가지고 있다 한다. 그래서 할부안에 따라 먼저 $70,000를 지불하고 $130,000를 남긴다. 회사는 이것은 6%로 1년 동안 투자하여 $138,018.12로 만든다. 그 다음에 $70,000를 지불하고 $68,018.12를 남긴다. 이것을 1년 동안 투자하여 $72,213.33를 만든다. $70,000를 지불하고 나면 $2,213.33가 남는데, 이것은 현재가로 $1,963.63이다.

$P = 200000$, $M = 70000$, 그리고 $i = 0.06/12$라 두면,

$$\begin{aligned} &P - M - M(1+i)^{-12} - M(1+i)^{-24} \\ &= \left(\left((P-M)(1+i)^{12} - M\right)(1+i)^{12} - M\right)(1+i)^{-24} \end{aligned}$$

이므로 이 두 방법이 동치임을 알 수 있다. △

2.2 시간도표와 현금흐름

시간도표(time diagram)는 유용한 도구인데 이를 이용하여 현금흐름(cash flow, 투자에 돈이 들어오고 나가는 흐름)을 시각적으로 표현할 수 있다.

- 첫째, 수평선을 그리는데, 이 수평선은 현재(0으로 나타낸다)에서 오른쪽으로 갈수록 시간이 증가하는 것을 나타낸다.
- 둘째, 수평선에서 시작하는 짧은 수직선을 그린다. 위로 가는 수직선은 들어오는 현금(양의 현금흐름, 또는 수입)을 나타내고, 아래로 가는 수직선은 나가는 현금(음의 현금흐름, 또는 지출)을 나타낸다. 그러므로 수직선들은 현금흐름을 나타낸다.

예를 들어, 2년 동안 연복리 6%로 $1,000를 투자한다고 하자. 2년 말에 이 $1,000는 미래가 $1000(1+0.06)^2 = \$1,123.60$로 커진다. 이 현금흐름을 다음과 같이 나타낼 수 있다.

연도	0	1	2
현금흐름	$-\$1,000.00$	$0.00	$+\$1,123.60$

연도 0에 $1,000를 투자하여(그래서 현금이 나가며, 따라서 음의 부호가 붙는다), 연도 2에 $1,123.60를 받는다(그래서 현금이 들어오며, 따라서 양의 부호가 붙는데 보통 생략한다). 이를 시간도표로 나타내면 그림 2.3과 같다.

일반적으로 복리에 대한 현금흐름은

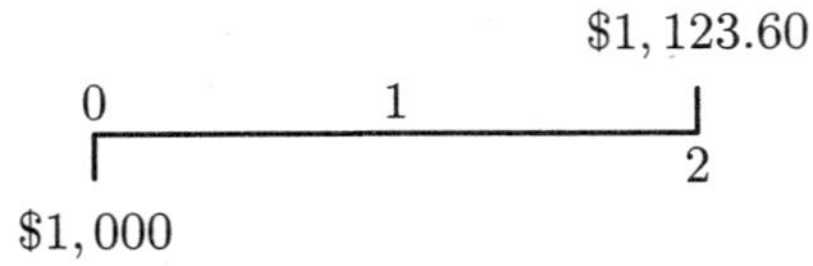

그림 2.3: 시간도표

시간	0	1	$\cdots$	$n-1$	n
현금흐름	$-P$	0	$\cdots$	0	$P(1+i)^n$

과 같으며 그림 2.4로 표현된다.

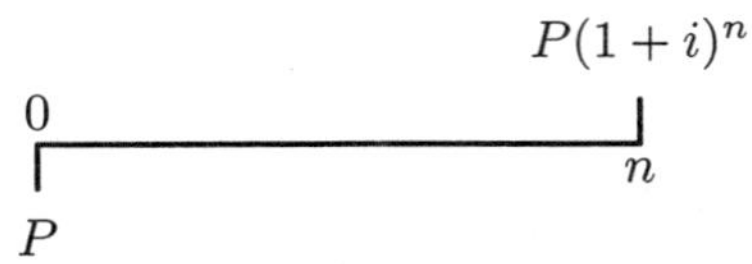

그림 2.4: 복리에 대한 시간도표

할인에 대한 현금흐름은

시간	0	1	$\cdots$	$n-1$	n
현금흐름	$-P(1+i)^{-n}$	0	$\cdots$	0	P

과 같으며 그림 2.5로 표현된다.

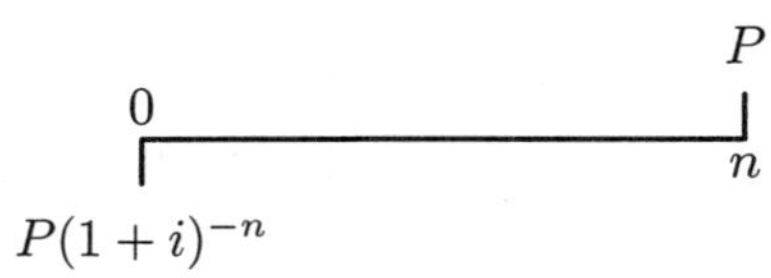

그림 2.5: 할인에 대한 시간도표

그림 2.6은 다음과 같은 현금흐름임을 알 수 있다. 초기에 P가 투자되고, 각 시간 간격마다 F를 정기적으로 수령하고, 마지막으로 n번의 시간 간격이 지난 후에 $F+P$를 수령한다. 즉

시간	0	1	2	$\cdots$	$n-1$	n
현금흐름	$-P$	F	F	$\cdots$	F	$F+P$

이다.

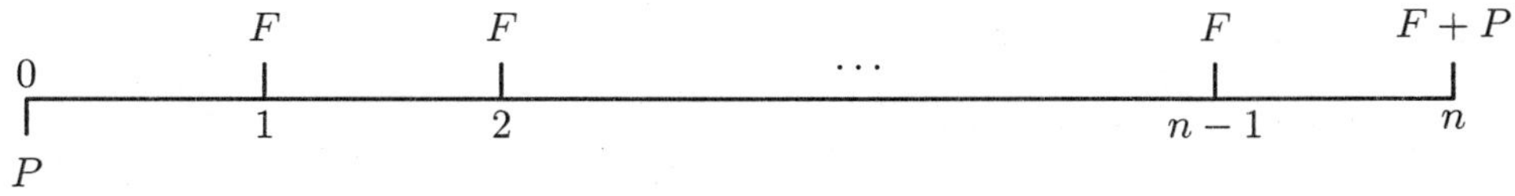

그림 2.6: 어떤 시간도표

일반적으로 현금흐름은 다음과 같은 상황으로,

시간	0	1	2	$\cdots$	$n-1$	n
현금흐름	C_0	C_1	C_2	$\cdots$	C_{n-1}	C_n

여기서 $C_k(k = 0, 1, \ldots, n)$는 양수, 음수, 또는 0이다. 이때 C_k의 부호를 모르면 시간도표에 C_k가 시간선 위에 있어야 하는지 아래에 있어야 하는지 정확하게 표시할 수 없다. 그림 2.7이 이 일반적인 상황을 표현한다.

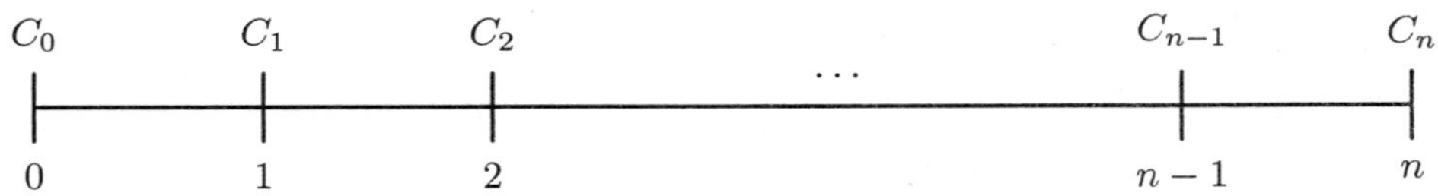

그림 2.7: 일반적인 현금흐름에 대한 시간도표

투자의 **순현재가**(net present value, NPV)는 유입 현금흐름의 현재가와 유출 현금흐름의 현재가의 차, 즉

$$\text{NPV} = C_0 + C_1(1+i)^{-1} + C_2(1+i)^{-2} + \cdots + C_n(1+i)^{-n}$$

이며 여기서 i는 시장이자율(prevailing interest rate)이다. (보통 초기 현금흐름 C_0는 음수이다.) 이 이자율은 투자 위험의 함수이다. 위험이 같은 두 투자 사이에서 선택하여야 할 때, 투자자는 일반적으로 순현재가가 더 높은 투자를 선호한다. 만일 두 투자가 시간 간격이 같고 순현재가도 같으면, 이 투자들에 대해 투자자는 중립적(indifferent)이라고 한다.

예 2.6. 톰 켄드릭은 연간 현금흐름이 다음과 같은 두 투자를 고려하고 있다.

년	0	1	2	3
현금흐름 (투자1)	$-\$13,000$	$\$5,000$	$\$6,000$	$\$7,000$
현금흐름 (투자2)	$-\$13,000$	$\$7,000$	$\$4,800$	$\$6,000$

어느 것이 더 나은 투자인가? 시장이자율은 다음과 같다고 한다. (a) 4.5%, (b) 9%.

풀이. (a) 4.5%에서 투자1의 NPV는

$$\mathrm{NPV}(1) = -13000 + \frac{5000}{1+0.045} + \frac{6000}{(1+0.045)^2} + \frac{7000}{(1+0.045)^3} = \$3,413.14$$

이고 투자2의 NPV는

$$\mathrm{NPV}(2) = -13000 + \frac{7000}{1+0.045} + \frac{4800}{(1+0.045)^2} + \frac{6000}{(1+0.045)^3} = \$3,351.85$$

이다. 그러므로 4.5%에서는 투자1이 더 나은 선택이다.

(b) 9%에서 투자1의 NPV는

$$\mathrm{NPV}(1) = -13000 + \frac{5000}{1+0.09} + \frac{6000}{(1+0.09)^2} + \frac{7000}{(1+0.09)^3} = \$2,042.52$$

이고 투자2의 NPV는

$$\mathrm{NPV}(2) = -13000 + \frac{7000}{1+0.09} + \frac{4800}{(1+0.09)^2} + \frac{6000}{(1+0.09)^3} = \$2,095.18$$

이다. 그러므로 9%에서는 투자2가 더 나은 선택이다.

△

이 예에서 시장이자율이 증가하면 현금흐름의 NPV가 떨어짐을 볼 수 있다. 이것은 $C_0 < 0$이고 $C_1, C_2, \ldots, C_n$이 모두 음수가 아니고 이중에 0이 아닌 것이 있다면 일반적으로 참이다.

2.3 내부수익률

연 6%로 $1,000를 투자하고 1년 후에 연 5%로 $2,000을 투자하면 전체 투자의 2년 후 미래가는 얼마인가? 이를 다음 현금흐름으로 나타내거나

년	0	1	2
현금흐름	$-\$1,000.00$	$-\$2,000.00$	?

그림 2.8로 나타낼 수 있다.

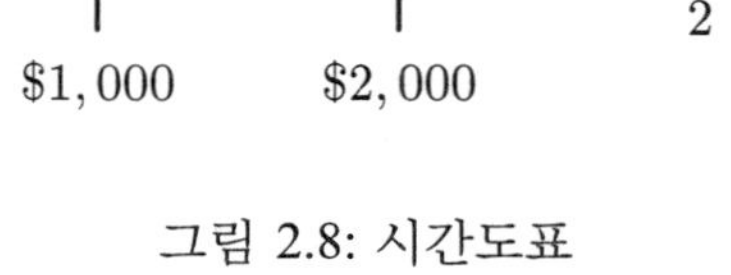

그림 2.8: 시간도표

$1,000는 2년 후 미래가가 $1000(1+0.06)^2 = \$1,123.60$이고, $2,000는 1년 후 미래가가 $2000(1+0.05) = \$2,100$이므로, 전체 투자의 미래가는 $1000(1+0.06)^2 + 2000(1+0.05) = 1123.60 + 2,100 = \$3,223.60$이다.

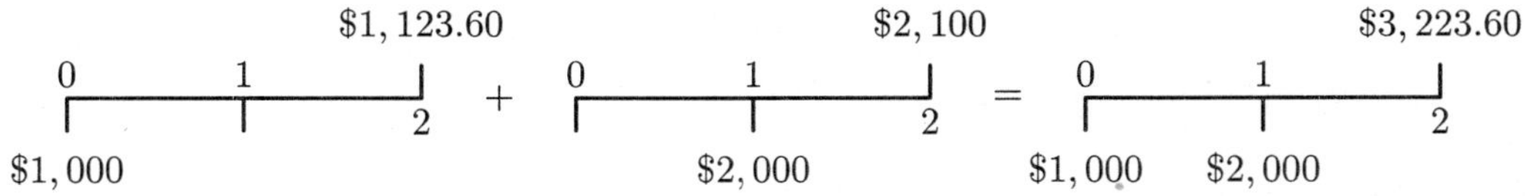

그림 2.9: 시간도표의 분해

그림 2.9에 그림 2.8을 분해하여 표현하였다.

이자율이 투자기간에 변경되었으므로, 자연스럽게 "2년에 걸쳐 번 것은 실제로 어떤 이자율인가?"라고 질문할 수 있다. (연간 실효이자율 i_{eff}를 사용할 수는 없다. 이것은 수익률이 일정한 상수인 투자에만 적용되기 때문이다.) 이 질문에 답하는 한 방법은 2년 동안 $3,000을 투자하여 $223.60을 만들었으므로 $223.60/$3,000 = 0.0745이고, 이것은 연당 0.03725라는 것이다.

그러나 여기에는 두 가지 오류가 있다. 첫째, 0.0745를 2로 나눔으로써 단리 이자율을 계산하였다. 둘째, $2,000와 $1,000가 서로 다른 시점에 기탁되었다는 점이다.

첫째 문제점을 $3,223.60를 $3,000로 할인하는 연이자율 i, 즉

$$3000 = 3223.60(1+i)^{-2}$$

인 $i > 0$을 찾아서 수정할 수 있다. 그러므로

$$i = \pm\sqrt{\frac{3223.60}{3000}} - 1 = 0.0366, \text{ 또는 } -2.0366$$

인데 i가 양수가 되어야 하므로 $i = 0.0366$이다. (왜 이렇게 계산한 이자율이 앞서 계산한 이자율 0.03725보다 낮은가?)

그러나 이 방법은 둘째 문제점, 즉 $2,000가 $1,000와는 다른 시점에 기탁되었다는 문제점을 고려하지 않았다. 이 문제점을 $3,223.60를 $1,000와 $2,000의 할인가, 즉 $2000(1+r)^{-1}$의 합으로 할인하는 이자율 r을 찾아 해결할 수 있다. 그래서

$$1000 + 2000(1+r)^{-1} = 3223.60(1+r)^{-2}$$

인 r을 찾아야 된다. 이는 이차방정식

$$1000(1+r)^2 + 2000(1+r) - 3223.60 = 0,$$

즉,

$$(1+r)^2 + 2(1+r) - 3.2236 = 0$$

을 푸는 것이고, $1+r$에 대해 풀면,

$$1+r = \frac{1}{2}\left(-2 \pm \sqrt{2^2 + 4 \times 3.22360}\right) = 1.055 \text{ 또는 } -3.055$$

이므로, $r = 0.055$ 또는 -4.055이다. 그러나 r은 양수가 되어야 하므로 $r = 0.055$이다. 이렇게 계산한 연이자율을 **내부수익률**(internal rate of return (IRR))이라 하는데, 복리와 화폐의 시간가치를 모두 고려한 것이다.

정의 2.2. 어떤 투자에 대한 **내부수익률**(internal rate of return (IRR)) i_{irr}는 같은 현금흐름을 버는 저축계좌에 적용된 연이자율과 동일한 이자율을 말한다.

예 2.7. 웬디와 톰의 아버지인 휴즈 켄드릭은 \$10,000를 1년에 연이자율 5%로 365번 부리되는 CD에 투자하였다. 1년 말에 1년에 4번 연이자율 6%로 부리되는 CD로 넘어갔다. 두 번째 CD 만기에 이자는 얼마가 되는가? 이 투자에 대한 IRR i_{irr}는 얼마인가?

풀이. 첫 해 말에 $10000(1+0.05/365)^{365}$이 되고, 이것은 두 번째 CD의 원금이 된다. 이것은

$$\left(10000\left(1+\frac{0.05}{365}\right)^{365}\right)\left(1+\frac{0.06}{4}\right)^4 = \$11,157.77$$

가 되므로 그는 이자로 \$1,157.77을 벌게 된다.

IRR를 계산하기 위해

$$10000(1+i_{\text{irr}})^2 = 10000\left(1+\frac{0.05}{365}\right)^{365}\left(1+\frac{0.06}{4}\right)^4$$

인 i_{irr}를 찾으면

$$i_{\text{irr}} = \pm\sqrt{\left(1+\frac{0.05}{365}\right)^{365}\left(1+\frac{0.06}{4}\right)^4} - 1 = 0.0563 \text{ 또는 } -2.0563$$

이다. 그러므로 IRR는 약 5.6%이다. △

예 2.8. 연이자율 20%로 5년 동안 단리로 투자했을 때 IRR i_{irr}를 계산하시오.

풀이. $P_0 = 1, i = 0.20$, 그리고 $n = 5$로 5년 동안 단리로 계산하면 (1.1)에서

$$P_5 = (1 + (5 \times 0.2)) = 2$$

이다. 이제 $(1+i_{\text{irr}})^5 = 2$이고 $i_{\text{irr}} = 2^{1/5} - 1 = 0.149$이다.

그러므로 14.9%로 해마다 복리로 부리되면 5년에 투자액은 두 배가 된다. △

금융 관련

지수펀드(index fund)란 그 자산의 모임이 전체 주식시장의 특정 지수의 성과를 반영하도록 설계된 펀드를 말한다.[7] 보통 지수펀드는 의사결정이 자동화되고 송금이 빈번하지 않게 운용한다. 일반적으로 투자자가 매월 일정한 액수를 투자하거나, 개설에 필요한 최소 구좌가 있다. 투자자는 보통 자주 사고 파는 것을 삼가도록 권유받는데, 이에 대해서는 개인별로 설계할 수도 있다. 개인 투자자를 위한 최초의 지수펀드는 1976년 뱅가드 그룹(The Vanguard Group)이 만들었다.

[7] 10장에서 주식시장지수를 다룬다.

예 2.9. 12개월 동안 매월 초에 휴즈 켄드릭은 어떤 지수펀드의 \$100에 해당하는 지분을 구입하였다. 12개월째 말에 그의 지분의 가치는 \$1,500이였다. 그의 투자의 내부수익률 $i_{\rm irr}$는 몇인가?

풀이. 휴즈의 투자가 그림 2.10으로 표현되어 있다.

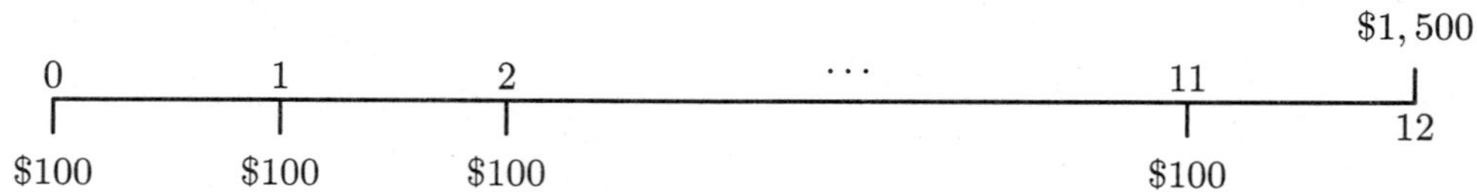

그림 2.10: 시간도표

연이자율 $i_{\rm irr}$일 때 그의 투자의 현재가는

$$100 + 100(1+i_{\rm irr})^{-1/12} + 100(1+i_{\rm irr})^{-2/12} + \cdots + 100(1+i_{\rm irr})^{-11/12} = 1500(1+i_{\rm irr})^{-12/12}$$

또는,

$$100(1+i_{\rm irr})^{12/12} + 100(1+i_{\rm irr})^{11/12} + \cdots + 100(1+i_{\rm irr})^{1/12} = 1500$$

이다.

첫째 방정식은 현재가로 할인하여 얻은 것이고, 둘째는 12개월 말의 미래가로 복리로 계산하여 얻은 것이다. $1+i_{\rm irr} > 0$이라 가정하고 있음에 유의하라.

둘째 방정식에서 $1+i = (1+i_{\rm irr})^{1/12}$라 두면 $1+i > 0$이며

$$100(1+i)^{12} + 100(1+i)^{11} + 100(1+i)^{10} + \cdots + 100(1+i) = 1500 \tag{2.5}$$

가 된다. 이 방정식을

$$(1+i)^{11} + (1+i)^{10} + \cdots + 1(1+i) = 15$$

라 고쳐 쓰고 기하급수[8]

$$1 + x + x^2 + \cdots + x^{n-1} = (x^n - 1)/(x-1), \quad x \neq 1,\ n \geq 1,$$

를 $x = 1+i$와 $n = 12$에 대해 사용하면, i가

$$\frac{(1+i)^{12} - 1}{i}(1+i) - 15 = 0 \tag{2.6}$$

를 만족함을 알 수 있다. 일반적으로 이 방정식을 i에 대하여 해석적으로 풀 수는 없으나, 수치적으로 — 예를 들어, 이분법(bisection method) 또는 뉴튼의 방법(Newton's method)(38쪽의 문제 2.20을 보라) — 또는 식 (2.6)의 좌변을 그래프로 그리고 어디서 수평축과 교차하는지(그림 2.11을 보라) 보고 그래프로 풀어서 $i = 0.0339$을 얻는다. 이제 $1+i = 1.0339 > 0$ 이고 $1+i = (1+i_{\rm irr})^{1/12}$에서 $i_{\rm irr} = (1+i)^{12} - 1 = 0.492$를 얻는다. 그러므로 내부수익률은 49.2%이다. △

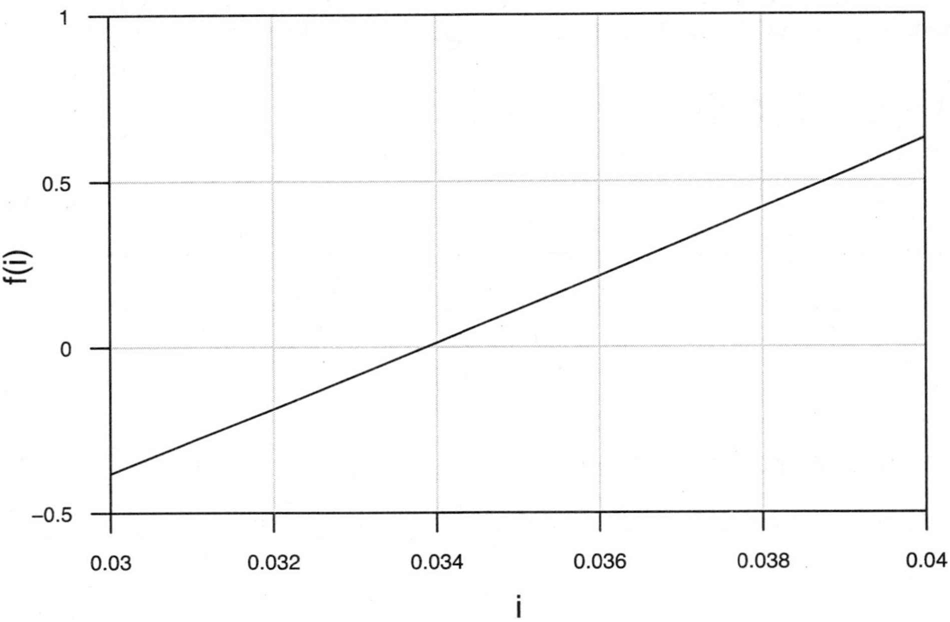

그림 2.11: 함수 $f(i) = \frac{(1+i)^{12}-1}{i}(1+i) - 15$

앞의 예에서 우리는 매우 중요한 점을 간과하였다. 어떻게 $1+i = 1.0339$이 (2.6)의 유일한 해인지 아는가? 우리는 지금은 그런지 모르며, 실제로는 $1+i = -1.318$이 또 다른 해이기 때문에 유일하지 않다. 그러나 이 해는 $1+i > 0$를 만족하지 않기 때문에 이 해를 기각한다. 그러면 어떻게 1.0339이 받아들일 수 있는 유일한 해인지 알 수 있을까?

사실 (2.5)를

$$100(1+i)^{12} + 100(1+i)^{11} + 100(1+i)^{10} + \cdots + 100(1+i) - 1500 = 0 \tag{2.7}$$

고쳐 쓰면 $(1+i)$에 대한 12차 다항식이 된다. 일반적으로 n차 다항식은 (복소근을 포함하여) n개의 근을 갖는다. 그래서 (2.7)은 12개의 해를 가질 것으로 예측할 수 있다 — 사실은 $1+i > 0$을 만족하는 실수해는 하나뿐인데, 이를 곧 보일 것이다.

이를 보이기 위해 다음과 같은 현금흐름을 가지는 일반적인 경우로 되돌아가자.

시간	0	1	2	$\cdots$	$n-1$	n
현금흐름	C_0	C_1	C_2	$\cdots$	C_{n-1}	C_n

여기서 C_k $(k = 0, 1, \ldots, n)$는 양수, 음수, 또는 0이다. m을 연간 기간 수라 하고 n을 전체 기간 수라 하자. 그림 2.12에 이러한 일반적인 상황이 표현되어 있다.

[8]문제 2.34와 2.35를 보라.

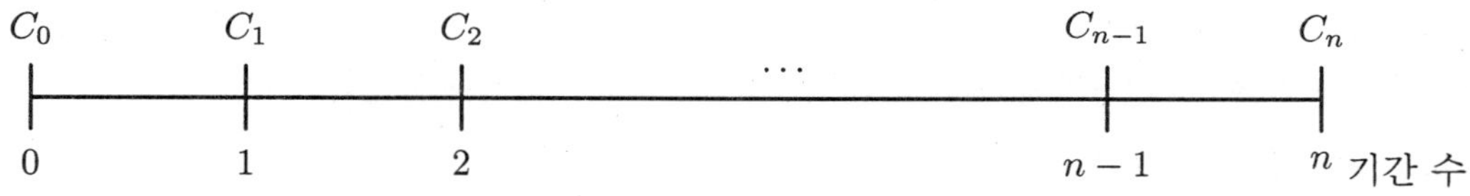

그림 2.12: 일반적인 시간도표

이 현금흐름에 대한 IRR i_{irr}는 방정식

$$C_0 + C_1(1+i_{\text{irr}})^{-1/m} + C_2(1+i_{\text{irr}})^{-2/m} + \cdots + C_n(1+i_{\text{irr}})^{-n/m} = 0$$

의 해이고,[9] 이를

$$C_0(1+i_{\text{irr}})^{n/m} + C_1(1+i_{\text{irr}})^{(n-1)/m} + C_2(1+i_{\text{irr}})^{(n-2)/m} + \cdots + C_n = 0$$

와 같은 형태로 쓸 수 있다. $1+i>0$라 하고 $1+i=(1+i_{\text{irr}})^{1/m}$라 두면, 앞의 방정식은

$$C_0(1+i)^n + C_1(1+i)^{n-1} + C_2(1+i)^{n-2} + \cdots + C_n = 0$$

가 된다. 이것은 $1+i$에 대한 n차 다항방정식이므로 복소근까지 포함하면 정확하게 n개의 해를 가진다.

$1+i=(1+i_{\text{irr}})^{1/m}$에서

$$i_{\text{irr}} = (1+i)^m - 1$$

가 성립하는데, 이 식은 내부수익률 i_{irr}와 구간당 내부수익률 i의 관계를 설정한다. $m=1$이면 $i_{\text{irr}}=i$이고, $i>0$ 이면 $i_{\text{irr}}>0$임에 유의하자. 이항근사

$$(1+i)^m = 1 + mi + \cdots$$

를 이용하면

$$i_{\text{irr}} \approx mi$$

가 되는데 이것을 가끔 $i_{\text{irr}}=(1+i)^m-1$ 대신에 사용하기도 한다.

$n=1$일 때 (그래서 두 개의 현금흐름이 있다), 이 방정식은

$$C_0(1+i) + C_1 = 0$$

가 되고, 해는

$$i = \frac{-C_1 - C_0}{C_0}$$

가 된다. $P_0=-C_0<0$이고 $P_1=C_1>0$라 하면, P_0의 예금계좌를 개설하여 한 기간 후에 P_1이 누적된 것에 해당하는데, 이때

$$i = \frac{P_1 - P_0}{P_0}$$

[9]어떤 투자에 대한 IRR는 순현재가가 0이 되게 하는 연이자율임에 유의하자. 그러므로 IRR는 예상 미래 현금흐름의 현재가가 투자 초기비용와 같아지게 만드는 이자율이다. IRR는 비용이 다르거나 혹은 액수나 지급주기가 다른 현금흐름을 지닌 투자들을 비교할 때, 그리고 잠재적 투자를 투자자의 요구 사항과 어떻게 비교할지 결정할 때 유용하다.

가 된다. 이것은 이러한 현금흐름에 대해 4쪽에서 정의한 수익률과 같다. 그러므로 **유입 현금흐름 1회와 유출 현금흐름 1회가 있다면 기간당 내부수익률과 투자수익률은 동일하다.**

$n = 2$일 때, 이 방정식

$$C_0 i^2 + (2C_0 + C_1)i + (C_0 + C_1 + C_2) = 0$$

가 되고 실근을 갖지 않거나, 중근을 갖거나, 서로 다른 두 실근을 갖는다. 두 번째와 세 번째만 i가 존재할 수 있고 유일할 수 있다. 사실 IRR가 존재하지 않거나 존재해도 유일하지 않은 완전하게 정상적인 현금흐름을 설계할 수 있다.

예 2.10. 다음 현금흐름에 대한 IRR를 구하라.

연도	0	1	2
현금흐름	$-\$1,000$	\$2,000	$-\$1,500$

이는 누군가에게 지금 \$1,000와 2년 후에 \$1,500를 주고 대신에 1년 후에 \$2,000를 받는 것에 해당한다.

풀이. 여기서 i_{irr}는

$$-1000(1 + i_{\text{irr}})^2 + 2000(1 + i_{\text{irr}}) - 1500 = 0$$

을 만족해야 하고, 이 식은 간략히 하면

$$2i_{\text{irr}}^2 + 1 = 0$$

가 되는데 실근을 갖지 않는다. 그러므로 이 거래는 IRR가 없다. △

예 2.11. 다음 현금흐름에 대한 IRR를 구하라.

연도	0	1	2
현금흐름	$-\$1,000$	\$2,150	$-\$1,155$

이는 누군가에게 지금 \$1,000와 2년 후에 \$1,155를 주고 대신에 1년 후에 \$2,150를 받는 것에 해당한다.

풀이. 여기서 i_{irr}는

$$-1000(1 + i_{\text{irr}})^2 + 2150(1 + i_{\text{irr}}) - 1155 = 0$$

을 만족해야 하고, 이 식은 $1 + i_{\text{irr}}$에 대해 풀면,

$$1 + i_{\text{irr}} = 1.05 \text{ 또는 } 1.1$$

가 된다. 따라서 $i_{\text{irr}} = 0.05$ 또는 $i_{\text{irr}} = 0.10$이 되고, i_{irr}는 유일하지 않다. △

유일성에 관한 질문에 다음과 같이 부분적으로 답할 수 있다.

정리 2.3 (IRR 유일성 정리 I). 어떤 p에 대해 $C_0, C_1, \ldots, C_p$가 같은 부호이거나 0(그러나 모두 0인 경우는 아님)이고 $C_{p+1}, C_{p+2}, \ldots, C_n$가 모두 반대 부호이거나 0(그러나 모두 0인 경우는 아님)이면

$$C_0 + C_1(1+i)^{-1} + C_2(1+i)^{-2} + \cdots + C_n(1+i)^{-n} = 0$$

은 많아야 하나의 양의 해 $1+i$를 갖는다.

증명. 방정식

$$C_0(1+i)^n + C_1(1+i)^{n-1} + C_2(1+i)^{n-2} + \cdots + C_n = 0$$

을 $1+i$에 대한 다항식으로 생각하고 데카르트의 부호법칙을 사용하면,[10] 정확히 한 번 부호 변화가 있으므로 이 다항식은 많아야 하나의 양의 근을 갖는다. □

IRR 유일성 정리 I 해설

- 이 정리는 많아야 하나의 양의 해 $1+i$가 있음을 보장한다. 그러나 i가 양수라는 것은 보장하지 않는다.
- (2.7)을 다시 보면 부호 변화가 한 번 있으므로 많아야 하나의 (수치적으로 구한) 양의 해를 가짐을 알 수 있다. IRR가 존재하지 않는 예(32쪽의 예 2.10)에서나 유일하지 않은 예(32쪽의 예 2.11)에서는 부호 변화가 두 번 있었다.

때로 유용한 또 다른 정리가 있다 ([16] 참조).

정리 2.4 (IRR 유일성 정리 II). 다음 조건,

(a) $1+i>0$,

(b) $0 \le p \le n-1$을 만족하는 모든 정수 p에 대하여 $\sum_{k=0}^{p} C_k(1+i)^{p-k} > 0$ (즉, 기간 p 까지의 모든 현금흐름의 미래가가 양수),

(c) $\sum_{k=0}^{n} C_k(1+i)^{n-k} = 0$

을 만족하는 i가 존재하면, 그 i는 유일하다.

증명. 또 다른 해 j가 있다면 (c)에서

$$\sum_{k=0}^{n} C_k(1+j)^{n-k} = 0$$

[10] 데카르트의 부호법칙에 의하면 다항방정식 $a_n x_n + a_{n-1} x_{n-1} + \cdots + a_1 x + a_0 = 0$의 양의 해의 최대 개수는 계수 $a_n, a_{n-1}, \ldots, a_1, a_0$을 (0인 계수를 제외하고) 순서대로 놓았을 때 부호가 변하는 횟수가 된다.

가 성립한다. 일반성을 잃지 않고 $j > i$라 가정한다.

우선 p에 대한 귀납법으로 $p = 1$에서 n까지

$$\sum_{k=0}^{p} C_k(1+j)^{p-k} > \sum_{k=0}^{p} C_k(1+i)^{p-k}$$

가 성립함을 증명한다. $p = 1$에 대해 이 식은

$$C_0(1+j) + C_1 > C_0(1+i) + C_1$$

인데 이는 (b)에서 $p = 0$이라 두면 $C_0 > 0$이므로 참임을 알 수 있다.

$\sum_{k=0}^{h} C_k(1+j)^{h-k} > \sum_{k=0}^{h} C_k(1+i)^{h-k}$라 가정하고

$$\sum_{k=0}^{h+1} C_k(1+j)^{h+1-k} > \sum_{k=0}^{h+1} C_k(1+i)^{h+1-k}$$

를 보이자.

이제 계산하면

$$\begin{aligned}\sum_{k=0}^{h+1} C_k(1+j)^{h+1-k} &= \sum_{k=0}^{h} C_k(1+j)^{h+1-k} + C_{h+1} \\ &= \sum_{k=0}^{h} C_k(1+j)^{h-k}(1+j) + C_{h+1} \\ &> \sum_{k=0}^{h} C_k(1+i)^{h-k}(1+j) + C_{h+1} \\ &> \sum_{k=0}^{h} C_k(1+i)^{h-k}(1+i) + C_{h+1} \\ &= \sum_{k=0}^{h+1} C_k(1+i)^{h+1-k}\end{aligned}$$

가 되어 귀납법에 의해 부등식이 증명되었다. (조건 (a)가 어디서 쓰였는가? (b)는?)

그러므로

$$\sum_{k=0}^{n} C_k(1+j)^{n-k} > \sum_{k=0}^{n} C_k(1+i)^{n-k} = 0$$

이다. 그런데 (c)에 의해

$$\sum_{k=0}^{n} C_k(1+j)^{n-k} = 0$$

이므로 모순이다. (왜 $j > i$라 가정해도 되었을까?) □

IRR 유일성 정리 II 해설

- 조건 (b)에 의하면 $C_0 > 0$이다. 조건 (c)에 의하면 $C_n = -\sum_{k=0}^{n-1} C_k(1+i)^{n-k} = -(1+i)\sum_{k=0}^{n-1} C_k(1+i)^{n-1-k}$이고, 이것은 조건 (a)와 (b)에 의해 음수이다. 그러므로 $C_n < 0$이다. 그러나 나머지 $C_1, \ldots, C_{n-1}$에 대해서는 (b)를 만족한다는 것 외에는 부호에 대한 제약이 없다.
- 이 정리는 다음 의미에서 전형적인 저축계정은 유일한 IRR를 가진다는 것을 보장해준다. 저축이 양의 수지 $C_0 > 0$로 개설되고, 인출과 예금을 여러 번 해도 이자율 i가 변하지 않고, 계정에서 초과인출되는 일이 없다면, 즉 $0 \le p \le n-1$에 대해 $\sum_{k=0}^{p} C_k(1+i)^{p-k} > 0$이면, IRR, 즉 i가 존재하고 유일하다. (여기서 C_n은 계정의 가치이고 모든 것을 저축기관의 관점에서 본 것이다.)
- 조건 (b)의 부등식을 $\sum_{k=0}^{P} C_k(1+i)^{p-k} < 0$로 교체되어도 이 정리는 성립한다. (41쪽의 문제 2.44를 보라.)

2.4 72 법칙

72 법칙이란 투자자들이 가끔 사용하는 근사 방법이다. 이 법칙이 말하는 것은 투자가 두 배가 되는 데 걸리는 시간을 계산하려면 72를 백분율로 표시한 연이자율로 나누면 된다는 것이다. 예를 들어, 이자율이 14%이면, 72 법칙에 따르면 투자가 두 배가 되는 데 72/14 = 5.14년이 소요된다.

이 법칙의 정당성은 다음에 근거를 두고 있다. 이자가 명목이자율 $i^{(\infty)}$로 연속복리로 부리된다면, 시간 n일 때의 미래가는

$$P(n) = P_0 e^{i^{(\infty)} n}$$

이다. 우리가 알고 싶은 것은 $P(n+T) = 2P(n)$가 되는 시간 $n+T$이다.

조건 $P(n+T) = 2P(n)$에서부터

$$P_0 e^{i^{(\infty)}(n+T)} = 2P_0 e^{i^{(\infty)} n}$$

또는

$$e^{i^{(\infty)} T} = 2$$

가 되므로

$$T = \frac{\ln 2}{i^{(\infty)}} = \frac{0.693}{i^{(\infty)}}$$

가 된다. 그러므로 $i^{(\infty)}$를 백분율로 표기하면, 돈이 두 배가 되는 데 필요한 시간은 약 $69.3/i^{(\infty)}$이다. (초기투자액이나 시작 시점과 무관하다는 것에 유의하라.) 그러므로 72 법칙은 69.3 법칙으로 불러야 되고, 이자가 연속복리로 부리되는 경우에만 사용되어야 한다.

그러나 투자는 종종 연속복리가 아닌 연단위 복리로 부리된다. 그러면 이 경우 어떤 근사 법칙을 적용하여야 할까? 답은 "특정한 수를 이자율로 나누어라"와 같은 쉬운 근사 법칙이 없다는

것이다. 이 경우

$$P_n = P_0(1+i)^n$$

이므로

$$P_N = 2P_0$$

가 되는, 또는

$$(1+i)^N = 2$$

가 되는 N을 찾아야 한다. N에 대해 풀면

$$N = \frac{\ln 2}{\ln(1+i)} \tag{2.8}$$

이다. 그러므로 근사 법칙은 0.693을 $(1+i)$의 자연 로그로 나누는 것이다. 간편한 근사 법칙이 결코 아니다.

2.5 연습문제

걷기

2.1. 스프레드시트를 이용하여 16쪽의 표 2.3의 항을 확인하라.

2.2. 톰 켄드릭은 \$1,000를 명목이자율 $i^{(1)}$로 투자하여 매해 말에 복리가 되도록 이자를 남겨 놓았다. 4년째 해 말에 전체 이자가 \$300이 되었다. $i^{(1)}$을 계산하라. 그 답을 10쪽의 문제 1.1과 비교하라. 어느 것이 더 높을 것으로 예상하는가? 이유를 설명하라.

2.3. \$1,000를 어떤 계좌에 투자하여 3년 동안 연간 6%를 벌었다. 명목 이자율이 5%라면 이 투자의 순현재가는 몇인가?

2.4. 명목이자율이 몇일 때 일 복리로 7년이면 돈이 두 배가 되는가? 이 투자의 IRR는 몇인가?

2.5. 반 년마다 부리되는 명목이자율 7%로 투자한 \$1,000가 \$1,500로 증가하는 데 얼마나 걸리는가? 이 투자의 IRR는?

2.6. 톰은 10년 안에 \$4,000을 돌려주는 조건으로 친구에게 \$1,000를 빌려주었다. 이 투자의 IRR는 몇인가?

2.7. 웬디는 은퇴에 대비해 25번째 생일부터 저축하기로 결심했다. 그녀는 해마다 10%를 버는 투자에 \$1,000를 투입하였다. 그녀는 이를 20년 동안 지속하였다. (그때 나이는 45이고 \$20,000를 투자한 것이다.) 그리고 더이상 돈을 넣지 않았다. 그리고는 그녀가 은퇴하는 65세까지 연간 10%인 곳에 투자하였다. 웬디의 쌍둥이 형제인 톰은 45번째 생일까지 은퇴를 위해 저축한 것이 없다가 매해 고정액을 연간 10%로 20년 동안 투자하기 시작하였다. (그래서 톰과 웬디는 모두 65세가 되었다.) 웬디가 은퇴할 때 같은 액수가 되려면 톰은 매해 얼마를 투자하여야 하는가?

2.8. 톰은 주식을 \$50에 구입하였는데 1년 후 \$100 가치가 되어, 그 해의 톰의 투자에 대한 수익은 100%였다. 1년 후 주식은 \$50가치가 되어, 둘째 해의 톰의 투자에 대한 수익은 -50%이 되었다. 톰은 2년 동안의 투자에 대한 평균 수익은 $(100+(-50))/2=25\%$라고 주장한다. 이 주장에 대하여 논평하라.

2.9. 5년 동안의 단리 투자율 20%에 대한 IRR는 몇인가? 4년 동안이면? 10년 동안이면?

2.10. 휴즈의 아내 헬렌 켄드릭은 Cisco 주식을 \$68에 구입하였다. 두 달 후에 \$104의 가치가 되었다. 헬렌의 IRR는 얼마인가?

2.11. 휴즈는 그가 15년 뒤에 은퇴할 때 \$1,000,000가 필요할 것이라 생각한다. 연복리이자율 8%인 은퇴자금 계좌에 현재 얼마가 있다면 자금을 계좌에 더 추가하지 않아도 그의 목표에 도달할 수 있는가?

2.12. 초기 자금 \$10,000를 첫 해 연복리이자율 10%와 그 다음 해에 9%인 곳에 2년 동안 투자하였다. 이 투자의 미래가는 첫 해 연복리이자율 9%와 그 다음 해에 10%인 곳에 2년 동안 투자하는 것과 같은가? 왜 그런지 설명하라.

2.13. 어떤 투자의 EFF가 8%이면, 이자가 월마다 부리될 경우 명목이자율은 몇인가?

2.14. 미국투자기업협회(NAIC)는 회원들이 수식을 분석할 때 특별한 양식(the Stock Selection Guide)을 사용하도록 권장한다. 이 양식의 어떤 부분은 사용하려면 사용자가 5년이 넘는 투자의 계획 연간수익률을 단리에서 복리로 변환해야 한다. 다음 표가 이를 위해 사용된다. 예를 들어 이 표에 따르면 연이자율 10%인 5년 단리는 연이자율 8.45%인 복리와 동등하다. 이 표가 정확한지 확인하라. 복리 행은 단리 행의 위로 오목인 함수인가, 아래로 오목인 함수인가?

단리(%)	10.00	15.00	20.00	25.00	30.00	35.00	40.00
복리(%)	8.45	11.84	14.87	17.61	20.11	22.42	24.57

2.15. 어떤 은행들은 다음과 같이 약속한다. "그 달 10일까지 예금하고 이자는 1일부터 받으십시오. 여러분의 돈을 언제라도 인출하십시오." 두 은행 A와 B는 모두 명목이자율 $i^{(360)}$으로 날마다 이자를 계산하지만, B 은행만 이러한 약속을 한다. 여러분은 A 은행에 1일부터 10일까지 예금하고 10일째 모든 돈을 B 은행으로 이체하고, 마지막으로 그 달 말에 모든 돈을 B 은행에서 A 은행으로 이체한다. 여러분이 매달 이렇게 한다고 한다. 한 달이 30일이라 가정하면 EFF는 몇인가? IRR는 어떻게 되는가?

2.16. 36쪽의 식 (2.8)을 써서 열제목이

연수	연이자율	규칙

인 표를 연이자율이 1%에서 30%까지 1%씩 증가하게 작성하라. "연수" 열은 상응하는 연이자율로 투자금이 두 배가 되는 데 소요되는 연수이다. "규칙" 열은 72 법칙처럼 (백분율로 표기한) 이자율에 연수를 곱하여 계산한다. 어느 이자율에 대해 72 법칙이 성립하는가?

2.17. 36쪽의 식 (2.8)을 써서 열제목이

연수	연이자율	규칙

인 표를 연수가 1에서 15까지 1씩 증가하게 작성하라. "연이자율" 열은 상응하는 연수에 투자금이 두 배가 되는 데 필요한 (백분율로 표기한) 이자율이다. "규칙" 열은 72 법칙처럼 (백분율로 표기한) 이자율에 연수를 곱하여 계산한다. 어느 연수에 대해 72 법칙이 성립하는가?

2.18. 다음 현금흐름을 나타내는 시간도표를 작성하라.

연도	0	1	2
현금흐름	\$1,000	−\$500	−\$600

IRR는 몇인가? "내가 ...을 빌리고 ..."로 시작하는 일상 용어로 이 현금흐름을 설명하라.

2.19. $P > 0$라 가정하고 다음 현금흐름을 나타내는 시간도표를 작성하라.

연도	0	1	2	3	4	5
현금흐름	$-P$	\$0	\$0	\$1,000	\$2,000	\$3,000

1년마다 명목이자율 10% 복리라 하고 P를 구하라. "...을 인출하고 ..."로 시작하는 일상 용어로 이 현금흐름을 설명하라.

2.20. 29쪽의 식 (2.6)을

$$(1+i)^{13} - 16(1+i) + 15 = 0$$

로 다시 쓰자.

(a) 함수 $f(x) = x^{13} - 16x + 15$의 그래프를 그려서 이 방정식의 세 해를 구하라.

(b) 이분법(bisection method)을 사용하여 이 방정식의 세 해를 구하라.

(c) 뉴튼의 방법(Newton's Method)을 사용하여 이 방정식의 세 해를 구하라.

(d) 이 방정식의 한 해는 $i = 0$임을 보여라. 왜 $i = 0$이 29쪽의 (2.5)의 해가 아닌지 설명하라.

2.21. 연속복리이자율 6%로 투자한 것과 같은 수익을 얻는 복리이자율을 구하려 한다. 복리 기간이 각각 (a) 월, (b) 반기, (c) 연이라면 몇이 되어야 하는지 계산하라.

2.22. 다음과 같은 여러가지 \$50,000 대출을 생각하자.

(a) 연간 7.5%로 10년 대출.

(b) 연간 10%로 10년 대출.

(c) 연간 7.5%로 15년 대출.

(d) 연간 10%로 15년 대출.

대출에 대한 월 납입액은 순서에 상관없이 \$593.51, \$463.51, \$660.76, \$537.71이다. 연간 7.5%로 10년 대출한 것에 대한 월 납입액은 \$593.51이다. 계산기를 사용하지 않고 각 대출과 월 납입액을 연결하라.

2.23. 3년 동안 연말마다 다음 액수를 돌려주는 \$10,000 투자에 대한 IRR를 계산하라. 여기서 어떤 결론을 내릴 수 있는가?

(a) \$400, \$500, \$10,600.

(b) \$500, \$600, \$10,400.

(c) \$600, \$400, \$10,500.

(d) \$600, \$500, \$10,400.

2.24. 휴즈 켄드릭은 다음 세 가지 투자를 생각하고 있다.

(a) 7%로 분기단위로 부리되는 투자.

(b) 7.1%로 연단위로 부리되는 투자.

(c) 6.9%로 연속으로 부리되는 투자.

IRR가 가장 높은 것은?

2.25. 톰 켄드릭은 현금흐름이 다음과 같은 투자를 고려하고 있다.

연도	0	1	2	3
현금흐름	−\$13,000	\$5,000	\$6,000	\$7,000

IRR는 몇인가? "내가 ...을 빌리고 ..."로 시작하는 일상 용어로 이 현금흐름을 설명하라.

뛰기

2.26. $P_0(1+x)^n$가 x에 대해 증가하고, 아래로 오목함을 보여라. (16쪽을 보라.)

2.27. $P_0(1+i)^x$가 x에 대해 증가하고, 아래로 오목함을 보여라. (16쪽을 보라.)

2.28. 귀납법으로 $n > 1$과 $i > 0$에 대하여

$$(1+2i)^n - 1 > 2((1+i)^n - 1)$$

가 성립함을 보여라. 이 부등식을 이용하여 기간당 이자율이 두 배가 되면, $n > 1$이면 복리에 의한 평가액은 두 배 이상임을 보여라. $n = 1$이면 어떻게 되는가? (17쪽을 보라.)

2.29. $n > 0$과 $i > 0$에 대하여

$$(1+i)^{2n} - 1 > 2((1+i)^n - 1)$$

임을 부등식을 $(1+i)^n$에 대한 이차식으로 표현하여 증명하라. 이 부등식을 이용하여 기간 수 n이 두 배가 되면, 복리에 의한 평가액은 두 배 이상임을 보여라. (17쪽을 보라.)

2.30. 앞서 18쪽의 그림 2.2를 이용하여 이자율을 두 배로 높이면 원금평가절상이 두 배가 넘게 되고, 이자기간을 두 배로 높이면 원금평가절상이 두 배 이상이 될 것으로 예상하였다. 어떻게 또한 17쪽의 그림 2.1에서도 이러한 예상을 할 수 있는지 설명하라.

2.31. 다음을 보여라.

$$\lim_{m\to\infty}\left(1+\frac{x}{m}\right)^m = e^m$$

2.32. 20쪽의 식 (2.2)를 보라. $mN = Nm$라는 사실에 비추어 볼 때, $P_{m,N} = P_{N,m}$가 성립한다고 생각하는가? 그렇다면 증명하고, 아니라면 반례를 들어라.

2.33. $m > 1$일 때, 연간 m회 부리되는 명목이자율 $i^{(m)}$의 EFF는 항상 $i^{(m)}$보다 큼을 증명하라.

2.34. 귀납법을 사용하여 기하급수의 합 $\sum_{k=1}^{n} x^{k-1}$을 구하라. 즉 $x \neq 1$에 대해, $n = 1, 2, \ldots$이면

$$\sum_{k=1}^{n} x^{k-1} = \frac{x^n - 1}{x - 1}$$

임을 증명하라. (29쪽을 보라.)

2.35. $x \neq 1$에 대해 기하급수의 합 $\sum_{k=1}^{n} x^{k-1}$을 다음 아이디어를 이용하여 구하라. $S_n = \sum_{k=1}^{n} x^{k-1}$이라 하자. $xS_n - S_n = x^n - 1$임을 보여라. S_n에 대해 이 식을 풀어라. (29쪽을 보라.)

2.36. 음이 아닌 수 $a_1, a_2, \ldots, a_n$의 기하평균은

$$(a_1 a_2 \cdots a_n)^{1/n}$$

이다. 이자율이 $i_1, i_2, \ldots$이고 각각 1년에 $m_1, m_2, \ldots, m_n$번 부리되는 n개의 연속한 투자의 IRR는

$$\left(1+\frac{i_1}{m_1}\right)^{m_1},\ \left(1+\frac{i_2}{m_2}\right)^{m_2},\ \ldots,\ \left(1+\frac{i_n}{m_n}\right)^{m_n}$$

의 기하평균에서 1을 뺀 것과 같음을 증명하라.

2.37. 1년에 m번 부리되는 명목이자율 $i^{(m)}$에 대응하는 IRR는 투자하는 연수에 의존하지 않음을 보여라.

2.38. 단리 투자이자율 i에 대응하는 IRR는 투자하는 연수에 의존함을 보여라.

2.39. 1년이 넘는 현금흐름의 경우에 IRR는 EFF와 같음을 보여라.

2.40. 단리 연이자율 i로 투자했을 때 첫 해 말의 미래가는 복리 연이자율 i로 투자했을 때 첫 해 말의 미래가와 같음을 보여라. 단리 연이자율 i로 투자했을 때 $n(n \geq 2)$째 해 말의 미래가는 복리 연이자율 i로 투자했을 때 n째 해 말의 미래가보다 항상 작음을 보여라.

2.41. 초기 금액 P_0가 n년 동안 이자율이 순서대로 $i_1, i_2, \cdots$ 인 복리로 부리되었다. 이때

$$P_n = P_0 \prod_{j=1}^{n} (1 + i_j)$$

임을 보여라.[11] 37쪽의 문제 2.12와 이 식이 어떻게 관련되어 있는가?

2.42. 이 문제에서 보이려는 것은 $i > 0$이면 함수 $(1 + i/t)^t$가 t에 대한 증가함수라는 것이다.

(a) $x > 0$에 대하여 함수

$$g(x) = \frac{x}{x+1} - \ln(1+x)$$

를 생각하자. $g'(x) < 0$임을 보여라. 여기서 $x > 0$이면 $g(0) > g(x)$이고, 따라서

$$\frac{x}{x+1} - \ln(1+x) < 0$$

임을 보여라.

(b) 이제 $x > 0$에 대하여 함수

$$f(x) = (1+x)^{1/x}$$

를 생각하자. $f'(x)$와 (a)의 부등식을 고려하여 $f(x)$가 x에 대해 감소함수임을 보여라.

(c) (b)에서 $x = i/t$라 하고 $(1 + i/t)^t$가 t에 대한 증가함수임을 보여라. ($i > 0$가 어디에서 필요한가?)

(d) 어떻게 (c)가 20쪽의 정리 2.2를 일반화하는지 설명하라.

2.43. 수열 C_0, C_1, C_2이 정확하게 한 번 부호가 바뀐다고 하면 현금흐름

연도	0	1	2
현금흐름	C_0	C_1	C_2

의 IRR가 존재하지 않을 수 있는가?

2.44. 33쪽의 IRR 유일성 정리 2가 조건 (b)에서 부등식이 $\sum_{k=0}^{P} C_k(1+i)^{p-k} < 0$로 바뀌어도 여전히 참임을 보여라.

[11]곱 기호, $\prod_{j=1}^{n} a_j$는

$$\prod_{j=1}^{n} a_j = a_1 a_2 \cdots a_n$$

로 정의된다.

2.45. 33쪽의 IRR 유일성 정리 2의 조건 (c)를 만족하지만 조건 (a)와 (b)를 만족하지 않으며 유일한 i를 가지는 상수들 $C_0, C_1, \ldots, C_n$의 예를 제시하라.

2.46. t에 대한 $P(t)$의 변화율이 초기 금액 $P_0 = P(0)$에 비례하면, 즉 양의 상수 k에 대해 $dP/dt = kP_0$이면, P가 단리 이자율 k로 증가함을 보여라.

2.47. t에 대한 $P(t)$의 변화율이 금액 $P(t)$에 비례하면, 즉 양의 상수 k에 대해 $dP/dt = kP$이면, P가 연속복리이자율 k로 증가함을 보여라.

2.48. t에 대한 $P(t)$의 변화율이 금액 $P(t)$의 제곱에 비례하면, 즉 양의 상수 k에 대해 $dP/dt = kP^2$이면, P의 그래프는 수직인 점근선을 가짐을 보여라. 이 점근선은 현실에서 어떤 의미를 갖는가?

2.49. 어떤 연복리이자율 i에 대해 72 법칙이 정확한가?

복습문제

- 복리는 어떻게 계산하는가?
- 연속복리란 무엇인가?
- 할인이란 무엇인가?
- 실효이자율와 내부수익률은 어떻게 다른가?
- 시간도표란 무엇인가?
- NPV란 무엇인가?
- IRR 유일성 정리가 왜 중요한가?
- 72 법칙이란 무엇인가?
- 귀납법에 의한 증명이란 무엇인가?
- 재귀관계란 무엇인가?

3

인플레이션과 세금

이 장에서는 흔히 투자의 실효이자율(EFF)을 감소시키는 두 요소인 인플레이션과 세금에 대해 다룬다. 이익에 미치는 이 두 요소의 영향을 무시해서는 안 된다.

3.1 인플레이션

인플레이션은 화폐의 구매력을 변화시키므로 이자처럼 작용하지만 반대 방향으로 움직인다. 예를 들어 어느 해에 인플레이션이 10%이면 연초에 \$100 가치인 상품이 연말에는 일반적으로 \$110가 된다. 그러므로 우리는 연초에 비해 100/110개의 상품만 구매할 수 있게 된다. 그러므로 연간 인플레이션율이 i_{inf}이면, 연초의 P_0는 연말에는 구매력이 $P_0/(1+i_{\text{inf}})$가 된다.

금액 P_0를 장롱 속에 숨겨두었고 인플레이션율 i_{inf}이 상수로 일정하다고 하자. n년 후에 화폐의 구매력은

$$P_n = P_0 \left(\frac{1}{1+i_{\text{inf}}} \right)^n$$

로 줄어든다. 다르게 표현하면 미래의 금액 P_n은 **현재**의 P_0 만큼의 가치를 지닌다.

정리 3.1 (구매력 정리). 연간 인플레이션율이 i_{inf}이면, n년 후 P_0의 구매력은

$$P_n = P_0 \left(\frac{1}{1+i_{\text{inf}}} \right)^n \tag{3.1}$$

로 감소한다.

구매력 정리 해설

- 표 3.1은 5년 간격으로 \$1,000에 미치는 인플레이션의 효과를 여러 연간 인플레이션율에 대하여 계산한 것이다.

	년					
인플레이션율	5	10	15	20	25	30
3%	862.61	744.09	641.86	553.68	477.61	411.99
4%	821.93	675.56	555.26	456.39	375.12	308.32
5%	783.53	613.91	481.02	376.89	295.30	231.38
6%	747.26	558.39	417.27	311.80	233.00	174.11
7%	712.99	508.35	362.45	258.42	184.25	131.37
8%	680.58	463.19	315.24	214.55	146.02	99.38
9%	649.93	422.41	274.54	178.43	115.97	75.37

표 3.1: $1,000에 미치는 인플레이션의 효과

- 그림 3.1은 10년후 $1,000의 구매력(위쪽 곡선)과 20년후 $1,000의 구매력(아래쪽 곡선)을 인플레이션의 함수로 보여주고 있다.

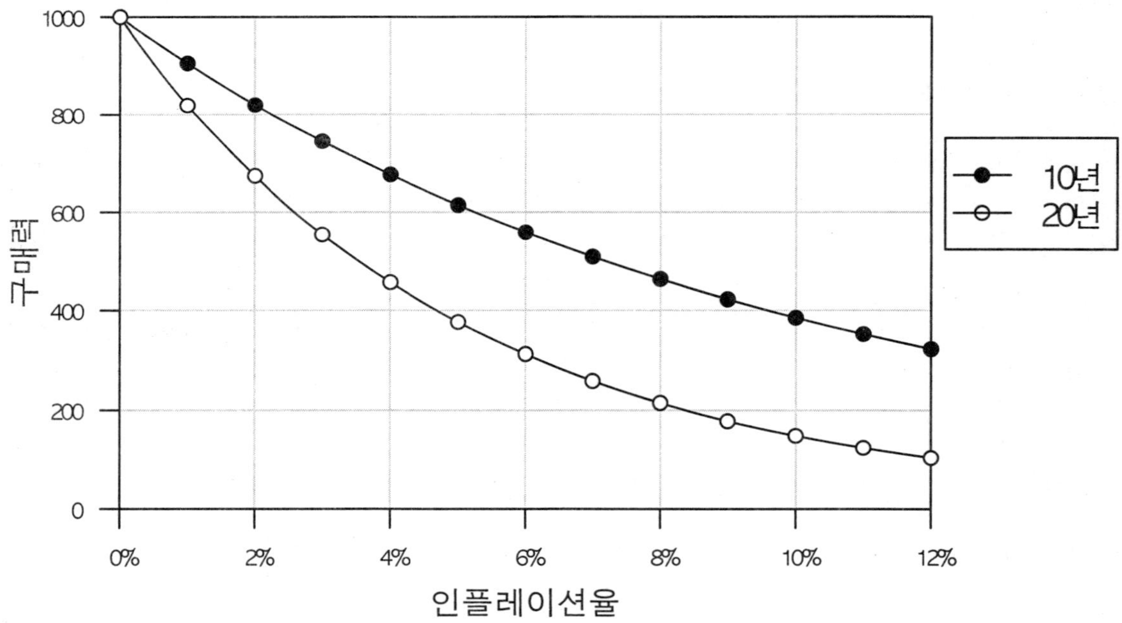

그림 3.1: 인플레이션율의 함수로 본 10년과 20년 후 $1,000의 구매력

- 그림 3.2는 3%(위쪽 곡선)와 6%(아래쪽 곡선)에 대한 $1,000의 구매력을 연도의 함수로 보여주고 있다.

- 그림 3.2에서 보면, 그리 심하지 않은 인플레이션율 3%일 때에 구매력은 약 23년에 50% 로

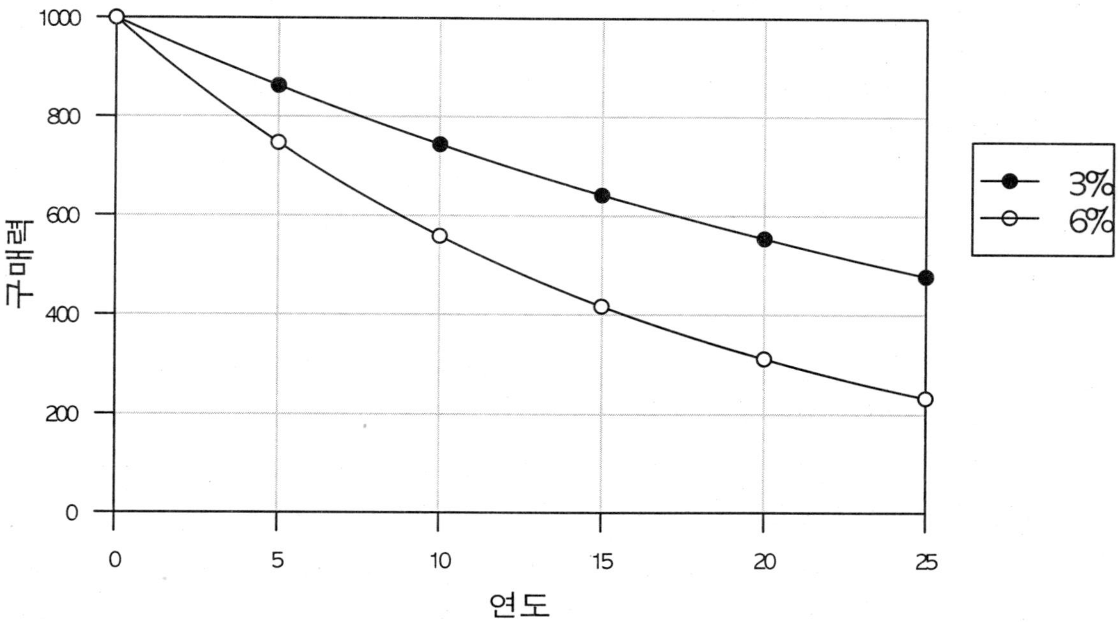

그림 3.2: 연도의 함수로 본 인플레이션율 3%와 6%에 대한 $1,000의 구매력

떨어진다. 어떤 부모들을 자녀의 대학 교육을 위해 자녀가 태어난 후 곧 저축하기 시작한다. 만일 인플레이션율이 그 기간 동안에 3%와 5% 사이이면, 보통 교육비 증가가 인플레이션을 앞지르기 때문에 현재 추정하는 것보다 두 배 이상 저축하여야 한다.

- P_n은 P_0에 정비례하지만 i_{inf}와 n의 비선형 함수임을 알 수 있다. 그림 3.1과 3.2는 i의 함수로 생각한 P_n의 그래프, n의 함수로 생각한 P_n의 그래프 모두 감소하고 아래로 오목함을 보여준다.[1] 50쪽의 문제 3.9와 3.10에서 이를 증명한다.

- $i_{\text{inf}} > 0$이면, $\{P_n\}$은 $\lim_{n\to\infty} P_n = 0$인 감소수열이다. 그러므로 인플레이션 기간 동안 시간이 지남에 따라 화폐가 구매할 수 있는 물건은 점점 더 적어진다.

- 디플레이션(deflation)이라 부르는 $i_{\text{inf}} < 0$인 경우에 $\{P_n\}$은 $\lim_{n\to\infty} P_n = \infty$인 증가수열이다. 그러므로 디플레이션 기간 동안 시간이 지남에 따라 화폐는 물건을 점점 더 많이 구매할 수 있게 된다.

예 3.1. 오늘 아만다 켄드릭은 영화 티켓을 $7에 구매하였다. 인플레이션이 5%로 지속된다면 20년 후에는 오늘의 금액으로 얼마를 지불해야 하는가?

풀이. $P_{20} = 7$일 때 오늘의 금액으로 P_0가 몇인지 계산하자. $P_n = P_0(1 + i_{\text{inf}})^{-n}$에서 $P_0 = 7(1 + 0.05)^{20} = 18.57$이 된다. 그러므로 인플레이션으로 인하여 20년 후에는 영화 티켓의 가격은

[1] 아래로 오목한(concave up) 함수는 볼록 함수(convex function)의 특별한 경우로 금융 계통에서 널리 쓰인다. (50쪽의 문제 3.13을 보라.)

\$18.57이 될 것으로 추정할 수 있다. △

이제 P_0를 실효이자율이 i_{eff}인 계좌에 남겨두었다고 하자. 인플레이션율 i_{inf}이 일정하다면 n년 후에 계좌에 있는 금액의 구매력은

$$P_n = P_0(1+i_{\text{eff}})^n \left(\frac{1}{1+i_{\text{inf}}}\right)^n = P_0\left(\frac{1+i_{\text{eff}}}{1+i_{\text{inf}}}\right)^n \tag{3.2}$$

가 된다.

- $i_{\text{inf}} > i_{\text{eff}}$이면, $\{P_n\}$은 $\lim_{n\to\infty} P_n = 0$인 감소수열이다. 그러므로 시간이 지남에 따라 계좌에 있는 금액으로 구매할 수 있는 물건은 점점 더 적어진다.
- If $i_{\text{inf}} = i_{\text{eff}}$이면, $\{P_n\}$은 상수 수열이다. 시간이 지나 이자가 붙는다 해도 계좌에 있는 금액으로 똑같은 양의 물건을 구매할 수 있다.
- $i_{\text{inf}} < i_{\text{eff}}$이면 $\{P_n\}$은 $\lim_{n\to\infty} P_n = \infty$인 증가수열이다. 그러므로 시간이 지남에 따라 계좌에 있는 금액으로 물건을 점점 더 많이 구매할 수 있게 된다.

이제 실이자율(real rate of interest) i_{real}을 도입하기로 한다. 실이자율은 인플레이션을 따라 조정한 이자율 i_{eff}로 P_0가 이에 따라 연단위 복리로 부리될 때 P_n으로 증가하게 되는 연이자율이다. 그러므로

$$P_n = P_0(1+i_{\text{real}})^n$$

이고, (3.2)로부터

$$1+i_{\text{real}} = \frac{1+i_{\text{eff}}}{1+i_{\text{inf}}}$$

이다. 이를 다시 쓰면

$$i_{\text{real}} = \frac{1+i_{\text{eff}}}{1+i_{\text{inf}}} - 1 = \frac{i_{\text{eff}} - i_{\text{inf}}}{1+i_{\text{inf}}}$$

가 된다. 따라서 다음 정리가 성립한다.

정리 3.2 (인플레이션 정리). 연인플레이션율이 i_{inf}이면 실효이자율 i_{eff}에 상응하는 실이자율 $_{\text{real}}$은

$$i_{\text{real}} = \frac{1+i_{\text{eff}}}{1+i_{\text{inf}}} - 1 = \frac{i_{\text{eff}} - i_{\text{inf}}}{1+i_{\text{inf}}} \tag{3.3}$$

가 된다.

(3.3)을 i_{eff}에 대하여 풀면

$$i_{\text{eff}} = i_{\text{inf}} + i_{\text{real}} + i_{\text{inf}} i_{\text{real}}$$

가 된다.

3.2 소비자물가지수

소비자물가지수(Consumer Price Index (CPI))는 일상 생활을 위해 소비자가 구입하는 재화와 용역의 시간에 대한 평균 가격을 나타내는 지표이다. 미국의 소비자물가지수는 가장 일반적이고 포괄적인 지수이며 "인플레이션율"의 근원으로 종종 인용된다.[2]

표 3.2에 연평균 소비자물가지수가 나열되어 있어 1913년에서 2005까지 어떻게 변했는지 볼 수 있는데, 소비자물가지수가 100이 되는 시점은 1983년 중반임을 알 수 있다.[3]

%로 표시된 열은 지수가 한 해에서 다음 해 동안 변화한 정도를 백분율로 나타낸다. 예를 들어, 2005년의 3.4%는

$$\frac{2005\text{년의 지수} - 2004\text{년의 지수}}{2004\text{년의 지수}} = \frac{195.3 - 188.9}{188.9} = 0.0339$$

로 계산하여 소수점 이하 한 자리를 택하면 3.4%이다.

표를 보면 1970년에는 지수가 38.8이었고 2005에는 195.3로 증가하였음을 알 수 있다. 이는 1970년에 \$38.80였던 상품이 2005년에는 \$195.30가 될 것임을 시사한다. 그래서 35년 후에 금액 P_0의 구매력은 $P_{35} = (38.8/195.3)P_0$로 줄고, 따라서 인플레이션율 i_{inf}은 그 35년 사이에

$$\frac{38.8}{195.3}P_0 = P_0\left(\frac{1}{1+i_{\text{inf}}}\right)^{35},$$

즉

$$i_{\text{inf}} = \left(\frac{38.8}{195.3}\right)^{1/35} - 1 = 0.047$$

을 만족해야 한다. 그러므로 그 35년 사이의 인플레이션은 약 5%가 된다.

3.3 개인 세금

금액 P_0를 이자가 붙는 계좌에 실효이자율 i_{eff}로 예치한다면, 1년 후에 $P_0(1+i_{\text{eff}})$가 될 것이다. 그러므로 그 해의 세전 이익은 $i_{\text{eff}}P_0$이다. 이 이익에는 세금이 포함되어서, 세율이 t라면 $i_{\text{eff}}P_0t$를 세금으로 납부하여야 한다.[4] 그러므로 둘째 해에 재투자할 수 있는 실제 세후 금액은

$$P_1 = P_0(1+i_{\text{eff}}) - i_{\text{eff}}P_0t = P_0(1+i_{\text{eff}} - i_{\text{eff}}t)$$

이다.

1년 후 이 금액은 세전에 $P_1(1+i_{\text{eff}})$가 되므로, 세후에는

$$P_2 = P_1(1+i_{\text{eff}}) - i_{\text{eff}}P_1t = P_1(1+i_{\text{eff}} - i_{\text{eff}}t)$$

[2] 어떤 사람들은 CPI를 인플레이션율의 상한으로 생각한다.

[3] ftp://ftp.bls.gov/pub/special.requests/CPI/cpiai.txt, accessed March 17, 2006.

[4] 미국에서는 2006년 7월을 기준으로 하면, 근로소득에 대한 세율은 결혼여부와 과세대상 수입에 따라 다르다. 세율은 15%, 25%, 28%, 35%이다. (투자로 생기는 것과 같은) 불로소득에 대한 세율은 (급여와 같은) 근로소득에 대한 세율과 다르다.

연도	지수	%	연도	지수	%	연도	지수	%
1913	9.9		1944	17.6	1.7	1975	53.8	9.1
1914	10.0	1.0	1945	18.0	2.3	1976	56.9	5.8
1915	10.1	1.0	1946	19.5	8.3	1977	60.6	6.5
1916	10.9	7.9	1947	22.3	14.4	1978	65.2	7.6
1917	12.8	17.4	1948	24.1	8.1	1979	72.6	11.3
1918	15.1	18.0	1949	23.8	−1.2	1980	82.4	13.5
1919	17.3	14.6	1950	24.1	1.3	1981	90.9	10.3
1920	20.0	15.6	1951	26.0	7.9	1982	96.5	6.2
1921	17.9	−10.5	1952	26.5	1.9	1983	99.6	3.2
1922	16.8	−6.1	1953	26.7	0.8	1984	103.9	4.3
1923	17.1	1.8	1954	26.9	0.7	1985	107.6	3.6
1924	17.1	0.0	1955	26.8	−0.4	1986	109.6	1.9
1925	17.5	2.3	1956	27.2	1.5	1987	113.6	3.6
1926	17.7	1.1	1957	28.1	3.3	1988	118.3	4.1
1927	17.4	−1.7	1958	28.9	2.8	1989	124.0	4.8
1928	17.1	−1.7	1959	29.1	0.7	1990	130.7	5.4
1929	17.1	0.0	1960	29.6	1.7	1991	136.2	4.2
1930	16.7	−2.3	1961	29.9	1.0	1992	140.3	3.0
1931	15.2	−9.0	1962	30.2	1.0	1993	144.5	3.0
1932	13.7	−9.9	1963	30.6	1.3	1994	148.2	2.6
1933	13.0	−5.1	1964	31.0	1.3	1995	152.4	2.8
1934	13.4	3.1	1965	31.5	1.6	1996	156.9	3.0
1935	13.7	2.2	1966	32.4	2.9	1997	160.5	2.3
1936	13.9	1.5	1967	33.4	3.1	1998	163.0	1.6
1937	14.4	3.6	1968	34.8	4.2	1999	166.6	2.2
1938	14.1	−2.1	1969	36.7	5.5	2000	172.2	3.4
1939	13.9	−1.4	1970	38.8	5.7	2001	177.1	2.8
1940	14.0	0.7	1971	40.5	4.4	2002	179.9	1.6
1941	14.7	5.0	1972	41.8	3.2	2003	184.0	2.3
1942	16.3	10.9	1973	44.4	6.2	2004	188.9	2.7
1943	17.3	6.1	1974	49.3	11.0	2005	195.3	3.4

표 3.2: 연평균 소비자물가지수

가 된다.

이런 방식으로 계속하면

$$P_{k+1} = P_k(1 + i_{\text{eff}}) - i_{\text{eff}} P_k t = P_k(1 + i_{\text{eff}} - i_{\text{eff}} t)$$

가 된다.

이 식은 15쪽의 정리 2.1에서 보았던 재귀관계식과 같아서, 그 해가

$$P_n = P_0(1 + i_{\text{eff}} - i_{\text{eff}} t)^n$$

임을 알 수 있다.

그러므로 다음 정리가 성립한다.

정리 3.3 (세금 정리). 연간 실효이자율이 i_{eff} 이고 연간 세율이 상수 t 이면, n 년 후 P_0 의 세후 미래가는

$$P_n = P_0(1 + i_{\text{eff}} - i_{\text{eff}}t)^n \tag{3.4}$$

이다.

이제 세후이자율(after-tax rate of interest) i_{tax} 를 도입하여, 이 이자율로 복리로 부리될 때 P_0 가 세후에 P_n 이 되게 하자. 그렇게 하려면

$$P_n = P_0(1 + i_{\text{tax}})^n$$

이고, 따라서 (3.4) 에서

$$P_n = P_0(1 + i_{\text{eff}} - i_{\text{eff}}t)^n$$

가 된다. 이를 다시 쓰면

$$i_{\text{tax}} = i_{\text{eff}} - i_{\text{eff}}t = i_{\text{eff}}(1 - t) \tag{3.5}$$

이다.

3.4 연습문제

걷기

3.1. 44쪽의 표 3.1의 항이 정확한지 확인하시오.

3.2. 몇 년도에 미국이 디플레이션을 겪었는가?

3.3. 1980—2005 기간 동안 인플레이션율은 얼마인가? 1990—2005 기간 동안은? 2000—2005 기간 동안은?

3.4. 1974년, 헬렌 켄드릭은 저축계정에 10% 이자가 복리로 붙었다. 그녀는 기뻐해야 할까? 실제 이자율은 몇인가?

3.5. 평균적으로 대학교재의 가격은 약 $75이다. 인플레이션이 5%로 지속된다면, 현재 대학 1학년생의 자녀가 대학 1학년이 되는, 지금부터 25년 후에는 가격이 얼마가 될까?

3.6. 1970년 1월에 휴즈 켄드릭은 승용차 토요타코롤라를 $2,000에 구입하였다. 2000년 1월에는 $14,000에 한 대를 구입하였다. 이는 인플레이션율 얼마에 해당하는가?

3.7. 어떤 투자는 세금이 면제된다. 다음 표는 세금이 15% 붙는 소득계층에 있는 사람에게는 실효이자율 2.35%인 과세되는 투자와 2%인 면세되는 투자가 동등함을 보여준다. 이 표를 완성시켜라.

	세율			
세금 면제 환불	15%	25%	28%	35%
2%	2.35%	2.67%	2.78%	3.08%
3%				
4%				
5%				
6%				
7%				
8%				
9%				
10%				

뛰기

3.8. 실이자율을 계산할 때 어림셈으로 $i_{\text{real}} \approx i_{\text{eff}} - i_{\text{inf}}$을 사용한다. 이 어림셈이 인플레이션 기간 동안에는 너무 높고 디플레이션 기간에는 너무 낮음을 보여라.

3.9. $i_{\text{inf}} > 0$일 때, 함수

$$f(x) = P_0 \left(\frac{1}{1 + i_{\text{inf}}} \right)^x$$

가 x에 대하여 감소하고 아래로 오목한 함수임을 보여라. (45쪽을 보라.)

3.10. 함수

$$g(x) = P_0 \left(\frac{1}{1 + x} \right)^n$$

가 x에 대하여 감소하고 아래로 오목한 함수임을 보여라. (45쪽을 보라.)

3.11. 어떤 사람들은 인플레이션 방정식이 46쪽에 있는 (3.2)가 아니라 $P_0(1 - i_{\text{inf}})^n$로 주어진다고 잘못 생각한다. $-1 < i_{\text{inf}} < 1$일 때, 이러한 사람들은 값을 정확한 것보다 항상 낮게 예측할 것이라는 것을 보여라.

3.12. P_0가 실효이자율 i_{eff}로 이자가 붙는 계정에 예치되어 있고, 인플레이션율이 i_{inf}이고, 세율이 t이면, 세후 인플레이션에 따라 조정한 이자율은 몇인가?

3.13. 3.13. 구간 I 위의 함수 $f(x)$가 모든 $p \in (0, 1)$와 모든 $x, y \in I$ 에 대하여

$$f(px + (1 - p)y) \leq pf(x) + (1 - p)f(y)$$

를 만족하면 볼록(convex)이라 한다.[5]

[5]기호 $a \in I$는 a가 I의 원소임을 뜻한다. I를 명시하지 않으면 $(-\infty, \infty)$로 이해하기로 한다.

(a) 함수 $f(x) = x$가 볼록임을 보여라.

(b) 함수 $f(x) = |x|$가 볼록임을 보여라.

(c) 함수 $f(x) = x^2$가 볼록임을 보여라.

3.14. 볼록이 아닌 함수의 예를 들어라.

3.15. 함수

$$f(x) = \begin{cases} x & x \leq 1\text{일 때}, \\ 2 - x & x > 1\text{일 때} \end{cases}$$

를 생각하자. $f(x)$는 $-\infty < x \leq 1$에서 볼록이고 $1 < x < \infty$에서 볼록이지만 $-\infty < x < \infty$에서는 볼록이 아님을 보여라.

3.16. $f(x)$가 구간 I 위에서 볼록이고, $p_i \geq 0$ $(i = 1, 2, \ldots, n)$가 $p_1 + p_2 + \cdots + p_n = 1$이고, $x_1, x_2, \ldots, x_n \in I$이면,

$$f\left(\sum_{i=1}^{n} p_i x_i\right) \leq \sum_{i=1}^{n} p_i f(x_i)$$

임을 보여라. [힌트: 귀납법을 사용하라.]

3.17. $f(x)$가 구간 I 위에 정의되었다 하자. $x_1 < x_2 < x_3$가 I에 있고 $f(x_1) < f(x_2)$이며 $f(x_3) < f(x_2)$이면, $f(x)$가 I 위에서 볼록이 아님을 보여라.

복습문제

- 인플레이션이란 무엇인가?
- 디플레이션이란 무엇인가?
- "화폐의 구매력"이란 무엇인가? 그것을 어떻게 계산하는가?
- 실이자율이란 무엇인가?
- 소비자물가지수란 무엇인가?
- 세후이자율이란 무엇인가?

4

연금

연금이란 주기(period)라 부르는 정기적인 시간마다 지급되는 일정 금액을 말한다. 지급이 주기의 말에 시행되면 그 연금을 기말급 연금(ordinary annuity)이라 부른다. 지급이 주기가 시작할 때 시행되면 그 연금을 기시급 연금(annuity due)이라 한다.

연금은 여러 환경에서 등장한다. 예를 들어 은퇴 후를 위해 매월 말에 일정한 액수를 고정금리를 제공하는 계좌에 넣는 것은 기말급 연금에 가입하는 것과 같다. 복권에 당첨되어 매년 연금을 받는 옵션을 택한 사람은 즉시 일정액을 받고 그 후 매년 일정한 기간 동안 일정액을 받게 되는데, 이는 기시급 연금에 해당한다.

연금을 완벽하게 이해하는 것이 중요하다. 연금이 다음에 나올 장들의 기본이 되기 때문이다.

4.1 기말급 연금

\$1,000를 매년 말에 연간 10% 이자율로 5년 동안 저금한다고 하자. 첫째 해 말에 아무것도 번 것이 없는데 왜냐하면 방금 \$1,000를 저축했기 때문이다. 둘째 해 말에 \$1,000의 10% 즉, \$100를 벌고 \$1,000를 저축하여 총 \$2,100가 된다. 세째 해 말에 \$2,100의 10% 즉, \$210를 벌고 \$1,000를 저축하여 총 \$3,310가 된다. 이렇게 5년 동안 계속한다. 표 4.1에 자세하게 계산되어 있다. (계산기나 스프레드시트를 이용하여 이 표의 계산을 검증하고 빠진 항을 채워라.)

이제 이 과정의 일반적인 공식을 유도하자. 다음과 같이 두자.

P 매 주기 말에 투자하는 금액,

n 전체 주기 수(total number of periods),

P_n n째 주기 말의 연금의 미래가,

m 연간 이자주기 수(number of interest periods per year),

$i^{(m)}$ 소수로 표기한 명목이자율(연간 이자율(annual interest rate)),

i 이자주기당 이자율(interest rate per interest period).

주기당 이자율은 $i = i^{(m)}/m$이다.

연도	연초 원금	이자	연말 투자	합계
1	\$0.00	\$0.00	\$1,000.00	\$1,000.00
2	\$1,000.00	\$100.00	\$1,000.00	\$2,100.00
3	\$2,100.00	\$210.00	\$1,000.00	\$3,310.00
4				
5	\$4,641.00	\$464.10	\$1,000.00	\$6,105.10

표 4.1: 기말급 연금

미래가 P_n에 대한 공식을 찾아내려 하는데, 이를 $n = 1$, $n = 2$, 등등에 대해 살펴보고 어떤 규칙이 드러나는지 보기로 하자. 이 기호를 사용하여 표 4.1을 표 4.2와 같이 스프레드시트 형식으로 쓴다. 표 4.2에 대한 설명은 아래에 있다.

연도	기간 초 원금	이자	기간 말 투자	합계
1	0	0	P	$0+0+P=P_1$
2	P_1	iP_1	P	$P_1+iP_1+P=P_2$
3	P_2	iP_2	P	$P_2+iP_2+P=P_3$
4	P_3	iP_3	P	$P_3+iP_3+P=P_4$
5	P_4	iP_4	P	$P_4+iP_4+P=P_5$

표 4.2: 기말급 연금—스프레드시트 형식

주기 1의 말에 1회 지급하였고, 미래가는

$$P_1 = P$$

이다.

주기 2의 말에 2회 지급하였고, 미래가는

$$P_2 = P_1(1+i) + P = P(1+i) + P$$

이다.

주기 3의 말에 3회 지급하였고, 미래가는

$$P_3 = P_2(1+i) + P = P(1+i)^2 + P(1+i) + P$$

이다.

주기 4의 말에 4회 지급하였고, 미래가는

$$P_4 = P_3(1+i) + P = P(1+i)^3 + P(1+i)^2 + P(1+i) + P$$

이다.

여기서 주기 n의 말에 n회 지급하고, 미래가는

$$P_n = P(1+i)^{n-1} + P(1+i)^{n-2} + \cdots + P(1+i) + P$$

가 될 것으로 추정할 수 있다.

기하급수

$$1 + x + \cdots + x^{n-1} = \frac{x^n - 1}{x - 1}, \quad x \neq 1,$$

를 이용하여 이러한 추정을 닫힌 형태[1]

$$P_n = P\left((1+i)^{n-1} + (1+i)^{n-2} + \cdots + (1+i) + 1\right) = P\frac{(1+i)^n - 1}{i}$$

로 쓸 수 있다. 이것에서 다음 정리를 생각할 수 있다.

정리 4.1 (기말급 연금의 미래가 정리). 매 주기 말에 P를 n주기 동안 투자하면, 1년에 m번 주기가 있고 명목이자율이 $i^{(m)}$일 때, n번의 주기 후에 연금의 미래가 P_n은, $i = i^{(m)}/m$이라 두면,

$$P_n = P\sum_{k=1}^{n}(1+i)^{k-1} = P\frac{(1+i)^n - 1}{i} \tag{4.1}$$

가 된다.

증명. 이 추정을 적어도 두 가지 서로 다른 방식으로 증명할 수 있다. 하나는 수학적 귀납법을 사용하는 것이고 다른 하나는 재귀관계를 이용하는 것이다.

우선 수학적 귀납법을 이용하여 증명한다. $n = 1$일 때 (4.1)이 참이라는 것을 이미 알고 있다. 이 식이 $n = k$일 때 참이라고 가정하자. 즉

$$P_k = P\frac{(1+i)^k - 1}{i}$$

[1] 대충 얘기하면 "$\cdots$"와 같은 항을 포함하지 않은 표현이 "닫힌 형태(closed form)"라 할 수 있다.

이 성립한다고 하고 이것이 $n = k+1$일 때 참임을 증명하여야 한다. 이제

$$P_{k+1} = P_k(1+i) + P$$

이므로

$$P_{k+1} = P\frac{(1+i)^k - 1}{i}(1+i) + P = P\frac{(1+i)^{k+1} - 1}{i}$$

이고 이것이 $n = k+1$일 때 (4.1)이 참임을 보여준다. 이로써 수학적 귀납법에 의한 증명이 완결되었다.

이제 재귀관계를 이용하여 증명하자. $P_1 = P$이고 $k > 0$에 대해

$$P_{k+1} = P_k(1+i) + P$$

임을 알고 있으므로 여기에 $1/(1+i)^{k+1}$를 곱하여 이 식을

$$P_{k+1}\frac{1}{(1+i)^{k+1}} = P_k\frac{1}{(1+i)^k} + P\frac{1}{(1+i)^{k+1}}$$

로 쓸 수 있다. 이를 $k=1$에서 $k = n-1$ ($n > 1$)까지 더하면

$$\sum_{k=1}^{n-1} P_{k+1}\frac{1}{(1+i)^{k+1}} = \sum_{k=1}^{n-1} P_k\frac{1}{(1+i)^k} + P\sum_{k=1}^{n-1}\frac{1}{(1+i)^{k+1}}$$

이고 양변에서 같은 항을 소거하면

$$P_n\frac{1}{(1+i)^n} = P\frac{1}{1+i} + P\sum_{k=1}^{n-1}\frac{1}{(1+i)^{k+1}},$$

즉

$$P_n = P\sum_{k=0}^{n-1}\frac{(1+i)^n}{(1+i)^{k+1}}$$

이다. 그런데

$$\sum_{k=0}^{n-1}\frac{(1+i)^n}{(1+i)^{k+1}} = 1 + (1+i) + \cdots + (1+i)^{n-1}$$

이고, 이것은

$$\sum_{k=0}^{n-1}\frac{(1+i)^n}{(1+i)^{k+1}} = \frac{(1+i)^n - 1}{i}$$

와 같이 쓸 수 있는 기하급수이다. 그러므로

$$P_n = P\frac{(1+i)^n - 1}{i}$$

가 되는데, 이것이 (4.1)이다. 이것으로 재귀관계를 이용한 증명이 끝났다. □

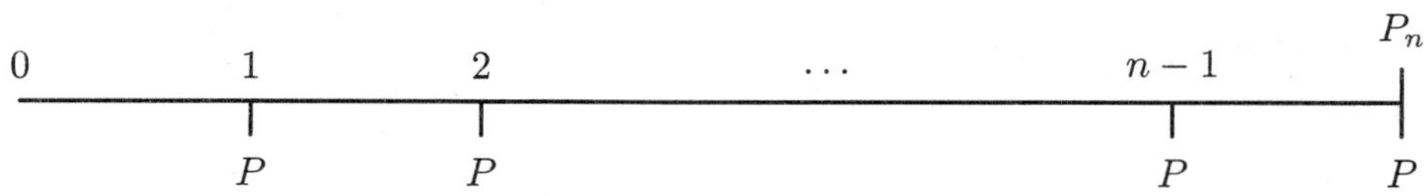

그림 4.1: 기말급 연금의 시간도표

기말급 연금의 미래가 정리 해설

- 일반적인 상황이 그림 4.1로 표현되어 있다.
- 식 (4.1), 즉
$$P_n = P(1+i)^{n-1} + P(1+i)^{n-2} + \cdots + P(1+i) + P$$
은, 첫 지급금 P의 (n번의 주기 후의) 미래가가 $P(1+i)^{n-1}$이고 둘째 지급금 P의 (n번의 주기 후의) 미래가가 $P(1+i)^{n-2}$이고 그 다음에도 마찬가지로 계속되므로, 그림 4.1과 합치한다.
- 표 4.3에 \$1의 기말급 연금의 미래가가 여러 연복리이자율과 연수에 대해 계산되어 있다.

	년					
이자율	5	10	15	20	25	30
3%	5.309	11.464	18.599	26.870	36.459	47.575
4%	5.416	12.006	20.024	29.778	41.646	56.085
5%	5.526	12.578	21.579	33.066	47.727	66.439
6%	5.637	13.181	23.276	36.786	54.865	79.058
7%	5.751	13.816	25.129	40.995	63.249	94.461
8%	5.867	14.487	27.152	45.762	73.106	113.283
9%	5.985	15.193	29.361	51.160	84.701	136.308
10%	6.105	15.937	31.772	57.275	98.347	164.494
11%	6.228	16.722	34.405	64.203	114.413	199.021
12%	6.353	17.549	37.280	72.052	133.334	241.333
13%	6.480	18.420	40.417	80.947	155.620	293.199
14%	6.610	19.337	43.842	91.025	181.871	356.787
15%	6.742	20.304	47.580	102.444	212.793	434.745

표 4.3: \$1의 기말급 연금의 미래가

- P_n은 세 변수 P, n, i의 함수임을 알 수 있다. 그것은 P에 정비례하지만 — 그래서 표 4.3에서 $P = 1$로 택하였다 — i와 n에는 비선형이다.
- P_n의 i에 대한 종속관계가 그림 4.2에 표현되어 있는데, 거기에서 \$1의 기말급 연금의 미래가가 i에 대한 함수로서 10년(아래 곡선)과 20년(위 곡선)에 대한 연간 복리이자율에 대해 그려져

있다. 두 곡선 모두 증가하고 위로 오목함에 주목하자. 71쪽의 문제에서 이를 증명한다.

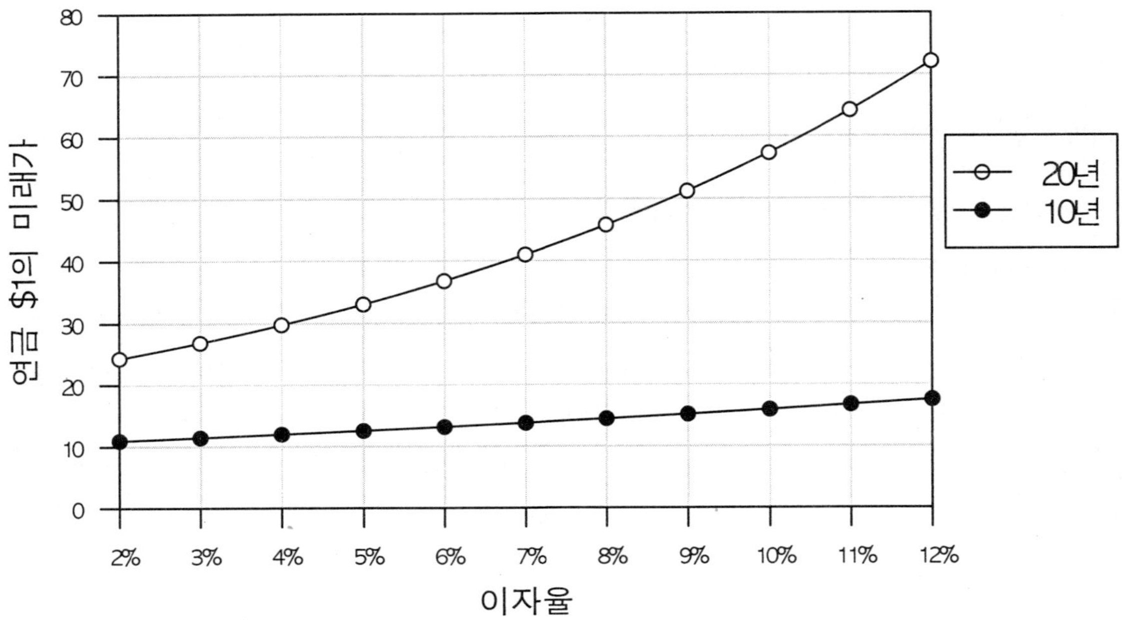

그림 4.2: 10년(아래 곡선)과 20년(위 곡선)에 대한 연복리에 의한 $1의 기말급 연금의 미래가

- 그림 4.3에서 P_n의 n에 대한 의존성을 볼 수 있다. 그림에 연간 복리이자율 5%(아래 곡선)와 10%(윗 곡선)에 대해 기말급 연금 $1의 미래가가 n에 대한 함수로서 그려져 있다. 두 곡선 모두 증가하고 위로 오목인 것에 주목하라. 71쪽 문제 4.19에서 이를 증명한다.

예 4.1. 헬렌과 휴즈 켄드릭은 20세인 딸 마만다에게 장기간에 걸친 생일선물을 주기로 하였다. 그들은 딸의 명의로 명목이자율 8%로 $2,000를 다음 5번의 생일에 저축하고, 그 다음에는 해마다 적립하지는 않기로 하였다. 아만다가 65세가 되면 금액은 얼마가 될 것인가?

풀이. 이 경우 헬렌과 휴즈가 다섯 번 저축하므로, $n = 5$이고, 5년째 말에 아만다는

$$P_5 = 2000\frac{(1+0.08)^5 - 1}{0.08} = \$11,733.20$$

를 갖게 된다. 이제 이 금액이 40년 동안 8%로 투자되어

$$11733.20(1+0.08)^{40} = \$254,898.16$$

가 된다. △

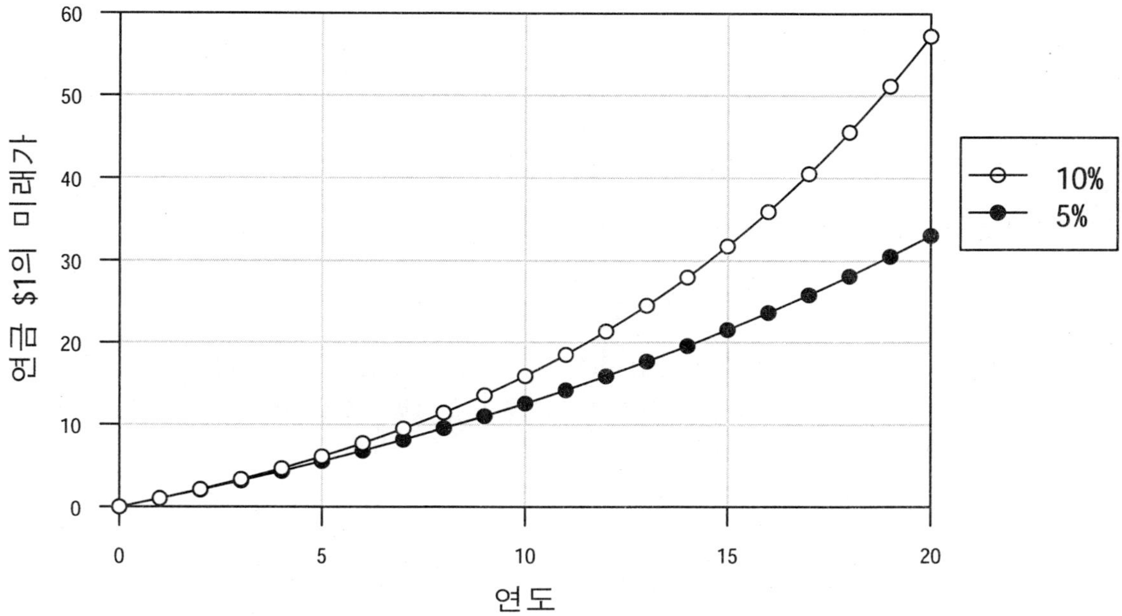

그림 4.3: 연 복리이자율 5%와 10%에 대한 기말급 연금 $1의 미래가

예 4.2. 만일 예 4.1과 같은 상황에서 경쟁기관이 켄드릭에게 (8% 대신) 10%의 이자율을 제안한다면, 아만다는 65세가 되었을 때 얼마를 갖게 되는가?

풀이. 5년째 말에 그녀는

$$P_5 = 2000\frac{(1+0.10)^5 - 1}{0.10} = \$12,210.20$$

를 갖게 된다. 이제 이것이 40년 동안 10%로 투자되므로

$$12210.20(1+0.10)^{40} = \$552,624.56$$

가 된다. △

비교적 작은 이자율 차이(지금 경우 8%에서 10%)가 수년 후 투자 가치에서는 큰 차이를 낳는다는 사실을 볼 수 있다. 지금 경우 이 차이는 초기투자액 $10,000에 대해 약 $300,000에 이른다.

예 4.3. 톰 켄드릭은 명목이자율 5%인 학자금 대출을 월 $100 씩 상환하고 있다. 그는 연속으로 세 번 미납한 다음 네 번째에 납부하였다. 그래서 그는 세 번 미납액을 보충하기 위해 추가로 일시불을 납부하였다.[2] 일시불은 얼마인가? 연체로 인해 추가된 이자는 얼마인가?

풀이. 톰의 예정된 현금흐름은 그림 4.4와 같고, 거기서 P_4는 네 번의 납부 총액이다.

[2]실제로는, 미납액에 대한 부가수수료가 있을 수 있다.

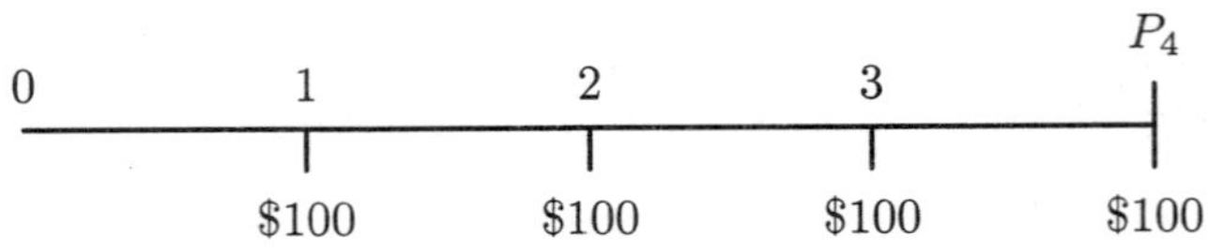

그림 4.4: 톰의 예정된 현금흐름의 시간도표

그것은 $P = \$100$, $n = 4$, $i = 0.05/12$ 인 기말급 연금과 같음을 알 수 있다. 그러므로

$$P_4 = 100\frac{\left(1+\frac{0.05}{12}\right)^5 - 1}{\frac{0.05}{12}} = \$402.51$$

이다. 따라서 일시불은 $P_4 - 100 = \$302.51$ 이다. 여기서 금액 $\$302.51 - \$300.00 = \$2.51$ 이 연체에 대한 추가 이자이다. 이 문제를 다른 관점에서 생각한 것이 그림 4.5에 표현되어 있는데, 거기서 L 이 연체로 인한 납부 총액에 해당한다.

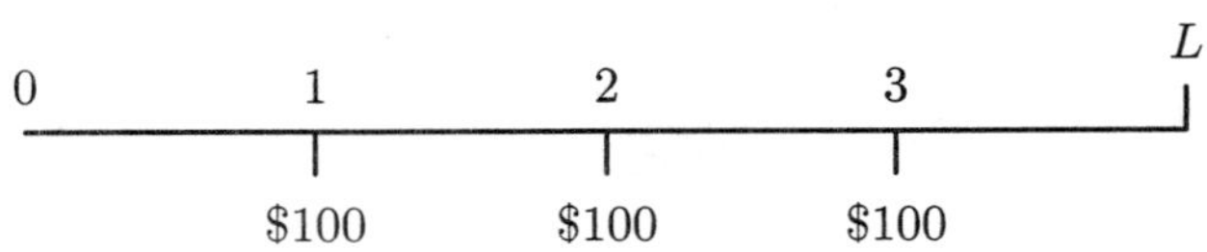

그림 4.5: 톰의 부채의 시간도표

처음 연체된 납부액의 미래가는 $100(1+0.05/12)^3$, 둘째는 $100(1+0.05/12)^2$, 그리고 마지막 연체 금액의 미래가는 $100(1+0.05/12)$ 이다. 그러므로

$$L = 100\left(1+\frac{0.05}{12}\right)^3 + 100\left(1+\frac{0.05}{12}\right)^2 + 100\left(1+\frac{0.05}{12}\right) = \$302.51$$

이다. △

P_n 의 현재가는 P_0 이고 이때 $P_n = P_0(1+i)^n$ 이므로 기말급 연금의 현재가는

$$P_0 = P_n(1+i)^{-n} = P\frac{(1+i)^n - 1}{i}(1+i)^{-n} = P\frac{1-(1+i)^{-n}}{i}$$

이다. 그러므로 다음 정리가 성립한다.

정리 4.2 (기말급 연금의 현재가 정리). (1년에 m 번의 주기가 있을 때) n 번의 주기 말에 금액 P 를 명목이자율 $i^{(m)}$ 으로 투자하면, 이 연금의 현재가 P_0 는,

$$i = i^{(m)}/m$$

라 할 때,

$$P_0 = \frac{P_n}{(1+i)^n} = P\sum_{k=1}^{n}\frac{1}{(1+i)^{n+1-k}} = P\frac{1-(1+i)^{-n}}{i} \tag{4.2}$$

이다.

기말급 연금의 현재가 정리 해설

- 식 (4.2), 즉,

$$P_0 = P\sum_{k=1}^{n}\frac{1}{(1+i)^{n+1-k}} = \frac{P}{1+i} + \frac{P}{(1+i)^2} + \cdots + \frac{P}{(1+i)^n}$$

이 그림 4.6에 표현되어 있다.

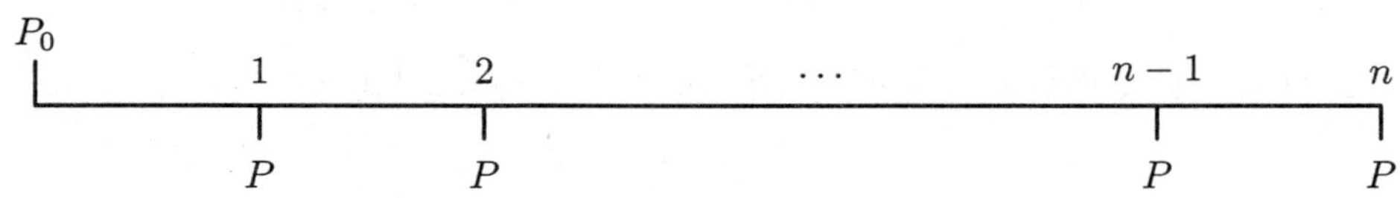

그림 4.6: 단순 대출의 시간도표

이것을 처음에 대출 P_0를 받고 P를 n번의 지급주기에 걸쳐 상환하는 것(대출을 할부상환한다고 한다)으로 해석할 수 있다. 임의의 양수 P, i, 그리고 (정수인) n에 대하여 (4.2)를 이용하면 P_0가 계산할 수 있다. 달리 말하자면, "n달 동안 P를 갚아갈 수 있다면, 월 이자율 i로 얼마나 많이 빌릴 수 있는가?"와 같은 질문에 답할 수 있다. 그러나 일반적으로 매우 미묘한 이유로 "P_0를 월 이자율 i로 빌려서 한 달에 P 씩 갚는다면 대출을 상환하는 데 얼마나 걸리는가?"와 같은 질문에는 답할 수 없다. 이 질문에 답하려면 식 (4.2),즉,

$$P_0 = P\frac{1-(1+i)^{-n}}{i}$$

을 n에 대해 풀어

$$n = \frac{\ln\left(\frac{P}{P-iP_0}\right)}{\ln(1+i)}$$

을 구해야 한다. 그러나 일반적으로 좌변은 정수인 반면 우변은 그렇지 않다. 6장에서 이러한 형태의 문제를 다시 다룬다.

예 4.4. 켄드릭 가족은 새 주택을 할부로 구입하려 한다. 그들은 30년 동안 한 달에 \$700 씩 지출할 수 있다. 현재 이자율이 8%라면 얼마를 대출할 수 있는가?

풀이. 식 (4.2)에서, $P = 700$, $m = 12$, $i = 0.08/12$, $n = 30 \times 12 = 360$이라 하면,

$$P_0 = 700\frac{1-\left(1+\frac{0.08}{12}\right)^{-360}}{\frac{0.08}{12}} = \$95,398.45$$

가 된다. 그러므로 그들은 약 $\$95,000$를 대출 받을 수 있다. △

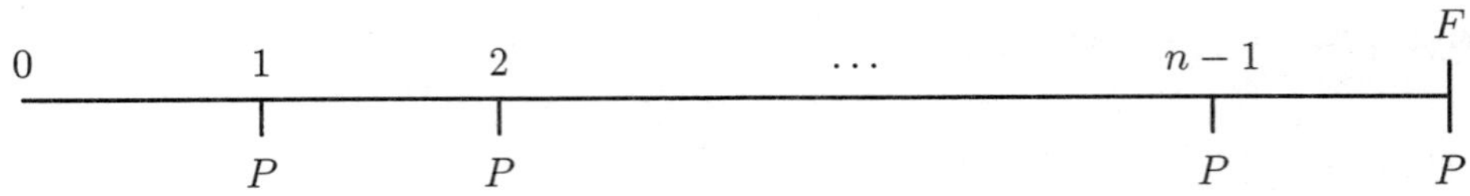

그림 4.7: 감채기금의 시간도표

감채기금(sinking fund)이란 미래의 n번째 주기에 해당하는 특정한 날짜에 목표액 F가 적립될 것을 목표로 이자율 $i^{(m)}$으로 일정한 금액 P를 1년에 m번 (보통 매월) 정기적으로 예치하는 계좌를 말한다. 마지막 주기를 포함하여 각 주기 말에 예치된다면 시간도표는 그림 4.7과 같다.

이것은 바로 기말급 연금에 해당하므로, 식 (4.1)에서, $i = i^{(m)}/m$이라 하면,

$$F = P\frac{(1+i)^n - 1}{i} \tag{4.3}$$

이다. 보통 감채기금과 관련된 질문은 "특정한 시점에 최종 목표금액에 도달하려면 매 주기에 얼마나 많이 적립하여야 하는가?"와 같다. 달리 말하면, P를 F, n, i의 항으로 표현하라는 것이다. 그러므로 식 (4.3)에서

$$P = F\frac{i}{(1+i)^n - 1} \tag{4.4}$$

라 할 수 있다.

예 4.5. 휴즈 켄드릭은 5년 안에 승용차를 교체하려 한다. 그는 $20,000가 필요할 것으로 추정한다. 차를 교체하려면 명목이자율 6%인 월복리 감채기금에 매월 얼마씩 넣어야 하는가?

풀이. 여기서 $F = 20000$, $n = 5 \times 12 = 60$, $i = 0.06/12 = 0.005$이므로,

$$P = 20000\frac{0.005}{(1.005)^{60} - 1} = 286.656,$$

즉, 월 $286.66이다. △

두 가지 어림셈을 통하여 월 $286.66가 대체로 맞는 액수인지 살펴볼 수 있다.

- 첫째, 대부분의 적립금에 이자가 붙으므로 직관적으로 총적립금이 최종 액수보다 작다고 추정할 수 있다. 총적립금은 $\$286.66 \times 60 = \$17,199.60$이고 이것은 $20,000. 보다 작다. 이 직관적인 추정에 의해 $n > 1$이면

$$nP < F$$

가 되어야 한다. 그런데 이 직관은 옳은 것인가?

$nP < F$가 참이려면, 식 (4.3)으로부터,

$$n < \frac{(1+i)^n - 1}{i}$$

또는

$$(1+i)^n - 1 - ni > 0$$

가 되어야 한다.

이것을 $n > 1$에 대한 귀납법으로 증명하자. $n = 2$일 때 이 부등식의 좌변은 $(1+i)^2 - 1 - 2i = i^2 > 0$이므로 부등식은 $n = 2$에 대해 참이다. 이 부등식이 $n = k$일 때 참이라 하면,

$$(1+i)^k - 1 - ki > 0$$

이다. $n = k+1$일 때 부등식의 좌변은 $(1+i)^{k+1} - 1 - (k+1)i$이다. 이제

$$\begin{aligned}(1+i)^{k+1} - 1 - (k+1)i &= (1+i)^k(1+i) - 1 - (k+1)i \\ &> (1+ki)(1+i) - 1 - (k+1)i \\ &= ki^2\end{aligned}$$

이고 이 값은 양수이다. 그러므로 이 직관은 옳다.

- 둘째, 직관적으로 보면 새로 적립한 금액은 이자가 그 시점부터 마지막 적립될 때까지만 붙는 반면, 최종 금액의 현재가는 투자액이 즉각 이자를 벌기 시작한다고 가정하고 계산되기 때문에 총 적립액이 최종 금액의 현재가보다 클 것이라 추정할 수 있다. $\$20,000$의 현재가는 $\$20,000(1+0.005)^{-60} = \$14,827.44$이고, 이것은 $\$286.66 \times 60 = \$17,199.60$보다 적다. 이 직관에 의한 계산에 의하면 $n > 0$에 대해,

$$F(1+i)^{-n} < nP$$

가 될 것으로 추정할 수 있다.

그런데 이러한 직관은 옳은 걸까? 이것이 참이 되려면 식 (4.3)에서

$$\frac{(1+i)^n - 1}{i}(1+i)^{-n} < n$$

또는

$$(1+i)^n(1-ni) < 1$$

가 성립해야 한다. 이것은 명백하게 $1 - ni \leq 0$이면 참이므로, $1 - ni > 0$, 즉, $n < 1/i$이라 가정하고 $n > 0$에 대한 귀납법으로 이를 증명하자.

$n = 1$일 때, 이 부등식의 좌변은 $(1+i)(1-i) = 1 - i^2 < 1$이 되므로 $n = 1$에 대하여 참이다. $n = k$일 때 참이라 하면,

$$(1+i)^k(1-ki) < 1$$

이다. $n = k+1$라 하면 좌변은 $(1+i)^{k+1}(1-(k+1)i)$이다. 이제

$$\begin{aligned}(1+i)^{k+1}(1-(k+1)i) &= (1+i)^k(1+i)(1-ki-i)\\ &< \frac{1}{1-ki}(1+i)(1-ki-i)\\ &= 1+i-\frac{i(1+i)}{1-ki}\\ &= 1-\frac{i^2(1+k)}{1-ki}\\ &< 1\end{aligned}$$

이다. 그러므로 다시 한번 직관은 옳은 것이라 할 수 있다. (어디서 $n < 1/i$라는 사실을 사용하였는가?)

그러므로 P 값을 언제든 다음 결과를 이용하여 검증할 수 있다.

정리 4.3. 식 (4.4)로 주어지는 감채기금에 대한 주기적인 지급액 P, 즉

$$P = F\frac{i}{(1+i)^n - 1}$$

는 $n > 1$에 대하여 부등식

$$\frac{F}{n}(1+i)^{-n} < P < \frac{F}{n}$$

을 만족시켜야 한다.

예 4.6. 휴즈 켄드릭의 직장 동료인 제나 카멜은 35세로서 그녀가 은퇴하는 시점인 65세에 백만달러를 마련하고 싶어한다. 저축에 대한 연간 복리 이자율이 10% 라면 인플레이션이 없다고 할 때 해마다 얼마씩 저축하여야 하는가? 인플레이션이 해마다 5%라면 어떻게 되는가?

풀이. 여기서 $F = 106$, $n = 65-35 = 30$, $i = 0.1/1 = 0.1$이므로 $10^6/30 \times (1.1)^{-30} < P < 10^6/30$, 즉 $\$1,910.29 < P < \$33,333.33$임을 알 수 있다. 사실은

$$P = 10^6\frac{0.1}{(1.1)^{30}-1} = \$6,079.25$$

이다. 그러므로 제나는 인플레이션을 생각하지 않고 백만장자가 되려면 30년 동안 1년에 $\$6,079.25$씩을 저축해야 한다.

만약 인플레이션이 해마다 5%에 달한다면, 43쪽의 구매력 정리에 의해 지금부터 30년 후의 10^6 달러의 구매력은 $F = 10^6(1+0.05)^{30}$가 되므로,

$$P = 10^6(1+0.05)^{30}\frac{0.1}{(1.1)^{30}-1} = \$26,274.16$$

이다. 그러므로 제나는 인플레이션 이후 백만장자가 되려면 30년 동안 해마다 $\$26,274.16$를 저축해야 한다. 여기서 알 수 있는 것은 인플레이션이 중요하다는 것이다. △

4.2 기시급 연금

이제 우리가 5년 동안 매년 초에 $1,000를 10% 연이자율로 투자한다고 하자. 첫해 말에 $1,000의 10%인 $100를 벌어 합계 $1,100가 된다. 둘째 해 초에 $1,000를 추가로 적립하여 합계 $2,100이 되므로 둘째 해 말에 $2,100의 10%인 $210를 벌어 합계 $2,310가 된다. 이렇게 5년 동안 계속한다. 자세한 것은 표 4.4에 있다. (이 표의 계산을 계산기나 스프레드시트 프로그램을 이용하여 검증하고 빈 칸을 채워 넣어라.)

	연초		연말	
년	투자액	원금	이자	합계
1	$1,000.00	$1,000.00	$100.00	$1,100.00
2	$1,000.00	$2,100.00	$210.00	$2,310.00
3	$1,000.00	$3,310.00	$331.00	$3,641.00
4				
5	$1,000.00	$6,105.00	$610.51	$6,715.61

표 4.4: 기시급 연금

이제 이 과정에 대한 일반적인 공식을 끌어내자. 다음과 같이 둔다.

P 매 기간 초에 투자하는 금액(amount),

n 전체 기간 수(total number of periods),

P_n 연금의 n째 이자기간 말의 미래가(future value),

m 연간 기간 수(number of periods per year),

$i^{(m)}$ 소수로 표기한 명목이자율,

i 이자기간당 이자율(interest rate per interest period).

기간당 이자율은 $i = i^{(m)}/m$이다.

일반적인 상황이 그림 4.8에 표현되어 있다.

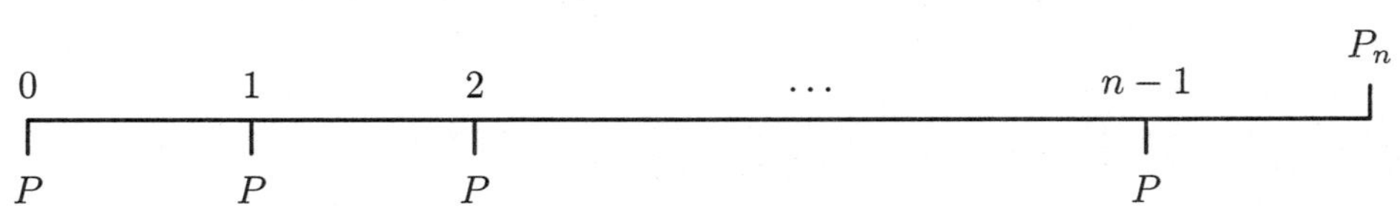

그림 4.8: 기시급 연금의 시간도표

미래가 P_n에 대한 공식을 찾기 위해 $n = 1$, $n = 2$ 등에 대해 계산하고 패턴을 보기로 하자.

앞의 기호를 사용하여 표 4.4를 표 4.5와 같이 스프레드시트 형식으로 쓰면 다음과 같이 설명할 수 있다.

	기간 초		기간 말	
기간	투자액	원금	이자	합계
1	P	P	iP	$P+iP=P_1$
2	P	$P+P_1$	$i(P+P_1)$	$P+P_1+i(P+P_1)=P_2$
3	P	$P+P_2$	$i(P+P_2)$	$P+P_2+i(P+P_2)=P_3$
4	P	$P+P_3$	$i(P+P_3)$	$P+P_3+i(P+P_3)=P_4$
5	P	$P+P_4$	$i(P+P_4)$	$P+P_4+i(P+P_4)=P_5$

표 4.5: 기시급 연금—스프레드시트 형식

한 번만 지급했을 경우, 기간 1의 말에 미래가는

$$P_1 = P(1+i)$$

가 된다.

2번 지급했을 경우, 기간 2의 말에 미래가는

$$P_2 = (P+P_1)(1+i) = P(1+i) + P(1+i)^2$$

가 된다.

3번 지급했을 경우, 기간 3의 말에 미래가는

$$P_3 = (P+P_2)(1+i) = P(1+i) + P(1+i)^2 + P(1+i)^3$$

가 된다.

4번 지급했을 경우, 기간 4의 말에 미래가는

$$P_4 = (P+P_3)(1+i) = P(1+i) + P(1+i)^2 + P(1+i)^3 + P(1+i)^4$$

가 된다.

여기서 n번 지급했을 경우, 기간 n의 말에 미래가는

$$P_n = P(1+i) + P(1+i)^2 + \cdots + P(1+i)^{n-1} + P(1+i)^n$$

가 될 것임을 짐작할 수 있고, 고쳐 쓰면

$$P_n = P\left(1 + (1+i) + (1+i)^2 + \cdots + (1+i)^{n-2} + (1+i)^{n-1}\right)(1+i)$$

과 같다. $x \neq 1$에 대해 기하급수

$$1 + x + \cdots + x^{n-1} = \frac{x^n - 1}{x - 1}, \quad x \neq 1$$

를 사용하면 이러한 추측을 간결하게

$$P_n = P\frac{(1+i)^n - 1}{i}(1+i)$$

라 쓸 수 있다.

그러므로 다음과 같은 정리를 기술할 수 있다.

정리 4.4 (기시급 연금의 미래가 정리). n번의 기간(1년에 m번의 기간이 있다고 한다) 동안 매 기간 초에 P를 명목이자율 $i^{(m)}$으로 투자하면, n번의 기간 후의 연금의 미래가 P_n은 $i = i^{(m)}/m$라 하면

$$P_n = P\frac{(1+i)^n - 1}{i}(1+i) \tag{4.5}$$

이다.

이 정리의 증명은 71쪽의 문제 4.21에서 한다.

기시급 연금의 미래가 정리 해설

- 기시급 연금의 미래가는 P, n, m, i가 같은 기말급 연금의 미래가의 $(1+i)$배이므로 항상 더 크다.
- 기시급 연금의 미래가는 (i에 대해 증가하고 위로 오목인 함수인) 기말급 연금의 미래가의 $(1+i)$배이므로 항상 증가하고 위로 오목(convex up)이다. (71쪽의 문제 4.23을 보라.)

예 4.7. 58쪽의 예 4.1을 모든 지급이 1년씩 먼저 이루어지는 경우로 하여 다시 계산하라.

풀이. 5년째 말에 아만다는

$$P_5 = 2000\frac{(1+0.08)^5 - 1}{0.08}(1+0.08) = \$12,671.86$$

를 보유한다. 이제 이 금액이 8%로 40년 동안 투자되어

$$12671.86(1+0.08)^{40} = \$275,290.09$$

가 된다. 예 4.1의 결과와는 $20,000이 넘게 차이가 난다. △

예 4.8. 59쪽의 예 4.2를 모든 지급이 1년씩 먼저 이루어지는 경우로 하여 다시 계산하라.

풀이. 5년째 말에 아만다는

$$P_5 = 2000\frac{(1+0.10)^5-1}{0.10}(1+0.10) = \$13,431.22$$

를 보유한다. 이제 이 금액이 10%로 40년 동안 투자되어

$$13431.22(1+0.10)^{40} = \$607,887.02$$

가 된다. 예 4.2의 결과와는 $55,000이 넘게 차이가 난다. △

P_n 의 현재가는 P_0 으로 $P_n = P_0(1+i)^n$ 이다. 여기서 다음 정리를 유도할 수 있다.

정리 4.5 (기시급 연금의 현재가 정리). n 번의 기간(1년에 m 번의 기간이 있다고 한다) 동안 매 기간 초에 P 를 명목이자율 $i^{(m)}$ 으로 투자하면, 연금의 현재가 P_0 는

$$P_0 = \frac{P_n}{(1+i)^n} = P\frac{1-(1+i)^{-n}}{i}(1+i) \tag{4.6}$$

가 된다.

71쪽의 문제 4.22에서 이 정리를 증명한다.

예 4.9. 4.9. 제나 카멜은 연말에 추첨하는 애리조나 복권에 당첨되었다. 그녀는 $207,850을 즉시 그리고 다음 19년 동안 연말마다 수령하게 된다.

(a) 애리조나주는 이를 감당하기 위해 연금을 구매한다. 명목이자율이 7.06%라면 이 연금에 얼마를 지불해야 하는가?

(b) 제나가 세금으로 28%를 지불한다면 해마다 세후에 얼마를 받게 되는가?

(c) 제나가 세금으로 28%를 지불하고 인플레이션이 연평균 5%라면 마지막 수령액은 세후에 현재 달러로 얼마에 해당하는가?

풀이. (a) 제나가 첫 금액을 즉시 받으므로 $P = 207850$, $m = 1$, $i^{(1)} = 0.0706$, $n = 20$ 인 기시급 연금에 대당하고, 따라서 (주가 지급하는 금액의) 현재가는

$$P_0 = 207850\frac{1-(1+0.0706)^{-20}}{0.0706}(1+0.0706) = \$2,346,471.02$$

이다.

(b) 세후에 $207,850은 $207850 \times (1-0.28) = \$149,652$ 가 된다.

(c) 세후에 (그녀는 마지막으로 19년째 말에 수령하므로)19년 동안 인플레이션이 있으면 이는 현재 달러로 $149652(1/1.05)^{19} = \$59,222.38$ 가 된다. 이는 원래 해마다 수령하는 금액의 1/3보다 작다.

△

4.3 영구연금

여러분이 거래하는 금융기관이 도산하는 일이 없어 무엇이든 검증할 필요가 없다고 하고, 다음 상황을 생각해보자.

예 4.10. 다음 중 어느 것을 갖겠는가? 매년 말에 \$10,000씩 영원히 받는 것과 \$200,000를 지금 받는 것. 단 둘다 5% 연복리로 투자된다고 한다.

풀이. 둘을 비교하는 방법은 첫째 선택의 현재가, P_0를 계산하여 \$200,000와 비교하는 것이다. 현재가는

$$P_0 = 10000(1+0.05)^{-1} + 10000(1+0.05)^{-2} + \cdots + 10000(1+0.05)^{-n} + \cdots$$

이다. 이를

$$P_0 = 10000(1+0.05)^{-1}(1 + (1+0.05)^{-1} + \cdots + (1+0.05)^{-n+1} + \cdots)$$

또는

$$P_0 = 10000(1+0.05)^{-1}\sum_{n=0}^{\infty}\left(\frac{1}{1+0.05}\right)^n$$

로 쓸 수 있다. 이 급수는 무한 기하급수, $\sum_{n=0}^{\infty} x^n$ 으로 $|x| < 1$일 때 $1/(1-x)$로 수렴한다. 이 예에서는 $x = 1/1.05$이므로

$$P_0 = 10000(1.05)^{-1}\frac{1}{1-\frac{1}{1.05}} = \frac{10000}{0.05} = \$200,000$$

이다. 그러므로 둘 중 어느 하나가 더 낫다고 할 수 없다. 어떤 이는 평생 매년 \$10,000를 받는 것이 더 나은 선택이라 생각하여 이것이 직관에 반한다고 할 것이다. 그러나 그렇지 않다. 실제로는, 해마다 \$10,000를 영원히 받는 대신 얼마나 오래 받든 유한번만 1년에 \$10,000를 받게 될 것이라면 지금 \$200,000를 받는 것이 더 나은 선택이다. △

영원히 지속되는 연금을 **영구연금**(perpetuity)이라 부른다. 지급주기당 이자율 i로 지급주기당 금액 P를 지급하는 영구연금의 현재가 P_0는

$$P_0 = P(1+i)^{-1} + P(1+i)^{-2} + \cdots + P(1+i)^{-n} + \cdots$$

즉,

$$P_0 = P(1+i)^{-1}\sum_{n=0}^{\infty}\left(\frac{1}{1+i}\right)^n = P(1+i)^{-1}\frac{1}{1-\frac{1}{1+i}} = \frac{P}{i}$$

로 주어진다. 그러므로 다음 결과가 성립한다.

정리 4.6. 지급주기당 이자율 i로 지급주기당 금액 P를 지급하는 영구연금의 현재가 P_0는

$$P_0 = \frac{P}{i}$$

와 같다.

4.4 연습문제

걷기

4.1. 스프레드시트 프로그램을 이용하여 57쪽의 표 4.3의 항을 검증하라.

4.2. 54쪽의 표 4.2를 템플릿으로 사용하여 58쪽의 예 4.1과 59쪽의 예 4.2를 푸는 스프레드시트를 작성하라.

4.3. 다음은 신문 애리조나데일리스타지 2000년 2월 27일자에서 인용한 것이다. "20년 동안 한 달에 $50을 저축하고 그 동안 연간 8%를 번다면, 나중에 $29,451.02가 된다." 이 서술은 참인가?

4.4. 애리조나대학교 수학과는 대학원생이 학회에 참가할 경비를 보조하기 위해 기금을 마련하려 한다. 수학과는 추정하기를 영구적으로 매년 말에 $1,000를 기금에서 인출해야 한다. 기금이 연간 7% 수입을 올린다 할 때 기금은 개시 시점에 얼마나 많은 돈이 필요한가?

4.5. 문제 4.4를 연간 인플레이션율 3%를 고려하여 다시 풀어라.

4.6. 18년 후 4년제 공립대학교에서 대학 교육을 받는 데 드는 비용을 연간 $7,000으로 예상한다. 18년 후 대학 교육을 감당하려면 7%로 투자할 때 지금 얼마를 투자해야 하는가?

4.7. $50씩 향후 10년 동안 이자율 9%이고 월마다 복리되는 계좌에 매달 적립한다. 10년 째 말에 계좌에는 얼마가 있겠는가?

4.8. 문제 4.7을 적립을 매월 말이 아니라 매월 초에 한다고 하고 다시 풀어라.

4.9. 18년 후 대학 교육을 받는 데 드는 비용을 연간 $20,000으로 예상한다. 18년 후 대학 교육을 감당하려면 이자율 10%이고 월마다 복리되는 계좌에 18년 동안 매년 말에 얼마씩 적립해야 하는가?

4.10. 문제 4.9를 적립을 매년 말이 아니라 매년 초에 한다고 하고 다시 풀어라.

4.11. 5년 후에 현재 $16,000인 차를 구매할 계획이다. 예상 인플레이션율은 연간 3%이다. 5년 후 연말에 차량가격에 맞추려면 이자율 9%이고 월마다 복리되는 계좌에 60개월동안 매달 말에 얼마씩을 적립해야 하는가?

4.12. 대학 교육에 드는 비용은 현재 연간 $15,000이다. 향후 5년간 예상 연간 인플레이션율은 3%이다. 5년 후 대학 교육을 감당하려면 이자율 10%이고 분기마다 복리되는 계좌에 5년 동안 매년 말에 얼마씩을 적립해야 하는가?

4.13. 어떤 사람이 10년 동안 매년 말에 $15,000를 지급한다고 보장하는 투자에 $100,000를 지불하였다. 이 투자의 수익률은 얼마인가?

4.14. 문제 4.13을 돈을 매년 말이 아니라 매년 초에 지급한다 하고 다시 풀어라.

4.15. 어떤 사람이 15년 동안 매년 말에 고정액을 지급한다고 보장하는 투자에 \$50,000를 지불하였다. 이 투자의 수익률이 8%라면 연간 지급액은 얼마인가?

4.16. 문제 4.13을 돈을 매년 말이 아니라 매년 초에 지급한다 하고 다시 풀어라.

4.17. 어떤 투자는 영구연금으로 해마다 \$50를 지급한다고 보장한다. 투자자의 세율(tax rate)이 30%이고, 투자자가 지급액을 이자율 10%로 월마다 복리되는 계좌에 적립할 수 있다면, 이 영구연금의 현재가는 얼마인가?

뛰기

4.18. 함수

$$f(x) = P_0 \frac{(1+x)^n - 1}{x}$$

가 x에 대해 증가이고 위로 오목인 함수임을 보여라. $\lim_{x\to\infty} f(x)$는 무엇인가? (58쪽을 보라.)

4.19. 함수

$$g(x) = P_0 \frac{(1+i)^x - 1}{i}$$

가 x에 대해 증가이고 위로 오목인 함수임을 보여라. $\lim_{x\to\infty} g(x)$는 무엇인가? (58쪽을 보라.)

4.20. 64쪽의 정리 4.3을 귀납법으로 증명하라.

4.21. 67쪽의 정리 (4.5)를 증명하라.

4.22. 68쪽의 정리 (4.6)을 증명하라.

4.23. $x > 0$에 대하여 $f(x)$가 양이고, 증가하며, 위로 오목이면 $g(x) = (1+x)f(x)$도 그렇다는 것을 보여라. (58쪽을 보라.)

4.24. 기시급 연금은 처음 한번 지급과 $n-1$번의 기말급 연금 지급과 같다는 주장이 있다. 이것은 참인가?

복습문제

- 연금이란 무엇인가?
- 기말급 연금과 기시급 연금은 어떤 차이가 있는가?
- 기말급 연금의 미래가는 어떻게 계산하는가? 기시급 연금은?
- 기말급 연금의 현재가는 어떻게 계산하는가? 기시급 연금은?
- 감채기금이란 무엇인가?

- 영구연금이란 무엇인가?

5

대출과 위험

많은 학생들이 학자금 대출을 받는다. 이러한 대출은 개인, (직원복지프로그램의 일부로서) 기업, 정부가 발행한다. 미국에서 대표적인 학자금 대출은 스태포드대출(Stafford loan)과 같은 형태로서 이는 연방정부가 보증한다. 스태포드대출의 전형적인 대출 조건은 상환기간이 최대 10년이고 최소 상한은 월 $50이며, 조기상환에 대한 수수료는 없다(이 조건이 중요하다. 그에 반해 예를 들어 다수의 부동산 대출은 조기상환에 높은 수수료를 매긴다). 이러한 대출들은 일반적으로 고정금리이고 연체에 대해 연체 수수료가 있다. 학자금 대출의 중요 특징은 학생이 학업을 마치거나 학교를 떠난 후 6개월이 지난 다음부터 상환을 개시한다는 것이다.

주택 융자는 은행, 주택금융기관, 담보대출기관에서 이용할 수 있다. 주택 융자는 고정금리일 수도 있고 조정가능금리일 수도 있다.

- 고정금리 대출(fixed rate loan)은 보통 15년 또는 30년 동안 주어진다. 일반적으로 30년 대출 이자율은 15년 대출 이자율보다 더 높다. 이 경우 차용자는 더 긴 기간동안 상환할 권리에 대한 추가 할증금(더 높은 이자율)을 지불하는 것이다.
- 조정가능금리 대출(adjustable rate loan)은 초기(일반적으로 1년에서 5년)에는 고정금리을 제시한다. 이 초기 기간이 끝나면, 보통 재무성증권 이자율(Treasury bill rate)과 같은 어떤 정부지수(government index)에 따라 이자율이 조정된다. 일반적으로 조정가능금리 대출의 초기 이자율은 고정금리 대출의 대응하는 이자율에 비해 낮다. 대출자는 미래 이자율의 불확실성을 보상하기 위해 이러한 보상을 받는다. 초기 기간이 끝나면 대출에 대해 주기적으로 점검하여 이자율이 채택하는 지수에 따라 이자율이 조정된다. 일반적으로 각 시점에 이자율이 상승할 수 있는 최대치인 "캡(cap)"이 설정되어 있다.

주택 융자에는 대개 조기상환 수수료가 있다. 주택소유자가 더 낮은 이자율로 재융자하려고 대출을 조기에 모두 상환하려 할 수도 있지만, 이것이 조기상환 수수료로 인해 좋지 않은 결정이 될 수도 있다. 조기상환 수수료는 남은 대출 잔액의 80%에 대한 6개월 이자에 해당하는 경우도 있다.

사업 대출은 다수의 은행, 개인, 지방 또는 정부기관에서 이용가능하다. 많은 경우에 사업 매각자가 매입자에게 융자(carry back)하기도 한다.[1] 이 경우 대출 구조가 상당히 유연해질 수 있다. 예를 들어, 일반적인 관행은 새로운 소유자가 일정 기간 사업할 때까지 원금과 이자의 지불을 연기하는 것이다. 이것은 현소유자가 배려하는 예이다. 다른 경우로 만기일시상환 대출(balloon loan)이 있을 수 있다.[2] 이 경우 구매자는 정해진 날짜까지 정기적으로 일부 금액을 지불하고 정해진 날에 원금 잔액을 지불한다. 이는 구매자에 의한 배려의 예이다.

구매 자금을 어떻게 조달할지 고려할 때 대출자들은 대체로 선택의 여지가 많다. 그 여지는 대출 기간, 대출에 대한 이자율, 원금을 포함하여 상환하는지 여부, 대출 보증을 하는지 여부 등에 따라 다양하다. 예를 들어, 기업 대출은 주택 융자보다 이자율이 높은 경향이 있고, 소유자 비거주 자산에 대한 부동산 대출은 일반적으로 소유자 거주 자산에 대한 부동산 대출보다 이자율이 더 높고, 고정금리 대출은 일반적으로 조정가능금리 대출보다 초기 이자율이 더 높다. 선택의 차이는 관련된 위험의 차이와 연관되어 있다. 이와 같은 그리고 기타 금융 상황에서, 위험라는 말은 불확실성과 같은 의미이다.

위험의 원인 중 하나는 이자율 위험이다. 대출을 더 빨리 상환할수록 대여자에게는 대출 금리의 예상치 못한 증가의 영향이 줄어든다. 따라서, 단기 대출과 상환시 원금도 상환하는 대출은 장기 대출과 원금 상환을 포함하지 않는 대출보다 덜 위험하다.

위험의 또 다른 소스는 디폴트 위험(채무불이행 위험)이다. 디폴트 위험은 차용자가 약속한 이자 또는 원금을 지불하지 못 할 위험이다. 이때도 또한 대출을 더 빨리 상환할수록 대여자에게는 위험이 줄어든다. 대출자가 채무를 불이행하는 경우, 원금 잔액은 원금 상환을 포함하는 단기 대출의 경우가 더 작다. 또한, 담보 대출은 무담보 대출보다 덜 위험하다. 대출자가 담보 대출을 상환하지 못 할 경우, 대여자는 담보의 소유권을 취할 수 있다. 그러나, 무담보 대출의 경우에는 그렇게 하지 못한다. 위험에서 이렇게 차이가 있으므로 다양한 대출에 대한 이자율에서 차이가 생기게 된다. 즉 더 위험한 대출에 더 높은 이자율이 부과된다.

그런데 동일한 이자율인 대출에 대해 이자 총액이 항상 같아야 할 필요는 없다. 이제 대출을 상환하는 네 가지 다른 방식을 살펴볼텐데, 모두 같은 이자율로 같은 금액을 빌릴 수 있다고 가정한다.

대출 1: 5년 동안 매해 말에 \$1,000를 지급하는 연금을 생각하자. 현 이자율이 8%이다. 60쪽의 (4.2)로부터

$$P_0 = P\frac{1-(1+i)^{-n}}{i} = 1000\frac{1-(1+0.08)^{-5}}{0.08} = \$3,992.71$$

를 대출할 수 있음을 알 수 있다. 표 5.1에 이 대출 상환에 관한 자세한 내용이 있다.

상환한 이자 총액은 \$1,007.29이다. 전형적인 할부상환이 이에 해당하며 4.1절에서 다루었고 6장에서 더 자세히 논의한다. 할부상환 대출은 대출이 상환될 때까지 정기적으로 일정한 원금과

[1] 역자 주: 융자 대출(carryback loan)이란 판매자가 매입자에게 구입 가격의 일부를 자금 지원하기 위해 제공하는 대출을 말한다.

[2] 역자 주: 만기일시상환 대출(balloon loan)이란 분할 지급을 하다가 일정한 날에 잔액을 일괄 상환하는 대출을 말한다.

연도	연초 원금 잔액	이자	지불액	연말 이자 지불액	원금 지불액	원금 잔액
1	$3,992.71	$319.42	$1,000.00	$319.42	$680.58	$3,312.13
2	$3,312.13	$264.97	$1,000.00	$264.97	$735.03	$2,577.10
3	$2,577.10	$206.17	$1,000.00	$206.17	$793.83	$1,783.27
4	$1,783.27	$142.66	$1,000.00	$142.66	$857.34	$925.93
5	$925.93	$74.07	$1,000.00	$74.07	$925.93	$0.00

표 5.1: 할부상환

이자를 상환하는 대출이다.

이러한 거래에 대한 IRR i_A는

$$3992.71 - \frac{1000}{1+i_A} - \frac{1000}{(1+i_A)^2} - \frac{1000}{(1+i_A)^3} - \frac{1000}{(1+i_A)^4} - \frac{1000}{(1+i_A)^5} = 0,$$

또는 $x = 1 + i_A$라 하면,

$$3992.71x^5 - 1000x^4 - 1000x^3 - 1000x^2 - 1000x - 1000 = 0$$

을 만족한다. 이 x에 대한 다항식은 부호 변화가 한 번뿐이므로 많아야 하나의 양의 해를 가지며 실제로는 $x = 1 + i_A = 1.08$이므로 $i_A = 0.08$이다.

나머지 세 대출도 또한 8%에 $3,992.71이지만 상환 방법이 각기 다른 것이다.

대출 2: 다른 기관에서 동일한 $3,992.71를 8%로 5년 동안 대출할 수 있다고 한다. 그러나 이자는 매해 말에, 원금은 5년째 해 말에만 상환할 수 있다고 한다. 표 5.2에서 이 대출 상환에 관한 자세한 내용을 볼 수 있다.

연도	연초 원금 잔액	이자	지불액	연말 이자 지불액	원금 지불액	원금 잔액
1	$3,992.71	$319.42	$319.42	$319.42	$0.00	$3,992.71
2	$3,992.71	$319.42	$319.42	$319.42	$0.00	$3,992.71
3	$3,992.71	$319.42	$319.42	$319.42	$0.00	$3,992.71
4	$3,992.71	$319.42	$319.42	$319.42	$0.00	$3,992.71
5	$3,992.71	$319.42	$4,312.13	$319.42	$3,992.71	$0.00

표 5.2: 채권

상환한 이자 전체는 $1,597.08이다. 전형적인 채권이 이에 해당하며 8장에서 논의할 것이다. 채권은 투자자가 정부 기관이나 기업에 제공하는 대출로 일정 기간마다 고정액을 상환하고 마지막 상환에서 원금을 상환한다.

이러한 거래에 대한 IRR i_B는

$$3992.71 - \frac{319.42}{1+i_B} - \frac{319.42}{(1+i_B)^2} - \frac{319.42}{(1+i_B)^3} - \frac{319.42}{(1+i_B)^4} - \frac{319.42}{(1+i_B)^5} = 0$$

을 만족한다. 이 x에 대한 다항식은 부호 변화가 한 번뿐이므로 많아야 하나의 양의 해를 가지며, 실제로는 $x = 1 + i_B = 1.08$이므로 $i_B = 0.08$이다.

대출 3: 다른 기관에서 동일한 금액 $3,992.71를 8%로 5년 동안 대출할 수 있다고 한다. 그러나 원금과 이자를 매해 말에만 상환할 수 있다고 한다. 표 5.3에서 이 대출 상환에 관한 자세한 내용을 볼 수 있다.

연도	연초 원금 잔액	이자	지불액	연말 이자 지불액	원금 지불액	원금 잔액
1	$3,992.71	$319.42	$0.00	$0.00	$0.00	$4,312.13
2	$4,312.13	$344.97	$0.00	$0.00	$0.00	$4,657.10
3	$4,657.10	$372.57	$0.00	$0.00	$0.00	$5,029.67
4	$5,029.67	$402.37	$0.00	$0.00	$0.00	$5,432.04
5	$5,432.04	$434.56	$5,866.60	$1,873.89	$3,992.71	$0.00

표 5.3: 무이표채권

예를 들어, 3년 째 초에 잔여 원금($4,657.10)은 2년 째 초의 잔여 원금($4,312.13)에 그 해에 발생한 이자($344.97)를 더한 것이다. 3년 째 이자는 그 해 초의 잔여 원금 ($4,657.10)에서 계산된다. 그래서 이자가 이자에 대해서도 계산된다.

상환한 이자 총액은 $1,873.89이다. 전형적인 무이표채권에 이에 해당하며 8장에서 채권에 대해 논의할 것이다. 무이표채권은 이표라고 부르는 정기지급 이자 증서가 없는 채권이다. 그러므로 상환은 대출 기간 말에 일시불로 이루어진다.

이 거래에 대한 IRR i_Z는

$$3992.71 - \frac{5866.60}{(1+i_Z)^5} = 0$$

또는

$$i_Z = \left(\frac{5866.60}{3992.71}\right)^{1/5} - 1 = 0.08$$

을 만족한다.

대출 4: 다른 기관에서 동일한 $3,992.71를 8%로 5년 동안 대출할 수 있다고 한다. 그러나 1년에 $500씩 부채가 상환될 때까지 지불하고 첫 해에는 이자가 부과되지 않는다고 한다. 표 5.4에서 이 대출 상환에 관한 자세한 내용을 볼 수 있다.

상환한 이자 총액은 $1828.29이며, 부채를 모두 상환하기까지 12년이 걸린다. 전형적인 신용카드가 이에 해당한다. 신용카드는 7장에서 더 논의한다. 신용카드는 금융기관이 발행하고

연도	연초 원금 잔액	이자	지불액	연말 이자 지불액	원금 지불액	원금 잔액
1	$3,992.71	$0.00	$500.00	$0.00	$500.00	$3,492.71
2	$3,492.71	$279.42	$500.00	$279.42	$220.58	$3,272.13
3	$3,272.13	$261.77	$500.00	$261.77	$238.23	$3,033.90
4	$3,033.90	$242.71	$500.00	$242.71	$257.29	$2,776.61
5	$2,776.61	$222.13	$500.00	$222.13	$277.87	$2,498.74
6	$2,498.74	$199.90	$500.00	$199.90	$300.10	$2,198.64
7	$2,198.64	$175.89	$500.00	$175.89	$324.11	$1,874.53
8	$1,874.53	$149.96	$500.00	$149.96	$350.04	$1,524.49
9	$1,524.49	$121.96	$500.00	$121.96	$378.04	$1,146.45
10	$1,146.45	$91.72	$500.00	$91.72	$408.28	$738.16
11	$738.16	$59.05	$500.00	$59.05	$440.95	$297.22
12	$297.22	$23.78	$321.00	$23.78	$297.22	$0.00

표 5.4: 신용카드

대출의 미불 차액에 대해서는 정기적으로 상환된다. 최소 상환액은 고정금리 곱하기 미불 차액 또는 어떤 고정액보다 크다.

이 거래에 대한 IRR i_C는

$$3992.71 - 500 - \sum_{k=1}^{10} \frac{500}{(1+i_C)^k} - \frac{321}{(1+i_C)^{11}} = 0$$

을 만족한다. 이 x에 대한 다항식은 부호 변화가 한 번뿐이므로 많아야 하나의 양의 해를 가지며, 실은 $x = 1 + i_C = 1.08$이므로 $i_C = 0.08$이다.

5.1 연습문제

걷기

5.1. 헬렌 캔드릭은 이자율이 7.5%일 때 $50,000를 빌리려 한다. 그녀는 매해 말에 이자를 지불하고 4년째 말에 원금을 상환하려 한다. 이 대출의 상환 계획을 작성하라.

5.2. 휴즈 켄드릭은 30년 동안 주택 융자 $100,000를 7%에 대출하였다. 15년이 지난 후에 그는 더 낮은 이자율로 금융을 조정하기 위해 대출을 모두 상환하려 한다. 이 대출에는 대출 잔금의 80%에 대한 6개월치 이자에 해당하는 조기상환 수수료가 있다.

(a) 휴즈의 대출에 남은 잔금은 얼마인가?

(b) 휴즈가 다른 부대 비용이 없이 6%에 15년 대출을 받아 금융을 조정할 수 있다면 하여야 하는가?

(c) 휴즈가 다른 부대 비용이 없이 15년 이상의 대출을 받아 금융을 조정할 수 있다면, 이자율이 몇이면 할 만한 가치가 있는가?

5.3. 헬렌 캔드릭은 이자율이 8.5%일 때 자금을 대출하려 한다. 그녀는 4년 동안 매년 말에 $5,000를 지불할 수 있다.

(a) 그녀는 얼마까지 대출할 수 있는가?

(b) 이 대출에 대하여 75쪽의 표 5.1과 유사한 표를 작성하라.

5.4. 헬렌 캔드릭은 이자율이 7.5%일 때 $50,000를 대출하려 한다. 그녀는 현금이 필요하여 4년 말에만 이자와 원금을 상환하기를 원한다. 이 대출에 대한 지불예정표를 작성하라.

5.5. 헬렌 캔드릭은 이자율이 7.5%일 때 $50,000를 대출하려 한다. 그녀는 처음 3년 동안은 이자만 지불하고 4년째 말에 원금을 상환하기를 원한다. 이 대출에 대한 지불예정표를 작성하라.

5.6. 기간이 4년인 다음 두 대출을 생각하자. 모두 이자율 7.5%이며 하나는 대출 금액이 $50,000이고 다른 하나는 $100,000이다. 이 대출을 할부 대출이라 하면, 둘째 대출의 월 상환액은 첫째 대출의 두 배인가? 어느 달이든 지불하는 이자 액수가 둘째 대출이 첫째 대출의 두 배인가?

뛰기

5.7. 다음은 75쪽의 표 5.1과 유사한 할부 대출에 대한 표의 일부이다.

	연초	연말				
연도	원금 잔액	이자	지불액	이자 지불액	원금 지불액	원금 잔액
1	$10,000.00		$2,820.12			
2						
3						
4						$0.00

(a) 이자율은 몇인가?

(b) 표를 완성하라.

5.8. 어떤 상황에서 조정가능금리 대출이 고정금리 대출보다 나은가?

5.9. 이 장에서 서술한 네 가지 대출 상환 방법을 비교하라. 모두 IRR이 8%인 것에 주목한다면, 어느 하나가 나머지보다 더 좋은 상황이 있는가?

5.10. 휴즈 켄드릭은 $10,000를 빌리려 한다. 그는 5년 고정금리 대출 둘 중 하나를 선택해야 한다. 하나는 조기상환 수수료가 없는 이자율이 7%인 대출이고, 다른 것은 1% 조기상환 수수료가 있는 이자율이 6.75%인 대출이다. 어떤 경우에 둘째 대출이 첫째 대출보다 나은가?

5.11. 문제 5.10와 관련하여, 휴즈가 조기상환 수수료가 있는 대출을 선택하고 세 번째 지불 직후에 대출을 상환해버린다면 마지막 지불 금액은 얼마인가? 다른 대출을 선택했을 때에 비해 전체 금액을 더 많이 지불하는가 아니면 더 적게 지불하는가?

복습문제

- 위험이 대출자에게 부과되는 이자율에 어떻게 영향을 미치는가?
- 대출과 관련된 위험에는 어떤 것이 있는가?

6

할부상환

사람들 대부분에게 가장 큰 투자는 주택을 구입하는 것이다. 그런데 주택을 현금으로 구입하는 일은 드물다. 대개 모기지를 발행하는 회사로부터 자금을 빌린다. 종종 모기지 상환과 유사한 과정이 또한 학자금 대출과 자동차 구입 대출에도 적용된다. 5장에서 할부상환에 대해 살펴보았다. 이 장에서 그 과정을 더 자세히 살펴본다.

6.1 할부상환일정표

처음에 일정 금액 (초기원금 또는 약정 금액)을 명시된 연이자율로 대출하고, 어느 기간동안 원금과 이자를 일정한 주기로 지불하여 채무 상환한다. 이를 "대출을 할부상환(amortize)" 한다고 한다. 대출 회사는 할부상환일정표(amortization table)라는 표로 다양한 지불액을 금리 및 기간에 따라 표시한다. 예를 들어, 표 6.1은 명목 이자율 10%이며 월별 지불이 이루어지는 그러한 표의 일부이다. 따라서, 이 표에 따라 10년 동안 (10%로) $10,000를 빌릴 경우 월별 지불은 $132.16이다.

약정 금액	10년	11년	12년	13년	14년
$10, 000	$132.16	$125.20	$119.51	$114.79	$110.83
$11, 000	$145.37	$137.72	$131.46	$126.27	$121.91

표 6.1: 할부상환일정표의 일부분

이 정보를 가지고 대출 상환의 첫 5 개월을 보여주는 할부상환일정표라 부르는 표 6.2를 완성시킬 수 있다. 첫 달 말에 $132.16을 지불해야 한다. 이 중 $0.10/12 \times 10000 = \$83.33$은 빚에 대한 이자이고, $\$132.16 - \$83.33 = \$48.83$은 원금을 $\$10,000.00 - \$48.83 = \$9,951.17$로 줄이는 데 사용된다. (계산기 또는 스프레드시트 프로그램을 사용하여 이 표의 계산을 검증하고, 누락된 항목을 채워라.)

월	월 지불액	이자 지불액	원금 지불액	원금 잔액
0	$0.00	$0.00	$0.00	$10,000.00
1	$132.16	$83.33	$48.83	$9,951.17
2	$132.16	$82.93	$49.23	$9,901.94
3	$132.16	$82.52	$49.64	$9,852.30
4				
5	$132.16	$81.69	$50.47	$9,751.77

표 6.2: 할부상환일정표

표 6.2를 작성하려면 표 6.1을 아는 것이 중요하다는 것을 알 수 있다. 하지만 어떻게 표 6.1을 알고, 더 중요한 것은 어떻게 그것이 정확한지 알 수 있을까?

이 절에서 대출 상환액을 계산하는 방법을 보게 될 것이다. 다음과 같이 두자.

- P_0 지불해야 하는 **초기원금**(약정 금액),
- P_n n째 지불주기 말의 **원금 잔액**(상환되어야 할 남은 원금),
- M **주기별 지불액**,
- N 전체 **지불주기 수**(total number of payment periods),
- m **연간 지불 건수**(number of periodic payments per year),
- $i^{(m)}$ **연간 이자율**(annual interest rate),
- i **이자주기당 이자율**(interest rate per interest period).

주기당 이자율은 $i = i^{(m)}/m$ 이다.

그림 6.1은 이에 대한 시간도표이다.

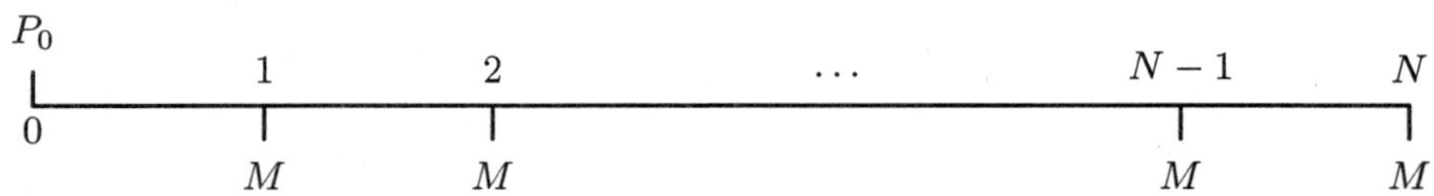

그림 6.1: 모기지의 시간도표

이 표기법을 사용하여, 표 6.2를 표 6.3과 같은 기호를 이용한 스프레드시트 형식으로 다시 작성한다. 표 6.3에 대한 설명은 아래와 같다.

첫 번째 지불주기 말에 ($n = 1$) 정기적으로 지불하는 금액 M을 지불하지만, 빚에 대한 이자는

이자주기	액면이자	이자	상환금	원금 잔액
0				P_0
1	M	iP_0	$M - iP_0$	$P_0 - (M - iP_0) = P_1$
2	M	iP_1	$M - iP_1$	$P_1 - (M - iP_1) = P_2$
3	M	iP_2	$M - iP_2$	$P_2 - (M - iP_2) = P_3$
4	M	iP_3	$M - iP_3$	$P_3 - (M - iP_3) = P_4$
5	M	iP_4	$M - iP_4$	$P_4 - (M - iP_4) = P_5$

표 6.3: 분할상환표의 일부

iP_0 이므로, 원금 잔액은

$$P_1 = P_0 - M + iP_0 = P_0(1+i) - M$$

이다.

둘째 지불주기 말에 ($n = 2$) 빚에 대한 이자는 iP_1 이므로, 원금 잔액은

$$P_2 = P_1 - M + iP_1 = P_1(1+i) - M = (P_0(1+i) - M)(1+i) - M$$

이고 다시 쓰면

$$P_2 = P_0(1+i)^2 - M(1 + (1+i))$$

이다.

셋째 지불주기 말에 ($n = 3$) 빚에 대한 이자는 iP_2 이므로, 원금 잔액은

$$P_3 = P_2 - M + iP_2$$

이고 다시 쓰면

$$P_3 = P_0(1+i)^3 - M\left(1 + (1+i) + (1+i)^2\right)$$

이다.

여기서 n째 지불주기 말의 원금 잔액은

$$P_n = P_0(1+i)^n - M\left(1 + (1+i) + \cdots + (1+i)^{n-1}\right)$$

가 될 것으로 추측할 수 있다. 이 추측을

$$1 + x + \cdots + x^{n-1} = \frac{x^n - 1}{x - 1}, \qquad x \neq 1$$

을 이용하여 다음 형태[1]

$$P_n = P_0(1+i)^n - M\frac{(1+i)^n - 1}{i} \tag{6.1}$$

혹은

$$P_n = \left(P_0 - \frac{M}{i}\right)(1+i)^n + \frac{M}{i}$$

[1]식 (6.1)을 원금의 미래가 $P_0(1+i)^n$ 에서 연금 지급액의 미래가 $M((1+i)^n - 1)/i$를 뺀 것으로 해석할 수 있다.

과 같은 형태로 다시 표현할 수 있다.

그러므로 다음 정리가 성립한다.

정리 6.1 (분할상환 정리). P_0가 명목이자율 $i^{(m)}$로 빌린 초기원금이고 1년에 m번 정기적으로 상환한다면 n번째 상환기간 후에 남은 원금 잔액 P_n은, $i = i^{(m)}/m$라 할 때,

$$P_n = \left(P_0 - \frac{M}{i}\right)(1+i)^n + \frac{M}{i} \tag{6.2}$$

이다.

증명. 이 추측을 수학적 귀납법이나 재귀관계를 이용하여 증명할 수 있다. 여기서는 재귀관계를 이용하여 증명하고 귀납법에 의한 증명은 96쪽의 연습문제 6.12로 남긴다.

다음 식

$$P_{k+1} = P_k(1+i) - M$$

이 성립하므로 여기에 $1/(1+i)^{k+1}$를 곱하여

$$P_{k+1}\frac{1}{(1+i)^{k+1}} = P_k\frac{1}{(1+i)^k} - M\frac{1}{(1+i)^{k+1}}$$

이라 쓸 수 있다. 이 식을 $k=0$에서 $k=n-1$까지 더하면

$$\sum_{k=0}^{n-1} P_{k+1}\frac{1}{(1+i)^{k+1}} = \sum_{k=0}^{n-1} P_k\frac{1}{(1+i)^k} - M\sum_{k=0}^{n-1}\frac{1}{(1+i)^{k+1}},$$

또는 양변에서 같은 항을 소거하여

$$P_n\frac{1}{(1+i)^n} = P_0 - M\sum_{k=0}^{n-1}\frac{1}{(1+i)^{k+1}}$$

즉,

$$P_n\frac{1}{(1+i)^n} = P_0(1+i)^n - M(1+i)^n\sum_{k=0}^{n-1}\frac{1}{(1+i)^{k+1}}$$

을 얻는다. 그런데

$$(1+i)^n\sum_{k=0}^{n-1}\frac{1}{(1+i)^{k+1}} = 1 + (1+i) + \cdots + (1+i)^{n-1} = \frac{(1+i)^n - 1}{i}$$

이므로

$$P_n = P_0(1+i)^n - M\frac{(1+i)^n - 1}{i}$$

가 되고 이것은 (6.2)와 같다. 이로써 재귀관계를 이용한 증명이 끝났다. □

P_n은

$$P_n = \left(P_0 - \frac{M}{i}\right)(1+i)^n + \frac{M}{i}$$

이고 $\{(1+i)^n\}$이 증가수열, 즉 $(1+i)^n < (1+i)^{n+1}$이므로, $P_0 - M/i > 0$이면 $P_n < P_{n+1}$이고 $P_0 - M/i < 0$이면 $P_n > P_{n+1}$임을 알 수 있다. 그러므로 다음은 직관적으로 분명하다.

정리 6.2. P_n을 식 (6.2)에 주어진 것이라 하자.

(a) $M > iP_0$이면, $P_n > P_{n+1}$, 즉, 정기적인 상환액이 초기 대여금의 이자보다 많으면 원금 잔액은 감소한다.

(b) $M = iP_0$이면, $P_n = P_{n+1}$, 즉, 정기적인 상환액과 초기 대여금의 이자가 동일하면 원금 잔액은 일정하다.

(c) $M < iP_0$이면, $P_n < P_{n+1}$, 즉, 정기적인 상환액이 초기 대여금의 이자보다 적으면 원금 잔액은 증가하여 결코 상환할 수 없다.

지금부터 $M > iP_0$인 경우로 한정하여 보기로 하자. 이 경우에 $M > iP_n$가 또한 성립하게 되고 (왜?), 식 (6.2)를

$$P_n = \frac{M}{i} - \left(\frac{M}{i} - P_0\right)(1+i)^n$$

인 형태로 쓸 수 있다. 이 형태에서 수학적으로 $\lim_{n\to\infty} P_n = -\infty$가 됨을 볼 수 있다. 이 사실과 $P_0 > 0$이면 $\{P_n\}$이 감소수열이라는 사실에서, $P_{N-1} > 0$이 되고 $P_N \le 0$이 되는 정수 N이 있어야 함을 알 수 있다. 이 N은 대출을 모두 상환하기까지 필요한 지불 횟수를 나타낸다. 그러므로 N은

$$\frac{M}{i} - \left(\frac{M}{i} - P_0\right)(1+i)^{N-1} > 0$$

과

$$\frac{M}{i} - \left(\frac{M}{i} - P_0\right)(1+i)^{N} \le 0$$

을 만족해야 하고, 따라서

$$\left(\frac{M}{i} - P_0\right)(1+i)^{N-1} < \frac{M}{i} \le \left(\frac{M}{i} - P_0\right)(1+i)^{N}$$

이다.

이것을

$$\frac{M}{M - iP_0} \le (1+i)^N < \frac{M}{M - iP_0}(1+i) \tag{6.3}$$

와 같은 형태로 쓸 수 있으므로 N은

$$\frac{\ln\left(\frac{M}{M-iP_0}\right)}{\ln(1+i)} \le N < \frac{\ln\left(\frac{M}{M-iP_0}\right)(1+i)}{\ln(1+i)}$$

을 만족해야 한다.

둘 이상의 N이 식 (6.3)을 만족할 수도 있는지 질문하는 것은 당연하다. 직관적으로는 그렇지 않을 것으로 예상되고, 이를 앞의 부등식을

$$\frac{\ln\left(\frac{M}{M-iP_0}\right)}{\ln(1+i)} \le N < \frac{\ln\left(\frac{M}{M-iP_0}\right)}{\ln(1+i)} + 1 \tag{6.4}$$

로 다시 써서 확인할 수 있다.

6.2 정기 상환

대출 상환을 **정확하게** N번째 상환기간 말에 마친다면, $P_N = 0$이고 정기 상환액 M을 계산할 수 있다. 식 (6.2)에서 $n = N$, $P_N = 0$이라 두고 M에 대해 풀면

$$M = \frac{iP_0(1+i)^N}{(1+i)^N - 1}$$

이 되므로 정기 상환액은

$$M = \frac{iP_0}{1-(1+i)^{-N}}$$

이다.

정리 6.3 (정기 상환 정리). P_0가 1년에 m번 상환한다 하고 N번의 상환기간동안 명목이자율 $i^{(m)}$으로 빌린 초기원금이면, 상환액 M은, $i = i^{(m)}/m$라 할 때,

$$M = \frac{iP_0}{1-(1+i)^{-N}} \tag{6.5}$$

이다.

정기 상환 정리에 대한 해설

- M이 세 변수 P_0, i, N의 함수임을 알 수 있다. M은 P_0에 정비례한다. 표 6.4와 그림 6.2는 M을 i의 함수로 보여준다. 모든 곡선이 증가하고 위로 오목하게 보인다. 97쪽의 문제 6.15에서 이것을 증명할 것이다. 표 6.5와 그림 6.3은 M을 N의 함수로 보여준다. 모든 곡선이 감소하고 위로 오목하게 보인다. 98쪽의 문제 6.16에서 이것을 증명할 것이다.
- 정기 상환액은 반올림하는 것이 관례이므로 P_N은 보통 0이 아니라 음수이다. 그러므로 **마지막 상환액** F가 정확하게 M이 되지 않을 수도 있다. 그림 6.4는 이에 대한 시간도표를 보여준다. 이제 F가

$$F = P_{N-1}(1+i) = \left(\left(P_0 - \frac{M}{i}\right)(1+i)^{N-1} + \frac{M}{i}\right)(1+i)$$

이자율	5년	15년	30년
1%	\$170.94	\$59.85	\$32.16
2%	\$175.28	\$64.35	\$36.96
3%	\$179.69	\$69.06	\$42.16
4%	\$184.17	\$73.97	\$47.74
5%	\$188.71	\$79.08	\$53.68
6%	\$193.33	\$84.39	\$59.96
7%	\$198.01	\$89.88	\$66.53
8%	\$202.76	\$95.57	\$73.38
9%	\$207.58	\$101.43	\$80.46
10%	\$212.47	\$107.46	\$87.76
11%	\$217.42	\$113.66	\$95.23
12%	\$222.44	\$120.02	\$102.86

표 6.4: 대출기간이 5년, 15년, 30년인 \$10,000 대출에 대한 연간이자율의 함수로서의 월 지불액

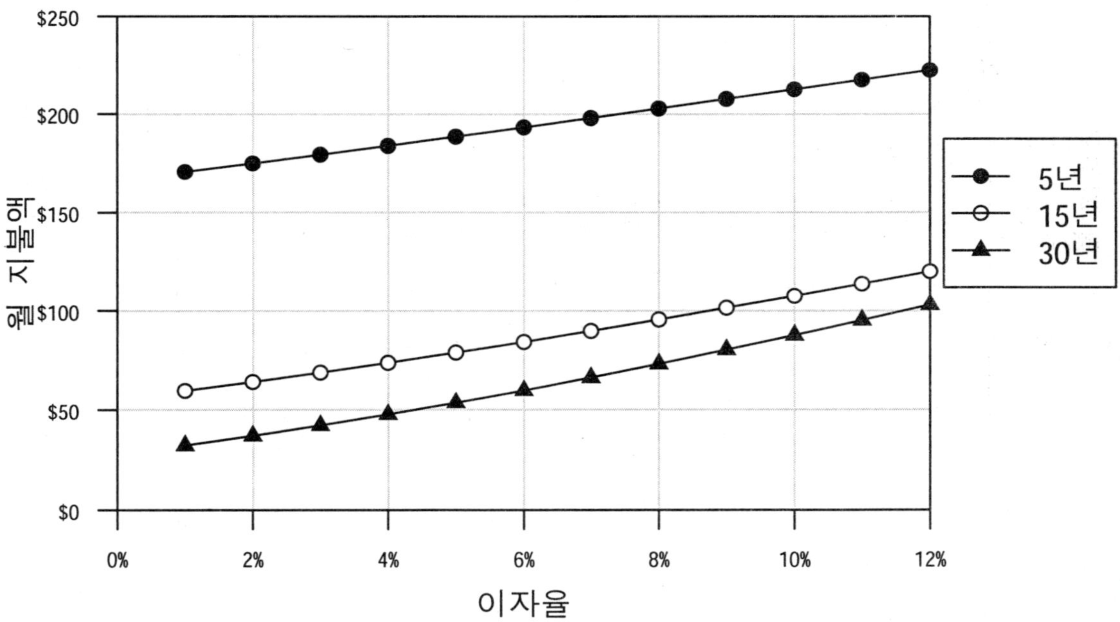

그림 6.2: 대출기간이 5년, 15년, 30년인 \$10,000 대출에 대한 연간이자율의 함수로서의 월 지불액

로 주어진다. 그러므로 마지막 상환액은[2]

$$F = \left(P_0 - \frac{M}{i}\right)(1+i)^N + M\frac{1+i}{i} \tag{6.6}$$

[2]실제로는 마지막 상환액은 F로 주어지는 액수와 조금 다를 수 있다. 대여자가 모든 계산을 각 단계에서 소수점 두 자리로 반올림하면 이렇게 될 수 있다. 이 경우 P_n에서 누적된 반올림 오차가 효력을 발휘할 수도 있다. 예를 들어 \$130,000을 180개월동안 8.5%로 빌리고 $M = \$1,280.16$이면, $F = \$1,280.68$인데, 모든 계산을 소수점 두 자리까지 한다면 마지막 지불액은 \$1,280.62이 된다. (95쪽의 문제 6.4와 6.5를 보라.)

대출기간	4%	8%	12%
5	\$184.17	\$202.76	\$222.44
10	\$101.25	\$121.33	\$143.47
15	\$73.97	\$95.57	\$120.02
20	\$60.60	\$83.64	\$110.11
25	\$52.78	\$77.18	\$105.32
30	\$47.74	\$73.38	\$102.86
35	\$44.28	\$71.03	\$101.55
40	\$41.79	\$69.53	\$100.85
45	\$39.96	\$68.56	\$100.47

표 6.5: 연간이자율이 4%, 8%, 12%인 \$10,000 대출에 대한 대출기간의 함수로서의 월 지불액

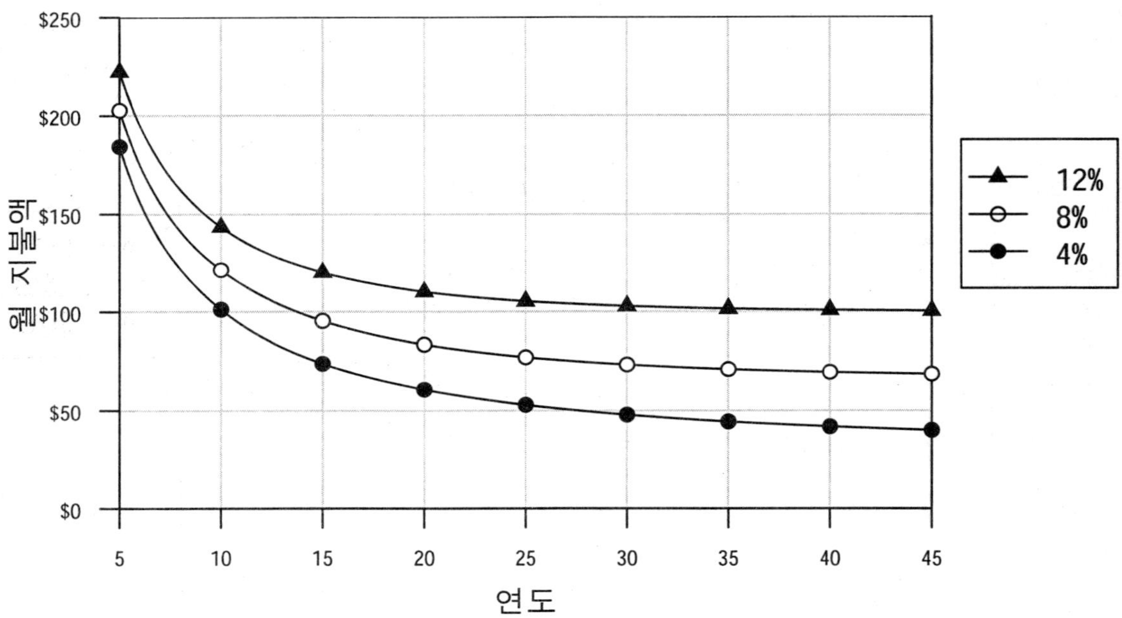

그림 6.3: 연간이자율이 4%, 8%, 12%인 \$10,000 대출에 기간의 함수로서의 월 지불액

이다. 직관적으로 $0 < F \leq M$라 기대하지만 (왜?), 과연 그럴까? 식 (6.3), 식 (6.6), $M > iP_0$ 라는 사실에서 $0 < F \leq M$이 성립한다.

예 6.1. 아만다 캔드릭은 학자금 대출로 \$10,000를 빌려 연이자율 10% 로 10년 동안 월별 상환한다. 월 상환액은 얼마인가? 마지막 상환액은 얼마인가?

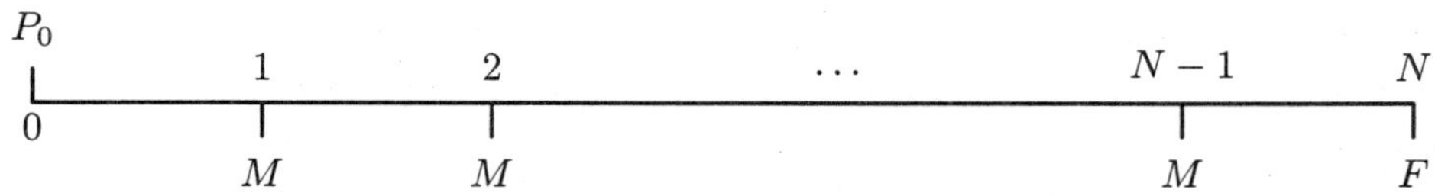

그림 6.4: 모기지의 시간도표

풀이. 여기서 $P_0 = 10,000$, $i = 0.10$ (10%), $m = 12$, $N = 120$ (10년)이므로 식 (6.5)에서

$$M = \frac{\frac{0.10}{12}10000}{1-\left(1+\frac{0.10}{12}\right)^{-120}} = 132.151$$

이다.

81쪽의 할부상환표에 따르면 \$132.16이다. 할부액을 반올림하는 것이 관례이므로(왜?), 반올림하면 이 두 수는 일치한다. 지금부터는 모든 할부상환액을 반올림하는 관례를 따르기로 한다.[3]

마지막 상환액은

$$F = \left(10000 - \frac{132.16}{\frac{0.10}{12}}\right)\left(1+\frac{0.10}{12}\right)^{120} + 132.16\left(\frac{1+\frac{0.10}{12}}{\frac{0.10}{12}}\right) = \$130.26$$

이다.

총 상환액은 $119 \times \$132.16 + \$130.26 = \$15,857.30$이다. 그러므로 아만다는 10년 동안 10%로 \$10,000를 대출한 데 대한 이자로 \$5,857.30를 지불한다. △

예 6.2. 아만다는 똑같이 \$10,000를 같은 연이자율 10%로 빌리지만 상환은 30년에 걸쳐 이루어지기를 원한다. 월 상환액은 얼마가 되는가?

풀이. 여기서 $P_0 = 10,000$, $i = 0.10(10\%)$, $m = 12$, $N = 360(30년)$이므로, 식 (6.5)에서

$$M = \frac{\frac{0.10}{12}10000}{1-\left(1+\frac{0.10}{12}\right)^{-360}} = \$87.757$$

이다. 분할상환표에 의하면 \$87.76가 된다. 마지막 상환액은

$$F = \left(10000 - \frac{87.76}{\frac{0.10}{12}}\right)\left(1+\frac{0.10}{12}\right)^{360} + 87.76\left(\frac{1+\frac{0.10}{12}}{\frac{0.10}{12}}\right) = \$81.33$$

이다.

총 상환액은 $359 \times \$87.76 + \$81.34 = \$31,587.18$이다. 그러므로 아만다는 30년 동안 10%로 \$10,000를 대출한 데 대한 이자로 \$21,587.18을 지불한다. △

[3]이는 전미저당공사(Government National Mortgage Association, GNMA, 흔히 "Ginnie Mae"라 부름), 연방저당공사(Federal National Mortgage Association, FNMA, 흔히 "Fannie Mae"라 부름), 연방주택저당공사(Federal Home Loan Mortgage Corporation, FHLMC, 흔히"Freddie Mac"라 부름)과 같은 대출 기관에서 사용하는 관례이다. 그러나 이 관례가 보편적인 것은 아니다. 앞의 주를 보라.

보통 모기지같은 분할상환 대출은 매월 상환하기보다 매 2주마다 상환하도록 권고한다.[4] 그러면 26번의 격주 상환이 된다. 1년에 12번만 지불하면서 이렇게 하는 한 가지 방법은 월 상환액을 M에서 $(13/12)M$으로 올리는 것이다. 이 차이로 인해 앞의 예가 어떻게 달라지는지 보기로 하자.

예 6.3. 예 6.2의 환경에서 아만다가 매월 $(13/12)87.76 = \$95.07$을 상환하기로 한다면 대출을 상환하는 데 몇 개월이 걸리는가?

풀이. 여기서 $P_0 = 10,000$, $i = 0.10(10\%)$, $M = \$95.07$이므로, 식 (6.4)에서

$$\frac{\ln\left(\frac{95.07}{95.07-\frac{0.10}{12}10000}\right)}{\ln\left(1+\frac{0.10}{12}\right)} \le N < \frac{\ln\left(\frac{95.07}{95.07-\frac{0.10}{12}10000}\right)}{\ln\left(1+\frac{0.10}{12}\right)} + 1$$

즉,

$$252.07 \le N < 253.07$$

이므로 $N = 253$개월 (21년 1개월)이다. 마지막 상환액은

$$F = \left(10000 - \frac{95.07}{\frac{0.10}{12}}\right)\left(1+\frac{0.10}{12}\right)^{253} + 95.07\left(\frac{1+\frac{0.10}{12}}{\frac{0.10}{12}}\right) = \$6.87$$

이다.

그러므로 대출을 약 21년에 상환하며, 총 상환액은 $252 \times \$95.07 + \$6.87 = \$23,964.51$로 예 6.2의 답보다 $7,500 더 적다. △

예 6.4. 헬렌과 휴즈 켄드릭은 $48,000의 30년 주택 융자에 대해 월 $500를 지불한다. 부과되는 이자율이 얼마인가?

풀이. 식 (6.5)로부터

$$500 = \frac{48000i}{1-(1+i)^{-360}}$$

를 i에 대해 풀어야 한다. 이 방정식을 푸는 간단한 대수적 방법은 없다. 그러나 이를

$$500\left(1-(1+i)^{-360}\right) - 48000i = 0$$

또는

$$(1+i)^{-360} + 96i - 1 = 0$$

과 같은 형태로 쓰면 뉴튼의 방법이나[5] 이분법(bisection method)을 사용하여 $i = 0.0101$, 그러므로 $i^{(12)} = 12i = 0.121$를 구할 수 있다. (또 다른 해는 $i = 0$이다. 왜 이것은 받아들여지지 않는가?) △

[4]실재로는 대출회사는 이러한 별도 상환에 대해 수수료를 부과한다.

[5]뉴튼의 방법은 초깃값 추정을 필요로 한다. 방정식 $(1+i)^{-360} + 96i - 1 = 0$에서 항 $(1+i)^{-360}$은 다른 두 항에 비교하면 무시할 만하므로 첫 근사치로 $96i - 1 \approx 0$이라 가정하면 초기 추정치를 $i \approx 1/96$라 할 수 있다.

예 6.5. 헬렌이 새 차를 보러 매장에 왔다. 현금으로 지불하면 \$1,500를 할인받고, 아니면 0.9%로 60 개월 할부 대출을 받을 수 있다고 한다. 현재 저축계좌의 연간 이자율이 5%라면 어느 것이 더 나은 거래인가?

풀이. 헬렌이 첫째 옵션을 고려하기 위해서는 차를 즉시 구입할 수 있을 만큼 충분한 현금을 보유하여야 한다. 그녀가 둘째 옵션을 택한다면 그녀는 자신의 돈을 저축계좌에 투자할 수 있다.

일반적인 상황에서 이 문제를 살펴보고 헬렌이 차를 당장 구입하지 않으면 저축계좌에 얼마나 있을지 계산해 보자. P_0를 차량가격이라 하고 i를 저축계좌의 월 이자율, j를 차량 대출의 월 이자율이라 하자. P를 월 차량 할부금으로 N번 지불한다면 식 (6.5)로부터

$$P = \frac{jP_0}{1-(1+j)^{-N}}$$

가 성립한다.

첫 달 말에 그녀는 이자 iP_0를 받고 P를 지불하므로 첫 달 말에 저축계좌에 남은 잔액 P_1은

$$P_1 = P_0 + iP_0 - P = (1+i)P_0 - P$$

이 될 것이다.

둘째 달 말에 그녀는 이자 iP_1를 받고 P를 지불하므로 둘째 달 말에 저축계좌에 남은 잔액 P_2는

$$P_2 = P_1 + iP_1 - P = (1+i)P_1 - P = ((1+i)P_0 - P)(1+i) - P$$

또는

$$P_2 = (1+i)^2 P_0 - P((1+i)+1)$$

이다. 그래서 n번째 달 말에 저축계좌에 있는 금액은

$$\begin{aligned} P_n &= (1+i)^n P_0 - P\left((1+i)^{n-1} + (1+i)^{n-2} + \cdots + 1\right) \\ &= (1+i)^n P_0 - \frac{(1+i)^n - 1}{i} P \end{aligned}$$

또는

$$\begin{aligned} P_n &= (1+i)^n P_0 - \frac{(1+i)^n - 1}{i} \frac{jP_0}{1-(1+j)^{-N}} \\ &= (1+i)^n \left(1 - \frac{j}{i} \frac{1-(1+i)^{-n}}{1-(1+j)^{-N}}\right) P_0 \end{aligned}$$

이 될 것이다.

차량가격을 지불했을 때 저축계좌에 있는 금액 P_N이 할인가 C의 미래가 $C(1+i)^N$과 동등하려면 $P_N = C(1+i)^N$이 되어야 하므로

$$P_0 = \frac{C}{\left(1 - \frac{j}{i} \frac{1-(1+i)^{-n}}{1-(1+j)^{-N}}\right)}$$

이다.

$i = 0.05/12$, $j = 0.009/12$, $N = 60$, $C = 1500$에 대하여

$$P_0 = \frac{1500}{\left(1 - \frac{0.009}{12}\frac{1-(1+\frac{0.05}{12})^{-60}}{1-(1+\frac{0.009}{12})^{-60}}\right)} = 15548.89$$

가 성립한다. 그러므로 차량가격이 \$15,548.89보다 적으면 헬렌은 현금을 지불해야 하고, 그렇지 않으면 대출을 선택해야 한다. △

6.3 선형보간법

지금까지 유도한 여러 식을 수치 형태로 표현한 금융표 중에 유용한 것들이 많다. 예를 들어 참고문헌 [9]에는 미래가, 현재가, 복리 비교에 관한 표와 할부상환표가 들어있다. 어쩔 수 없이 표는 가능한 경우를 모두 포함할 수는 없다.

표를 사용해야 하는 데 우리가 필요한 정보가 표에 없을 때는 어떻게 해야 할까? 근사치를 구하면 된다. 예를 들어 16쪽의 표 2.3은 \$1의 미래가를 서로 다른 이자율 i와 서로 다른 연수에 대해 보여준다. 그 표의 일부를 표 6.6으로 다시 작성하였다.

	년	
이자율	5	15
3%	\$1.159	\$1.558
5%	\$1.276	\$2.079

표 6.6: \$1의 미래가

이 표가 전부이고 5년 후 \$1의 미래가를 이자율이 3%와 5%의 사이인 4%에 대해 알아야 한다면 이자율이 두 값의 중간에 있으므로 1.159와 1.276의 중간, 즉 $(1.159 + 1.276)/2 = 1.2175$이라 추정한다. 15쪽의 식 (2.1)로부터 계산한 정확한 값은

$$P_n = P_0(1+i)^n = (1+0.04)^5 = 1.2166\ldots$$

이므로 근사치 1.2175은 적절하다고 할 수 있다.

또한 이자율 3%일 때 10년에 대한 \$1의 미래가를 알아야 하면, 5년과 15년의 중간이므로, 1.159와 1.558의 중간, 즉 $(1.159 + 1.558)/2 = 1.3585$이라고 추정한다. 정확한 수치는

$$P_n = P_0(1+i)^n = (1+0.03)^{10} = 1.3439\ldots$$

이므로 추정치 1.3585은 적당하다.

이러한 추정 기법을 선형보간법(linear interpolation)이라 하고 다음과 같이 설명할 수 있다. 두 점 $(a, f(a))$와 $(b, f(b))$와 $a < l < b$인 수 I가 있을 때, $f(l)$의 값을 어떻게 추정할까? 다른 정보가

없다면 두 점을 직선 $y = g(x)$로 잇고 $f(l)$를 $g(l)$로 근사한다. $g(l)$에 대한 일반식을 다음과 같이 유도한다.

두 점 $(a, f(a))$와 $(b, f(b))$를 잇는 직선 $y = g(x)$은 $(a, f(a))$를 지나고 기울기가 $(f(b) - f(a))/(b-a)$이다. 그러므로 직선의 방정식은

$$g(x) - f(a) = \frac{f(b) - f(a)}{b-a}(x-a)$$

로 주어진다. $a < l < b$일 때, $x = l$이라 두면

$$g(l) = \frac{f(b) - f(a)}{b-a}(l-a) + f(a)$$

이고 이것을

$$g(l) = \frac{b-l}{b-a}f(a) + \frac{l-a}{b-a}f(b) \tag{6.7}$$

와 같은 형태로 쓸 수 있다.

$(b-l)/(b-a)$이 a에서 b까지의 거리에 대한 l에서 b까지의 거리의 비율이고 $(l-a)/(b-a)$이 a에서 l까지의 대응하는 비율임을 인식하면 이를 기하학적으로 해석할 수 있다. l이 a와 b 사이의 중간, 즉 $l = (a+b)/2$인 경우에는,

$$g\left(\frac{a+b}{2}\right) = \frac{1}{2}f(a) + \frac{1}{2}f(b)$$

로 이 절의 시작 부분에서 사용한 식이 된다.

예 6.6. 표 6.6을 사용하여 3.5%로 15년이 지났을 때의 \$1의 미래가를 추정하라. 이를 15쪽의 식 (2.1)로부터 얻은 정확한 수치와 비교하라.

풀이. 여기서 $a = 3,\ b = 5,\ l = 3.5$이므로

$$g(3.5) = \frac{1.5}{2}f(3) + \frac{0.5}{2}f(5) = \frac{3}{4}1.558 + \frac{1}{4}2.079 = 1.68825$$

이다. 정확한 수치는

$$P_n = P_0(1+i)^n = (1+0.035)^{15} = 1.6753\ldots$$

이다. △

여기서도 1.68825은 정확한 수치 1.6753...에 대해 적절한 근사이다. 그러나 이 계산에서 근사가 얼마나 좋은지 혹은 근사가 너무 큰지 아니면 너무 작은지를 알 수 없다. 그런데 여기서 행한 세 근사치 모두가 정확한 수치보다 큼을 알 수 있다. 이것이 우연일까? 17쪽의 그림 2.1을 보면 미래가는 이자율에 대해 위로 오목인 함수이다. 그러므로 두 점 사이의 값을 두 점을 직선으로 이어 추정하면 추정치는 너무 커진다. 미래가를 전체 이자주기 수(total number of interest periods)의 함수로 볼 때 비슷한 결과가 참이 된다(18쪽의 그림 2.2를 보라).

이 경우 $f(l) < g(l)$라는 사실이 엄밀하게 다음 정리에 서술되었다.

정리 6.4. $f(x)$를 폐구간 $[a,b]$ 위에서 두 번 미분가능한 함수로서 개구간 (a,b) 위의 모든 x에 대해 $f''(x)>0$이 하다. 그러면 개구간 (a,b)에 있는 임의의 점 l에 대하여

$$f(l) < \frac{b-l}{b-a}f(a) + \frac{l-a}{b-a}f(b) \tag{6.8}$$

가 성립한다.

증명. 폐구간 $[a,l]$ 위의 함수 $f(x)$에 평균값 정리를[6] 적용하면,

$$f'(c) = \frac{f(l)-f(a)}{l-a}$$

인 c가 (a,l)에 존재해야 한다. 유사하게

$$f'(d) = \frac{f(b)-f(l)}{b-l}$$

인 d가 (l,b)에 존재해야 한다.

$f''(x)>0$이므로 $f'(x)$는 증가함수이다. 또한 $a<c<l<d<b$이므로 $f'(c)<f'(d)$, 즉

$$\frac{f(l)-f(a)}{l-a} < \frac{f(b)-f(l)}{b-l}$$

이 성립한다. 이 부등식을 $f(l)$에 대해 풀면

$$f(l) < \frac{b-l}{b-a}f(a) + \frac{l-a}{b-a}f(b)$$

가 된다. □

해설

- 두 점 $(a,f(a))$와 $(b,f(b))$를 잇는 직선의 방정식 $y=g(x)$는

$$g(x) = \frac{b-x}{b-a}f(a) + \frac{x-a}{b-a}f(b)$$

  로 식 (6.8)의 $x=l$일 때의 우변이다. 그러므로 (6.8)의 우변은 $x=l$에서 직선의 높이이고, 반면 좌변 $f(l)$는 함수 $f(x)$의 $x=l$에서의 높이이다. 따라서 이 정리는 양수값 함수가 위로 오목이면 끝점 사이의 직선이 항상 함수보다 높다는 직관적으로 분명한 사실을 증명한다.

- 두 점 a와 b에서 함수 $f(x)$의 값이 주어져 결과적으로 두 점 $(a,f(a))$와 $(b,f(b))$가 주어져 있다 하자. a와 b 사이의 점 $x=l$에서 $f(x)$의 값을 추정할 때 사용하는 표준적인 방법은 선형보간법을 사용하는 것이다. 즉 두 점을 직선 $y=g(x)$로 잇고 $f(l)$에 대한 추정값으로 $g(l)$을 사용하는 것이다. 정리에 의하면 양이며 위로 오목인 함수에 대해서는 이 추정값 $g(l)$이 항상 너무 크다. 같은 이유로 양이고 아래로 오목인 함수에 대한 선형보간법에 의한 추정값은 항상 너무 작다.

[6] f를 폐구간 $[a,b]$ 위에서 연속이고 개구간 (a,b)에서 미분가능한 함수라 하자. 그러면 개구간 (a,b)에 $f'(c) = (f(b)-f(a))/(b-a)$를 만족하는 c가 적어도 하나 존재한다.

- 부등식 (6.8)을, 모든 $0 < \lambda < 1$에 대해

$$f(\lambda a + (1-\lambda)b) < \lambda f(a) + (1-\lambda)f(b) \tag{6.9}$$

로 고쳐 쓸 수 있다. (문제 6.17을 보라.)

6.4 연습문제

걷기

6.1. 스프레드시트 프로그램을 사용하여 10% 이자에 대한 다음 분할상환표를 다시 작성하라.

약정 금액	10년	11년	12년	13년	14년
\$10, 000	\$132.16	\$125.20	\$119.51	\$114.79	\$110.83
\$11, 000	\$145.37	\$137.72	\$131.46	\$126.27	\$121.91

6.2. 분할상환일정이란 다음 (혹은 동등한) 표제가 붙은 표를 말한다.

월	월 지불액	이자 지불	원금 상환	원금 잔액

다음 미완성인 분할상환일정을 완성하라.

월	월 지불액	이자 지불	원금 상환	원금 잔액
1	\$188.12	\$55.42	\$132.70	\$9,367.30
2				
3				
4				
5				

6.3. 당신이 30년 동안 8%로 \$100,000를 빌려 주택을 구입한다. 분할상환일정의 첫 두 줄과 마지막 두 줄을 제시하라. 마지막 지불액이 월 지불액과 동일한가?

6.4. 스프레드시트 프로그램을 사용하여 15년 8.5%로서 월 \$1,280.16 지불하는 \$130,000 대출에 대한 분할상환일정을 작성하라. 마지막 지불액은 얼마인가? 87쪽의 (6.6)과 일치하는가? 왜 마지막 지불액이 월 지불액보다 많은가? 월 지불액이 얼마이면 마지막 지불액이 월 지불액보다 적게 되는가?

6.5. 문제 6.4를 다시 풀되, **이자 지불** 열에 있는 항을 소수 둘째자리까지 반올림하여 풀어라. 마지막 지불액은 얼마인가? 87쪽의 (6.6)과 일치하는가?

6.6. 어떤 사람이15년 $30,000 대출에 대해 월 $200.04를 지불한다. 부과된 이자율은 얼마인가?

6.7. [10]에 30년 10%인 $75,000 대출을 다루고 있다. 51쪽에서 정상적인 월 지불액보다 $25를 더 많이 내면 할부기간을 12년 3개월 줄여주어 이자를 $34,162만큼 절약하게 해 준다고 주장한다. 이 주장이 옳은가?

6.8. 30년 10%인 $100,000 대출에 대한 월 지불액이 $877.58라 할 때, 30년 10%인 $45,000 대출에 대한 월 지불액을 선형보간법을 이용하여 추정하라. 추정치가 정확한가, 너무 큰가, 아니면 너무 작은가?

6.9. 선형보간법을 이용하여 다음 분할상환표를 완성하라. 각 항목이 정확한지, 너무 큰지, 너무 작은지 표시하라.

(a) 정확한 값을 계산하지 말고 표시하라.

(b) 정확한 값을 계산하여 표시하라.

약정 금액	10년	11년	12년	13년	14년
\$1, 000					
\$10, 000	\$132.16				\$110.83
\$11, 000					

$m = 12$라면, 즉 달마다 지불한다고 하면, 연이자율은 몇인가?

뛰기

6.10. 직관적으로 사람들은 (대출기간과 이자율이 동일할 때) 대출하는 금액이 두 배가 되면 월 지불액도 두 배가 되어야 한다고 생각할 것이다. 이것이 참임을 증명하라.

6.11. 직관적으로 사람들은 월 지불액을 두 배로 하면 상환기간이 반으로 줄 것이라 생각할 것이다. 이것이 참인가?

6.12. 84쪽의 식 (6.2)를 귀납법으로 증명하라.

6.13. 대출을 정확하게 N째 기간 말에 상환을 완료하여 $P_N = 0$이 된다면, 식 (6.2)를

$$P_n = \frac{M}{i}\left(1 - (1+i)^{n-N}\right)$$

과 같은 형태로 쓸 수 있음을 보여라.

6.14. 초기원금(amounts borrowed) $10,000와 $20,000, 만기 10년과 25년, 이자율 10%와 7.5%인 여덟 개의 대출을 생각하자.

초기원금	만기	이자율	월 지불액
\$10,000	10	10.0%	
\$10,000	10	7.5%	
\$10,000	25	10.0%	
\$10,000	25	7.5%	
\$20,000	10	10.0%	
\$20,000	10	7.5%	
\$20,000	25	10.0%	\$181.75
\$20,000	25	7.5%	

만기 25년이고 이자율이 10%인 \$20,000 대출의 월 지불액은 \$181.75이다. 나머지 월 지불액은 순서를 무시하면

$$\$73.90,\ \$90.88,\ \$118.71,\ \$132.16,\ \$147.80,\ \$237.41,\ \$264.31$$

이다. 계산기를 사용하지 말고 표를 완성하라.

6.15. $i = x - 1$과 $N = n + 1$을 86쪽의 식 (6.5)에 치환하여,

$$\frac{M}{P_0} = \frac{i}{1-(1+i)^{-N}} = \frac{(x-1)x^{n+1}}{x^{n+1}-1} == \frac{x^{n+1}}{\sum_{k=0}^{n} x^k}$$

가 성립함을 보여라.

(a) 다음을 보여라.

$$\frac{d}{dx}\left(\frac{M}{P_0}\right) = \frac{1}{\left(\sum_{k=0}^{n} x^k\right)^2} \sum_{k=0}^{n} (n+1-k)x^{n+k}.$$

이 식이 어떻게 M이 $i > 0$이면 i에 대해 증가하는 함수임을 보여주는지 설명하라.

(b) 다음을 보여라.

$$\frac{d^2}{dx^2}\left(\frac{M}{P_0}\right) = \frac{1}{\left(\sum_{k=0}^{n} x^k\right)^3} \sum_{k=0}^{n}\sum_{h=0}^{n} (n+1-k)(n+k-2h)x^{n+k+h-1}.$$

(c) 다음을 보여라.

$$\sum_{k=0}^{n}\sum_{h=0}^{n} a_{kh}x^{n+k+h-1} = \sum_{j=0}^{2n} b_j x^{n+j-1}.$$

여기서 $0 \le j \le n$이면 $b_j = \sum_{k=0}^{j} a_{kj-k}$이고 $n \le j \le 2n$이면 $b_j = \sum_{k=0}^{2n-j} a_{n-kj+k-n}$이다.

(d) (b)와 (c)를 이용하여 $0 \le j \le n$이면 $b_j = (j+1)(n+1)(n-j)$이고 $n \le j \le 2n$이면 $b_j = 0$임을 보여라.

(e) 어떻게 해서 (b), (c), (d)에서 M이 $i > 0$일 때 i에 대해 위로 오목인 함수임을 알 수 있는지 설명하라.

6.16. $N = x$와 $1 + i = a$를 86쪽의 식 (6.5)에 치환하여,

$$\frac{M}{iP_0} = \frac{1}{1 - a^{-x}} = 1 + \frac{1}{a^x - 1}$$

를 보여라.

(a) 다음을 보여라.

$$\frac{d}{dx}\left(\frac{M}{iP_0}\right) = -\frac{a^x \ln a}{(a^x - 1)^2}.$$

어떻게 해서 이 식이 M이 양의 정수 N에 대해 감소하는 함수임을 말하는지 설명하라.

(b) 다음을 보여라.

$$\frac{d^2}{dx^2}\left(\frac{M}{iP_0}\right) = \frac{(\ln a)^2(a^{2x} + a^x)}{(a^x - 1)^3}$$

어떻게 해서 이 식이 M이 $i > 0$일 때 i에 대해 위로 오목인 함수임을 말하는지 설명하라.

6.17. $\lambda = (b - l)/(b - a)$라 두면, $1 - \lambda = (l - a)/(b - a)$이고 $l = \lambda a + (1 - \lambda)b$임을 보여라. 이제 (6.9)가 (6.8)의 결과임을 보여라.

6.18. 아래로 오목한 함수 $f(x)$에 대하여 $f(x)$의 값을 $a < x < b$인 점 x에서 선형보간법으로 추정하면, 추정치는 실제보다 작게 됨을 보여라.

복습문제

- 할부상환이란 무엇인가?
- 할부상환표란 무엇인가?
- 할부상환예정표란 무엇인가?
- n 기간 후에 남은 원금을 어떻게 계산하는가?
- $M > iP_0$일 때, $M = iP_0$일 때, $M < iP_0$일 때, 각각 원금 잔액에 미치는 영향은 무엇인가?
- 대출을 상환하려면 필요한 개월수를 어떻게 계산하는가?
- 대출에 대해 기간별 지불금을 어떻게 계산하는가?
- 대출의 마지막 지불금은 어떻게 계산하는가?
- 할부상환 정리가 말하는 것은 무엇인가?
- 선형보간법이란 무엇인가?
- 평균값 정리란 무엇인가?

- 선형보간법을 어떻게 써서 (a, b)에 있는 점 c에서의 함수값을 추정하는가?
- 왜 \$1의 미래가의 추정치가 항상 너무 높은가?

7

신용카드

신용카드 계좌란 금융기관이 발행하는 무보증 리볼빙 신용한도를 말한다.[1] 상품이나 서비스를 구매하기 위해 현금으로 지불하는 것이 불편하거나 허용되지 않을 때 흔히 신용카드를 사용한다. 그러한 거래의 사례로 상품이나 서비스를 온라인이나 전화로 구매하는 경우, 사업비 지출, 호텔 객실 예약, 자동차 렌탈을 들 수 있다.

대출이 무보증이므로 대출자가 채무를 이행하지 않아도 은행은 설정할 담보 물건이 없다. 대출은 또한 리볼빙되는데, 이는 신용한도 내에서 여유가 있는 한 대출자가 계속 대출할 수 있다는 뜻이다. 이러한 측면이 금융기관의 관점에서 보면 신용카드가 모기지, 자동차 대출, 기타 보증 할부 대출보다 위험하다. 그러므로 신용카드에 부과되는 이자율이 보증 대출에 부과되는 이자율보다 높은 경향이 있다. 빌린 자금에 대한 대가로 대출자는 매달 고정액이나 잔액의 일정 비율 중 높은 쪽을 결제하기로 약속한다. 일반적으로 신용카드 명세서에는 "최소 결제액은 $p나 결제해야 할 잔액의 r% 중 높은 것으로 합니다"와 같은 문장이 들어있다.

이 장에서 신용카드 결제액을 계산하는 방법을 살펴본다.

7.1 신용카드 결제액

연이자율 15%이고 월 최소 결제액이 $10 또는 남은 결제해야 할 금액의 2% 중 높은 것인 신용카드로 $1,000를 지출했다 하자. 더 이상 신용카드로 지출하지 않고 월마다 최소액만 결제하기로 하였다 하자.

첫째 달 청구서를 받으면 $10와 $\$1,000 \times 0.02 = \$20$ 중 높은 액수, 즉 $20를 결제한다. 다음 달에 청구서를 받았을 때 미불 금액은 $\$1,000 - \$20 = \$980$이다. $10와 $\$980 \times 0.02 = \$19.60$중 높은 것, 즉 $19.60을 결제한다. 그런데 미불 금액이 $980이므로 이자로 $\$980 \times 0.15/12 = \$12.25$

[1]무보증대출(unsecured loan)이란 담보 물건(collateral), 저당(mortgage), 또는 다른 유치권(lien)에 의해 뒷받침되지 않는 대출이다. 신용한도(line of credit)란 대여자가 대출자에게 허용하는 최대 잔고에 대한 대여자와 대출자 사이의 약정이다.

를 빚지게 된다. 그래서 세째 달의 미불 금액은 $980 − $19.60 + $12.25 = $972.65이다. 이 정보를 써서 첫 5개월 결제를 보여주는 표 7.1을 작성하였다. (이 표를 계산기나 스프레드시트 프로그램을 이용하여 검증하고 빈 칸을 채워라.)

월	월 결제액	발생 이자	원금 잔액
0	$0.00	$0.00	$1,000.00
1	$20.00	$0.00	$980.00
2	$19.60	$12.25	$972.65
3	$19.45	$12.16	$965.36
4			
5	$19.16	$11.98	$950.94

표 7.1: 신용카드 예정표

P_0 상환해야 할 **초기원금**,

P_n n째 개월 말의 **원금 잔액**(상환해야 할 남은 원금),

$i^{(12)}$ 소수로 표기한 **고정 연이자율**(fixed annual interest rate),

i **월 이자율**, $(i = i^{(12)}/12)$,

p **월 최소 결제액**,

r 소수로 표기한 **월 최소 결제 비율**.

이 표기법으로 표 7.1을 다시 작성하여 기호를 사용한 스프레드시트 형식으로 표 7.2를 작성하였다. 이에 대해 설명은 아래에 있다.

월	월 결제액	발생 이자	원금 잔액
0	0	0	P_0
1	rP_0	0	$P_0 - rP_0 = P_1$
2	rP_1	iP_1	$P_1 - rP_1 + iP_1 = P_2$
3	rP_2	iP_2	$P_2 - rP_2 + iP_2 = P_3$
4	rP_3	iP_3	$P_3 - rP_3 + iP_3 = P_4$
5	rP_4	iP_4	$P_4 - rP_4 + iP_4 = P_5$

표 7.2: 신용카드예정표—스프레드 형식

이 카드로 P_0를 지출하고 더 이상 카드로 지출하지 않으며 월 최소액만 결제하는 상황에 집중하자. 또한 처음에 $rP_0 > p$라 가정하자. ($rP_0 \leq p$인 경우는 111쪽의 문제 7.8을 보라.)

첫 달 말에 $(n = 1)$ 월 결제액은 ($rP_0 > p$라 가정하고) rP_0이고, 이자가 없으므로 결제해야 할

원금 잔액은

$$P_1 = P_0 - rP_0 = P_0(1-r)$$

이다.

둘째 달 말에 ($n=2$) 월 결제액은 ($rP_1 > p$라 가정하고) rP_1인데, 원금 잔액 P_1에 대한 이자가 iP_1이므로 결제해야 할 원금 잔액은

$$P_2 = P_1 - rP_1 + iP_1 = P_1(1-r+i) = P_0(1-r+i)(1-r)$$

이다.

셋째 달 말에 ($n=3$) 이자가 iP_2이므로 결제해야 할 원금 잔액은

$$P_3 = P_2 - rP_2 + iP_2$$

로 정리하면

$$P_3 = P_0(1-r+i)^2(1-r)$$

가 된다.

여기서 n째 달 말에 남은 원금 잔액은

$$P_n = P_0(1-r+i)^{n-1}(1-r) \tag{7.1}$$

일 것으로 추정할 수 있다.

이 식에서 다음 세 가지 사실을 볼 수 있다.

1. $i > r$이면 $P_{n+1} > P_n$이고 $\lim_{n\to\infty} P_n = \infty$, 즉 $\{P_n\}$이 유계가 아닌 증가수열이다. 달리 말하면 부채 총액이 달마다 증가한다. 증가할 뿐만 아니라 기하급수적으로 증가한다.

2. $i = r$이면 모든 n에 대해 $P_n = P_0(1-r)$이므로 부채 총액은 상수이다.

3. $i < r$이면 $P_{n+1} < P_n$, $P_n > 0$, $\lim_{n\to\infty} P_n = 0$, 즉 대출을 상환하려면 무한히 긴 시간이 필요하다. $rP_{n+1} < rP_n$이 성립하므로 결제액은 항상 감소한다. 그러나 빚을 청산하기 위한 금액, 즉 $(r-i)P_n$도 또한 감소함을 볼 수 있다. 마지막으로, 매월 결제액에 이자가 붙는 비율 i는 일정하다.

그러나 신용카드는 월 최소 결제액이 p 또는 상환해야 하는 잔액의 r% 중 높은 것이어야 한다는 취지의 약정을 한다. 그러므로 세 번째 경우에, 마지막으로 제시되는 월 결제액(rP_{N_1-1})이 p 보다 커지는, 즉 $rP_{N_1-1} > p$이 되는 달 N_1이 있게 된다. N_1이 이렇게 되는 마지막 달이므로 다음 달 월 결제액(rP_{N_1})은 p보다 클 수 없어서, 즉 $rP_{N_1} \le p$이게 된다. 그러므로 정수 N_1은

$$rP_{N_1} \le p < rP_{N_1-1}$$

또는

$$P_0(1-r+i)^{N_1-1}(1-r) \le \frac{p}{r} < P_0(1-r+i)^{N_1-2}(1-r)$$

을 만족하여야 한다. $\ln(1-r+i) < 0$이므로

$$N_1 - 2 < \frac{\ln\left(\frac{p}{P_0 r(1-r)}\right)}{\ln(1-r+i)} \le N_1 - 1$$

또는 결제액이 점차 줄어서 일정한 결제액 p가 되는 달 N_1은

$$1 + \frac{\ln\left(\frac{p}{P_0 r(1-r)}\right)}{\ln(1-r+i)} \le N_1 < 2 + \frac{\ln\left(\frac{p}{P_0 r(1-r)}\right)}{\ln(1-r+i)} \tag{7.2}$$

로 결정된다. $rP_1 > p$라 가정하였으므로 $p/(P_0 r(1-r)) < 1$이고, 여기서 $\ln(p/(P_0 r(1-r))) < 0$이 되므로 (왜?),

$$\frac{\ln\left(\frac{p}{P_0 r(1-r)}\right)}{\ln(1-r+i)} > 0$$

이다. 그러므로 (7.2)는 정수해 $N_1 \ge 2$을 갖는다. ($rP_1 \le p$인 경우에 대해서는 111쪽의 문제 7.9와 7.8을 보라.)

이 경우

$$P_{N_1+1} = P_{N_1} - p + iP_{N_1} = P_{N_1}(1+i) - p$$

이다. 그러나 $i < r$이므로

$$P_{N_1+1} = P_{N_1}(1+i) - p \le (1+i)\frac{p}{r} - p = \frac{p}{r}(1+i-r) < \frac{p}{r}$$

가 되고, 따라서 $P_{N_1+1} < p/r$이다. 그러므로 한번 정액 결제가 시작되면 정액 결제가 계속 유효하게 되고,

$$P_{N_1+2} = P_{N_1+1} - p + iP_{N_1+1} = P_{N_1+1}(1+i) - p$$

가 되며, 이를 다시 쓰면

$$P_{N_1+2} = (P_{N_1}(1+i) - p)(1+i) - p = P_{N_1}(1+i)^2 - p(1+(1+i))$$

가 된다.

같은 식으로

$$P_{N_1+3} = P_{N_1+2} - p + iP_{N_1+2} = P_{N_1}(1+i)^3 - p(1+(1+i)+(1+i)^2)$$

가 성립한다. 그러므로 한번 $P_{N_1} \le p/r$이 되면

$$P_{N_1+n} = P_{N_1}(1+i)^n - p\left(1+(1+i)+\cdots+(1+i)^{n-1}\right)$$

또는 $x \ne 1$에 대해

$$1 + x + \cdots + x^{n-1} = \frac{x^n - 1}{x - 1}$$

라는 사실을 이용하여

$$P_{N_1+1} = P_{N_1}(1+i)^n - p\frac{(1+i)^n - 1}{i} \tag{7.3}$$

가 될 것을 기대할 수 있다.

기호가 조금 다르지만 이 식은 정확하게 83쪽의 식 (6.1)과 같아서 같은 방식으로 증명될 수 있으며, 식 (6.4)와 유사한 결과에 도달한다. 그러므로 다음 결론을 얻는다.

정리 7.1 (신용카드 정리). $rP_0 > p$이고 $rP_1 > p$라 하자.

(a) $i > r$이면,

$$P_n = P_0(1-r+i)^{n-1}(1-r)$$

이고 $P_{n+1} > P_n$이므로, 빚은 매월 증가한다.

(b) $i = r$이면,

$$P_n = P_0(1-r)$$

이고 $P_{n+1} = P_n$이므로, 빚은 매월 일정하다.

(c) I$i < r$이면, 식 (7.2)에 의해 결정되는 달 N_1에 대해,

$$P_n = \begin{cases} P_0(1-r+i)^{n-1}(1-r) & 1 \le n \le N_1 \text{ 일 때} \\ \left(P_{N_1} - \frac{p}{i}\right)(1+i)^{n-N_1} + \frac{p}{i} & N_1 < n \text{ 일 때} \end{cases}$$

가 된다. 이 경우 부과된 금액은 $N_1 + N_2$째 달에 청산되는데, 여기서 N_2는

$$\frac{\ln\left(\frac{p}{p-iP_{N_1}}\right)}{\ln(1+i)} \le N_2 < \frac{\ln\left(\frac{p}{p-iP_{N_1}}\right)}{\ln(1+i)} + 1 \tag{7.4}$$

로 주어진다.

신용카드 정리 해설

- 정리에서 (c)가 적용되는 경우, 전체 상환액은 대략[2]

$$rP_0\left(1 + \frac{(1-r)\left(1-(1-r+i)^{N_1-1}\right)}{r-i}\right) + N_2 p \tag{7.5}$$

이다. (111쪽의 문제 7.13을 보라.)

- 신용카드 정리는 대출자가 신용카드회사가 요구하는 것보다 더 큰 최소 월 결제액 p, 또한 더 큰 최소 상환 비율 r을 적용하여 결제한다고 해도 성립한다.

[2]이 식은 마지막 결제액이 p라 가정한다. 그러나 할부상환의 경우와 마찬가지로 마지막 결제액이 p보다 작을 수 있다.

예 7.1. 톰은 연이자율이 15% 이고 최소 결제액은 \$10 또는 상환해야 할 잔액의 2% 중 높은 것인 신용카드로 \$1,000를 지출하였다. 톰이 더 이상 이 카드로 지출하지 않고 월 최소 금액만 결제한다면 빚을 상환하는 데 얼마나 걸리며 전체 상환 금액은 대략 얼마가 되는가?

풀이. 여기서 $P_0 = 1,000$, $i^{(12)} = 0.15$ (15%), $r = 0.02$ (2%), $p = 10$이다. 우선 $rP_0 = 20$이 p보다 크고 $rP_1 = P_0 r(1-r) = \$19.60$이 p보다 크므로, 신용카드 정리를 적용한다. 다음으로 $i = 0.15/12 = 0.0125$가 0.02보다 작으므로 정의 (c)를 적용한다.

N_1을 찾기 위해 식 (7.2)를 적용하면

$$1 + \frac{\ln\left(\frac{10}{1000\times0.02(1-0.02)}\right)}{\ln\left(1-0.02+\frac{0.15}{12}\right)} \le N_1 < 2 + \frac{\ln\left(\frac{10}{1000\times0.02(1-0.02)}\right)}{\ln\left(1-0.02+\frac{0.15}{12}\right)}$$

이다. 이제,

$$\frac{\ln\left(\frac{10}{1000\times0.02(1-0.02)}\right)}{\ln\left(1-0.02+\frac{0.15}{12}\right)} = 89.389$$

이므로

$$90.389 \le N_1 < 91.389$$

이다. 그러므로 $N_1 = 91$이다. 최소 결제액이 감소하여 일정한 금액으로 바뀌기까지 91개월 (7년 7개월)이 걸린다.

N_2를 찾기 위해 식 (7.4)를 적용하면

$$\frac{\ln\left(\frac{10}{10-\frac{0.15}{12}P_{91}}\right)}{\ln\left(1+\frac{0.15}{12}\right)} \le N_2 < \frac{\ln\left(\frac{10}{10-\frac{0.15}{12}P_{91}}\right)}{\ln\left(1+\frac{0.15}{12}\right)} + 1$$

이고, 식 (7.1)에서

$$P_{91} = 1000\left(1-0.02+\frac{0.15}{12}\right)^{91-1}(1-0.02) = 497.71$$

이므로

$$\frac{\ln\left(\frac{10}{10-\frac{0.15}{12}P_{91}}\right)}{\ln\left(1+\frac{0.15}{12}\right)} = 78.34$$

이다. 그러므로

$$78.34 \le N_2 < 79.34$$

이므로 $N_2 = 79$이다. 따라서 $N_1 + N_2 = 91 + 79 = 170$이므로 대출을 상환하는 데는 170개월(14년 2개월)이 소요된다.

결제한 총 금액은 (7.5)에 의해 대략[3]

$$0.02(1000)\left(1 + \frac{(1-0.02)\left(1-(1-0.02+0.0125)^{90}\right)}{0.02-0.0125}\right) + 79(10) = 2096.119$$

[3]실은 마지막 결제액은 \$10가 아니라 $P_{169} = \$3.40$이다. (110쪽을 문제 7.1을 보라.)

이다. 그러므로 $1,000 대출에 대해 톰은 약 $2,096.12를 결제한다. △

이제 예 7.1에서 톰이 매월 최소 결제액 이상을 상환한다면 어떻게 되는지 다시 보기로 한다.

예 7.2. 톰은 연이자율이 15% 이고 최소 결제액은 $10 또는 상환해야 할 잔액의 2% 중 높은 것인 신용카드로 $1,000를 지출하였다. 톰이 더 이상 이 카드로 지출하지 않고 월 최소 금액의 두 배를 결제한다면 빚을 상환하는 데 얼마나 걸리며 전체 상환 금액은 대략 얼마가 되는가?

풀이. 여기서 $P_0 = 1,000$, $i^{(12)} = 0.15$ (15%), $r = 0.04$ (2%의 두 배), $p = 20$ (10의 두 배)이다. 우선 $rP_0 = 40$이 p보다 크고 $rP_1 = P_0r(1-r) = \$38.40$이 p보다 크므로, 신용카드 정리를 적용한다. 다음으로 $i = 0.15/12 = 0.0125$가 0.04보다 작으므로 정의 (c)를 적용한다.

N_1을 찾기 위해 식 (7.2)를 적용하면

$$1 + \frac{\ln\left(\frac{20}{1000\times0.04(1-0.04)}\right)}{\ln\left(1-0.04+\frac{0.15}{12}\right)} \leq N_1 < 2 + \frac{\ln\left(\frac{20}{1000\times0.04(1-0.04)}\right)}{\ln\left(1-0.04+\frac{0.15}{12}\right)}$$

이다. 이제,

$$\frac{\ln\left(\frac{20}{1000\times0.04(1-0.04)}\right)}{\ln\left(1-0.04+\frac{0.15}{12}\right)} = 23.39$$

이므로

$$24.39 \leq N_1 < 25.39$$

이다. 그러므로 $N_1 = 25$이다. 최소 결제액이 감소하여 일정한 금액으로 바뀌기까지 25개월 (2년 1개월)이 걸린다.

N_2를 찾기 위해 식 (7.4)를 적용하면

$$\frac{\ln\left(\frac{20}{20-\frac{0.15}{12}P_{25}}\right)}{\ln\left(1+\frac{0.15}{12}\right)} \leq N_2 < \frac{\ln\left(\frac{20}{20-\frac{0.15}{12}P_{25}}\right)}{\ln\left(1+\frac{0.15}{12}\right)} + 1$$

이고, 식 (7.1)에서

$$P_{25} = 1000\left(1-0.04+\frac{0.15}{12}\right)^{25-1}(1-0.04) = 491.61$$

이고

$$\frac{\ln\left(\frac{20}{20-\frac{0.15}{12}P_{25}}\right)}{\ln\left(1+\frac{0.15}{12}\right)} = 29.55$$

이다. 그러므로

$$29.55 \leq N_2 < 30.55$$

이므로 $N_2 = 30$이다. 따라서 $N_1 + N_2 = 25 + 30 = 55$이므로 대출을 상환하는 데는 55개월(4년 7개월)이 소요된다.

결제한 총 금액은 (7.5)에 의해 대략

$$0.04(1000)\left(1+\frac{(1-0.04)1-(1-0.04+0.0125)^{24}}{0.04-0.0125}\right)+30(20)=1321.293$$

이다. 그러므로 $1,000 대출에 대해 톰은 약 $1,321.29를 결제한다.

따라서 결제하는 금액을 두 배로 늘이면 대출을 상환하는 기간이 14년 2개월에서 4년 7개월로, 상환 총액은 $2,096.12에서 $1,321.29로 줄어든다. △

7.2 신용카드 번호

산용카드 위에 쓰인 번호는 아무렇게나 택한 것이 아니며 흔히 사용하는 신용카드들 다수(VISA, Mastercard, American Express, Diners Club, Discover)가 유사한 패턴을 따른다. 신용카드 번호의 앞 숫자들은 카드의 종류, 다음 숫자들은 발행 금융기관을 구분하고, (마지막을 제외한) 나머지 숫자들은 고객을 구분한다. 마지막 숫자는 체크섬(checksum)이다. 체크섬은 부정확하게 숫자를 입력하거나, 순서를 바꾸어 입력하거나, 완전히 틀린 카드번호를 입력할 위험을 줄이게끔 하는 것으로서 앞 숫자들에서 계산된다.

체크섬을 계산하는 데 사용된 기술을 룬 알고리즘(Luhn algorithm) 또는 10법 방식(Mod 10 Method)이라 부른다.[4] 알고리즘을 보여주기 위해 신용카드번호 9876543219876543를 생각하자. 이때 3이 체크섬이다. 나머지 15 숫자를 살펴보자. 오른쪽에서 시작하여 하나씩 건너 2를 곱하고 그 외의 숫자는 그대로 두면

9	8	7	6	5	4	3	2	1	9	8	7	6	5	4
×2		×2		×2		×2		×2		×2		×2		×2
18	8	14	6	10	4	6	2	2	9	16	7	12	5	8

과 같게 된다.

이제 나온 숫자를 각 자리수가 독립된 숫자로 생각하여 더하는데, 이때 18은 $1+8$로 취급한다. 그래서

$$(1+8)+8+(1+4)+6+(1+0)+4+6+2+2+9+(1+6)+7+(1+2)+5+8=82$$

이다.

여기에 체크섬 3을 더하면 85가 된다. 이 합이 10으로 나누어 떨어지면 신용카드번호는 유효성 테스트를 통과한다.[5] 이 번호는 탈락하지만, 9876543219876548은 통과한다.

이 알고리즘이 숫자 입력 오류나 인접한 숫자를 바꿔쓰는 실수를 포착해내는지 분석하기 위해, 0에서 9까지의 각 숫자가 '2를 곱하고 자리수를 합하라'는 규칙에 의해 어떻게 변환되는지 살펴보자.

[4]아홉자리 길이인 캐나다의 사회보장번호도 마지막 숫자를 검증할 때 룬 알고리즘을 사용한다.
[5]물론 이것으로 신용카드가 유효하다고 검증되는 것은 아니다.

초기 자리수	×2	최종 자리수
d	$2d$	$f(d)$
0	0	0
1	2	2
2	4	4
3	6	6
4	8	8
5	10	1
6	12	3
7	14	5
8	16	7
9	18	9

유효한 카드번호에서 부주의로 한 자리를 다르게 썼다고 해 보자. 검증 자리수(check digit)를 달리 썼다면 새 번호는 남은 숫자들로 검증을 통과하려면 검증 자리수가 맞아야 하므로 더 이상 유효한 번호가 못 된다. 달라진 숫자가 2를 곱하는 숫자가 아니면 새로운 합은 이전의 합과 차이가 10 이하가 되므로 올바른 검증 숫자가 되지 못한다. 2를 곱하는 숫자여도 마찬가지이다.

실수로 유효한 카드번호에서 인접한 두 수를 바꾸어 썼다고 해 보자. 두 수를 조합하면 가능한 경우가 00에서 99까지 100개가 되는데 그 중 10개(00, 11, 22, ..., 99)는 두 수가 바뀌어도 문제를 일으키지 않는다. 신용카드 번호에서 d_1과 $d_2(d_1 \le d_2)$가 인접한 숫자라 하면, 이 숫자들이 합에 기여하는 부분은 $f(d_1)+d_2$이거나 $f(d_2)+d_1$이고, 뒤바뀌면 $f(d_1)+d_2$이거나 $f(d_2)+d_1$이 된다. 이들 두 합이 같거나 차이가 10의 배수이면, 체크섬은 자리가 바뀐 것을 구분하지 못한다. 그러므로 $(f(d_1)+d_2)-(f(d_2)+d_1) = (f(d_1)-d_1)-(f(d_2)-d_2)$를 조사해 보아야 한다. 즉 $f(d)-d$를 살펴 보아야 한다.

d	$f(d)$	$f(d)-d$
0	0	0
1	2	1
2	4	2
3	6	3
4	8	4
5	1	−4
6	3	−3
7	5	−2
8	7	−1
9	9	0

여기서 '서로 다른 두 수로서, d_1과 d_2라 하면, $(f(d_1)-d_1)-(f(d_2)-d_2)=0$이 되는 것이 있는가'를 질문하게 된다. 앞의 표를 보고 '그렇다. 0과 9이다'라고 답할 수 있다. 그러므로 인접한 숫자가 0과 9이고 이들이 뒤바뀌는 경우 체크섬은 실수를 잡아내지 못한다. 또다른 질문은 '서로 다른 두 수로서, d_1과 d_2라 하면, $(f(d_1)-d_1)-(f(d_2)-d_2)\neq 0$이지만 10으로 나뉘어지는 것이 있는가'이다. 표를 보고 '아니오'라고 답할 수 있다. 그러므로 룬 알고리즘은 인접한 숫자가 09나 90이 아니면 두 수가 서로 바뀐 것을 간파할 수 있다.

7.3 연습문제

걷기

7.1. 106쪽의 예 7.1에서 마지막 결제액이 P_{169}이고 그 액수가 $3.40임을 보여라.

7.2. 이자율이 18%이고 최소 결제액이 $10 또는 남은 원금의 2.5% 중 높은 쪽인 신용카드로 $2,100를 지출하였다. 항상 최소 결제액을 결제한다고 하면 부채를 상환하는 데 얼마나 걸리겠는가? 또 전체 상환 금액은 얼마가 되는가? 동일한 이자율 18%로 동일한 금액 $2,100을 빌리지만 상환은 월결제액이 $55인 할부로 한다면, 부채를 상환하는 데 얼마나 걸리겠는가? 또 전체 상환 금액은 얼마가 되는가?

7.3. 102쪽의 표 7.2를 템플리트로 사용하여 107쪽의 예 7.1와 문제 7.2의 계산을 다시 하는 스프레드시트를 작성하라.

7.4. 105쪽의 (7.5)와 105쪽의 신용카드 정리를 사용하여 사용자가 P_0, $i^{(12)}$, p, r를 입력하면 N_1, N_2, 그리고 전체 상환 금액(근사치)를 계산하는 스프레드시트를 작성하라. 다음 표의 형식을 사용하라.

부채 금액 =	$P_0 =$	$1,000.00
연간 이자율 =	$i^{(12)} =$	15%
최소 월결제액 =	$p =$	$10.00
최소 월 잔금 상환 비율 =	$r =$	2%
$i < r$?		Yes
$rP_0 > p$?		Yes
$rP_1 > p$?		Yes
	N_1	91
	P_{N_1}	$491.71
	N_2	79
상환 개월 =	$N_1 + N_2$	170
전체 상환 금액 =		$2,096.12

7.5. 룬 알고리듬을 9876543219876453에 적용하라. 체크섬은 유효한가? 유효하지 않다면 마지막 지리수는 몇이 되어야 하는가?

7.6. 룬 알고리듬을 사용한 9876543219076545의 체크섬이 유효하다면 9876543210976545도 유효한가?

7.7. 룬 알고리듬을 0000000000000000에 적용하라. 체크섬은 유효한가?

뛰기

7.8. 초기에 $rP_0 \leq p$일 때 105쪽의 신용카드 정리와 유사한 결과를 서술하고 증명하라.

7.9. 초기에 $rP_0 \leq p$이지만 $rP_1 \leq p$일 때 105쪽의 신용카드 정리와 유사한 결과를 서술하고 증명하라.

7.10. 신용카드로 한 번 P_0를 지출하는 것이 아니라, 매월 최소 금액을 결제하기로 하면서 P_0를 매월 지출하면 어떤 일이 발생하는가?

7.11. 매월 최소 금액에 더하여 고정액 $M을 결제하면 어떤 일이 발생하는가?

7.12. 때로 신용카드회사는 대출자에게 (이자는 내고) 월 결제액을 건너 뛰어 다음에 결제하도록 한다. 이것이 전체 결제 이자에 어떤 영향을 미치는가?

7.13. 마지막 결제액이 정확히 p라 가정하고 105쪽의 (7.5)를 증명하라.

7.14. 때로 룬 알고리듬에서, “2를 곱하고 지리수를 더하라”는 규칙이 “2를 곱하고, 나온 수가 9보다 크면 9를 빼라”는 규칙으로 바뀐다. 두 규칙은 같은 것인가? 검증하라.

7.15. 때로 룬 알고리듬에서, “2를 곱하고 지리수를 더하라”는 규칙이 “2를 곱하고, 나온 수를 9로 나누고 나머지를 택한다”는 규칙으로 바뀐다. 두 규칙은 같은 것인가? 검증하라.

복습문제

- $i < r$일 때 전체 상환 금액을 어떻게 구하는가?
- 신용카드 정리는 무엇을 말하는가?
- 룬 알고리듬이란 무엇인가?
- 룬 알고리듬의 목적은 무엇인가?
- 룬 알고리듬은 어떻게 작동하는가?
- 체크섬이란 무엇인가?
- 신용카드에서 원금 잔액을 어떻게 계산하는가?

- 신용카드에서 원금 잔액에 대한 월 결제액은 어떻게 계산하는가?
- $i > r$일 때 신용카드에서 원금 잔액은 어떻게 변하는가? $i = r$일 는? $i < r$일 때는?
- 결제액이 감소하다 일정한 액수로 전환되는 달을 어떻게 구하는가?
- 월 최소 결제액 p를 결제하는 개월수를 어떻게 구하는가?

8

채권

채권(bond)이란 투자자가 정부 기관(미국 재무성 채권(US Treasury bond)이나 미국 재무성 중기채(US Treasury note)[1] 또는 지방 정부(지방채(municipal bond))나 기업(회사채(corporate bond))에 제공하는 대출이다. 차용자는 대여자에게 일정 기간(보통 6개월)마다 이자를 지불하고 대출 기간 말에 원금을 상환할 것을 약속한다. 투자자 입장에서 이는 다음과 같이 해석된다. "차용자는 대여자에게 **이자 지급일**(coupon payment date)에 **이자**(coupon)를 지급하고 **만기일**(redemption date)에 채권의 **액면가**(face value)를 지급할 것을 약속한다."

미국 재무성 채권과 중기채	
통상적인 만기	2년, 3년, 5년, 10년, 30년
이자 지급주기	6개월
위약금	없음
발행자	연방정부
위험	인플레이션, 이자율, 재투자, 만기
시장화 가능성	가능
제약	최소 투자

회사채	
통상적인 만기	10년에서 30년
이자 지급주기	6개월
위약금	없음
발행자	기업
위험	인플레이션, 시장, 이자율, 유동성, 채무불이행, 영업, 재투자, 만기
시장화 가능성	가능
제약	최소 투자

[1] 미국 재무성 채권은 만기가 10년이 넘는 미국 연방정부의 채무 증서(obligation)이다. 미국 재무성 중기채는 만기가 1년 초과 10년 사이인 미국 연방정부의 채무 증서이다.

채권에는 여러 형태가 있는데, 정해진 상환일 이전에는 상환되지 않는 채권을 만기상환채(noncallable bond)라 한다. 이 책에서는 만기상환채에 집중하기로 한다.

8.1 만기상환채

만기상환채의 가치는 시간에 따라 달라진다. 처음 채권 발행시에는 이자율을 그 시기에 통용되는 다른 채권의 이자율과 비교하여 결정한다. 그러면 채권의 초기 가치인 **발행시장 가격**(primary market value)이 결정된다. 후에 이 채권이 재판매 매물로 나올 수 있다. 그때 채권의 재판매 가격인 **유통시장 가격**(secondary market value)은 그 시기에 통용되는 시장이자율, 그리고 **기준일**(Record Date) 에서 경과한 이표 주기의 정도에 의해 결정된다.[2]

예를 들어, 투자자가 이자율이 7%일 때 20년 만기 채권을 $1,000에 구매하였다고 하자. 후에 통용되는 이자율이 6.5%로 떨어졌고, 투자자는 채권을 팔려고 한다 하자. 액면이자율 6.5%인 채권이 $1,000에 판매되므로 투자자는 당연히 이 채권에 대해 $1,000 이상을 기대할 것이다. 그러나 이자율이 7.5%로 상승하면, 이 채권은 $1,000 보다 가치가 적으므로 아무도 $1,000에 구매하려 하지 않을 것이다. 그러면 이 채권에 대한 공정한 가격은 얼마일까? 달리 말하면 채권의 매매 가격을 어떻게 평가할 것인가? 이 절에서 이 질문에 답해 보기로 한다.

채권이 매매될 때 가치는 액면가에 대한 백분율로 표시된다. 예를 들어 가격이 $1,000인 채권이 98로 표시되면, 채권의 시장 가격이 $98/100 \times \$1,000 = \$980$ 임을 의미한다. 그래서 가치 100은 채권의 가격이 액면가와 같음을 뜻한다.

다음과 같이 두자.

F	채권의 **액면가**(face value, par value, redemption value),
P	채권의 **가격**(price) (액면가의 백분율로 표기),
n	전체 이자 지급주기 수,
m	1년당 **이자지급 횟수**,
$r^{(m)}$	소수로 표기한 **연간 액면이자율**(annual coupon rate) (명목수익률, **이표율**),
r	소수로 표기한 **이자 지급주기당 액면이자율**,
$y^{(m)}$	**연간 만기수익률** (investor's rate of return),
y	소수로 표기한 **이자 지급주기당 만기수익률**,

P는 백분율로 표시하고, r와 y는 소수로 표시하며,[3] $y = y^{(m)}/m$이고 $r = r^{(m)}/m$이다. 채권의 값(cost)은 $(P/100)F$이고, 이자 지급액은 rF이다.

먼저 채권 발행 직후로서 차기 이자 지급이 앞으로 정확하게 한 번의 지급주기 후에 예정되어 있으며 n번의 이자 지급주기가 남아있다고 하고 가격 P를 결정하자. 이자 지급주기 사이에서

[2]기준일(Record Date)이란 채권 구매자가 법적 소유자가 되는 날짜이다.

[3]때로는 소수나 백분율로 재는 대신, 이자율과 수익률을 베이시스 포인트(bp, basis point)로 잰다. 1베이시스 포인트는 0.01%, 즉 0.0001이다. 수십억 달러어치의 채권을 거래하는 딜러들은 흔히 베이시스 포인트를 사용하는데, 10억 달러에서 1bp의 차이는 $100,000에 해당한다.

채권이 매매될 때 가격이 어떻게 되는지는 나중에 살펴본다.

첫 이자 지급 rF의 만기일 시점 미래가치는 $rF(1+y)^{n-1}$이다. 두 번째 이자 지급 rF의 만기일 시점 미래가치는 $rF(1+y)^{n-2}$이다. 마지막 이자 지급 rF의 만기일 시점 미래가치는 rF이다. 액면가 F의 미래가치는 F이다. 채권값, $(P/100)F$의 만기일 시점 미래가치는 $(P/100)F(1+y)^n$이다. 이것이 그림 8.1에 시간도표로 표현되었다.

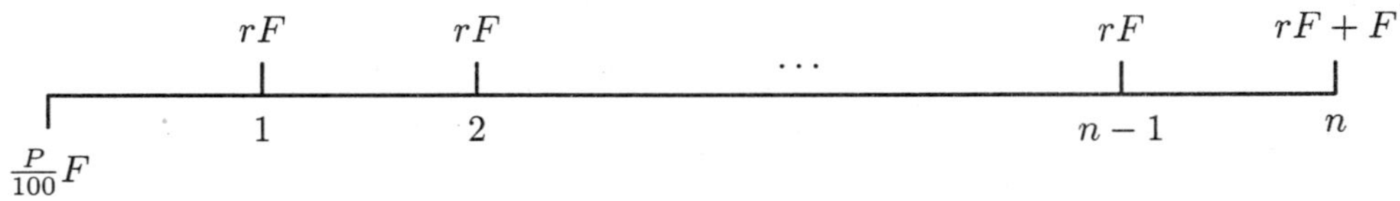

그림 8.1: 일반적인 채권의 시간도표

그러므로

$$\frac{P}{100}F(1+y)^n = rF\left((1+y)^{n-1} + (1+y)^{n-2} + \cdots + (1+y) + 1\right) + F$$

또는

$$\frac{P}{100}(1+y)^n = r\left((1+y)^{n-1} + (1+y)^{n-2} + \cdots + (1+y) + 1\right) + 1 \tag{8.1}$$

이다. 이 방정식을 다른 형태로도 쓸 수 있다. $100/(1+y)^n$을 곱하면

$$P = 100r\left(\frac{1}{1+y} + \frac{1}{(1+y)^2} + \cdots + \frac{1}{(1+y)^n}\right) + \frac{100}{(1+y)^n} \tag{8.2}$$

또는

$$P = 100r\sum_{k=1}^{n}(1+y)^{-k} + 100(1+y)^{-n} \tag{8.3}$$

가 되는데, 이를 '가격은 기대 미래 현금흐름의 현재가치이다'라는 말로 표현할 수 있다. 식 (8.2)를

$$P = \frac{100r}{1+y}\left(1 + \frac{1}{1+y} + \cdots + \frac{1}{(1+y)^{n-1}}\right) + \frac{100}{(1+y)^n}$$

와 같이 고쳐 쓰고 괄호 안의 식을 기하급수로 표현하면 $y \neq 0$에 대하여

$$P = 100\left(r\frac{1-(1+y)^{-n}}{y} + (1+y)^{-n}\right) \tag{8.4}$$

또는

$$P = 100\left((r-y)\frac{1-(1+y)^{-n}}{y} + 1\right) \tag{8.5}$$

가 됨을 알 수 있다.

정리 8.1 (채권 정리). 만기상환채의 이자 지급 직후 가격 P는 동치인 방정식 (8.1), (8.2), (8.4), (8.5)으로 결정된다.

$r = 0$, 즉 이표가 없어 중도에 이자를 지급하지 않는 채권을 무이표채권(zero coupon bond)이라 부른다. 그러므로 (8.4)로부터 다음 결과가 성립한다.

정리 8.2 (무이표채권 정리). 무이표채권의 가격 P는

$$P = 100(1+y)^{-n}$$

로 주어진다.

채권 정리 해설

- 채권과 관련하여 사용하는 수익률에는 세 가지가 있다. **명목수익률**(nominal yield) $r^{(m)} = rm$, **단순수익률**(current yield)(또는 경상수익률), $100rm/P$, **만기수익률**(yield to matyrity) $y^{(m)} = ym$ 이 그것이다. 흔히 만기수익률을 단순하게 수익률이라고도 한다. 명목수익률(또는 표면수익률(stated yield))은 거의 실용적인 의미가 없다. 만기수익률은 채권을 만기까지 보유하는 경우 투자자가 얻을 수익의 연이자율이다. 단순수익률은 만기수익률에서 이자 지급에 기인하는 부분을 측정한다.

- 식 (8.5)를
$$P - 100 = 100(r-y)\frac{1-(1+y)^{-n}}{y}$$
와 같이 쓰면 $P = 100$은 $y = r$과 같은 상황임을 알 수 있다. $P = 100$일 때 채권을 **파**(par)에 구입하였다고 한다. 이 경우 $y = r = 100r/P$이다. 그러므로 채권을 파에 구입하면 명목수익률, 단순수익률, 만기수익률은 동일하다.

- 식 (8.5)를
$$P - 100 = 100(r-y)\frac{1-(1+y)^{-n}}{y}$$
와 같이 쓰고 $(1+y)^n > 1$임을 이용하면, $1-(1+y)^{-n} > 0$이므로 $P-100$의 부호가 $r-y$의 부호와 같음을 알 수 있다. $P > 100$(혹은 $r > y$)일 때 채권을 **프리미엄**(premium)에 구입한다고 한다. $P < 100$(혹은 $r < y$)일 때 채권을 **디스카운트**(discount)에 구입한다고 한다.

- 식 (8.5)를
$$y - \frac{100r}{P} = (y-r)\frac{100}{P}(1+y)^{-n}$$
와 같이 쓰면 $y-r$의 부호가 $y-100r/P$의 부호와 같음을 알 수 있다. 그러므로 채권을 프리미엄에 구입하면 (그래서 $P > 100$이고 $r > y$이면), $y - 100r/P < 0$이므로 $ym < 100rm/P < rm$, 즉 만기수익률이 단순수익률보다 작고, 또 단순수익률은 명목수익률보다 작다. 그러나 채권을 디스카운트에 구입하면 (그래서 $P < 100$이고 $r < y$이면), $y - 100r/P > 0$이므로 $ym > 100rm/P > rm$, 즉 만기수익률이 단순수익률 보다 크고, 또 단순수익률은 명목수익률보다 크다.

- 비슷한 디폴트 위험을 지닌 채권의 만기수익률 ym과 만기[4] n/m 사이의 관계를 수익률 곡선을 그려 나타낼 수 있다. 경제 성장기에는, 수익률 곡선은 일반적으로 장기 채권 수익률이 단기 채권 수익률보다 높은 우상향이다. 그러나 경제 정점에서는 수익률 곡선은 때로 반전된다. 즉, 장기 채권 수익률이 단기 채권의 수익률보다 낮아진다.

예 8.1. 만기수익률이 12%이면, 액면 $1,000이고 만기 20년인 9% 만기상환채의 가격과 반년치 이자 지급액은 어떻게 되는가? 이 채권의 명목수익률과 단순수익률은 얼마인가? 채권은 파에 팔리는가, 프리미엄에 팔리는가, 아니면 디스카운트에 팔리는가?

풀이. 이자 지급이 1년에 2회이므로 $(m = 2)$, 40회 지급된다 $(n = 40)$. 또 $F = 1000$이고 $r^{(2)} = 0.09$이므로, $= 0.045$이고 반년치 이자 지급액 rF는 $0.045 \times 1,000 = \$45$이다. 만기수익률은 $y^{(2)} = 0.12$이므로, $y = 0.06$이다. 식 (8.5)에서

$$P = 100\left((0.045 - 0.06)\frac{1-(1+0.06)^{-40}}{0.06} + 1\right) = 77.43$$

가 된다. 그러므로 채권은 액면가의 77.43%, 즉 $77.43/100 \times 1000 = \$774.30$에 매매되게 된다.

명목수익률은 $rm = 0.045 \times 2 = 0.09$이고 단순수익률은 $100rm/P = 100 \times 0.045 \times 2/77.43 \approx \$0.116$이다. $P < 100$이므로 채권은 디스카운트에 팔린다. △

예 8.2. 만기수익률이 9%이면, 액면 $1,000이고 만기 2년인 12% 만기상환채의 가격과 반년치 이자 지급액은 어떻게 되는가?

풀이. 이자가 1년에 2회 지급되므로 $(m = 2)$, 전체 4회 지급된다 $(n = 4)$. 그리고 $F = 1000$이고 $r^{(2)} = 0.12$이므로 $r = 0.06$이고 반년치 이자 지급액 rF는 $0.06 \times 1,000 = \$60$이다. 만기수익률은 $y^{(2)} = 0.09$이므로 $y = 0.045$이다. 식 (8.5)에서

$$P = 100\left((0.06 - 0.045)\frac{1-(1+0.045)^{-4}}{0.045} + 1\right) = 105.381$$

가 된다. 그러므로 채권은 액면가의 약 105.381%, 즉 $105.381/100 \times 1000 = \$1,053.81$에 매매된다. △

마지막 예를 다른 관점에서 보면 채권을 새롭게 조명할 수 있다. 수익률이 9%이고 액면이자율이 12%일 때 이 채권을 구입하였다고 하자. 이를 연간 9%로 $1053.81을 빌려준 것으로 생각할 수 있다. 그러면 6개월 후에 $60를 받는다. 그 중 $\$1053.81 \times 0.09/2 = \$47.42$은 이자이고 나머지 $\$60 - \$47.42 = \$12.58$은 원금을 줄이는 데 사용된다. 이를 $1053.81에서 공제하면 $1,041.23이고, 이는 3회 지급이 남은 원금 잔액(채권 가치)이다. 이런 식으로 표 8.1에 있는 채권분할상환표(bond amortization schedule)를 작성할 수 있다. 4회째 마지막 지금에서 채권 가치는 $1,000으로 액면가와 같음에 유의하자.

[4]여기서는 "만기"와 "만기까지의 기간"을 서로 바꾸 쓸 수 있는 용어로 사용한다.

주기	지불액	이자	원금 상환	값
0				\$1,053.81
1	\$60.00	\$47.42	\$12.58	\$1,041.23
2	\$60.00	\$46.86	\$13.14	\$1,028.09
3	\$60.00	\$46.26	\$13.74	\$1,014.35
4	\$60.00	\$45.65	\$14.35	\$1,000.00

표 8.1: 채권분할상환표

주기	지불액	이자	원금 상환	값
0				$\frac{P}{100}F = P_0$
1	rF	yP_0	$rF - yP_0$	$(1+y)P_0 - rF = P_1$
2	rF	yP_1	$rF - yP_1$	$(1+y)P_1 - rF = P_2$
$\vdots$	$\vdots$	$\vdots$	$\vdots$	$\vdots$
$n-1$	rF	yP_{n-2}	$rF - yP_{n-2}$	$(1+y)P_{n-2} - rF = P_{n-1}$
n	rF	yP_{n-1}	$rF - yP_{n-1}$	$(1+y)P_{n-1} - rF = P_n$

표 8.2: 채권 분할상환표—스프레드시트 형식

표 8.2는 일반적인 상황을 스프레드 형식으로 기호로 나타낸 것으로 이때 P_i는 기간 i일 때의 채권의 가치를 나타낸다.

이 표에서 식 (8.4)를 사용하지 않았음에 유의하라. 사실 이 표를 사용하여 다시 식 (8.4)를 유도할 수 있다.

$$\begin{aligned} P_2 &= (1+y)P_1 - rF = (1+y)((1+y)P_0 - rF) - rF \\ &= (1+y)^2 P_0 - rF(1 + (1+y)) \end{aligned}$$

과

$$P_3 = (1+y)P_2 - rF = (1+y)^3 P_0 - rF\left(1 + (1+y) + (1+y)^2\right),$$

그리고 마지막으로

$$P_n = (1+y)P_{n-1} - rF = (1+y)^n P_0 - rF\left(1 + (1+y) + \cdots + (1+y)^{n-1}\right)$$

또는

$$P_n = (1+y)^n P_0 - rF\frac{(1+y)^n - 1}{y}$$

이 성립함을 보이는 것은 어렵지 않다. 그런데 $P_0 = \frac{P}{100}$이고 $P_n = F$이므로 (왜?),

$$F = (1+y)^n \frac{P}{100}F - rF\frac{(1+y)^n - 1}{y}$$

또는

$$(1+y)^n \frac{P}{100} = \left(r\frac{(1+y)^n - 1}{100} + 1\right)$$

이고, 여기서 식 (8.4)가 나온다.

식 (8.4)를 사용하여 액면이자율[5] 5%와 10%, 만기가 5년과 20년, 수익률이 4%에서 12%인 만기상환채 각각의 가격을 보여주는 표 8.3을 만들 수 있다. 가격이 100.00인 (그래서 채권가격이 정확히 액면가가 되는) 경우는 수익률이 액면이자율과 동일하게 되는 시점으로 채권정리 다음에 언급한 것과 일치함을 알 수 있다.

수익률	5%/5년	5%/20년	10%/5년	10%/20년
4%	104.491	113.678	126.948	182.066
5%	100.000	100.000	121.880	162.757
6%	95.735	88.443	117.060	146.230
7%	91.683	78.645	112.475	132.033
8%	87.834	70.311	108.111	119.793
9%	84.175	63.197	103.956	109.201
10%	80.696	57.102	100.000	100.000
11%	77.387	51.862	96.231	91.977
12%	74.240	47.338	92.640	84.954

표 8.3: 여러 만기상환채의 가격

이 표를 자세히 들여다 보면 몇가지 사실을 관찰할 수 있다.

- 첫째, 둘째와 넷째 열을 보면 같은 수익률에 대해 액면이자율 10%인 5년 채권의 가격이 액면이자율 5%인 5년 채권의 가격보다 높다. 셋째와 다섯째 열을 보면 20년 채권에 대해서도 같은 현상을 볼 수 있다. 여기서 일반적으로 액면이자율과 함께 가격이 증가한다고 추정할 수 있는데, 이는 직관적으로 분명하다 (액면이자율이 증가하면 이표의 가치도 증가하고 따라서 채권 가치는 더 커진다). 그러므로 P는 r에 대한 증가함수라 추측할 수 있는데, 이 사실을 곧 보일 것이다.
- 둘째로, 둘째와 셋째 열을 보면 같은 액면이자율에 대해 액면이자율이 수익률보다 높으면 20년 채권 가격보다 5년 채권 가격이 낮고, 액면이자율이 수익률보다 낮으면 20년 채권 가격보다 5년 채권 가격이 높은 것으로 보인다. 네째와 다섯째 열을 보면 같은 현상이 10% 채권에 대해서도 참임을 알 수 있다. 여기서 일반적으로 액면이자율이 수익률보다 높으면 만기와 함께 가격이 증가한다고 액면이자율이 수익률보다 낮으면 만기와 함께 가격이 감소한다고 추정할 수 있다. (이는 직관적으로 분명하다. 왜냐하면 액면이자율이 수익률보다 높으면 투자자는 기본 이상을 더 오래 받을 것이므로 더 높은 가격을 지불해야 할 것이다.) 그러므로 P는 $r > y$이면 n에 대한 증가함수이고 $r < y$이면 n에 대한 감소함수라 추측할 수 있는데, 이 추측을 곧 증명할 것이다.

[5]특별히 언급하지 않으면 모든 액면이자는 반년마다 지급하는 것으로, 즉 $m = 2$인 것으로 한다.

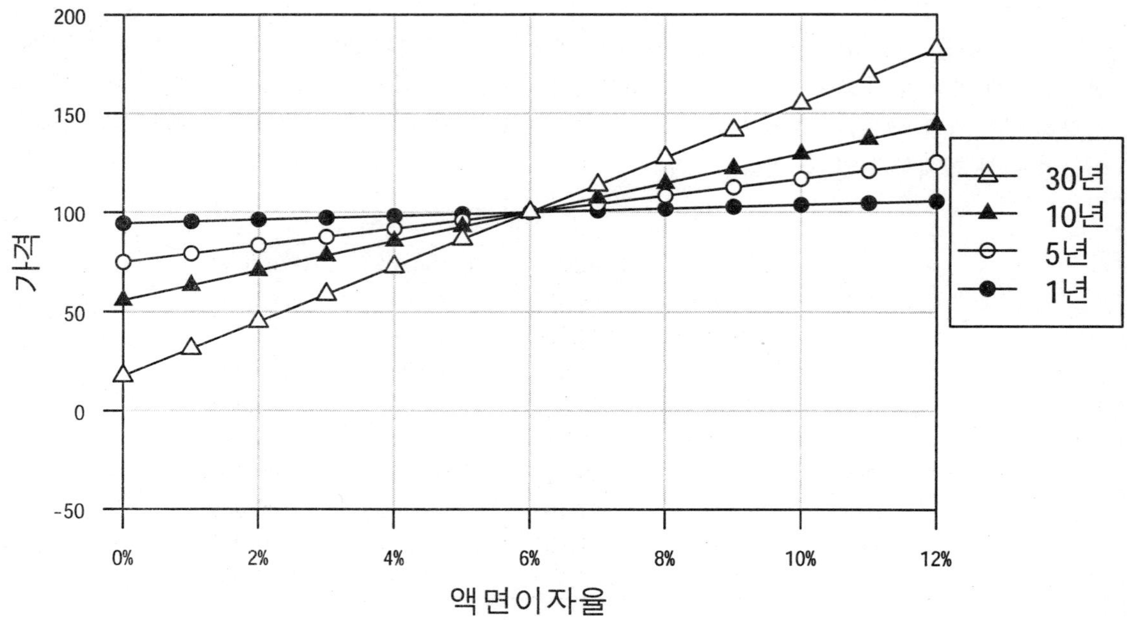

그림 8.2: 액면이자율의 함수로서의 채권가격 (만기 1, 5, 10, 30년, 수익률 6%)

- 셋째로, 둘째 열을 보면 수익률이 감소함에 따라 가격이 감소한다. 같은 현상을 셋째 열, 넷째 열 그리고 다섯째 열에서 볼 수 있다. 여기서 일반적으로 가격과 수익률은 반대 방향으로 움직인다고 추정할 수 있는데, 이 또한 직관적으로 분명하다(통용하는 이자율이 오르면 신중한 투자자는 가격이 정당하지 않으면, 즉 낮지 않으면 더 낮은 이자율인 채권에는 투자하지 않을 것이다). 그러므로 P가 y의 감소함수라고 추측할 수 있다. 이를 또한 곧 증명한다.

이제 115쪽의 채권 정리로부터 가격 P가 세 독립변수 r, n, y(혹은 $y^{(m)} = my$이므로 대등하게 $y^{(m)}$)의 함수라는 사실을 염두에 두고 이 세 추측을 살펴보자. 이 세 독립변수에 어떻게 의존하는지 차례로 살펴본다.

첫째로, P를 (n과 y를 고정하고) r의 함수로 생각하면 식 (8.4)로부터 P가 r에 대해 선형임을 알 수 있다. $(1+y)^n > 1$이므로 r의 계수 $(1-(1+y)^{-n})/y$는 항상 양이다. 그러므로 P는 r에 대한 증가함수이고, 따라서 예상한 그대로 액면이자율이 증가하면 가격도 증가한다. n이 증가함에 따라 기울기가 점차 커지고 $\lim_{n\to\infty} P = 100r/y$이 됨도 알 수 있다.

P 대 r 그래프를 그려보면 기울기가 양인 직선이 된다 – 그림 8.2를 보라. 식 (8.5)로부터 $r = y$이면 $P = 100$이므로 이 직선은 점 $(y, 100)$을 지난다. 이는 액면이자율과 수익률이 일치하면 채권은 액면가의 100%, 즉 액면가로 팔리게 됨을 뜻한다. 또한 $r = 0$이면 $P = 100(1+y)^{-n}$이므로 직선은 또한 점 $(0, 100(1+y)^{-n})$을 지난다. 이는 무이표채권의 가격이다. 그러므로 직선은 점 $(y, 100)$과 $(0, 100(1+y)^{-n})$을 이어준다.

둘째로, P를 (r와 y를 고정하고) n의 함수로 생각하면 식 (8.5)로부터 P가 $-100(r-y)(1+y)^{-n}$에 대해 선형이다. 수열 $-(1+y)^{-n}$은 증가수열이므로 P도 $r > y$이면 n에 대한 증가함수이고 $r < y$이면 n에 대한 감소함수이다. 이는 예상했던 것이다. 그리고 $\lim_{n\to\infty} P = 100r/y$도 성립한다. 이를 그림 8.3에서 볼 수 있다.

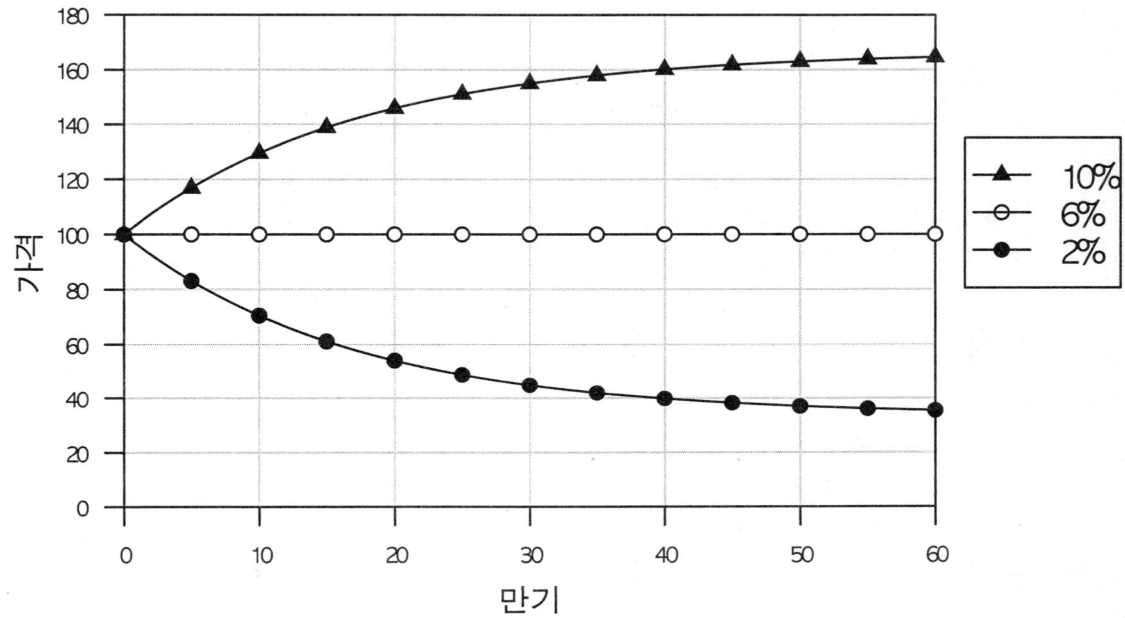

그림 8.3: 만기에 대한 함수로서의 가격 ($m = 1$, 수익률 6%, 액면이자율 2%, 6%, 10%)

셋째로, 이제 P를 (r와 n을 고정하고) y의 함수로 생각하자. 식 (8.2)를 y에 대하여 미분하면[6]

$$\frac{dP}{dy} = -100r\sum_{k=1}^{n} k(1+y)^{-k-1} - 100n(1+y)^{-n-1}$$

가 되는데, 이는 음수이므로 P는 y에 대한 감소함수이고 따라서 $y^{(m)}$의 감소함수이다. 그러므로 수익률이 오르면 가격은 떨어지고 수익률이 떨어지면 가격은 올라가서, 흔히 인용하는 만기상환채의 다음 성질이 성립한다.

정리 8.3 (가격·수익률 정리). 만기상환채의 가격과 수익률은 반대로 움직인다.

식 (8.2)의 y에 대한 2차미분을 계산하면

$$\frac{d^2P}{dy^2} = 100r\sum_{k=1}^{n} k(k+1)(1+y)^{-k-2} + 100n(n+1)(1+y)^{-n-2}$$

[6]엄밀하게 말하면, P가 세 독립변수의 함수이므로 기호 dP/dy가 아닌 $\partial P/\partial y$를 사용하여야 한다.

으로 양이므로 y에 대한 P의 그래프는 위로 오목하다. 그러므로 $P(y)$는 y의, 따라서 $y^{(m)}$의 감소하며 위로 오목인 함수로서 그림 8.4에 보이는 것과 같다.

P를 y의 함수로 생각할 때 P의 어떤 값에 대해 그에 대응하는 y가 존재하는지 어떻게 알 수 있을까? 즉 어떻게 식 (8.1)에 대한 해가 항상 존재하는지 알 수 있을까? P가 $y \geq 0$인 y에 대해 감소하는 연속함수임을 안다. 또한

$$\lim_{y \to \infty} P = 0$$

이고 식 (8.2)에서

$$\lim_{y \to 0+} P = 100nr + 100$$

이다. 그래서 해가 존재하려면, P는 부등식 $0 < P < 100nr + 100$을 만족하여야 한다.

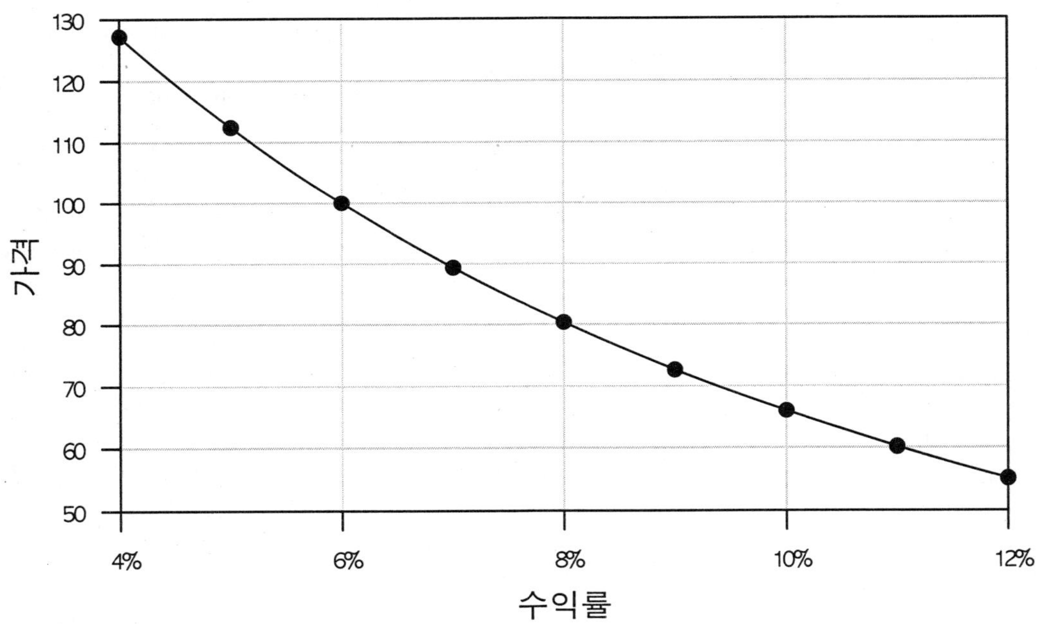

그림 8.4: 20년 만기 6% 채권의 수익률에 대한 가격

정리 8.4 (수익률 존재 정리). P가

$$0 < P < 100nr + 100$$

를 만족하면 식 (8.1)는 주어진 P, r, n에 대해 해 y를 갖는다.

8.1.1 수익률 존재 정리에 대한 해설

- 식 (8.1)을 다시 쓰면 방정식이 부호가 단 한 번 바뀜을 알 수 있다. 그러므로 33쪽의 IRR 유일성 정리 I을 적용할 수 있다. 그러므로 그 정리로부터 $1+y>0$이면 해는 하나를 넘을 수 없다고 할 수 있다.
- 일반적으로 $n>4$일 때 (8.1)을 y에 대해 푸는 대수적 방법은 없다.
- 식 (8.1)을 $n=2$일 때 엄밀하게 풀어 $0<P<200r+100$이라는 제한이 어떤 역할을 하는지 보면 이해에 도움이 될 것이다. 이 경우 이차식

$$\frac{P}{100}(1+y)^2 = r((1+y)+1)+1,$$

즉

$$P(1+y)^2 - 100r(1+y) - 100(1+r) = 0$$

또는

$$Py^2 + y(2P-100r) + (P-100-200r) = 0$$

을 y에 대해 풀게 된다. 이 식의 해는

$$y = \frac{-(2P-100r) \pm \sqrt{(2P-100r)^2 - 4P(P-100-200r)}}{2P}$$

이다. $P \geq 200r+100$이면

$$(2P-100r)^2 - 4P(P-100-200r) \leq (2P-100r)^2$$

이므로 두 해는 모두 양이 아니다. $0<P<200r+100$이면

$$(2P-100r)^2 - 4P(P-100-200r) > (2P-100r)^2$$

이므로 양인 해 하나와 음인 해 하나가 있다.

- 식 (8.5)를 일반적으로 y에 대해 해석적으로 풀 수는 없지만 y에 대한 초기 추정치를 적절히 택한다면 수치적으로 (예를 들어 뉴튼의 방법으로) 풀 수 있다. 이제 그러한 추정치 두 개를 만들어 보자. 방정식 (8.5)를

$$y = r - \frac{(P-100)y}{100\,(1-(1+y)^{-n})}$$

인 형태로 쓸 수 있다. 우변의 y에 대한 의존성을 여러 근사식을 이용하여 단순하게 표현해보자. $y=0$ 근방에서 유효한 근사식

$$(1+y)^{-n} \approx 1 - ny + \frac{n(n+1)}{2}y^2$$

를 사용하면

$$1-(1+y)^{-n} \approx n\left(y - \frac{(n+1)}{2}y^2\right)$$

이고, 이때

$$y \approx r - \frac{P - 100}{100n\left(1 - \frac{(n+1)}{2}y\right)}$$

를 얻는다. 근사식

$$\frac{1}{1 - \frac{(n+1)}{2}y} \approx 1 + \frac{(n+1)}{2}y$$

을 이용하면

$$y \approx r - \frac{P - 100}{100n}\left(1 + \frac{(n+1)}{2}y\right)$$

가 된다. 이 식을 y에 대해 풀면

$$y \approx \frac{100nr + 100 - P}{P\frac{n+1}{2} + 100\frac{n-1}{2}} \tag{8.6}$$

가 되는데, 이를 y에 대한 근사로 사용할 수 있다. n이 크면 이 식에서

$$y \approx \frac{\frac{100-P}{n} + 100r}{\frac{P+100}{2}} \tag{8.7}$$

를 얻을 수 있는데, 이를 다음과 같이 해석할 수 있다.

$$y \approx \frac{\text{기간당 가격 변화의 평균} + \text{이자}}{\text{가격과 액면가의 평균}}$$

(8.6)이나 (8.7)을 y를 구하기 위한 뉴튼의 방법의 초기 추정치로 사용할 수 있다.

예 8.3. 20년 만기이고 액면가 $1,000인 9% 만기상환채의 가격이 77.43이라면 만기수익률은 얼마인가?

풀이. 방정식 (8.5), 즉

$$P = 100(r - y)\frac{1 - (1+y)^{-n}}{y} + 100$$

를 $P = 77.43$, $r = 0.09/2 = 0.045$, $n = 40$일 때 y에 대해 풀어야 한다. 이는

$$77.43 = 100(0.045 - y)\frac{1 - (1+y)^{-40}}{y} + 100$$

을 푸는 것이다. 식 (8.6)과 (8.7)로 주어지는 근삿값

$$y \approx \frac{100nr + 100 - P}{P\frac{n+1}{2} + 100\frac{n-1}{2}} = \frac{100 \times 40 \times 0.045 + 100 - 77.43}{77.43 \times \frac{41}{2} + 100 \times \frac{39}{2}} = 0.0573$$

와

$$y \approx \frac{\frac{100-P}{n} + 100r}{\frac{P+100}{2}} = \frac{\frac{100-77.43}{40} + 100 \times 0.045}{\frac{77.43+100}{2}} = 0.0571$$

을 뉴튼의 방법의 초깃값으로 사용하여 찾으면 $y = 0.06$이 되고, 따라서 수익률 $y^{(m)}$은 약 12%이다. △

경과이자 (Accrued Interest)

지금까지는 이자 지급일의 채권가격을 계산하였다. 이제 실제로 자주 생기는 경우인 이자기간 도중에 채권이 매매되는 경우를 들여다 보자. 구매자 입장에서 보면, 다음 이자가 구매자에게는 첫 이자이고 n번의 이자 지급 기간이 남았다고 하자. 채권가격이 계산되는 시점에 남은 첫 이자 지급 기간의 비율을 w $(0 < w < 1)$이라 하자. 해결해야 할 문제가 둘 있다.

1. 첫 이자의 일부(이자 지급 기간의 $1 - w$)는 판매자에게 속하고 일부(이자 지급 기간의 w)는 구매자에게 속한다.
2. 구매자가 첫 이자를 전부 받을 것이므로 판매자는 자신이 소유했던 시간에 비례하여, 즉 경과이자(accrued interest)라 부르는, 이자의 일부 $(1 - w)rF$를 받아야 한다.

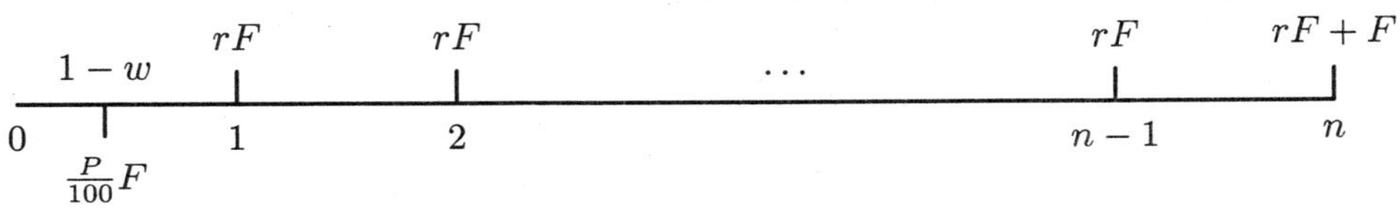

그림 8.5: 일반적인 채권의 시간도표

이 두 문제를 이 현금흐름에 대한 시간도표인 그림 8.5를 사용하여 차례로 다룬다.

시간 $1 - w$를 현재 시각으로 사용하면

$$\frac{P}{100}F = rF\left(\frac{1}{(1+y)^w} + \frac{1}{(1+y)^{1+w}} + \cdots + \frac{1}{(1+y)^{n-1+w}}\right) + \frac{F}{(1+y)^{n-1+w}}$$

디 됨을 알 수 있다. 이를

$$\begin{aligned}\frac{P}{100} &= \frac{r}{(1+y)^w}\left[1 + \left(\frac{1}{1+y}\right) + \cdots + \left(\frac{1}{1+y}\right)^{n-1}\right] + \frac{1}{(1+y)^{n-1+w}} \\ &= \frac{r}{(1+y)^w}\frac{\left(\frac{1}{1+y}\right)^n - 1}{\left(\frac{1}{1+y}\right) - 1} + \frac{1}{(1+y)^{n-1+w}},\end{aligned}$$

즉

$$P = \frac{100r}{(1+y)^w}\left(\frac{1+y-(1+y)^{1-n}}{y}\right) + \frac{100}{(1+y)^{n-1+w}}$$

또는

$$P = 100\left((r-y)\frac{1-(1+y)^{-n}}{y} + 1\right)(1+y)^{1-w}$$

라 쓸 수 있다. 채권가격으로 지불해야 하는 금액은 P에 경과이자를 합한 액수이다.

8.2 듀레이션

때로 서로 다른 두 채권을 비교해야 할 때가 있는데, 가격 P는 세 변수 즉 r, y, n의 함수여서, 이는 어려운 문제이다. 그런데 위험이라는 측면에서 두 채권을 비교할 수 있다. 이 방법을 소개하기 위해 다음 질문을 생각해보자. 둘 다 수익률이 7%라 할 때 10년 무이표채권과 10년 만기상환채 중 어느 채권이 더 위험해 보이는가? 사람들 대부분은 두 번째가 첫 번째보다 덜 위험하다고 보는데, 왜냐하면 발행자가 채무불이행하게 될 때 첫째 채권은 아무것도 못 받은 대신 둘째 채권은 이자를 얼마라도 받기 때문이다.

이 아이디어를 정량화하기 위해 n개의 추 $a_1, a_2, \ldots, a_n$가 같은 간격 s를 사이에 두고 무게가 없는 대 위에 놓여있다 하자. 이 대가 평형을 이루는 거리 d를 찾아 보자. (그림 8.6을 보라.)

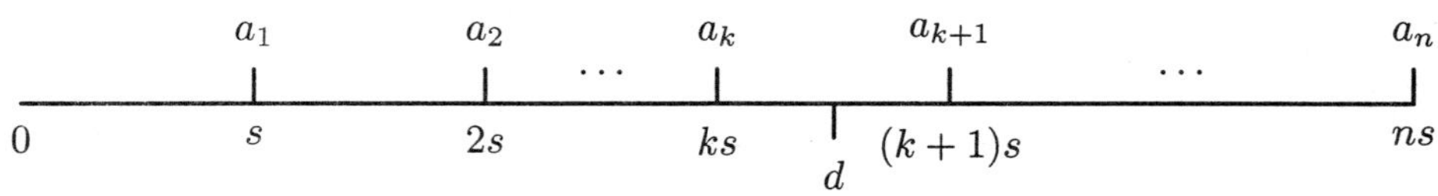

그림 8.6: 균형을 이룬 추

d가 ks와 $(k+1)s$ 사이에 놓인다면 d의 왼쪽에 있는 추들이 오른쪽에 있는 추들과 균형을 이루어야 하므로

$$(d-s)a_1 + \cdots + (d-ks)a_k = ((k+1)s-d)a_{k+1} + \cdots + (ns-d)a_n$$

가 되어야 한다. 이를 d에 대해 풀면

$$d = \frac{sa_1 + 2sa_2 + \cdots + nsa_n}{a_1 + a_2 + \cdots + a_n} = s\frac{\sum_{k=1}^{n} ka_k}{\sum_{k=1}^{n} a_k}$$

로 $a_1, a_2, \ldots, a_n$의 가중평균(weighted average)이다. 문제 8.15에서 d가 항상 s와 ns 사이에 있음을 보이게 된다.

이 아이디어를 1년에 m번 지급되는 이자의 미래가에 주목하여 채권에 적용한다. (그림 8.7을 보라.)

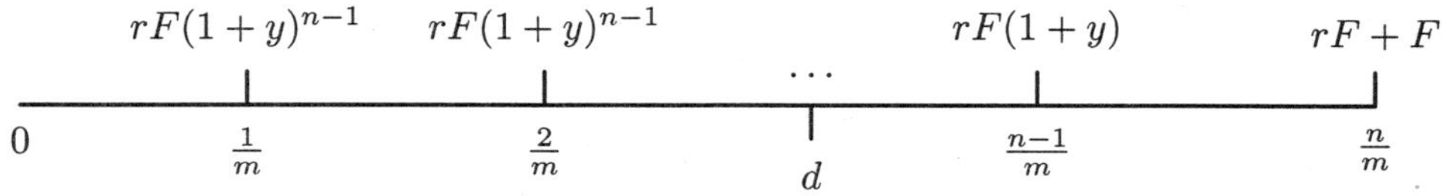

그림 8.7: 일반적인 채권의 가중평균

이 경우 $s = 1/m$, $k = 1, \ldots, n-1$에 대해 $a_k = rF(1+y)^{n-k}$이고 $a_n = rF + F$이므로[7]

$$d = \frac{1}{m} \frac{\sum_{k=1}^{n-1} krF(1+y)^{n-k} + n(rF+F)}{\sum_{k=1}^{n-1} rF(1+y)^{n-k} + rF + F}$$

이고, 다시 쓰면

$$d = \frac{1}{m} \frac{r\sum_{k=1}^{n} k(1+y)^{n-k} + n}{r\sum_{k=1}^{n}(1+y)^{n-k} + 1} \tag{8.8}$$

이다.

이러한 맥락에서 d를 존속 기간을 뜻하는 **듀레이션**(duration) 또는 정의한 사람 이름을 따서 **맥콜리 듀레이션**(Macaulay duration)이라 부른다. 듀레이션의 단위는 시간이다. 듀레이션은 모든 현금흐름을 받는 데 걸리는 시간의 가중 평균이다. 그러므로 같은 수익률인 채권에 대해 듀레이션이 짧을수록 위험은 더 낮다.

예 8.4. 만기수익률 6%이면, 다음의 듀레이션은 얼마인가?

(a) 20년 만기의 9% 만기상환채.

(b) 15년 만기의 7% 만기상환채.

어느 것이 덜 위험한가?

풀이.

(a) 여기서 $m = 2$, $r = 0.09/2 = 0.045$, $y = 0.06/2 = 0.03$, $n = 40$이므로 식 (8.8)에서

$$d = \frac{1}{2} \frac{0.045\sum_{k=1}^{40} k(1+0.03)^{40-k} + 40}{0.045\sum_{k=1}^{40}(1+0.03)^{40-k} + 1} = 10.983\text{년}$$

를 얻는다.

(b) 여기서 $m = 2$, $r = 0.07/2 = 0.035$, $y = 0.06/2 = 0.03$, $n = 30$이므로 식 (8.8)에서

$$d = \frac{1}{2} \frac{0.035\sum_{k=1}^{30} k(1+0.03)^{30-k} + 30}{0.035\sum_{k=1}^{30}(1+0.03)^{30-k} + 1} = 9.787\text{년}$$

를 얻는다.

둘째 채권이 덜 위험하다. △

[7]이자의 미래가치가 아니라 현재가치를 생각해도 같은 식이 나온다.

듀레이션 개념을 다음과 같이 모든 현금흐름으로 확장할 수 있다. C_k가 주기가 k이고 연간 m회 지급되는 현금흐름이면 $(0 \le k \le n$, 그림 8.8을 보라), 주기당 이자율이 y일 때 이 현금흐름의 듀레이션 d는 이 현금흐름의 미래가의 시간 가중 평균이다. 즉

$$d = \frac{\sum_{k=0}^{n} \frac{k}{m} C_k (1+y)^{n-k}}{\sum_{k=0}^{n} C_k (1+y)^{n-k}} = \frac{\sum_{k=0}^{n} k C_k (1+y)^{n-k}}{m \sum_{k=0}^{n} C_k (1+y)^{n-k}}$$

이다.

이는 이 현금흐름의 현재가의 시간 가중 평균인

$$d = \frac{\sum_{k=0}^{n} k C_k (1+y)^{-k}}{m \sum_{k=0}^{n} C_k (1+y)^{-k}} \tag{8.9}$$

와 같다.

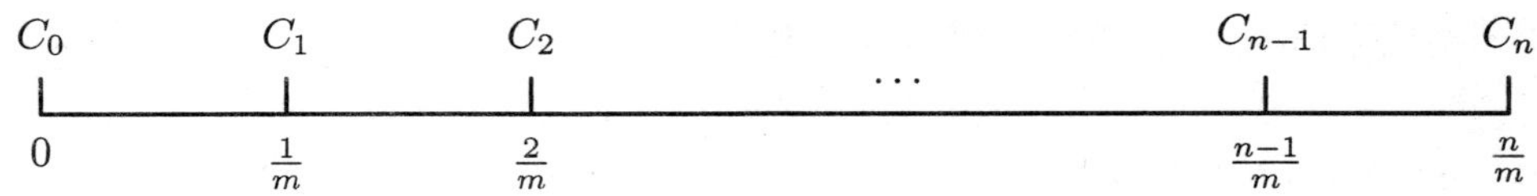

그림 8.8: 일반적인 시간도표

8.3 수정 듀레이션

두 채권을 수익률 변화에 대한 가격 민감도를 가지고 두 채권을 비교할 수도 있다. 다시 말하면 수익률 $y^{(m)}$이 $\Delta y^{(m)}$ 만큼 바뀌면 백분율 가격 변화(percent price change)가 어느 정도 영향을 받는지로 비교할 수 있다. 그러므로 백분율 가격 변화[8]

$$\frac{P\left(y^{(m)} + \Delta y^{(m)}\right) - P\left(y^{(m)}\right)}{P\left(y^{(m)}\right)}$$

를 각 채권에 대해 계산한다. 수익률이 같은 채권들에서 이 수가 더 큰 채권이 더 위험하다.

예 8.5. 20년 만기 9% 만기상환채와 15년 만기 7% 만기상환채 중에서 만기수익률이 모두 6%일 때 수익률이 1% 증가할 때 어느 쪽이 더 위험한가?

풀이. 이 경우 $y^{(m)} = 0.06$이고 $\Delta y^{(m)} = 0.01$이므로

$$\frac{P(0.06+0.01) - P(0.06)}{P(0.06)} = \frac{P(0.07)}{P(0.06)} - 1$$

이다.

[8] 이 값이 백분율이 아니고 수이지만 백분율 가격 변화라 부른다.

첫째 채권에 대해 ($m = 2, r = 0.09/2 = 0.045, n = 40$) 식 (8.4)에서

$$P\left(y^{(m)}\right) = 100\left(0.045\frac{1-\left(1+\frac{y^{(m)}}{2}\right)^{-40}}{\frac{y^{(m)}}{2}} + \left(1+\frac{y^{(m)}}{2}\right)^{-40}\right)$$

이므로

$$P(0.06) = 134.672$$

이고

$$P(0.07) = 121.355$$

이다. 그러므로 첫째 채권에 대해

$$\frac{P(0.07)}{P(0.06)} - 1 = -0.0989$$

가 되어 수익률 1% 증가에 대한 백분율 가격 변화는 약 9.9% 감소이다. (음수라는 것이 이상한가?)

둘째 채권에 대해 ($m = 2, r = 0.07/2 = 0.035, n = 30$) 같은 방식으로

$$P(0.06) = 109.8$$

와

$$P(0.07) = 100$$

가 되고

$$\frac{P(0.07)}{P(0.06)} - 1 = -0.0893$$

가 되므로 수익률 1% 증가에 대해 백분율 가격은 약 8.9% 감소한다. ($P(0.07) = 100$라는 것이 이상한가?) 그러므로 첫째 채권이 둘째보다 더 위험하다. △

이제 채권의 백분율 가격변화의 근삿값을 계산하는 공식을 유도하자. 국소적 선형성(local linearity)에서

$$P\left(y^{(m)} + \Delta y^{(m)}\right) - P\left(y^{(m)}\right) \approx \Delta y^{(m)} \frac{dP}{dy^{(m)}}$$

가 작은 $\Delta y^{(m)}$에 대해 성립하고, 이를

$$\frac{P\left(y^{(m)} + \Delta y^{(m)}\right) - P\left(y^{(m)}\right)}{P\left(y^{(m)}\right)} \approx \Delta y^{(m)} \frac{P'\left(y^{(m)}\right)}{P\left(y^{(m)}\right)}$$

로 쓸 수 있다. 이 형태에서 $P(y^{(m)})$의 백분율 가격 변화는 근사적으로 변화 $\Delta y^{(m)}$에 선형이고 $P'(y^{(m)})/Py^{(m)}$에 선형임을 알 수 있다. $Py^{(m)} > 0$이고 $P'y^{(m)} < 0$이므로 백분율 가격 변화의 부호는 $y^{(m)}$의 변화의 부호와 반대임도 알 수 있다.

일반적으로 **수정 듀레이션**(modified duration)을

$$v = -\frac{P'\left(y^{(m)}\right)}{P\left(y^{(m)}\right)} \tag{8.10}$$

로 정의한다. 음수 부호는 v가 양수가 나오도록 도입하였다. 수정 듀레이션의 단위는 시간이다. (왜?)

이 정의에서

$$\frac{P\left(y^{(m)}+\Delta y^{(m)}\right)-P\left(y^{(m)}\right)}{P\left(y^{(m)}\right)} \approx -\Delta y^{(m)} v \tag{8.11}$$

가 성립한다. 그러므로 $y^{(m)}$에 대한 $P(y^{(m)})$의 백분율 가격 변화는, $\Delta y^{(m)}$이 정해지면 수정 듀레이션 v에 비례한다.

식 (8.11)에서 $\Delta y^{(m)} = 0.01$이면

$$v \approx -100\left(\frac{P\left(y^{(m)}+0.01\right)-P\left(y^{(m)}\right)}{P\left(y^{(m)}\right)}\right)$$

이다. 이를 다음과 같이 해석할 수 있다. 수익률이 1% 증가(또는 감소)할 때마다, 가격의 백분율은 약 v, 즉 수정 듀레이션만큼 감소(또는 증가)한다. 예를 들어 듀레이션이 10.00인 채권의 가격은 수익률이 1% 증가할 때마다 대략 10%씩 감소한다.

v에 대한 방정식은 다음과 같이 유도된다. 식 (8.4)는 다시 쓰면, $y = y^{(m)}/m$에 대해,

$$P\left(y^{(m)}\right) = 100\left(r\frac{1-(1+y)^{-n}}{y} + (1+y)^{-n}\right)$$

이고

$$\frac{dP}{dy^{(m)}} = \frac{dP}{dy}\frac{dy}{dy^{(m)}} = \frac{dP}{dy}\frac{1}{m}$$

이므로

$$\frac{dP}{dy^{(m)}} = 100\frac{1}{m}\left(r\frac{n(1+y)^{-n-1}y-1+(1+y)^{-n}}{y^2} - n(1+y)^{-n-1}\right)$$

가 성립한다. 그러므로

$$v = -\frac{1}{m}\frac{r\frac{n(1+y)^{-n-1}y-1+(1+y)^{-n}}{y^2} - n(1+y)^{-n-1}}{r\frac{1-(1+y)^{-n}}{y} + (1+y)^{-n}} \tag{8.12}$$

이다. 분모와 분자에 $y^2(1+y)^{n+1}$를 곱하면

$$v = -\frac{1}{ym}\frac{r\left(ny-(1+y)^{n+1}+(1+y)\right)-ny^2}{r\left((1+y)^{n+1}-(1+y)\right)+y(1+y)}$$

또는

$$v = -\frac{1}{ym}\frac{r\left(1+y+ny-(1+y)^{n+1}\right)-ny^2}{(1+y)\left[r\left\{(1+y)^n-1\right\}+y\right]} \tag{8.13}$$

가 된다.

예 8.6. 만기수익률이 6%이면 다음 채권의 수정 듀레이션과 백분율 가격 변화는 어떻게 되는가?

(a) 20년 만기인 9% 만기상환채

(b) 15년 만기인 7% 만기상환채

풀이.

(a) 여기서 $m = 2$, $r = 0.09/2 = 0.045$, $y = 0.06/2 = 0.03$, $n = 40$이므로 식 (8.13)에서

$$\begin{aligned} v &= -\frac{1}{0.03 \times 2} \frac{0.045\left(1 + 0.03 + 40 \times 0.03 - (1 + 0.03)^{40+1}\right) - 40 \times 0.03^2}{(1 + 0.03)\left(0.045\left((1 + 0.03)^{40} - 1\right) + 0.03\right)} \\ &= 10.663 \end{aligned}$$

가 성립한다. 식 (8.11)에서

$$\frac{P\left(0.06 + \Delta y^{(m)}\right) - P(0.06)}{P(0.06)} \approx -10.663\Delta y^{(m)}$$

이다. 그러므로 수익률이 1% 증가하면 백분율 가격 변화는 약 10.663% 감소하는데, 이를 예 8.5의 값 9.89%와 비교해 보라.

(b) 여기서 $m = 2$, $r = 0.07/2 = 0.035$, $y = 0.06/2 = 0.03$, $n = 30$이므로

$$\begin{aligned} v &= -\frac{1}{0.03 \times 2} \frac{0.035\left(1 + 0.03 + 30 \times 0.03 - (1 + 0.03)^{30+1}\right) - 30 \times 0.03^2}{(1 + 0.03)\left(0.035\left((1 + 0.03)^{30} - 1\right) + 0.03\right)} \\ &= 9.502 \end{aligned}$$

이다. 식 (8.11)에서

$$\frac{P\left(0.06 + \Delta y^{(m)}\right) - P(0.06)}{P(0.06)} \approx -9.502\Delta y^{(m)}$$

이다. 그러므로 수익률이 1% 증가하면 백분율 가격 변화는 약 9.502% 감소하는데, 이를 예 8.5의 값 8.93%과 비교해 보라.

△

식 (8.2), 즉

$$P = 100r\sum_{k=1}^{n}(1 + y)^{-k} + 100(1 + y)^{-n}$$

에서 때로 유용하게 쓸 수 있는 v에 대한 식을 또한 유도하자.

$$p_k = \begin{cases} r(1 + y)^{-k}, & 1 \le k \le n - 1 \text{일 때}, \\ (r + 1)(1 + y), & k = n \text{일 때}, \end{cases} \tag{8.14}$$

라 하면

$$P = 100\sum_{k=1}^{n} p_k$$

이다.

p_k가 k번째 현금흐름의 현재가치임에 유의하자. 식 (8.14)에서

$$\frac{dp_k}{dy} = -kp_k(1+y)^{-1}, \qquad 1 \le k \le n \tag{8.15}$$

이므로

$$v = -\frac{\frac{dP}{dy^{(m)}}}{P} = -\frac{1}{m}\frac{\frac{dP}{dy}}{P}$$

가 되어,

$$v = \frac{1}{m}\frac{1}{1+y}\frac{\sum_{k=1}^{n} kp_k}{\sum_{k=1}^{n} p_k} \tag{8.16}$$

또는

$$v = \frac{1}{m}\frac{1}{1+y}\frac{r\sum_{k=1}^{n} k(1+y)^{-k} + n(1+y)^{-n}}{r\sum_{k=1}^{n}(1+y)^{-k} + (1+y)^{-n}} \tag{8.17}$$

가 성립한다.

방정식 (8.12), (8.13), (8.17)은 수정 듀레이션이 r, y, n의 함수임을 보여준다. 이들 각각에 대한 의존성을 차례로 살펴보자.

식 (8.13)을 이용하여 액면이자율과 만기가 서로 다른 수익률 9%인 만기상환채들의 수정 듀레이션과 관련한 표 8.4와 그림 8.9을 작성하자.

이표율	10년	20년	30년	50년
3%	7.894	11.744	12.614	11.857
6%	7.030	9.988	10.952	11.200
9%	6.504	9.201	10.319	10.975
12%	6.150	8.755	9.985	10.862

표 8.4: 수익률 9%인 만기상환채들의 수정 듀레이션

만기를 고정할 때, 액면이자율이 증가하면 수정 듀레이션은 감소하는 것을 볼 수 있다. 이를 다음과 같이 증명한다. 식 (8.17)을 r에 대해 미분하고 간단히 하면

$$\frac{dv}{dr} = -\frac{1}{m}\frac{1}{1+y}\frac{\sum_{k=1}^{n}(n-k)(1+y)^{-k-n}}{\left(r\sum_{k=1}^{n}(1+y)^{-k} + (1+y)^{-n}\right)^2}$$

가 된다. 이것이 음이므로 수정 듀레이션이 액면이자율에 대한 감소함수임이 증명되었다. 액면이자율이 높을수록, 투자는 더 빨리 상환되므로, 수정 듀레이션은 더 낮아진다.

식 (8.13)을 이용하여 수익률과 만기가 서로 다른 액면이자율 9%인 만기상환채들의 수정 듀레이션과 관련한 표 8.5와 그림 8.10을 작성하자.

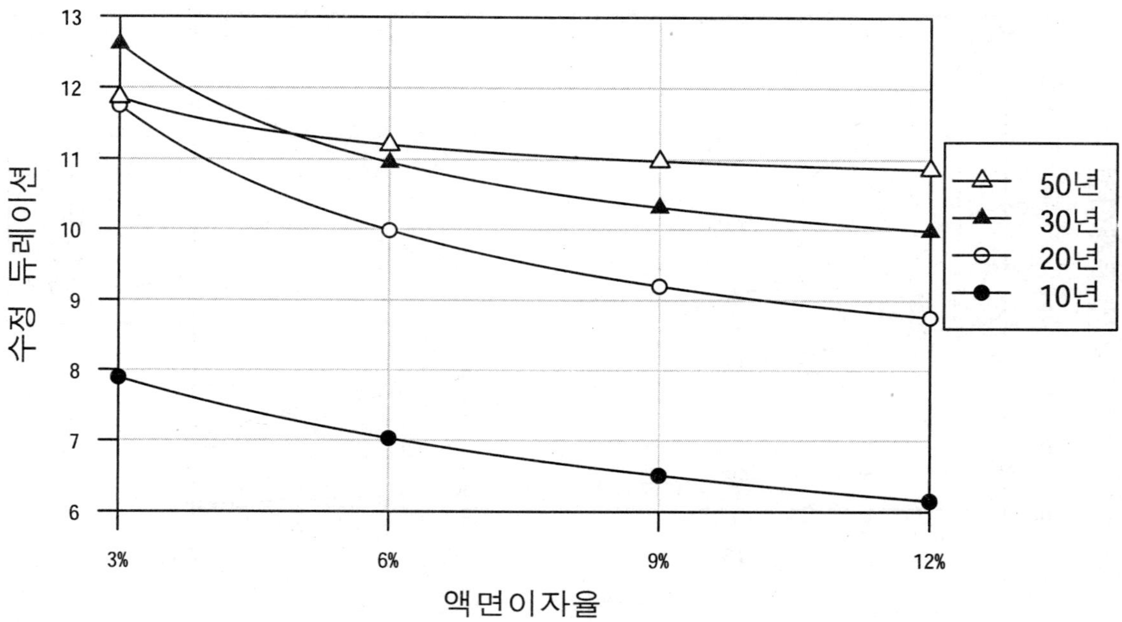

그림 8.9: 수익률 9%인 만기상환채들의 수정 듀레이션

Yield	10 years	20 years	30 years	50 years
3%	7.342	12.200	15.988	21.661
6%	6.925	10.663	12.921	15.222
9%	6.504	9.201	10.319	10.975
12%	6.083	7.879	8.283	8.347

표 8.5: 액면이자율 9%인 만기상환채들의 수정 듀레이션

만기를 고정할 때, 수익률이 증가하면 수정 듀레이션은 감소하는 것을 볼 수 있다. 이를 다음과 같이 증명한다. 식 (8.17)을 y에 대해 미분하고 간단히 하면

$$m\frac{dv}{dy} = -\frac{\left(\sum_{k=1}^n k^2 p_k\right)\left(\sum_{k=1}^n p_k\right) - \left(\sum_{k=1}^n k p_k\right)^2}{(1+y)^2\left(\sum_{k=1}^n p_k\right)^2} - \frac{\left(\sum_{k=1}^n k p_k\right)}{(1+y)^2\left(\sum_{k=1}^n p_k\right)}$$

이다. 둘째 항이 음수이므로 첫째 항의 분자에만 집중하면 된다. 코시–슈바르츠의 부등식(247쪽을 보라), 즉

$$\left(\sum_{k=1}^n a_k b_k\right)^2 \le \left(\sum_{k=1}^n a_k^2\right)\left(\sum_{k=1}^n b_k^2\right)$$

은 $a_k = k\sqrt{p_k}$, $b_k = p_k$라 하면

$$\left(\sum_{k=1}^n k p_k\right)^2 \le \left(\sum_{k=1}^n k^2 p_k\right)\left(\sum_{k=1}^n p_k\right)$$

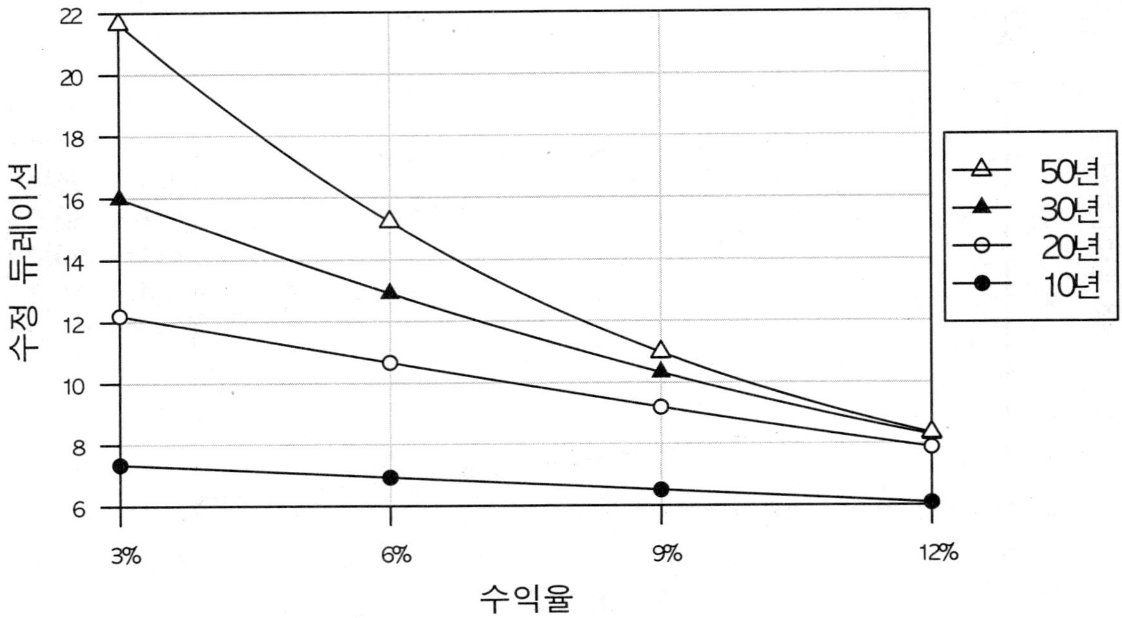

그림 8.10: 액면이자율 9%인 만기상환채들의 수정 듀레이션

가 된다. 그러므로 dv/dy는 음이므로 수정 듀레이션은 수익률에 대한 감소함수이다. 수익률이 높을수록, 투자는 더 빨리 상환되므로, 수정 듀레이션은 더 낮아진다.

만기 5년에서 30년까지, 9% 수익률과 액면이자율 3%, 6%, 9%, 12%에 대해 수정 듀레이션 v를 만기의 함수로 그래프를 그리면 그림 8.11과 같다.

이 그림에서 v는 n에 대해 증가하며 아래로 오목한(concave down) 함수라 추정할 수도 있다. 그러나 만기를 100년까지 확장하면 그림 8.12가 된다.

이 그래프는 v가 만기에 대해 증가함수도 아래로 오목한 함수도 아님을 확실하게 보여준다.[9] 그런데 그래프는 수평 점근선의 존재를 시사한다. 그러면 $n \to \infty$이면 수정 듀레이션에 어떤 일이 생길까? 식 (8.12)에서

$$\lim_{n\to\infty} (1+y)^{-n} = 0$$

이고

$$\lim_{n\to\infty} n(1+y)^{-n} = 0$$

이므로

$$\lim_{n\to\infty} v = \frac{1}{ym} = \frac{1}{y^{(m)}}$$

[9]그림 8.12을 보면 $y \le r$이면 v가 n에 대해 증가하고 아래로 오목인 함수처럼 보이고, $y > r$이면 최댓값이 하나 존재하는 것으로 보인다. 이 추측을 $y = r$인 경우에 연습문제에서 보이게 된다(문제 8.17을 보라). $y \neq r$인 경우는 최근에서야 증명되었다([22]를 보라).

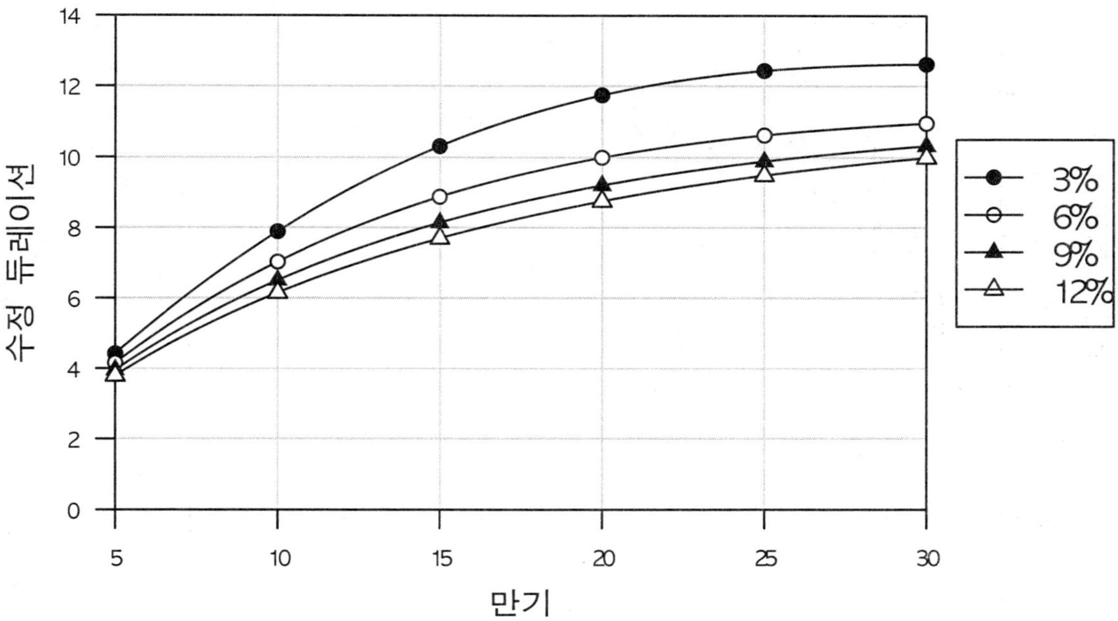

그림 8.11: 9% 수익률과 액면이자율 3%, 6%, 9%, 12%에 대한 만기의 함수로서 수정 듀레이션

가 된다. 이 결과는 그림 8.12과 일치한다. 그림 8.12에서 $y^{(m)} = 0.09$이고 $\lim_{n\to\infty} v = 1/0.09 = 11.111$이다. 이 점근선은 액면이자율에 영향을 받지 않는다.

수정 듀레이션은 듀레이션과 밀접하게 연관되어 있다. 식 (8.17)에서

$$v = \frac{1}{m}\frac{1}{1+y}\frac{r\sum_{k=1}^{n} k(1+y)^{-k} + n(1+y)^{-n}}{r\sum_{k=1}^{n}(1+y)^{-k} + (1+y)^{-n}}$$

가 성립하고, 이를 다시 쓰면

$$v = \frac{1}{1+y}\frac{1}{m}\frac{r\sum_{k=1}^{n} k(1+y)^{n-k} + n}{r\sum_{k=1}^{n}(1+y)^{n-k} + 1}$$

이다. 식 (8.8)에서

$$v = \frac{d}{1+y} \tag{8.18}$$

이므로

$$d = -\frac{1}{ym}\frac{r\left(1+y+ny-(1+y)^{n+1}\right) - ny^2}{\left[r\left\{(1+y)^n - 1\right\} + y\right]} \tag{8.19}$$

가 된다.

$d = (1+y)v$이므로 v가 r에 대해 감소함수라는 사실에서 듀레이션은 액면이자율의 감소함수라 말할 수 있다. 이는 직관적으로 명백한데 왜냐하면 액면이자율이 증가하면 채권 소유자는 이자 기간마다 더 많이 받게 되고, 그것이 듀레이션을 감소시키기 때문이다.

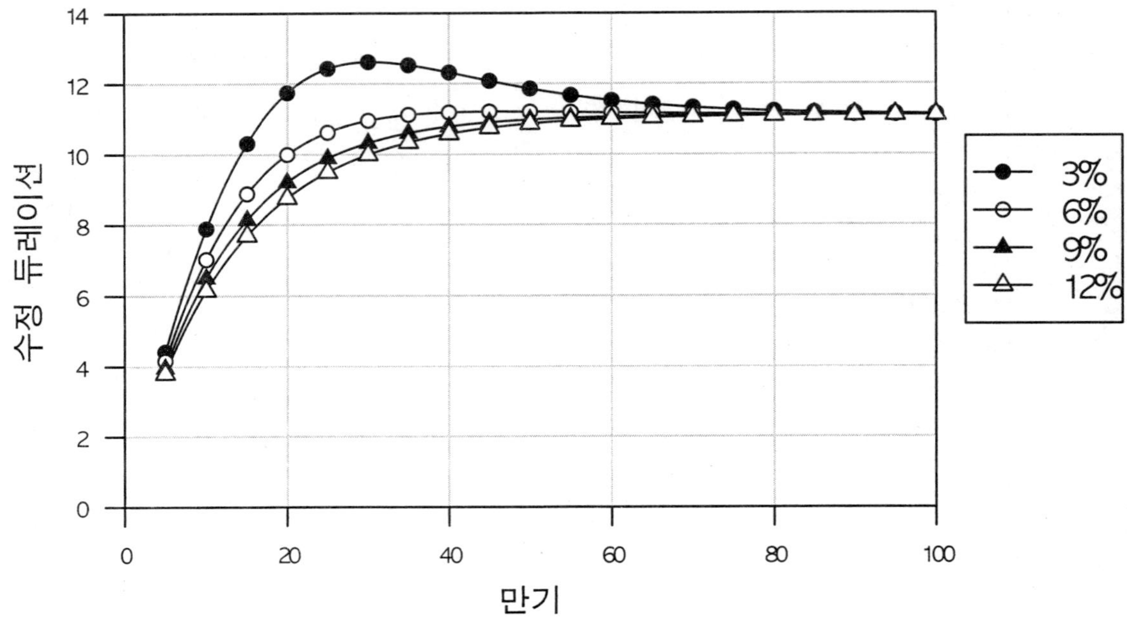

그림 8.12: 9% 수익률과 액면이자율 3%, 6%, 9%, 12%에 대한 만기의 함수로서 수정 듀레이션

그런데 $d = (1+y)v$와 v가 y에 대한 감소함수라는 사실에서 d가 y에 대한 감소함수라고 말할 수는 없다. (왜?) 그렇기는 하지만 문제 8.18에서 듀레이션이 수익률에 대해 감소하는 함수임을 보이게 된다. 듀레이션이 현금흐름을 받아들이는 데 걸리는 가중 평균 시간이므로, 수익률이 높아지면 현금 회수가 빨라지고, 따라서 듀레이션이 짧아진다.

$d = (1+y)v$와

$$\lim_{n\to\infty} v = \frac{1}{y^{(m)}}$$

에서

$$\lim_{n\to\infty} d = \frac{1+y}{y^{(m)}} = \frac{1+\frac{y^{(m)}}{m}}{y^{(m)}}$$

가 된다.

8.4 볼록성

128쪽에서 수익률이 같은 채권에 대해

$$\frac{P\left(y^{(m)} + \Delta y^{(m)}\right) - P\left(y^{(m)}\right)}{P\left(y^{(m)}\right)}$$

의 크기가 크면 위험이 더 큼을 보았다. 국소적 선형성(local linearity), 즉 테일러 전개의 처음 두 항

$$P\left(y^{(m)} + \Delta y^{(m)}\right) - P\left(y^{(m)}\right) \approx \Delta y^{(m)} P'\left(y^{(m)}\right)$$

을 이용하여, 식 (8.11)에서

$$\frac{P\left(y^{(m)}+\Delta y^{(m)}\right)-P\left(y^{(m)}\right)}{P\left(y^{(m)}\right)} \approx -\Delta y^{(m)} v$$

임을 보였는데, 여기서 수정 듀레이션 v는

$$v=-\frac{P'(y^{(m)})}{P(y^{(m)})}$$

이다. 일반적으로 $\Delta y^{(m)}>0$이면 v의 정의에서 넣은 마이너스 부호로 인해 수정 듀레이션이 더 크면 채권은 더 위험하다.

두 채권이 같은 수익률과 같은 수정 듀레이션을 가지면 어떻게 되는가? 테일러 전개의 그 다음 항을 보면,

$$P\left(y^{(m)}+\Delta y^{(m)}\right)-P\left(y^{(m)}\right) \approx \Delta y^{(m)} P' y^{(m)}+\frac{1}{2}\left(\Delta y^{(m)}\right)^{2} P''\left(y^{(m)}\right)$$

이므로

$$\frac{P\left(y^{(m)}+\Delta y^{(m)}\right)-P\left(y^{(m)}\right)}{P\left(y^{(m)}\right)} \approx -\Delta y^{(m)} v+\frac{1}{2}\left(\Delta y^{(m)}\right)^{2} C$$

이다. 단 여기서 C는

$$C=\frac{P''\left(y^{(m)}\right)}{P\left(y^{(m)}\right)}$$

이다. 이 양 C를 채권의 **볼록성**(convexity)이라 부른다. 그러므로 같은 수익률과 같은 수정 듀레이션을 가지는 채권에 대해 $\Delta y^{(m)}>0$이면, 볼록성이 더 커질수록 채권은 더 위험해진다.

식 (8.3)에서 볼록성이

$$C=\frac{r \sum_{k=1}^{n} k(k+1)(1+y)^{-k}+n(n+1)(1+y)^{-n}}{(1+y)^{2}\left(r \sum_{k=1}^{n}(1+y)^{-k}+(1+y)^{-n}\right)} \tag{8.20}$$

로 주어짐을 보일 수 있다. (문제 8.21를 보라.)

용어 "볼록성", "이차 미분", "곡률(curvature)"을 서로 바꾸어 쓸 수 없다는 것을 아는 것이 중요하다. 사실 함수의 볼록성이나 이차 미분 어느 것도 얼마나 많이 함수가 "휘는지" 재지 못한다. $P\left(y^{(m)}\right)$의 곡률 κ, 즉

$$\kappa=\frac{P''\left(y^{(m)}\right)}{\left(1+\left(P'\left(y^{(m)}\right)\right)^{2}\right)^{3/2}}$$

은 구부러진 정도를 잰다. (문제 8.22–8.24를 보라.)

8.5 미국 재무성 증권

미국 재무성 증권(Treasury Bill)은 만기가 4주, 13주, 또는 26주인 단기 채무이다.[10] 재무성 증권은 무이표채권으로서 이자를 지급하지 않는다는 면에서 통상의 채권과 다르다. 재무성 증권은 액면

[10]이는 2006년 7월 1일 시점의 상황이다. 2001년 2월 이전에는 52주 재무성 증권도 있었다.

가보다 낮은 가격에 판매하고 액면가를 상환 한다. 그러므로 재무성 증권은 액면가에서 할인된다. 이익이 액면가와 구매가의 차가 되는 것이다.

재무성 증권	
전형적인 만기	4주, 13주, 26주
지급주기	만기
위약금	없음
발행자	연방정부
위험	인플레이션, 이자율, 재투자, 만기
시장화 가능성	가능
제약	최소 $1,000 투자

표 8.6는 2000년 9월 1일자 월스트리트저널에 실린 재무성 증권 시세이다.

만기일	만기까지 잔여일	Bid	Asked	Chg.	Ask Yld.
Sep 07 2000	6	6.03	5.95	−0.07	6.04
Oct 26 2000	55	6.12	6.08	+0.01	6.22
Jan 04 2001	125	6.07	6.05	+0.01	6.27

표 8.6: 재무성 증권 시세

Bid와 Asked 열에 있는 수치는 백분율로 표기한 할인 수익률(discount yield)로 할인 수익률법(discount yield method)으로 계산한다. 이때 1년이 360일(즉, 30일인 달이 12개월)이라 가정한다. F가 재무성 증권의 액면가이고, P가 딜러의 매도호가(asked price) 또는 딜러의 매입호가(bid price)이며, n이 만기까지 잔여 일수이면, 할인 수익률(discount yield) y_d는

$$y_d = \frac{F-P}{F}\frac{360}{n} = \frac{(F-P)/F}{n/360}$$

이다. 그러므로 할인 수익률은 재무성 증권의 (1년을 360일이라 하고) 연단위로 계산한 액면가에 대한 이익의 비율이다. P에 대해 풀면 가격은

$$P = F\left(1 - \frac{n}{360}y_d\right)$$

가 된다.

예 8.7. 표 8.6를 이용하여 만기일이 2000년 10월 26일인 $10,000 재무성 증권의 매도호가를 구하라.

풀이. 여기서 $F = 10000$이다. 그런데 표 8.6에서 $n = 55$이고 $y_d = 0.0608$이므로

$$P = 10000\left(1 - \frac{55}{360}0.0608\right) = \$9,907.11$$

가 된다. △

Ask Yld. 열에 있는 수치는 백분율로 표시한 투자 수익률(investment yield)[11]로 투자 수익률법으로 계산된다. F가 재무성 증권의 액면가이고, P가 달러의 매도호가(asked price) 또는 매입호가(bid price)이며, n이 만기까지 실제 잔여 일수이면, 투자 수익률 y_i는[12]

$$y_i = \frac{F-P}{P}\frac{365}{n}$$

이다. 그러므로 투자 수익률은 재무성 증권의 (1년을 365일이라 하고) 연단위로 계산한 액면가에 대한 이익의 비율이다. P에 대해 풀면 가격은

$$P = \frac{F}{1+\frac{n}{365}y_i}$$

가 된다. y_d와 y_i 사이에

$$y_i = \frac{365y_d}{360-ny_d}$$

라는 관계가 성립한다.

예 8.8. 표 8.6의 y_d와 n의 값을 이용하여 만기일이 2000년 10월 26일인 \$10,000 재무성 증권의 투자 수익률(ask yield)이 맞는지 확인하라.

풀이. 표 8.6에서 $y_d = 0.0608$이고 $n = 55$이므로

$$y_i = \frac{365 \times 0.0608}{360 - 55 \times 0.0608} = 0.0622$$

고 표 8.6의 값과 일치한다. △

표 8.6에서 $y_d < y_i$임을 알 수 있다. 이 부등식이 일반적으로 참인가?

정리 8.5 (재무성 증권 정리). $P < F$이면, $y_d < y_i$이다.

증명. 여기서

$$\begin{aligned} y_d &= \frac{F-P}{F}\frac{360}{n} \\ &= \frac{F-P}{P}\frac{P}{F}\frac{365}{n}\frac{360}{365} \\ &= \left(\frac{P}{F}\frac{360}{365}\right)y_i \end{aligned}$$

이다. $P < F$이면, $(P/F)(360/365) < 1$이고, 따라서 $y_d < y_i$이다. □

[11]투자 수익률을 채권 등가 수익률(bond equivalent yield), 이표 등가 수익률(coupon equivalent yield), 이자 수익률(interest yield), 유효 수익률(effective yield)이라고도 부른다.

[12]투자 수익률을 (매입호가가 아닌) 매도호가를 사용하여 계산하는 이유는, 채권을 매도하는 투자자는 그렇지 않지만, 채권을 매입하는 투자자는 수익률에 관심을 가지기 때문이다.

8.6 채권 포트폴리오

여러 자산에 걸쳐 투자를 다양화하는 것이 신중한 태도이다. 분별 있는 투자자라면 채권 하나보다 여러 채권으로 구성된 포트폴리오를 보유한다. 그러므로 포트폴리오 가치의 이자에 대한 민감도를 재는 데 주목하기로 하자. 채권 하나인 경우와 같이 포트폴리오 민감도로 적절한 척도는 듀레이션이다.

포트폴리오가 $1 \leq j \leq J$에 대해 각각 만기 n_j/m, 가격 P_j, 듀레이션 d_j 인 J개의 채권으로 구성되었다 하자. 각 채권에 대해 기간당 수익률은 y이고 연간 이자 지급 횟수는 m이다.

포트폴리오의 듀레이션을 계산하는 방법에는 두 가지가 있다.

첫 방법에서, 포트폴리오의 듀레이션은 포트폴리오를 구성하는 채권의 듀레이션의 가중 평균으로, 가중치는 채권의 시장가치(가격)의 포트폴리오 전체의 시장가치에 대한 비율이다. 그러므로 C_{kj}가 채권 j에 대해 기간 k에 대한 현금흐름이라면,[13] 포트폴리오의 듀레이션 D는

$$D = \sum_{j=1}^{J} \left(\frac{Pj}{\sum_{h=1}^{J} P_h} \right) d_j = \frac{\sum_{j=1}^{J} P_j d_j}{\sum_{h=1}^{J} P_h}$$

인데, 단

$$P_j = \sum_{k=0}^{n_j} C_{k_j} (1+y)^{-k}$$

이고

$$d_j = \frac{\sum_{k=0}^{n_j} k C_{k_j} (1+y)^{-k}}{m \sum_{k=0}^{n_j} C_{k_j} (1+y)^{-k}}$$

이다.

예를 들어 채권1(액면가 \$10,000, 액면이자율 5% 액면이자율, 만기 2년 채권)과 채권2(액면가 \$20,000, 액면이자율 8%, 만기 3년 채권)로 구성된 포트폴리오를 생각해보자. 수익률이 현재 7%이면 식 (8.4)에서 채권1의 시장가치는

$$P_1 = 10000 \left(0.025 \frac{1-(1+0.035)^{-4}}{0.035} + (1+0.035)^{-4} \right) = \$9,632.69$$

이고 채권2의 시장가치는

$$P_2 = 10000 \left(0.04 \frac{1-(1+0.035)^{-6}}{0.035} + (1+0.035)^{-6} \right) = \$20,532.86$$

이다. 그러므로 포트폴리오의 시장가치는

$$P_1 + P_2 = \$9,632.69 + \$20,532.86 = \$30,165.55$$

[13]채권에 대해 현금흐름은 액면가와 액면이자율에 의해 결정되는 이자 지급이다.

이다. 식 (8.19)에서, 채권1의 듀레이션은

$$\begin{aligned} d_1 &= -\frac{1}{0.035 \times 2} \frac{0.025\left(1 + 0.035 + 4 \times 0.035 - (1+0.035)^{4+1}\right) - 4 \times 0.035^2}{0.025\{(1+0.035)^4 - 1\} + 0.035} \\ &= 1.926 \end{aligned}$$

이고 채권2의 듀레이션은

$$\begin{aligned} d_2 &= -\frac{1}{0.035 \times 2} \frac{0.04\left(1 + 0.035 + 6 \times 0.035 - (1+0.035)^{6+1}\right) - 6 \times 0.035^2}{0.04\{(1+0.035)^6 - 1\} + 0.035} \\ &= 2.730 \end{aligned}$$

이다. 그러므로 포트폴리오의 듀레이션은

$$D = \frac{P_1 d_1 + P_2 d_2}{P_1 + P_2} = \frac{9632.69 \times 1.926 + 20532.86 \times 2.730}{30165.55} = 2.473$$

이다.

포트폴리오의 듀레이션을 계산하는 두 번째 방법에서는, 포트폴리오를 구성하는 채권의 현금흐름을 묶어 듀레이션 계산 공식을 식 (8.9)에 따라 이 하나의 현금흐름에 적용한다. 그러므로 포트폴리오의 듀레이션은

$$\frac{\sum_{k=0}^{n} k(1+y)^{-k} \sum_{j=1}^{J} C_{k_j}}{m \sum_{k=0}^{n} (1+y)^{-k} \sum_{h=1}^{J} C_{k_h}}$$

으로, 여기서 n은 $n_1, n_2, \ldots, n_J$ 중 최댓값이고, $k > n_j$이면 $C_{k_j} = 0$이다. 앞의 예에서 채권1에서 나온 현금흐름은 (이를 검증하라)

주기	1	2	3	4
현금흐름	\$250	\$250	\$250	\$10,250

이고 채권2에서 나온 현금흐름은 (이를 검증하라)

주기	1	2	3	4	5	6
현금흐름	\$800	\$800	\$800	\$800	\$800	\$20,800

이므로 그림 8.13과 같은 시간도표가 만들어진다.

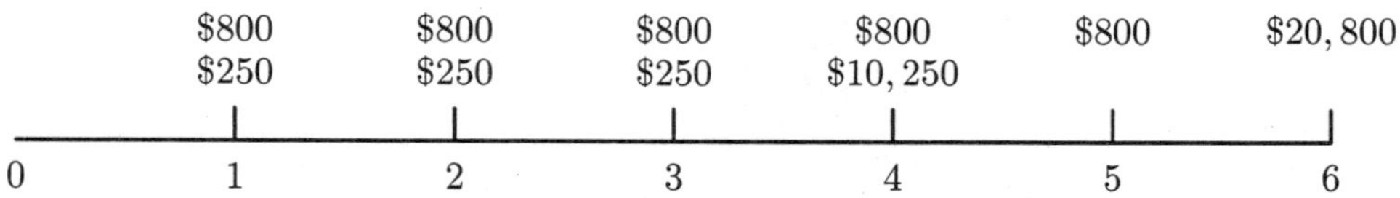

그림 8.13: 포트폴리오의 현금흐름

이 현금흐름들을 결합하면

주기	1	2	3	4	5	6
현금흐름	\$1,050	\$1,050	\$1,050	\$11,050	\$800	\$20,800

가 된다. 이를

$$\frac{\sum_{k=0}^{n} k(1+y)^{-k} \sum_{j=1}^{J} C_{k_j}}{m \sum_{k=0}^{n} (1+y)^{-k} \sum_{h=1}^{J} C_{k_h}}$$

에 대입하기 위해 다음 표를 작성한다.

k	$\sum_{j=1}^{J} C_{k_j}$	$(1+y)^{-k} \sum_{j=1}^{J} C_{k_j}$	$k(1+y)^{-k} \sum_{j=1}^{J} C_{k_j}$
1	\$1,050.00	\$1,014.49	\$1,014.49
2	\$1,050.00	\$980.19	\$1,960.37
3	\$1,050.00	\$947.04	\$2,841.12
4	\$11,050.00	\$9,629.44	\$38,517.75
5	\$800.00	\$673.58	\$3,367.89
6	\$20,800.00	\$16,920.81	\$101,524.88
합계		\$30,165.55	\$149,226.50

여기서

$$\frac{\sum_{k=0}^{n} k(1+y)^{-k} \sum_{j=1}^{J} C_{k_j}}{m \sum_{k=0}^{n} (1+y)^{-k} \sum_{h=1}^{J} C_{k_h}} = \frac{149226.50}{2 \times 30165.55} = 2.473$$

를 얻는데, 이는 처음 방법과 일치하는 값이다.

두 방법이 동등한 것임을 다음에서 볼 수 있다.

$$\begin{aligned} D &= \frac{\sum_{j=1}^{J} P_j d_j}{\sum_{h=1}^{J} P_h} \\ &= \frac{\sum_{j=1}^{J} \left(\sum_{k=0}^{n} C_{k_j}(1+y)^{-k}\right) \frac{\sum_{k=0}^{n} kC_{k_j}(1+y)^{-k}}{m\sum_{k=0}^{n} C_{k_j}(1+y)^{-k}}}{m \sum_{h=1}^{J} \sum_{k=0}^{n} C_{k_h}(1+y)^{-k}} \\ &= \frac{\sum_{j=1}^{J} \sum_{k=0}^{n} kC_{k_j}(1+y)^{-k}}{m \sum_{h=1}^{J} \sum_{k=0}^{n} C_{k_h}(1+y)^{-k}} \\ &= \frac{\sum_{k=0}^{n} k(1+y)^{-k} \sum_{j=1}^{J} C_{k_j}}{m \sum_{k=0}^{n} (1+y)^{-k} \sum_{h=1}^{J} C_{k_h}} \end{aligned}$$

8.7 연습문제

걷기

8.1. 118쪽의 표 8.1과 유사하게, 만기수익률이 12%이고 이표가 반년마다 지급될 때 만기 2년 9% 만기상환채에 대한 채권분할상환표를 작성하라.

8.2. 어떻게 132쪽의 표 8.4로부터 수정 듀레이션이 만기에 대해 증가하는 함수가 아니라고 말할 수 있는가?

8.3. 어떻게 133쪽의 그림 8.9로부터 수정 듀레이션이 만기에 대해 증가하는 함수가 아니라고 말할 수 있는가?

8.4. $\lim_{n\to\infty} y^{(m)} = 100rm/P$, 즉 단순수익률임을 보여라. 어떤 상황에서 채권의 단순수익률이 만기수익률을 잘 근사하는가?

8.5. 138쪽의 표 8.6의 Ask Yld. 열에서 수익 y_i가 정확함을 검증하라.

8.6. 139쪽의 재무성 증권 정리를

$$y_i = \frac{365y_d}{360 - ny_d}$$

을 사용하여 증명하라.

8.7. 138쪽의 표 8.6을 사용하여 2000년 10월 26일이 만기인 재무성 증권에 대한 연간 실효이자율 (EFF)을 구하라.

8.8. 연속한 두 날짜의 월스트리트저널을 보고, 138쪽의 표 8.6에서 Chg. 열에 있는 숫자가 무엇을 의미하는지 밝혀라.

8.9. 2000년 3월 1일에 휴즈 켄드릭은 채권1에 \$2,000와 채권2에 \$2,000를 투자하였다. 같은 날 톰 캔드릭은 채권3에 \$2,000와 채권 4에 \$8,000를 투자하였다. 6개월 후에 채권1은 \$2,050, 채권 2는 \$2,100, 채권3은 \$2,040, 그리고 채권4는 \$8,360이 되었다. 휴즈가 톰보다 각 채권에서 더 높은 (내부) 수익률을 보이지만, 전체 포트폴리오에 대한 (내부) 수익률은 톰이 더 높음을 보여라.[14]

8.10. 톰은 어느 채권에 \$2,000을 투자하여 연말에 채권의 가치가 \$2,100이 되었다. 같은 기간에 10% 수익을 내는 둘째 채권에 투자하여 이 포트폴리오의 전체 내부 수익률이 8%가 되게 하려면 둘째 채권에 얼마를 투자하여야 하는가?

8.11. 톰이 연간 수익률 4.5%인 어느 채권에 \$2,000를 투자하고 같은 만기인 둘째 채권에 \$4,000를 투자할 때, 이 포트폴리오의 전체 내부 수익률이 8%가 되려면 둘째 채권의 수익률이 얼마가 되어야 하는가?

---

[14] 이는 심슨의 역설(Simpson's paradox)의 한 사례로서, 그 내용은 $a/b > c/d$와 $e/f > g/h$가 성립하여도 $(a+e)/(b+f) > (c+g)/(d+h)$일 필요는 없다는 것이다.

8.12. 웬디와 아만다 캔드릭은 채권을 같은 날 구입하였다. 두 채권 모두 수익률 6%이고 액면가 \$10,000이다.

(a) 웬디의 채권이 만기까지 15년인 9% 채권이라면 웬디는 구입하기 위해 얼마를 지불해야 하는가?

(b) 아만다의 채권이 만기까지 10년이고 구입하기 위해 \$11,487.75를 지불하였다면, 액면이 자율은 몇인가?

8.13. 문제 8.12에서, 두 채권에 대한 듀레이션과 수정 듀레이션을 구하라.

8.14. 문제 8.12와 8.13에서, 웬디의 채권과 아만다의 채권으로 구성된 포트폴리오에 대한 듀레이션과 수정 듀레이션을 구하라.

뛰기

8.15. $a_1, a_2, \ldots, a_n$이 양수이면

$$\sum_{k=1}^{n} a_k \le \sum_{k=1}^{n} ka_k \le n\sum_{k=1}^{n} a_k$$

임을 증명하라. 이를 이용하여

$$d = s\frac{\sum_{k=1}^{n} ka_k}{\sum_{k=1}^{n} a_k}$$

이면 $s \le d \le ns$임을 보여라. (126쪽을 보라.)

8.16. 듀레이션은 만기보다 커질 수 없음을, 즉 $d \le n/m$임을 보여라.

8.17. 채권이 파에, 즉 $r = y$에 팔리면, 수정 듀레이션 v는 만기 n/m의 증가하고 아래로 오목인 함수임을 보여라. (134쪽을 보라.)

8.18. p_k가 (8.14)로 주어지면,

$$md = \frac{\sum_{k=1}^{n} kp_k}{\sum_{k=1}^{n} p_k}$$

임을 보여라. 이를 y에 대해 미분하고 코시–슈바르츠 부등식을 사용하여 듀레이션이 수익률에 대해 감수하는 함수임을 보여라. (136쪽을 보라.)

8.19. 무이표채권에 대하여 $d = (1/m)n$이 되고 이는 듀레이션을 만기의 함수로 그리면 기울기 1인 직선이 됨을 뜻함을 보여라. 역으로 $d = (1/m)n$이면, $r = 0$ 또는 $n = 1$이므로 무이표채권임을 보여라.

8.20. 어떤 투자의 가격이 $\sum_{k=1}^{n} C/(1+y)^k$로서, 현금흐름 $C > 0$가 n번 주기로 지급되고 수익률은 $y > 0$이다. 그러므로 전체 현금흐름은 nC이다. 이를 수익률 y이고 액면가 nC가 시간 T에 지급되는 무이표채권에 하는 두 번째 투자와 비교하라.

(a) 두 번째 투자의 가격이 $nC/(1+y)^T$임을 보여라.

(b) 두 투자의 가격이 같아지려면

$$(1+y)^{-T} = \sum_{k=1}^{n} \frac{(1+y)^{-k}}{n}$$

이어야 함을 보여라.

(c) T가 (b)에 있는 방정식을 만족하면 $T \le (n+1)/2$임을 증명하라.

(d) T를 y와 n으로 표현하라.

(e) 고정된 n에 대하여 T가 y의 감소함수임을 보여라.

(f) 고정된 n에 대하여 $\lim_{y \to 0+} T = (n+1)/2$임을 보여라.

8.21. 115쪽의 (8.3)으로부터 채권의 볼록성 C가

$$C = \frac{r\sum_{k=1}^{n} k(k+1)(1+y)^{-k} + n(n+1)(1+y)^{-n}}{(1+y)^2\left(r\sum_{k=1}^{n}(1+y)^{-k} + (1+y)^{-n}\right)}$$

로 주어짐을 보여라. (137쪽의 (8.20)을 보라.)

8.22. $P(y) = y^2$일 때, 다음을 계산하라.

(a) $P''(y)$.

(b) $P''(y)/P(y)$.

(c) $P''(y)/\left(1+(P'(y))^2\right)^{3/2}$.

포물선 $P(y) = y^2$의 그래프는 모든 y에 대하여 일정한 "휨"을 갖는가? (a), (b), (c) 중 어느것이 상수인가? 그것은 함수의 "휨"에 대한 적절한 측도가 되는가? (137쪽을 보라.)

8.23. $P(y) = e^y$일 때, 다음을 계산하라.

(a) $P''(y)$.

(b) $P''(y)/P(y)$.

(c) $P''(y)/\left(1+(P'(y))^2\right)^{3/2}$.

지수함수(exponential function) $P(y) = e^y$의 그래프는 모든 y에 대하여 일정한 "휨"을 갖는가? (a), (b), (c) 중 어느것이 상수인가? 그것은 함수의 "휨"에 대한 적절한 측도가 되는가? (137쪽을 보라.)

8.24. $P(y) = \sqrt{1-y^2}$일 때, 다음을 계산하라.

(a) $P''(y)$.

(b) $P''(y)/P(y)$.

(c) $P''(y)/\left(1+(P'(y))^2\right)^{3/2}$.

반원(semi-circle) $P(y) = \sqrt{1-y^2}$의 그래프는 모든 y에 대하여 일정한 "휨"을 갖는가? (a), (b), (c) 중 어느것이 상수인가? 그것은 함수의 "휨"에 대한 적절한 측도가 되는가? (137쪽을 보라.)

복습문제

- 수의상환채와 만기상환채는 어떤 차이가 있는가?
- 만기수익률은 무엇인가? 단순수익률은?
- 이표 지급 직후에 채권의 가격은 어떻게 계산하는가?
- 무이표채권이란 무엇인가?
- 채권을 프리미엄에 구입한다는 것은 무슨 뜻인가? 디스카운트에 구입한다는 것은?
- 채권의 가격은 어떻게 r에 연관되어 있는가? n에는? y에는?
- 듀레이션이란 무엇인가?
- 채권의 듀레이션을 어떻게 계산하는가?
- 듀레이션은 어떻게 r과 연관되어 있는가? y에는?
- 포트폴리오의 듀레이션을 어떻게 계산하는가?
- 수정 듀레이션이란 무엇인가?
- 채권의 수정 듀레이션을 어떻게 계산하는가?
- 수정 듀레이션은 어떻게 r에 연관되어 있는가? y에는?
- 채권 정리와 무이표채권 정리는 무엇을 얘기하는가?
- 가격–수익률 정리란 무엇인가?
- 수익률 존재 정리란 무엇인가?
- 재무성 증권이란 무엇인가?
- 재무성 증권의 할인률과 투자 수익률을 어떻게 계산하는가?
- 재무성 증권 정리는 무엇을 얘기하는가?

9

주식과 주식시장

주식(share, stoke)은 기업의 소유권을 나타낸다. 주주는 주식을 보유한 사람이다. 주식에는 여러 형태가 있지만 이 책에서는 보통주(common stoke)를[1] 공부한다.

자금이 필요한 기업은 비공개 투자자에게 주식을 발행할 수 있다. 투자자는 회사의 주식 지분을 구매한다. 투자자는 회사가 성장하여 지분의 가치가 증가하는 데 대한 반대급부로 큰 위험을 떠맡는다. 회사가 성공적이면 "상장"하기로 하고 일반에게 주식 지분을 내놓아 매각할 수도 있다. 초기 상장으로 이를 실행할 수 있고 이후에 회사가 추가 자금을 모으려 두 번째 공개 상장할 수도 있다. 주식을 발행할 때 회사가 자금을 받는다는 사실을 아는 것이 중요하다. 이 시점 이후의 거래는 주식 보유자와 주식을 구매하려는 사람 사이에서 이루어지며 회사의 이익이나 손실을 직접적으로 나타내는 것은 아니다.

주식을 구매하는 투자자는 주기적으로(보통 분기별로) 배당을 받는다. 그러므로 투자자는 주가의 상승과 배당금 수령이라는 두 방식으로 이익을 볼 수 있다. 주식보유자에게 커다란 위험이 있을 수도 있지만, 역사적으로 주식을 장기간 보유한 개인에게는 주식은 매우 훌륭한 투자였다.

기업은 때로 주식을 주당 가격이 더 낮은 주식들로 분할한다. 예를 들어 어느 회사가 2대1 분할을 결정하면 각 주식 보유자는 구주식 하나당 신주식 두 개를 받는다. 신주는 처음에는 구주 가격의 절반이다. 회사는 새로운 구매자를 유치하려 이렇게 할기도 하는데 왜냐하면 신주 가격이 구주 가격보다 낮기 때문이다. 이보다는 드물지만 회사는 주식 분할의 역(주식 병합)을 결정할 수도 있다. 예를 들어 2대1 역 분할을 결정할 수도 있다. 이 경우에 구주 2개마다 신주 1개가 발행된다. 회사는 주식 최저가에 제한을 두는 기관투자자를 유치하기 위해 이렇게 할 수도 있다.

미국에서 최초의 주식 시장은 1790년 필라델피아에서 시작하였다. 그것은 나중에 필라델피아 증권거래소(Philadelphia Stoke Exchange)로 알려지게 된다. 뉴욕 증권거래소(New York Stoke Exchange (NYSE))는 1792년에 출범하였는데 세계에서 가장 큰 증권거래소이다. 뉴욕 증권거래소

[1]보통주를 보유하면 투표권이 있고 채무를 모든 갚은 후에는 회사의 수익에 대한 권리가 있다.

에서 단 하루에 거래되는 주식은 10억 주에 달한다. 이 거래소에서 거래는 경매 방식으로 이루어진다. 판매자와 구매자는 매도 주문과 매수 주문을 거래소에 내고 다른 이들의 주문을 받아들인다. 주식은 가장 높게 매수 주문을 낸 이에게 팔리고 가장 낮게 매도 주문을 낸 이에게서 사게 된다. NASDAQ(National Association of Securities Dealers Automatic Quotation System)은 또 다른 미국의 주요 증권거래소이다. NYSE처럼 며칠 사이에 이 거래소에서 10억이 넘는 주식이 거래된다. 이 거래소는 주문이 전자시스템으로 이루어진다는 면에서 NYSE와는 다르게 운용된다.

주식 매매와 관련혀여 여러가지 형태의 위험이 있다. 그 중에는 경제 위험(economic risk), 이자율 민감성(interest rate sensitivity), 회사 부도 가능성, 회사 경영 문제, 회사간의 경쟁, 회사에 부정적인 영향을 줄 수 있는 정부의 결정 등이 있다. 이 중 일부 위험를 살펴보기 위해 회사를 자본화(capitalization) – 발행 주식의 총 가치(total value of issued shares)에[2] 따라 세 종류로 분류하기로 한다.[3]

보통주	
발행자	회사
위험	부도, 환율, 이자율, 시장 가격, 유동성, 정치

가장 큰 회사들을 대기업(big cap company, large cap company)이라 부른다. 일반적으로 이러한 회사들은 매우 높은 자본화($100억 이상)를 가지고 있다. 인정받는 성공 경력들이 있는 회사들이다. 일반적으로 회사 부도 가능성은 거의 없다. 주가는 보통 상대적으로 높고, 그에 따라 성장 가능성은 높지 않을 수 있다. 이러한 회사 다수가 정기적으로 배당을 지급한다.

중견 기업(mid-cap company)은 대략 $15억에서 $100억 사이의 자본화를 가지고 있다. 이러한 회사들은 대개 대기업에 비해 높은 성장 가능성을 지니고 있다.

소기업(small-cap company)은 $15억 보다 적은 자본화를 가지고 있다. 이러한 회사들은 가장 높은 성장가능성을 지니고 있지만 마찬가지로 회사 실패의 가능성도 가장 높다.

9.1 주식 매매

미국에서 주식을 매매하려는 투자자는 적절한 정부 기관(the Securities and Exchange Commission (SEC) and the National Association of Securities Dealers (NASD))에 등록된 투자회사를 이용한다. 회사를 위해 거래를 실제로 수행하는 사람을 중개인(broker)이라 부른다.[4]

거래에서 비용과 수수료를 중요하게 고려해야 한다. 비용은 투자 조언도 제공할 수 있는 전문 중개인이 가장 높다. 인터넷으로 거래 주문하는 투자자는 보통 가장 낮은 수수료를 지불한다. 수수료가 주식을 팔 때와 살 때 모두 부과된다는 것을 유의하고 있어야 한다.

---

[2]발행 주식의 총 가치는 주가와 발행 주식수의 곱이다. 투자자에게 발행된 주식을 흔히 "발행 주식(outstanding shares)"이라 한다.

[3]종류 간의 경계는 대략적인 것이다.

[4]이 책에서는 "회사(firm)"와 "중개인(broker)"를 서로 바꿀어 쓸 수 있는 용어로 사용한다.

주식을 사고 파는 방법은 다양하다. 가장 흔한 방법은 현금으로 가격 전액을 지불하는 것이다. 예를 들어 헬렌 캔드릭이 가격이 주당 \$20일 때 주식 500주를 구입하려면, 투자회사에 \$10,000에 구매 수수료를 더한 것을 지불할 것이다. 주가가 주당 \$30로 오르면 그녀는 투자회사를 통해서 주식을 팔고 \$15,000에서 판매 수수료를 뺀 것을 받는다. 그래서 헬렌은 \$5,000에서 수수료를 뺀 만큼 이익을 볼 것이다.

헬렌과 휴즈 켄드릭 모두 같은 주식을 매월 정기적으로 구매하지만 방식은 서로 다르다고 하자. 헬렌이 매월 10주를 구매하는 반면 휴즈는 같은 주식을 주식수가 얼마가 되든 \$100 어치를 구매한다고 하자. 휴즈가 사용하는 투자 방식을 정액 정기 매입(dollar cost averaging)이라 한다. 이 두 방법을 더 자세히 살펴보자.

$S(t)$를 시간이 t일 때 주가라 하자. 시간 $t=1$과 $t=2$에 주식을 같은 수량 N개씩 구매하면 전체 $2N$개의 주식을 $NS(1)+NS(2)$에 구매하게 되므로, 주당 평균 가격은

$$\frac{NS(1)+NS(2)}{2N}=\frac{S(1)+S(2)}{2}=\frac{1}{2}\sum_{t=1}^{2}S(t)$$

이 된다. 시간 $t=1,\ldots,n$에 동일한 수의 주식을 구매한다면 주당 평균 가격은

$$\frac{1}{n}\sum_{t=1}^{n}S(t)$$

이다. 정액 정기 매입법으로 D달러로 주식을 시간 $t=1$과 $t=2$에 구매하면 전체 $D/S(1)+D/S(2)$주에 $2D$를 지불하게 되므로, 주당 평균 가격은

$$\frac{2D}{\frac{D}{S(1)}+\frac{D}{S(2)}}=\frac{2}{\frac{1}{S(1)}+\frac{1}{S(2)}}=\frac{2}{\sum_{t=1}^{2}\frac{1}{S(t)}}$$

이 된다. 시간 $t=1,\ldots,n$에 D달러의 주식을 구매한다면 주당 평균 가격은

$$\frac{n}{\sum_{t=1}^{n}\frac{1}{S(t)}}$$

이다.

여기서 "어느 방법으로 구매할 때 주당 평균 가격이 더 낮게 나오는가?"라는 질문에 답하고자 한다.

먼저 $n=2$인 경우로 한정해 보자. 주당 평균 가격의 차이를 보면,

$$\begin{aligned}\frac{S(1)+S(2)}{2}-\frac{2}{\frac{1}{S(1)}+\frac{1}{S(2)}}&=\frac{S(1)+S(2)}{2}-\frac{2S(1)S(2)}{S(1)+S(2)}\\&=\frac{(S(1)+S(2))^2-4S(1)S(S)}{2(S(1)+S(2))}\\&=\frac{(S(1)-S(2))^2}{2(S(1)+S(2))}\end{aligned}$$

이다. 이 차이는 $S(1) = S(2)$이어 0이 되는 경우가 아니라면 양이다. 그러므로 $S(1) = S(2)$가 아니면 $n = 2$일 때 정액 정기 매입법으로 구매할 때 주당 평균 가격이 더 낮아진다. $S(1) = S(2)$이면 두 방법으로 구매한 주식의 주당 평균 가격은 같게 된다.

이를 다음의 부호를 살펴봄으로써 n번 구매하는 경우로 일반화할 수 있다.

$$\frac{1}{n}\sum_{t=1}^{n} S(t) - \frac{n}{\sum_{t=1}^{n}\frac{1}{S(t)}} = \frac{1}{n\sum_{t=1}^{n}\frac{1}{S(t)}}\left(\left(\sum_{t=1}^{n} S(t)\right)\left(\sum_{t=1}^{n}\frac{1}{S(t)}\right) - n^2\right)$$

이제 코시-슈바르츠의 부등식(247쪽의 부록 A.3을 보라)에 의하면

$$\left(\sum_{t=1}^{n} a_t b_t\right)^2 \le \left(\sum_{t=1}^{n} a_t^2\right)\left(\sum_{t=1}^{n} b_t^2\right)$$

로 등호가 성립할 필요충분조건은 어떤 상수 λ에 대해 $a_t = \lambda b_t$ $(t = 1, \ldots, n)$이거나 $b_t = 0$ $(t = 1, \ldots, n)$이다. $a_t = \sqrt{S(t)}$라 하고 $b_t = 1/\sqrt{S(t)}$라 하면

$$n^2 \le \left(\sum_{t=1}^{n} S(t)\right)\left(\sum_{t=1}^{n}\frac{1}{S(t)}\right)$$

이고 등호가 성립할 필요충분조건은 어떤 상수 λ에 대해 $\sqrt{S(t)} = \lambda/\sqrt{S(t)}$, 즉 $S(1) = S(2) = \cdots = S(n) = \lambda$일 때이다. 그러므로 $S(1) = S(2) = \cdots = S(n)$이지 않으면 정액 정기 매입법이 주당 평균 가격이 더 낮다. $S(1) = S(2) = \cdots = S(n)$이면 두 방법은 주당 평균 가격이 같다.

이로부터 다음 정리를 얻는다.

정리 9.1 (정액 정기 매입 정리). 주식을 매수할 때, 정액 정기 매입법으로 매수하는 것이 정기적으로 일정한 수의 주식을 매수하는 것에 비해 주당 평균 가격은 더 낮게 든다. 주식을 매도할 때, 정기적으로 일정한 수의 주식을 매도하는 것이 정액 정기 매입에 따르는 것보다 주당 평균 가격이 더 높게 나온다.

주식을 매수하는 다른 방법으로 **신용매수**(buying on margin)가 있는데 이를 통해 투자자는 자신의 구매력에 레버리지 효과(지렛대 효과)를 줄 수 있다. 주식을 신용으로 매수하려는 투자자는 중개인과 증거금 계정(margin account)을 설정해야 한다. 그러면 투자자는 이 계좌로 중개인에게서 돈을 빌려 주식을 구매할 수 있다. 그런데 투자자는 주식을 처음 매수할 때 선급금(down payment)을 예치해야 한다. 요구되는 선급금의 최소 한도인 **증거금**(margin equity)은 구매하는 주식 가격의 50%이다.[5] 이를 **요구 증거금**(margin requirement)이라고도 한다. 증거금 계좌에 있는 **증거금**(equity)은 주식의 현재 시장가치와 주식 매수를 위해 중개인으로부터 차용한 돈인 **차변 잔고**(debit balance)의 차액이다. 주식의 시장가치가 수시로 변하므로 증거금 계좌에 있는 증거금도 그렇게 된다. 요구 증거금은 주식을 처음 매수할 때만 적용되지만, 그 다음에는 증거금 계좌에 항상 충분한 증거금을 유지하도록 요구받는다. 최소 유지 증거금율, 즉 유지 증거금율은 현재 주식의 시장가치의 일정 비율로서 **유지수준**(maintenance level) 또는 **유지비율**(maintenance requirement)이라 한다.

[5]비율 50%는 미국에서 2006년 6월에 유효한 비율이다.

다음 예를 통해서 이를 살펴보자. 투자자가 증거금 계좌를 개설하여 \$5,000를 예금하고 \$5,000를 빌려 차변 잔고가 \$5,000이 되었다. 투자자는 \$10,000로 주당 \$20에 주식 500주를 매수하였다. 이 시점에 투자자는 증거금 $\$10,000 - \$5,000 = \$5,000$을 갖고 있다. 이 예에서 유지비율은 계좌에 있는 주식의 시장가치의 25%이다. 이는 계좌에 있는 증거금이 최소한 주식의 시장가치의 25%가 되어야 한다는 뜻이다. 유지 증거금은 $0.25 \times \$10,000 = \$2,500$으로 증거금 \$5,000보다 적으므로 투자자는 유지비율을 충족하고 있다.

이것이 표 9.1에 기호로 표현되어 있는데, m은 (소수로 표현한) 유지수준이다.

주가	주식수	시장가치	차변 잔액	차액	유지 증거금	증거금
S	N	$V = NS$	D	$E = V - D$	mV	$0.5V$
\$20	500.00	\$10,000.00	\$5,000.00	\$5,000.00	\$2,500.00	\$5,000.00

표 9.1: 신용매수

다음 세 시나리오를 살펴보자.

1. 주가가 주당 \$30으로 상승한다.

   (a) 투자자가 모든 주식을 매도하면, 투자자는 $500 \times (\$30 - \$20) = \$5,000$에서 수수료와 이자를 조금 뺀 이익을 취한다.

   (b) 투자자가 주식을 매도하지 않으면, 주식의 시장가치가 이제 $V = NS = 500 \times \$30 = \$15,000$가 되지만 차변 잔액은 여전히 $D = \$5,000$이므로 차액은 이제 $E = V - D = \$15,000 - 5,000 = \$10,000$가 된다. 유지 증거금은 $mV = 0.25 \times \$15,000 = \$3,750$이므로 유지비율을 충족한다. 증거금은 $0.5V = 0.5 \times \$15,000 = \$7,500$이다. 그러므로 증거금 계좌에 증거금이 \$10,000 - \$7,500 = \$2,500만큼 있다. 이 초과 증거금으로 추가로 $\$2,500/0.5 = \$5,000$을 대출하여 $\$5,000/\$30 = 166.67$개의 주식을 더 매수할 수 있다. 주식의 시장가치는 이제 $V = 666.67 \times \$30 = \$20,000$이고 투자자는 차변 잔고가 $D = \$5,000 + \$5,000 = \$10,000$가 된다.[6] 차액은 $E = V - D = \$20,000 - \$10,000 = \$10,000$이고 유지 증거금은 $0.25V = 0.25 \times \$20,000 = \$5,000$가 된다. 주가가 오르는 한 투자자는 더 투자하지 않고도 중개인으로부터 돈을 대출하여 추가로 주식을 매수할 수 있다. 이것이 돈을 레버리지하는 예이다. 표 9.2는 이 예를 따라 주가가 주당 \$20에서 \$50으로 오를 때 초과 증거금이 항상 신용으로 주식을 더 매수하는 데 사용된다고 가정하고 작성되었다.

   이 단계에서 투자자는 시장가치가 \$50,000인 주식 1,000주를 소유하고, 차액은 \$25,000이다. 주식에서 투자자의 포지션의 가치는 5배가 되었다 – 투자자가 매수할 때마다 수수료를 지불하고 대출에 대해 이자를 지불해야 한다는 점에 유의하자.

[6] 이 시점에서 중개인은 투자자에게 주식을 매수하도록 \$5,000을 추가로 대출하여 차변 잔고가 \$10,000이 된다.

주가	주식수	시장가치	차변 잔액	차액	유지 증거금	증거금
\$20	500.00	\$10,000.00	\$5,000.00	\$5,000.00	\$2,500.00	\$5,000.00
\$30	500.00	\$15,000.00	\$5,000.00	\$10,000.00	\$3,750.00	\$7,500.00
\$30	666.67	\$20,000.00	\$10,000.00	\$10,000.00	\$5,000.00	\$10,000.00
\$40	666.67	\$26,666.67	\$10,000.00	\$16,666.67	\$6,666.67	\$13,333.33
\$40	833.33	\$33,333.33	\$16,666.67	\$16,666.67	\$8,333.33	\$16,666.67
\$50	833.33	\$41,666.67	\$16,666.67	\$25,000.00	\$10,416.67	\$20,833.33
\$50	1000.00	\$50,000.00	\$25,000.00	\$25,000.00	\$12,500.00	\$25,000.00

표 9.2: 주식을 신용매수했을 때 가격 상승의 효과

2. 주가가 주당 \$15로 떨어진다. 이 시점에 유지 증거금은 $mV = mNS = 0.25 \times 500 \times \$15 = \$1,875$이고 차액은 $E = V - D = 500 \times \$15 - \$5,000 = \$2,500$이므로 유지비율이 충족된다. 표 9.3에 이러한 계산이 요약되어 있다.

주가	주식수	시장가치	차변 잔액	차액	유지 증거금	증거금
\$20	500.00	\$10,000.00	\$5,000.00	\$5,000.00	\$2,500.00	\$5,000.00
\$15	500.00	\$7,500.00	\$5,000.00	\$2,500.00	\$1,875.00	\$3,750.00

표 9.3: 주식을 신용매수했을 때 가격 하락의 효과

3. 주가가 주당 \$10으로 하락한다.

   이 시점에 유지 증거금은 $mV = 0.25 \times 500 \times \$10 = \$1,250$이고 차액은 $E = V - D = 500 \times \$10 - \$5,000 = \$0$이다. 주식의 가치가 주식을 매수하기 위해 대출한 금액과 같다. 그러므로 유지비율이 충족되지 못하고 투자자는 \$1,250을 빚지고 있으므로 중개인으로부터 유지 요청을 받게 된다. 유지비율에 맞추기 위해 투자자는 증거금 계좌에 \$1,250을 예치하도록 요구 받고, 계좌의 증거금이 증가하면 유지비율을 충족시키기 된다.[7] 주가가 계속 하락하면 투자자는 유지비율에 맞추기 위해 추가 금액을 예치하도록 요청 받는다. 투자자의 잠재적 손실은 수수료와 대출에 대한 이자를 더한 주식의 원래 가격에 한정된다는 점을 주의해야 한다. 다음 표 9.4는 이 예를 따라 주가가 주당 \$20에서 \$5로 하락하는 경우이다.

   이 시점에 투자자는 유지비율을 맞추기 위해 유지비용으로 총액 \$3,125을 지불한다.[8] 이는 초기 예치금 \$5,000에 추가한 것이다. 추가가 계속 하락하면, 투자자는 더 많은 금액을 예치하도록 요구받지만 유지비용 총액은 결코 원래의 차변 잔액 \$5,000을 넘을 수 없다.

표 9.4에서 주가 \$15와 주가 \$10 사이 어딘가에 유지 증거금과 차액이 같아지게 되는 주가 S

[7]또한 투자자는 주식을 어느 정도 매도할 수도 있다.

[8]주가가 주당 \$10로 하락하면, 투자자는 \$1,250을 지불한다. 주가가 주당 \$5로 하락할 때 차액은 $-\$1,250$이고 유지 증거금은 \$625이므로 투자자는 $\$625 + \$1,250 = \$1,875$을 지불하여, 총액 $\$1,250 + \$1,875 = \$3,125$을 지불하게 된다.

주가	주식수	시장가치	차변 잔액	차액	유지 증거금	증거금
\$20	500.00	\$10,000.00	\$5,000.00	\$5,000.00	\$2,500.00	\$5,000.00
\$15	500.00	\$7,500.00	\$5,000.00	\$2,500.00	\$1,875.00	\$3,750.00
\$10	500.00	\$5,000.00	\$5,000.00	\$0.00	\$1,250.00	\$2,500.00
\$10	500.00	\$5,000.00	\$3,750.00	\$1,250.00	\$1,250.00	\$2,500.00
\$5	500.00	\$2,500.00	\$3,750.00	$-\$1,250.00$	\$625.00	\$1,250.00
\$5	500.00	\$2,500.00	\$1,875.00	\$625.00	\$625.00	\$1,250.00

표 9.4: 주식을 신용매수했을 때 가격 하락의 효과

로서 그 이하에서는 유지 요청이 제기되는 S가 있어야 함을 알 수 있다. 이 경우 그것은

$$0.25 \times 500S = 500S - 5000$$

일 때 발생하여, $S = \$13.33$이 된다.

"주가가 어느 수준까지 하락하면 유지 요청이 제기되기는가?"라고 질문하는 것은 당연하다. 이에 대한 답은 다음 정리에서 찾아볼 수 있다.

정리 9.2 (현물 매매 유지수준 정리). 주식을 신용매수할 때, 주식의 초기 시장 매수가가 V_o이고, 초기 증거금이 E_o이고, 유지수준이 m이면, 차액 E가 유지 증거금과 같거나 커지는(그래서 유지 요청이 발생하지 않는) 최소 시장가 V^*는

$$V^* = \frac{1}{1-m}(V_o - E_o)$$

이다.

증명. $D = V_o - E_o$가 주식을 매수하기 위해 중개인에게 빌린 금액인 차변 잔고이다. 그러나 V가 현재 주식의 시가이고 E가 현재 차액이면 $V - E$도 또한 주식을 매수하기 위해 중개인으로부터 빌린 금액이므로(왜?),

$$V - E = V_o - E_o$$

이다. 최소 시장가 V^*에 $E^* = mV^*$가 되므로,

$$V^* - mV^* = V_o - E_o$$

즉,

$$V^* = \frac{V_o - E_o}{1-m}$$

이다.

이제 $(V_o - E_o)/(1-m)$가 최소 시장가임을 보이자. $V < (V_o - E_o)/(1-m)$이면 현재 시장가는 주식을 매수하기 위해 중개인에게 빚진 금액의 $1/(1-m)$배보다 적다. 이는 $V < (V-E)/(1-m)$임을 뜻하고, 이때 $E < mV$가 되어 유지 요청이 발생한다. □

예 9.1. 초기 시장가치가 $10,000이고, 초기 증거금이 $5,000, 유지수준이 0.25인 주식 500주를 보유한 증거금 계좌에서, 유지 요청을 피하려면 주식의 시장가치가 하락할 수 있는 최저 수준은 얼마인가? 이때 주당 가격은 얼마인가?

풀이. 여기서 $V_o = 10000$, $E_o = 5000$, $m = 0.25$이므로, 주식의 최소 시장가치는 $1/0.75 \times (\$10,000 - \$5,000) = \$6,666.67$이다. 유지 증거금은 $0.25 \times \$6,666.67 = \$1,666.67$이고, 차액은 $\$6,666.67 - \$5,000 = \$1,666.67$이다. 이 수준에서 주식의 주당 가격은 $\$6,666.67/500 = \$13.33$로 이전의 결과와 일치한다. △

투자자가 주식이 가치가 하락할 것이라 생각하면, 투자자는 중개인으로부터 주식을 빌려 매도할 수 있다. 이를 공매도(Short Selling)라 한다. 주식 가치가 하락하면, 투자자는 동일한 수량의 주식을 더 낮은 가격에 매수하여 빌린 주식을 상환하는 데 사용할 수 있다.

다음 예가 이를 보여준다. 투자자는 현재 주당 $50에 팔리는 주식 100주를 공매도하려 한다. 주식의 시장가치는 $100 \times \$50 = \$5,000$이다. 요구 증거금은 주식의 시장가치의 50%이므로 투자자는 $0.50 \times \$5,000 = \$2,500$을 증거금 계좌에 예치하고, 중개인은 투자자에게 100주를 빌려준다. 그러면 투자자는 주식을 주당 $50에 매도하고 $100 \times \$50 = \$5,000$을 (수수료를 빼고) 받는다. 그래서 투자자의 신용 잔고(거래 수입과 초기 예치금의 합)는 $\$2,500 + \$5,000 = \$7,500$가 된다.

투자자는 중개인에게 빌린 주식을 돌려줘야 하므로, 가격이 오르면 투자자는 주식을 구입해야 하여 돈을 잃게 되고, 투자회사는 위험에 빠지게 된다. 그러므로 공매도에 대해 유지 요구가 발생한다. 유지 요구가 30%라 가정하면 이 예에서는 $0.3 \times \$5,000 = \$1,500$이다. 이는 계좌에 있는 증거금이 항상 적어도 주식 가치의 30%가 되어야 함을 의미한다. 차액은 신용 잔고(credit balance)와 주식의 현재 시장가치의 차이로서, 이 예에서 차액은 $\$7,500 - \$5,000 = \$2,500$이고 유지 요구는 충족된다.

이것이 표 9.5에 기호로 표시되었는데, 거기서 m은 (소수로 표기하는) 유지수준이다.

신용 잔고	주당 가격	주식수	시장가치	차액	유지 증거금
C	S	N	$V = NS$	$E = V - D$	mV
$7,500	$50	100	$5,000	$2,500	$1,500

표 9.5: 공매도

다음 두 경우를 생각하자.

1. 주가가 주당 $40으로 하락한다.

   (a) 투자자가 주식을 주당 $40으로 구매하고 회사에 주식을 돌려주면, 투자자는 $100 \times (\$50 - \$40) = \$1,000$에서 매매 수수료, 주식 대출에 대한 이자를 뺀 금액을 이익으로 남긴다.

(b) 투자자가 이 시점에 주식을 구매하지 않으면, 주식의 시장가치가 $\$40 \times 100 = \$4,000$ 이므로 유지 증거금은 $4,000의 30%인 $0.3 \times \$4,000 = \$1,200$가 된다. 그러므로 가격이 하락하면 차액은 유지 증거금보다 커지고 유지 요구가 충족된다. 이를 요약하면 표 9.6과 같다. 사실 현재 가격의 50%를 초과하는 증거금은 추가 공매도에 사용할 수 있다. 지금 경우에는 $0.50 \times \$4,000 = \$2,000$이므로 초과 증거금은 $1,500이다. 투자자는 이를 $\$1,500/0.50 = \$3,000$ 만큼의 주식을 공매도하는 데 쓸 수도 있다.

신용 잔고	주당 가격	주식수	시장가치	차액	유지 증거금
$7,500	$50	100	$5,000	$2,500	$3,500
$7,500	$40	100	$4,000	$3,500	$1,200

표 9.6: 공매도할 때 주가 하락의 영향

2. 주가가 주당 $60으로 상승한다. 이 경우 유지 증거금은 $0.30 \times \$6,000 = \$1,800$이고 차액은 $\$7,500 - \$6,000 = \$1,500$이므로 투자자는 유지 요구를 충족시키기 위해 추가로 $300 ($\$1,800 - \$1,500$)을 지불한다. 투자자의 이익은 비용(수수료와 주식 대여에 대한 이자)을 뺀 매매 이익을 넘을 수 없지만, 주가가 급속히 상승하면 투자자의 손실 금액에는 한계가 없다. 이 때문에 공매도는 극히 위험하다. 표 9.7이 이를 보여준다. 주가가 상승할 때 지불하는 유지비용은 유지 증거금과 비용이 적립되기 이전의 증거금 간의 차이라는 것에 유의하자.

신용 잔고	주당 가격	주식수	시장가치	차액	유지 증거금
$7,500	$50	100	$5,000	$2,500	$1,500
$7,500	$60	100	$6,000	$1,500	$1,800
$7,800	$60	100	$6,000	$1,800	$1,800
$7,800	$70	100	$7,000	$800	$2,100
$9,100	$70	100	$7,000	$2,100	$2,100
$9,100	$80	100	$8,000	$1,100	$2,400
$10,400	$80	100	$8,000	$2,400	$2,400
$10,400	$90	100	$9,000	$1,400	$2,700
$11,700	$90	100	$9,000	$2,700	$2,700
$11,700	$100	100	$10,000	$1,700	$3,000
$13,000	$100	100	$10,000	$3,000	$3,000

표 9.7: 공매도할 때 주가 상승의 영향

이 예에서 투자자는 주식을 공매도하기 위해 초기에 $2,500을 증거금 계좌에 예치하였다. 주가가 주당 $100에 도달하자, 투자자는 유지비용으로 $5,500을 추가로 지불하였다.[9] 공매도인

[9]이 주식의 가격이 주당 $100에 도달했을 때 다섯 번의 가격 상승이 있었고, 각 상승은 유지비용을 발생시켰다. 이러한 추가

경우에 손실 가능한 금액에는 상한이 없다 – 이 예에서 주가가 주당 \$60에 이르자 주식의 시장가치가 \$1,000 증가할 때마다 유지 요구를 충족시키기 위해 \$1,300을 추가로 적립하여야 한다.

표 9.7에서 주가 \$50와 주가 \$60 사이 어딘가에 유지 증거금과 차액이 같아지게 되는 주가 S로서 그 이상에서는 유지 요청이 제기되는 S가 있어야 함을 알 수 있다. 이 경우 그것은

$$7500 - 100S = 0.3 \times 100S$$

일 때 발생하여, $S = \$57.69$이 된다.

당연히 "주가가 어느 수준까지 상승하면 유지 요청이 제기되는가?"라고 질문할 것이다. 이에 대한 답은 다음 정리에서 찾아볼 수 있다.

정리 9.3 (공매도 유지수준 정리). 투자자가 주식을 공매도하고, 초기 신용 잔고가 C_o이며 유지수준이 m이면, 주식의 시장가치가 상승하여 유지 요청이 발생하지 않을 수 있는 최고 시장가 V^*는

$$V^* = \frac{1}{1+m} C_0$$

이다.

증명. 주식을 신용매수하고, 초기에 주식의 시장 매수가가 V_o이고, 초기 증거금이 E_o이면, $C_o = V_o + E_o$이다. V가 주식의 현재 시가이고 E가 현재 차액이면, 차액이 유지 증거금보다 크게 유지되는 한

$$C_0 = V + E$$

이다.(왜?) 최고 수준 V^*에서 $E^* = mV^*$이고 $C_o = V^* + E^*$이고, 이를 V^*에 대해 풀면,

$$V^* = \frac{C_0}{1+m}$$

혹은

$$V^* = \frac{V_0 + E_0}{1+m}$$

이다.

$(V_o + E_o)/(1+m)$가 최고 수준임을 보이기 위해

$$V > \frac{V_0 + E_0}{1+m}$$

라 하자. 그러면 차액은

$$\begin{aligned} C_0 - V &= (V_0 + E_0) - V \\ &< (V_0 + E_0) - \frac{V_0 + E_0}{1+m} \\ &= \frac{m}{1+m}(V_0 + E_0) \end{aligned}$$

유지비용의 합계는 $(\$1,800 - \$1,500) + (\$2,100 - \$800) + (\$2,400 - \$1,100) + (\$2,700 - \$1,400) + (\$3,000 - \$1,700) = \$5,500$이다.

이다. 그런데 유지 증거금은

$$mV > \frac{m}{1+m}(V_0 + E_0)$$

이므로 $E = C_o - V < mV$ 이고, 유지 요청이 발생한다. □

예 9.2. 유지수준이 0.3일 때, 100주이고 초기 신용 잔고 $7,500인 증거금 계좌에서, 유지 요청을 받지 않으며 주식의 시장가치가 오를 수 있는 최고 수준은 몇인가? 이때 주식은 주당 얼마인가?

풀이. 여기서 $C_o = 7500$ 이고 $m = 0.3$ 이므로, 최고 시장가치는

$$V^* = \frac{10}{13}C_0 = \frac{10}{13}\$7,500 = \$5,769.23$$

이다. 유지 증거금은 $0.3 \times \$5,769.23 = \$1,730.77$ 이고, 차액은 $\$7,500 - \$5,769.23 = \$1,730.77$ 이다. 이 수준에서 주당 가격은 $\$5,769.23/100 = \$57.69$ 이고, 이는 앞의 결과와 일치한다. △

9.2 월스트리트저널에서 주식표 읽는 법

월스트리트저널(The Wall Street Journal(WSJ))의 섹션 C(Money and Investing)에 뉴욕 증권거래소와 나스닥(NASDAQ)에 대한 표가 실린다.

다음 주식표는 2000년 10월 11일 수요일자 월스트리트저널에서 가져온 것이다. 최근거래일(latest trading day)은 10월 10일 화요일이고 이전거래일(previous trading day)은 10월 9일 월요일이다.

52 Weeks					Yld		Vol				Net
Hi	Lo	주식	Sym	Div	%	P/E	100s	Hi	Lo	Close	Chg
49^{58}	26^{38}	McDonalds	MCD	.2	.7	21	19448	30^{38}	29^{94}	29^{94}	-0^{13}

각 항목을 하나씩 설명하면 다음과 같다.

- 52 Weeks Hi: 금주를 포함하고 최근거래일을 제외한 이전 52주 동안 주식의 최고가는 $49.58 이다.
- 52 Weeks Lo: 금주를 포함하고 최근거래일을 제외한 이전 52주 동안 주식의 최저가는 $26.38 이다.
- Stock: 회사명은 McDonalds이다.
- Sym: MCD가 전광판에 표기되는 회사기호(시세표시기 기호)이다. 보통 뉴욕증권거래소에서 주식이 거래되는 회사는 셋 또는 그 이하의 문자를 기호로 하고 나스닥에서 거래되는 회사는 넷 혹은 그 이상의 문자를 기호로 한다.
- Div: 최근 연도 현금 배당(latest annual cash dividend)은 $0.22이다.

- Yld %: 0.7% 가 종가(Close)에 대해 백분율로 표기한 배당이다. 즉 $(0.22/29.94)\times 100 = 0.7348$로서 소수 한 자리로 반올림하여 0.7이다.
- P/E: 21이 주가수익비율(the price to earnings ratio)로서, 이는 종가(Close)를 이전 1년(four quarters) 동안의 주당 총 수익으로 나눈 것이다. 그러므로 주당 수익은 $\$29.94/21 = \$1.4257$이다. P/E값이 21이라는 것을 해석하는 데는 여러 방식이 있다. 한 가지 방식은: 주당 가격이 변하지 않는다면, 주당 수익 총액이 현재 주당 가격과 같아지려면 21년이 걸린다. 두 번째 방식은 : 회사가 $1 수익을 내기 위해서는 주식보유자가 $21를 내야 한다.
- Vol 100s: McDonalds의 주식 약 1,944,800주가 (하루에 그리고 비공식적으로) 거래되었다.
- Hi: $30.38이 최근거래일에 주식의 최고가이다.
- Lo: $29.94 이 최근거래일에 주식의 최저가이다.
- Close: $29.94이 최근거래일에 주식의 종가이다.
- Net Chg: -$0.13이 이전거래일의 종가에서 최근거래일의 종가로 변화한 금액이다. 그러므로 이전거래일의 종가는 $30.07이다.

9.3 연습문제

걷기

9.1. 인터넷으로 2006년 4월 10일자로 다음 주식의 시세표시기 기호와 종가를 알아내라: AT&T, International Paper, 버라이즌(Verizon).

9.2. 인터넷으로 Microsoft에 관한 다음 정보를 찾아라.

(a) Microsoft의 주식이 상장된 첫 날은 언제인가?

(b) 상장된 이래로 지금까지 최고가는 몇인가? (이 기간동안 주식분할이 몇번 있었음에 유의하라. 이러한 맥락에서 "최고가"는 무엇을 의미하는가?)

9.3. 헬렌 캔드릭은 4개월동안 한 달에 한 번씩 주식 10주를 구입하였다. 휴즈 켄드릭은 헬렌과 같은 기간에 같은 주식을 매달 $100어치 구입하였다. 주당 가격이 4개월동안 변하였다면 주당 비용이 누가 더 낮게 들었는가? 4개월에 걸쳐 주식 가격이 $20, $21, $22, $23이 되었다고 하고 이를 검증하라.

9.4. 주식을 매도할 때 정액 정기 매입법과 같은 방식으로 매도하는 것이 정기적으로 일정한 수의 주식을 매도하는 것에 비해 더 나은 경우는 어떤 때인가?

9.5. 헬렌 캔드릭은 100주를 신용매수하였다. 요구 증거금이 50%, 유지비율이 25%이며, 주식이 주당 $30에 거래되고 있다면, 어떤 가격에 유지 요청이 제기되는가? 153쪽의 표 9.4와 유사한 표를 주식 가격이 $30, $25, $20, $15, $10인 경우에 작성하라.

9.6. 문제 9.5와 관련하여, 휴즈 켄드릭은 주식 가격이 떨어지리라 믿고 100주를 공매도하였다. 공매도에 대한 유지비율이 30%이면, 어떤 가격에 유지 요청이 제기되는가? 155쪽의 표 9.7과 유사한 표를 주식 가격이 \$30, \$35, \$40, \$45, \$50인 경우에 작성하라.

9.7. 월스트리트저널 최근호를 펼쳐 AT&T에 대한 리스트를 찾아보라. 종가는 몇인가? 이전 거래일의 종가는 몇인가? 주당 수익을 추정하라. 수익은 어떻게 계산하는가? 거래 주식수는 몇인가?

9.8. 어느 거래소(NYSE 또는 NASDAQ)에 기호가 CSCO인 주식이 등록되었는가? 월스트리트저널 최근호에서 리스트를 찾아보라. 이 주식에 대한 리스트에 있는 기호와 숫자가 무엇을 뜻하는지 설명하라.

9.9. $S(t)$를 XYZ의 시간 t일 때 가격이라 하자. $S(1) = 10$, $S(2) = 15$, $S(3) = 18$, $S(4) = 20$, $S(5) = 24$이라 하자. 웬디와 톰 캔드릭은 각각 같은 주식 100주를 시간 $t = 1$에 구입하였다. $= 1$. 톰이 각 시간 $t = 1, 2 \ldots, 5$에 100주씩을 구입하고 웬디가 매월 정액 정기 매입법을 사용하여 구매한다면, 톰이 더 많은 수익을 얻는다는 사실을 보여라. 이 사실이 정액 정기 매입법에서 논의한 것과 모순이 되는가? 설명하라.

9.10. 휴즈 켄드릭은 주식 100주를 공매도하였다. 요구 증거금이 50%, 공매도에 대한 유지비율이 30%이며, 주식이 주당 \$60에 거래되고 있다면, 주식이 \$55로 떨어졌을 때 휴즈는 얼마나 더 주식을 공매도할 수 있는가? 주식 가격이 \$60, \$55, \$50, \$45, \$40인 경우에 적절한 표를 작성하라.

복습문제

- 주식 분할이란 무엇인가?
- 정액 정기 매입이란 무엇인가?
- 신용매수란 무엇인가? 어떤 위험이 있는가?
- 공매도란 무엇인가? 어떤 위험이 있는가?
- 현물 매매 유지수준 정리란 무엇인가?
- 공매도 유지수준 정리란 무엇인가?

10

주식시장 지수, 가격, 위험

어떤 주식종목(group of stocks)의 "평균"을 계산하는 데 주식시장 지수가 사용된다. 주식시장 지수는 지수라는 하나의 수를 사용하여 그 지수가 대표하는 주식군의 실적을 반영하려는 것이다. 지수들은 거래소에 속하는 모든 주식 또는 시장의 공업 종목이나 기술 종목과 같은 일부 주식 종목의 실적을 반영할 수도 있다. 또한 외환 지수나 국제 지수 같은 것도 있다.

10.1 주식시장 지수

이 절에서 다우존스(Dow Jones), 스탠더드앤드푸어스(Standard and Poor's), 나스닥(NASDAQ), 밸류라인(Value Line)이 지수들을 어떻게 계산하는지 살펴볼 것이다. 이러한 지수들은 주가(stock price), 발행 주식수(number of shares issued), 주식분할(stock split), 배당(dividend)에 종속된다. 그러나 이러한 것들은 독립적이 아니다. 예를 들어 $50 주식이 100주 발행되어 2대1로 분할되면, 분할 후에 각각이 $25인 200주가 된다. $50 주식이 10% 주식 배당(주당 $5)하면, 배당 후 주식의 가치는 $\$50/1.1 = \$45.45$이다.

다우존스산업평균지수

가장 오래되고 가장 많이 인용되는 주식시장 지수가 1884년 제정된 다우존스산업평균지수(Dow Jones Industrial Average (DJIA))이다. 찰스 다우(Charles Dow)가 이 지수를 만들고 1896년 5월 26일 공개하였다. DJIA는 원래는 12개 주식을 포함하였지만 주식들이 더해지고 빼져서 1928년에 처음으로 30개가 된 후 현재까지 이어지고 있다.[1]

원래 다우존스 평균지수는 단순하게 주가를 같은 가중치로 평균한 것이었다. 그러나 주식 분할, 배당, 주식의 지수로의 편입이나 삭제 등을 반영함으로 인해 DIJA의 계산이 지금은 더 복잡해졌다.

[1] 다우존스지수에는 또한 20개의 운송(transportation) 주식에 대한 것과 15개의 생필품(utility) 주식에 대한 것도 있다. 이러한 지수들은 NYSE가 그 전주에 문을 닫지 않았다면 월스트리트저널(Wall Street Journal)의 C난에 실린다.

예로, DJIA 방법으로 주식 S, T, U, V의 평균을 구한다고 하자. 각 주가가 \$15, \$20, \$20, \$25라 하자. 그러면 첫째 날의 지수는

$$\frac{15+20+20+25}{4}=20$$

이다.

이제 둘째 날에 T회사가 주식을 2대1로 분할하였다 하자. 이 경우 각 주주는 구 주식 하나에 대해 신 주식 2개를 배정받고 새 주식의 가격은 구 주식의 절반인 \$20/2 = \$10가 된다. DJIA는 주식분할에 대해 나누는 수 4를 조정하여 DJIA는 변하지 않게 하는데, 이 때 분자는 분할 후 주가의 합이다. 이 예에서

$$\frac{15+10+20+25}{d}=20$$

이고 d는 새로운 분모이다. d에 대해 풀면 $d=3.5$이다. 이 새 분모가 또 다른 주식 분할이나, 10% 이상의 주식 배당, 새로운 회사로 기존 회사를 대체하는 일이 생길 때까지 유효하게 된다.

예 10.1. 다음 표는 회사 S, T, U, V의 첫째 날에서 5째 날까지의 주가를 나타낸 것이다. 둘째 날에 회사 T가 2대1 주식 분할을 하였다. 더 이상 주식 분할, 배당, 회사 교체가 없다고 하고 3일째에서 5일째까지 표를 완성하라.

Day	Price				Divisor	DJIA
	S	T	U	V		
1	15	20	20	25	4.0	20.00
2	15	10	20	25	3.5	20.00
3	16	11	21	26		
4	15	10	20	25		
5	16	10	19	26		

풀이. 주식 분할, 배당이 더 이상 없으므로 분모는 3일에서 5일까지 계속 3.5이다. 이 시기에 평균은

$$\frac{16+11+21+26}{3.5}=21.14 \quad (3일),$$
$$\frac{15+10+20+25}{3.5}=20.00 \quad (4일),$$
$$\frac{16+10+19+26}{3.5}=20.29 \quad (5일)$$

이다. △

이제 주식 분할과 배당이 DJIA에 미치는 효과와 이들이 하향 편향(기대하는 것보다 낮은 값)을 일으킬 수 있는지 보기로 한다. 주식 분할 후(그래서 분모가 3.5) 회사 T의 주가가 10% 증가하여 \$10에서 \$11가 되었다. 그때 새로운 평균은

$$\frac{15+11+20+25}{3.5}=20.29$$

이다. 반면 회사 U의 주가가 10% 증가하여 \$20에서 \$22가 되고 다른 회사의 주가는 변화가 없다면 새로운 평균은

$$\frac{15+10+22+25}{3.5} = 20.57$$

이다. 이는 평균 계산에 분할하는 주식의 영향이 분할하지 않는 주식의 영향보다 작음을 시사한다. 이를 검증하는 것이 문제 10.9이다.

이제 10% 이하의 주식 배당에 대해서 조정하지 않는 효과를 살펴보자. 주가와 분모는 회사 T의 주식 분할 직후로서 네 주식의 가격이 \$15, \$10, \$20, \$25이고 $d = 3.5$라 하자. 회사 U가 5% (주당 \$1)의 주식 배당을 발행하여, 그 결과 주가가 $\$20/1.05 = \$19.05$이면 인위적으로 평균이 낮아진다. (이 경우 분모가 달라지지 않음에 유의하라.)

스탠더드앤드푸어스 500 지수

스탠더드앤드푸어스사(Standard and Poor의 Corporation)는 DJIA와는 다른 접근법을 사용하여 여러 지수를 발표한다. 그중 가장 많이 인용되는 것이 스탠더드앤드푸어스 500 지수(Standard and Poor's 500 (S&P 500))이다. S&P 500과 DJIA는 두 가지 면에서 본질적으로 다르다. 한가지 차이는 S&P 500이 30이 아닌 500개 회사를 포함한다는 것으로, 이는 전체 시장을 더 잘 반영할 수 있게 한다. 두 번째 차이는 지수를 계산하는 방식이 다르다는 점이다. 모든 S&P 지수들이 같은 방식으로 계산되므로, 여기서는 S&P 500만 다루기로 한다.

S&P 500은 지수에 포함되는 모든 주식에 시가총액(market capitalization)에 비례한 가중치를 부여한다. 공식은

$$S\&P500(t) = 10\frac{\sum_{i=1}^{500} S_i(t)N_i(t)}{\sum_{i=1}^{500} S_i(1)N_i(1)}$$

와 같다. 여기서 $S_i(1)$은 기준 시점에 발표된 i번째 주식의 주당 가격이다. S&P500인 경우 이는 i번째 주식의 1941년에서 1943년까지 기간의 주가 평균이다. $S_i(t)$는 시간 t에 i번째 주식의 주당 가격이고, $N_i(t)$는 시간이 t인 시점의 발행 주식수이다.

예 10.1로 돌아가서, 각 회사가 100주를 발행했다고 하고 1일 째에 이 평균을 계산하면

$$\sum_{i=1}^{4} S_i(1)N_i(1) = 15(100) + 20(100) + 20(100) + 25(100) = 8000$$

가 분모가 된다. 1일 째에 이 값이 또한 분자이므로 초기 지수는

$$S\&P500(1) = 10(8000/8000) = 10$$

이다. 2일 째, 주식 분할 후

$$\sum_{i=1}^{4} S_i(2)N_i(2) = 15(100) + 10(200) + 20(100) + 25(100) = 8000$$

가 되고, 따라서 주식 분할은 분모에 영향을 주지 않는다. 주식 분할 이후 지수는

$$S\&P500(2) = 10(8000/8000) = 10$$

이다.

이 지수에서는 모든 주식 분할과 주식 배당은 분자에 반영된다. 분모는 새로운 주식이 다른 주식을 대체하여 지수에 편입되면 바뀐다. 이 경우 분자는 대체 후 500개의 주식의 시가총액을 사용하고, 분모는 새로운 평균이 이전 평균과 같아지도록 조정된다.

예 10.2. 다음 표는 회사 S, T, U, V 의 1일에서 5일까지의 주가를 연속적으로 보여준다. 2일에 회사 T가 2대1 주식 분할을 하였다. 그 외에는 주식 분할이나 배당이 없다고 하고 3일에서 5일까지의 표를 완성하라.

일	가격				S&P 500
	S	T	U	V	
1	15	20	20	25	10.00
2	15	10	20	25	10.00
3	16	11	21	26	
4	15	10	20	25	
5	16	10	19	26	

풀이. 주식 분할이나 배당이 더 이상 없으므로, 회사 S, U, V는 발행 주식이 100주이고 회사 T는 발행 주식이 200이다. 해당 일에 지수는

$$10\left(\frac{16(100)+11(200)+21(100)+26(100)}{8000}\right)=10.63 \quad (3\text{일}),$$
$$10\left(\frac{15(100)+10(200)+20(100)+25(100)}{8000}\right)=10.00 \quad (4\text{일}),$$
$$10\left(\frac{16(100)+10(200)+19(100)+26(100)}{8000}\right)=10.13 \quad (5\text{일})$$

가 된다. △

나스닥종합지수

또 하나 주목받는 지수가 나스닥종합지수(NASDAQ Composite Index)이다. 이 지수는 1971년에 만들어져 현재 2000개가 넘는 주식을 포함한다. 이것은 S&P 500와 같은 방식으로 계산된다.

다음 표는 1980년부터 2005년까지 DJIA, S&P 500, 나스닥종합지수의 연말 종가를 나열한 것이다.

	DJIA	S&P 500	NASDAQ		DJIA	S&P 500	NASDAQ
1980	963.99	135.76	202.34	1993	3754.09	466.45	776.80
1981	875.00	121.57	195.84	1994	3834.44	459.27	751.96
1982	1046.54	140.64	232.41	1995	5117.12	615.93	1052.13
1983	1258.64	164.93	278.60	1996	6448.27	740.74	1291.03
1984	1211.57	167.24	247.10	1997	7908.25	970.43	1570.35
1985	1546.67	211.28	324.90	1998	9181.43	1229.23	2192.69
1986	1895.95	242.17	348.80	1999	11497.12	1469.25	4069.31
1987	1938.83	247.08	330.50	2000	10787.99	1320.28	2470.52
1988	2168.57	277.72	381.40	2001	10021.57	1148.08	1950.40
1989	2753.20	353.40	454.80	2002	8341.63	879.82	1335.51
1990	2633.66	330.22	373.80	2003	10453.92	1111.92	2003.37
1991	3168.83	417.09	586.34	2004	10783.01	1211.92	2175.44
1992	3301.11	435.71	676.95	2005	10717.50	1248.29	2205.32

표에 나타난 26년에 대한 DJIA의 IRR i_{irr}는

$$i_{\text{irr}} = \left(\frac{10717.50}{963.99}\right)^{1/25} - 11 = 10.114\%$$

이다. 같은 방식으로 S&P 500와 나스닥종합지수에 대한 IRR는 각각 9.280%와 10.026%이다. 이는 장기적으로 주식 시장은 1년에 약 10% 수익을 낸다는 흔히 말하는 바와 일치한다.

밸류라인지수

밸류라인(Value Line)은 1961년에 시작한 밸류라인기하평균(Value Line Geometric Average), 1988년에 시작한 밸류라인산술평균(Value Line Arithmetic Average)이라는 두 지수를 발표한다. 두 지수는 밸류라인투자조사(Value Line Investment Survey)에 등장하는 (1600개가 넘는) 모든 주식을 이용한다. 이러한 주식에는 대기업, 중기업, 소기업이 포함되고 모두 동등하게 취급된다. 두 지수에서 주식 분할과 주식 배당은 주가에 대해 적절하게 조정하여 다뤄진다.

밸류라인기하평균은 주식의 비율의 기하평균을 이용한다. 기본 (초기) 지수는 100이며 4단계 과정으로 계산한다.

1. 밸류라인투자조사에 있는 주식들의 종가를 주식 분할에 대해 조정하고 전일의 가격에 대한 비율로 표시한다.

2. 이러한 비율을 모두 곱한다.

3. 전체 주식수를 n이라 하고 이 곱의 n승근을 계산한다. 이것이 일일 비율 기하평균(geometric daily ratio)이다.

4. 일일 비율 기하평균에 전일의 지수를 곱한다.

이 방법을 주식 S, T, U, V에 대해 5일 동안 계산해보자. 기본 지수를 100이라 하고, T가 2일에 2대1 주식분할을 하였다고 한다.

일	주가			
	S	T	U	V
1	15	20	20	25
2	15	10	20	25
3	16	11	21	26
4	15	10	20	25
5	16	10	19	26

2일에 주식 T의 상대 가격은

$$\frac{2\text{일의 가격}}{1\text{일의 조정된 가격}} = \frac{\$10}{\$10} = 1$$

인데, 2대1 주식분할을 반영하여 조정된 1일의 가격이 $\$20/2 = \$10$이기 때문이다. 다른 모든 상대 주가는 1과 같다. 단계2와 단계3를 거쳐 기하 상대 가격(geometric relative price) $(1 \times 1 \times 1 \times 1)^{1/4} = 1$을 얻고, 단계4를 거치면 $100 \times 1 = 100$이 되는데, 이는 회사 T의 주식분할에 따라 조정하면 가격이 변하지 않았다는 사실을 보여준다.

3일에는 단계1에서 단계4까지 거치면 지수는

$$\left(\frac{16}{15} \cdot \frac{11}{10} \cdot \frac{21}{20} \cdot \frac{26}{25}\right)^{1/4} \times 100 = 106.392$$

가 됨을 알 수 있다.

5일에 대한 지수를 계산하는 것은 문제 10.5로 남긴다. 독자는 모든 주가가 오르면 지수가 증가할 것이라 추측할 것이다. 기타 관심을 끄는 질문으로 "어느날 주가가 원래 수준으로 돌아가면 지수는 어떻게 되는가? 어느날 모든 주가가 두 배가 되면 지수는 어떻게 되는가?" 등을 생각할 수 있다. 문제 10.6, 10.7, 10.8에서 이러한 질문에 답하게 될 것이다.

이 지수에 대한 공식을 다음과 같이 쓰기로 하자. 주식 i $(1 \le i \le n)$의 t일 종가를 $S_i(t)$라 하면 전일의 종가 $S_i(t-1)$로 표시된다. $VLG(t)$가 t일의 지수이면, 전일의 지수는 $VLG(t-1)$로 표기되고, 이때

$$VLG(t) = VLG(t-1)\left(\frac{S_1(t)}{S_1(t-1)}\frac{S_2(t)}{S_2(t-1)}\cdots\frac{S_n(t)}{S_n(t-1)}\right)^{1/n} \tag{10.1}$$

가 된다.

밸류라인산술평균은 동일한 가중치를 부여한 주가 비율의 평균이다. 그 값을 구하는 과정은 3단계로 이루어져 있다.

1. 밸류라인투자조사에 있는 주식들의 종가를 주식 분할에 대해 조정하고 전일의 가격에 대한 비율로 표시한다. 이는 밸류라인기하평균에서와 같은 계산이다.

2. 이 비율을 모두 더하고 n으로 나누어 일일 비율 산술평균(arithmetic daily ratio)을 얻는다.

3. 일일 비율 산술평균에 전일의 지수를 곱한다.

$VLG(t)$를 정의할 때와 같은 기호를 사용하면, t일에 밸류라인산술평균 $VLA(t)$는

$$VLA(t) = VLA(t-1)\frac{\frac{S_1(t)}{S_1(t-1)} + \frac{S_2(t)}{S_2(t-1)} + \cdots + \frac{S_n(t)}{S_n(t-1)}}{n} \tag{10.2}$$

가 된다. 이 두 지수는 다음 정리에 의해 서로 관련이 있다.[2]

정리 10.1 (밸류라인 정리). 밸류라인기하평균가 가질 수 있는 최대 일일 비율(daily ratio)은 밸류라인산술평균의 일일 비율과 같다. 등호는 모든 주식이 같은 비율로 가격 변화가 생길 때에만 성립할 수 있다.

증명. t일에 일일 비율 기하평균은 $VLG(t)/VLG(t-1)$이고, 일일 비율 산술평균은 $VLA(t)/VLA(t-1)$이다. 그러므로 $VLG(t)/VLG(t-1) \le VLA(t)/VLA(t-1)$임을 보여야 한다.

식 (10.1)에서

$$\frac{VLA(t)}{VLG(t-1)} = \left(\frac{S_1(t)}{S_1(t-1)}\frac{S_2(t)}{S_2(t-1)}\cdots\frac{S_n(t)}{S_n(t-1)}\right)^{1/n}$$

이 되고, 식 (10.2)에서

$$VLA(t) = VLA(t-1)\frac{\frac{S_1(t)}{S_1(t-1)} + \frac{S_2(t)}{S_2(t-1)} + \cdots + \frac{S_n(t)}{S_n(t-1)}}{n}$$

이 되므로,

$$\left(\frac{S_1(t)}{S_1(t-1)}\frac{S_2(t)}{S_2(t-1)}\cdots\frac{S_n(t)}{S_n(t-1)}\right)^{1/n} \le \frac{\frac{S_1(t)}{S_1(t-1)} + \frac{S_2(t)}{S_2(t-1)} + \cdots + \frac{S_n(t)}{S_n(t-1)}}{n}$$

임을 보여야 한다. 이것은 바로 산술기하평균 부등식(245쪽의 부록 A.3을 보라)으로, 등호는

$$\frac{S_1(t)}{S_1(t-1)} = \frac{S_2(t)}{S_2(t-1)} = \cdots = \frac{S_n(t)}{S_n(t-1)}$$

일 때만 성립하는데, 이는 모든 주식이 같은 비율로 가격 변화를 보일 때이다. □

[2] 2006년 5월 23일에 접속한 http://www.valueline.com/news/vlv050311.html에 실린 밸류라인 기사 "Comparing the Value Line Averages"를 조금 수정하여 인용한 것임.

지수 비교하기

이제 DJIA, S&P 500, 밸류라인지수를 비교하자.

- DJIA는 미국의 가장 큰 30개 기업에 한정한다. The S&P 500는 가장 큰 500개 기업을 사용한다. 이들은 더 작은 기업은 고려하지 않는다. 밸류라인지수는 1600개가 넘는 소기업, 중기업, 대기업을 고려한다.
- DJIA는 주식 분할 후 주식의 영향을 덜 강조한다. 10 % 이하의 주식 배당은 고려하지 않는다. 지수의 구성에서, 가격이 \$50인 주식은 가격이 \$10인 주식보다 더 큰 영향을 미친다. DJIA의 분자가 30개 주식 전체의 시가의 합이기 때문이다. DJIA나 밸류라인지수 어느 것도 발행 주식 수를 무시하기 때문에 주식의 총 시장가치를 고려하지 않게 된다. S&P 500는 시장가치를 고려한다.
- 시장가치를 사용하는 것이 항상 모든 투자자에게 적합하지는 않을 수 있다. 예를 들어, 고세율을 적용 받는 개인 투자자는 (공익사업과 같은) 배당수익률이 높은 주식은 비중을 낮추고 싶어할 수도 있다.

10.2 주식과 주식지수의 수익률

이제 주식과 주식지수의 수익률을 살펴보자. 특정 주식에 대한 주어진 기간 동안의 수익률은[3] 해당 기간 동안 주식의 가격의 변화와 그 기간 동안 받은 현금 배당금의 합을 기간 초의 주식 가격으로 나눈 것으로 정의된다. 그러므로 $S(0)$이 기간 초의 주가이고 $S(1)$이 기간 말의 주가, D가 현금 배당금이면 수익률 R은

$$R = \frac{S(1) - S(0) + D}{S(0)}$$

이다. 여기서

$$1 + R = \frac{S(1) + D}{S(0)}$$

이고, 이것은 $S(0) > 0$, $S(1) > 0$, $D \geq 0$이므로 양임을 알 수 있다. 이 성질이 나중에 이용될 것이다.

예 10.3. 12/31/2004에 어떤 주식이 주당 \$50에 거래되었다. 다음은 1/1/2005에서 12/31/2005까지 각 분기 말일에 기록한 주가와 배당금 목록이다. 각 분기의 수익률은 어떻게 되는가?

일자	3/31/2005	6/30/2005	9/30/2005	12/31/2005
가격	\$52.00	\$54.00	\$53.00	\$56.00
배당금	\$0.50	\$0.50	\$0.50	\$0.50

[3] 이 수익률과 내부수익률(internal rate of return)을 혼동하면 안 된다.

풀이. 분기당 수익률은 다음과 같다.

$$\frac{(52.00-50.00)+0.50}{50.00}=0.05=5\%,$$
$$\frac{(54.00-52.00)+0.50}{52.00}=0.0481=4.81\%,$$
$$\frac{(53.00-54.00)+0.50}{54.00}=-0.0093=-0.93\%,$$
$$\frac{(56.00-53.00)+0.50}{53.00}=0.066=6.6\%.$$

△

R_1, R_2, R_3, R_4가 분기별 수익률일 때, 평균 분기당 수익률 R를 어떻게 계량할 수 있을까? 이는 단리와 복리 중 어느 것을 사용하는가에 달려 있다.

단리를 사용하면 연말에 \$1 투자의 가치는 $1+R_1+R_2+R_3+R_4$이고, 이것이 $1+4R$와 같아지기를 기대하므로

$$1+4R=1+R_1+R_2+R_3+R_4$$

이다. R에 대해 풀면 산술평균 분기수익(arithmetic average quarterly return)

$$R_A=\frac{R_1+R_2+R_3+R_4}{4}$$

을 얻는다.[4]

복리를 사용하면 연말에 \$1 투자의 가치는 $(1+R_1)(1+R_2)(1+R_3)(1+R_4)$이고, 이것이 $(1+R)^4$과 같아지기를 기대하므로

$$(1+R)^4=(1+R_1)(1+R_2)(1+R_3)(1+R_4)$$

이다. R에 대해 풀면 기하평균 분기수익(geometric average quarterly return).[5]

$$R_G=((1+R_1)(1+R_2)(1+R_3)(1+R_4))^{1/4}-1$$

을 얻는다. 이미 보았듯이 괄호 안에 있는 각 항이 양수이므로 R_G는 항상 정의된다.

예 10.4. 예 10.3에 있는 주식에 대해 산술평균 분기수익과 기하평균 분기수익을 계산하라.

풀이. 산술평균 분기수익은

$$\frac{0.05+0.0481+(-0.0093)+0.066}{4}=0.0387=3.87\%$$

[4]엄밀하게 하자면 수익률이라 해야 하지만 간단하게 하기 위해 이 절에서는 짧은 표현인 수익을 사용한다.

[5]R_1, R_2, R_3, R_4의 산술평균 분기수익이 이들의 산술평균이지만, R_1, R_2, R_3, R_4의 기하평균 분기수익은 이들의 기하평균이 아님에 유의하라.

이고, 기하평균 분기수익은

$$((1.05)(1.0481)(0.9907)(1.066))^{1/4} - 1 = 0.0383 = 3.83\%$$

이다. △

기하평균 분기수익이 산술평균 분기수익보다 작게 나타났다. 이는 일반적으로 성립하는 것으로 다음 정리에서 이를 보일 수 있다.

정리 10.2 (평균 분기수익 정리).

$$R_G \leq R_A$$

증명. 산술기하평균 부등식(245쪽의 A.3을 보라)에 의하면, $a_1, a_2, \ldots, a_n$이 음이 아니고 모두 0도 아니면

$$(a_1 a_2 \cdots a_n)^{1/n} \leq \frac{a_1 + a_2 + \cdots + a_n}{n}$$

이 성립하고 등호가 성립할 필요충분조건은 $a_1 = a_2 = \cdots = a_n$이다. $n = 4$이고 $i = 1, \ldots, 4$에 대해 $a_i = 1 + R_i > 0$라 하면 이 부등식은

$$((1+R_1)(1+R_2)\cdots(1+R_4))^{1/4} \leq \frac{(1+R_1)+(1+R_2)+\cdots+(1+R_4)}{4}$$

가 되고, 등호가 성립할 필요충분조건은 $R_1 = R_2 = R_3 = R_4$가 된다. 이는 각 분기수익이 같아서 둘이 같아지지 않은 한 기하평균 분기수익이 산술평균 분기수익보다 작음을 보여준다. □

이러한 수익의 정의에 관하여 유의하여야 할 점이 몇 있다.

- 배당금이 각 분기 말일에 지급되었다고 가정하였다. 그렇지 않다면 계산은 일별로 하여야 한다.
- 배당금이 주식에 투자되지 않았다고 가정하였다.
- 배당금 기급 시기와 금액을 알지 못하면 이러한 형태의 수익을 계산할 수 없다. 예를 들어 연말 S&P 500 지수 목록으로부터 수익률을 계산할 수는 없다.

10.3 프라이싱과 위험

앞 절에서 정의한 대로 보통주 투자에 대한 수익은 두 가지 구성 요소로 구성되어 있다. 그것은 현금 배당과, 주가의 상승 혹은 하락인 자본 수익 또는 손실이다. 투자자가 보통주에 지불할 의사가 있는 가격은 배당금과 주식의 미래 가격에 대한 투자자의 기대에 기초한다.

$S(0)$를 주식의 현재 주당 가격, D_t를 분기로 표기한 시간 t에 지급되는 예상 배당(expected dividend), T를 분기로 표기한 보유기간(length of the holding period), k를 분기별 요구수익률(required rate of return)이라 하자.

처음에는 배당은 분기별로 지급되고 주가는 배당 지급 직후에 결정된다고 가정한다. 또한 거래 구조의 특정한 부분은 무시한다.

이론상 보유기간이 무한일 수 있다. 보통주는 채권과 달리 만기가 없다. 회사가 유지되는 한 주식도 유지된다. 투자자는 첫 분기 말에 배당 D_1, 둘째 분기 말에 배당 D_2, 등등을 받을 것이다. 그 대가로 투자자는 주식에 대해 $S(0)$를 오늘 지불할 의사가 있다. 이러한 현금흐름이 그림 10.1에 도표로 표현되어 있다.

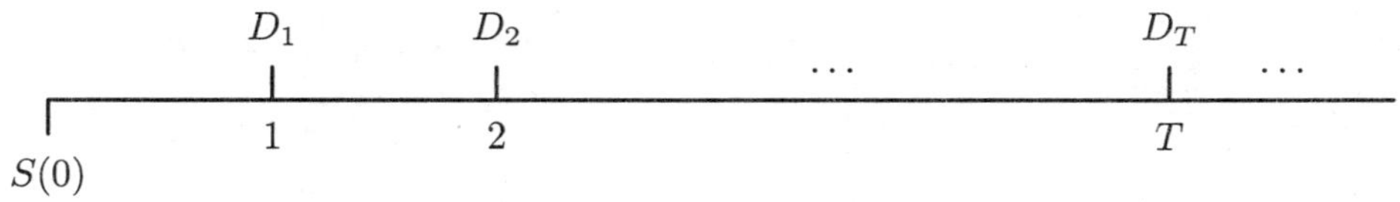

그림 10.1: 영구 보유하는 일반 주식의 시간도표

오늘 투자자가 주식에 대해 지불할 의사가 있는 가격은 적절한 요구수익률로 할인된 예상 미래 배당금의 현재가로 주어진다.[6] 적절한 분기당 요구수익률이 k라 하면, 오늘의 주가에 대한 일반 공식은

$$S(0) = \frac{D_1}{(1+k)^1} + \frac{D_2}{(1+k)^2} + \cdots$$

또는

$$S(0) = \sum_{t=1}^{\infty} \frac{D_t}{(1+k)^t} \tag{10.3}$$

가 된다.

그러나 실제로는 보유기간이 무한이 아니다. 투자자는 첫 분기 말에 배당금으로 D_1을, 둘째 분기 말에 D_2를, 등등을 받기를 기대한다. 또한 투자자는 T 분기 말에 $S(T)$라는 가격으로 주식을 매도할 수 있기를 기대한다. 그 대가로 투자자는 오늘 주식에 $S(0)$를 지불하려는 것이다.

이러한 현금흐름이 그림 10.2에 도표로 표현되어 있다.

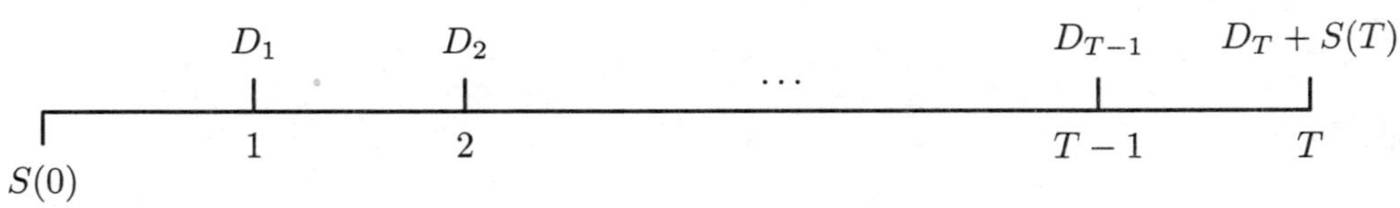

그림 10.2: 일반 주식의 시간도표

여기서도 오늘 투자자가 주식에 대해 지불할 의사가 있는 가격은 적절한 요구수익률로 할인된

[6] 요구수익률에 대해서는 173쪽에서, 요구수익률과 기대수익률의 관계에 대해서는 178쪽에서 다룬다.

예상 미래 현금흐름의 현재가로 주어진다. 그러므로 오늘의 주가에 대한 다른 공식은

$$S(0) = \frac{D_1}{(1+k)^1} + \frac{D_2}{(1+k)^2} + \cdots + \frac{D_{T-1}}{(1+k)^{T-1}} + \frac{D_T + S(T)}{(1+k)^T}$$

또는

$$S(0) = \sum_{t=1}^{T} \frac{D_t}{(1+k)^t} + \frac{S(T)}{(1+k)^T} \tag{10.4}$$

이다. 그래서 다음 정리가 성립한다.

정리 10.3 (보통주 정리). 보통주의 주당 가격 $S(0)$이 식 (10.3)으로 주어지면, 가격을 식 (10.4)로 쓸 수 있다.

이 정리의 역이 필연적으로 참은 아니다(문제 10.13을 보라).

예 10.5. 헬렌 캔드릭은 배당금을 다음 네 분기에 각 분기 말마다 \$1.50 씩 받고 그 다음 네 분기에 각 분기 말마다 \$1.75를 받을 것이라 기대한다. 덧붙여 그녀는 둘째 해 말에 주식을 \$94.50에 매도할 수 있을 것이라 기대한다. 분기당 요구수익률이 0.025이면 주식에 대해 그녀는 얼마를 지불해야 하는가?

풀이. 여기서 $T = 8$, $D_1 = D_2 = D_3 = D_4 = 1.5$, $D_5 = D_6 = D_7 = D_8 = 1.75$, $k = 0.025$, $S(T) = 94.5$이다. 이를 식 (10.4)에 대입하면

$$S(0) = \sum_{t=1}^{4} \frac{1.5}{(1.025)^t} + \sum_{t=5}^{8} \frac{1.75}{(1.025)^t} + \frac{94.5}{(1.025)^8} = 89.168$$

이다. 그러므로 헬렌은 주식에 대해 \$89.17을 지불해야 한다. △

배당금은 단기적으로는 비교적 안정적인 경향이 있다. 그러나 배당금의 연이은 흐름에는 보통 변동성이 있다. 이것이 일반 가격 공식을 적용하는 데 어려움을 초래한다. 그러나 종종 회사가 주주들에게 지급하는 배당금이 고정 비율로 무한정 증가할 것으로 가정한다. g를 분기당 배당금 증가율이라 하면

$$D_1 = D_0(1+g),$$
$$D_2 = D_1(1+g) = D_0(1+g)^2,$$

등등이 된다.

일반 가격 공식 (10.3)에 따르면

$$S(0) = \sum_{t=1}^{\infty} \frac{D_0(1+g)^t}{(1+k)^t} \tag{10.5}$$

이다.

여기서 다음 정리가 나온다.

정리 10.4 (일정 성장 정리). 배당금이 $D_n = D_0(1+g)^n$에 따라 증가하고 $k > g$이면

$$S(0) = D_0\frac{1+g}{k-g}$$

이다.

증명. 식 (10.5)를

$$S(0) = \sum_{t=1}^{\infty} D_0\left(\frac{1+g}{1+k}\right)^t = D_0\left(\frac{1+g}{1+k}\right)\sum_{t=0}^{\infty}\left(\frac{1+g}{1+k}\right)^t$$

라 쓸 수 있는데, 이는 기하급수이다. $k > g$이므로, $(1+g)/(1+k) < 1$이고, 이는 급수가 수렴함을 의미한다. 그러므로

$$S(0) = D_0\left(\frac{1+g}{1+k}\right)\frac{1}{1-\frac{1+g}{1+k}} = D_0\frac{1+g}{k-g}$$

이다. □

예 10.6. 어느 회사가 방금 배당금 \$2.25을 지급하였고, 앞으로 배당금은 분기당 1% 비율로 증가하리라 예상되고 있다. 이 회사 주식의 분기당 수익률이 2%라면 투자자는 이 주식에 대해 얼마를 지불해야 하는가?

풀이. 여기서 $D_0 = 2.25$, $g = 0.01$, $k = 0.02$이고, 따라서 $k > g$이므로

$$S(0) = D_0\frac{1+g}{k-g} = 2.25\frac{1.01}{0.01} = 227.25$$

이다. 투자자는 \$227.25를 지불하여야 한다. △

주식 가격을 어떻게 결정할지 논의하며, 미래에 지급될 것으로 기대되는 배당금을 할인할 때 적절하게 위험조정된(risk-adjusted) 비율을 사용하는 것에 대해 언급했었다. 이것이 171쪽에 언급된 요구수익률이다. 그러나 이 시점에 대답하지 않은 중요한 질문 둘이 남아있다. 주식의 위험을 어떻게 재는가? 그 위험 측도를 어떻게 사용하여 적절한 할인율을 계산하는가? 이러한 문제를 이제 해결해보자.

주식의 위험은 주식에 대한 수익의 불확실성과 관련되어 있다. 수익이 확실하다면 위험은 없다. 수익의 불확실성이 증가하면 위험도 그렇게 된다. 위험은 여러 측도 중 하나로 추정할 수 있다. 이러한 측도에는 주식에 대한 수익의 범위(range), 평균절대편차(mean absolute deviation), 음 수익 확률(probability of a negative return), 준분산(semivariance), 표준편차(standard deviation)가 포함된다.

주식에 대한 수익 R_s가 가능한 값은 S개이고, $1 \le s \le S$일 때 R_s일 확률은 P_s라 하자. R이 주식에 대한 수익을 나타내는 확률변수이면 R이 가능한 값은 $R_1, R_2, \ldots, R_S$이고 주식에 대한 기대 수익은 $E(R) = \sum_{s=1}^{S} P_s R_s$이다.

범위(range)는 최대 수익과 최저 수익의 차이다. 최대 수익이 $\max_{s\in S} R_s$ 이고 최저 수익이 $\min_{s\in S} R_s$ 이면, 범위는

$$\max_{s\in S} R_s - \min_{s\in S} R_s$$

이다. 이는 계산하기 쉽다. 그러나 범위는 두 극단 사이에 있는 수익에 주의를 기울이지 않으며 수익이 어떤 형태로 있을 법한지도 얘기하지 않는다.

평균절대편차(mean absolute deviation)은 주식의 수익과 기대 수익 $E(R)$ 아이의 차의 절대값에 대한 기대값으로서

$$MAD = \sum_{s=1}^{S} P_s |R_s - E(R)|$$

로 주어진다. 이것이 적절한 측도가 될 수 있지만 통계적으로 사용하기 어려운 점이 있다.

음 수익 확률(probability of a negative return)은 모든 음 수익 확률의 합으로

$$\sum_{s=1}^{S} P_s 1_{R_s<0}$$

로[7] 주어진다. 이 측도의 약점은 이 측도가 위험의 모든 양상을 고려하지는 않는다는 점이다. 예를 들어 음이 아닌 수익이나 음인 수익의 크기는 고려되지 않는다.

준분산(semivariance)은 기대 수익 이하의 수익의 변동성을 재는 통계 측도로서

$$\sum_{s=1}^{S} P_s (R_s - E(R))^2 1_{R_s<E(R)}$$

로 주어진다. 음 수익 확률에서와 같이 준분산은 기대 수익 이상의 수익의 불확실성은 고려하지 않는다.

R의 **표준편차**(standard deviation)는 아주 많이 사용하는 위험 측도이다. 표준편차는 기대 수익이 위 아래 양쪽으로 흩어진 정도를 재며

$$\sigma = \sqrt{\sum_{s=1}^{S} P_s (R_s - E(R))^2}$$

로 주어진다. σ^2는 R의 **분산**(variance)이다.

예 10.7. 어떤 투자의 가능한 연수익률이 세 가지가 된다고 하자. 그래서 0.10의 수익률을 얻을 확률 0.50, 0.15의 수익률을 얻을 확률 0.30, −0.05의 수익률(5%손실)을 얻을 확률 0.20이 된다 하자. 그러면 R을 연수익률이라 하면 $P(R = 0.10) = 0.50$, $P(R = 0.15) = 0.30$, $P(R = -0.05) = 0.20$ 이다. 범위, 기대수익, 평균절대편차, 음 수익 확률, 준분산, 표준편차는 어떻게 되는가?

---

[7] X가 확률변수이고 $(X \subset A)$가 사건일 때, 지시변수(indicator variable) $1_{X\subset A}$는

$$1_{X\subset A} = \begin{cases} 1, & X \subset A\text{일 때,} \\ 0, & X \not\subset A\text{일 때} \end{cases}$$

로 정의된다.

풀이. 범위는 $0.15 - (-0.05) = 0.20$이다.

기대수익은 $E(R) = 0.5(0.10) + 0.3(0.15) + 0.2(-0.05) = 0.085$이다.

평균절대편차는 $0.5|0.10 - 0.085| + 0.3|0.15 - 0.085| + 0.2| - 0.05 - 0.085| = 0.054$이다.

음 수익 확률은 0.2이다.

준분산은 $0.2(-0.05 - 0.085)^2 = 0.0036$이다.

표준편차는

$$\begin{aligned}\sigma &= \sqrt{0.5(0.10 - 0.085)^2 + 0.3(0.15 - 0.085)^2 + 0.2(-0.05 - 0.085)^2} \\ &= 0.0709\end{aligned}$$

이다. △

이러한 측도들은 두 형태의 위험, 즉 체계적 위험(systematic risk)과 비체계적 위험(unsystematic risk)을 잰다. 체계적 위험은 모든 위험한 주식이 공통으로 가지는 위험이다. 비체계적 위험은 각 회사에 고유한 위험이다. 이들을 차례로 살펴보기로 한다.

체계적 위험에 인플레이션의 영향, 장기 경제 성장의 불확실성, 투자자의 위험에 대한 태도의 변화, 이자율 변화 등이 있다.

- 인플레이션은 기업 이익을 통하여 주가에 영향을 미친다. 인플레이션으로 대출이자율이 높아지게 되면 미래의 기업 이익 기대치는 감소할 가능성이 높다. 반면 인플레이션으로 가격이 높아지면 미래의 기업 이익 기대치는 증가할 가능성이 높다. 효과는 모든 주식에 대해 유사하다.
- 장기 경제 성장의 불확실성 또한 기업 이익을 통하여 주가에 영향을 미친다. 모든 기업의 기업 이익은 경제의 장기적 건전성과 성장에 의존한다. 총생산에 영향을 주는 요인에는 인구성장, 노동생산성, 정치적 불확실성, 세금정책, 기술 등이 포함된다.
- 투자자의 위험에 대한 태도의 변화는 주가에 더 직접적으로 영향을 미친다. 일반적인 투자자의 위험회피 성향이 갑자기 커지면 요구수익률이 증가한다. 이렇게 커진 수익을 제공하기 위해 주가는 떨어져야 한다. 일반적인 투자자가 갑자기 위험 회피 성향이 약해지면 반대로 일이 벌어진다. 여기서도 효과는 모든 주식에 대해 유사하다.
- 이자율 변화 또한 모든 주식의 주가에 영향을 미친다. 이자율 인상은 이자비용을 증가시키고 기업 이익을 감소시킨다. 이자율 변화는 또한 투자자의 위험에 대한 태도에 영향을 주어 그 결과로 주가에 영향을 미친다.

체계적 위험은 분산투자(diversification)로 제거할 수 없다. 이러한 이유로 체계적 위험을 종종 시장 위험(market risk) 또는 분산불가능 위험(nondiversifiable risk)이라 부른다.

비체계적 위험은 각 회사에 고유한 것이다. 이러한 형태의 위험에는 소송(lawsuit), 파업(strike), 경쟁(competition), 소비자 시장 변화(change in consumer base) 등이 있다.

- 어느 회사가 다른 회사에 계약 위반으로 소송을 제기하면 승소한 회사의 시장가치는 증가하고 패소한 회사의 시장가치는 감소한다. 두 주식에 대해 적절한 포지션을 취하면 소송 결과에 관하여 우려해야 할 필요성이 제거된다.
- 회사가 파업을 겪으면 회사의 이익은 감소한다. 한편 판매 손실을 경쟁자가 차지하면 그 회사의 이익은 증가한다. 두 주식에 대한 적절한 포지션을 취하면 파업 결과에 관하여 우려해야 할 필요성이 제거된다.
- 어느 회사가 다른 회사가 연구 개발로 대응해야 하는 주요 제품 라인에 대해 특허를 보유하고 있다면, 그 특허를 보유한 회사의 이익이 유효한 특허의 지위를 상실할 경우 감소하고 경쟁사의 이익이 증가할 수 있다. 여기서도 또한 두 주식에 대한 적절한 포지션을 취하면 우려해야 할 필요성이 제거된다.
- 한 영역에서 회사들이 고객의 이주로 인해 다른 영역의 회사들에게 고객을 잃는다면, 첫째 영역의 회사의 이익은 감소하고 둘째 영역의 회사의 이익은 증가한다. 그래도 마찬가지로 또한 두 주식에 대한 적절한 포지션을 취하면 우려해야 할 필요성이 제거된다.

비체계적 위험은 잘 분산된 포트폴리오에 투자하여 제거할 수 있다. 한 주식에서 본 손실을 다른 주식에서 얻은 수익이 상쇄한다. 이런 이유로 비체계적 위험을 흔히 분산가능 위험(diversifiable risk)이라 부른다.

비체계적 위험이 적절한 분산으로 제거될 수 있으므로, 투자자는 이런 형태의 위험에서 보상을 받을 수 없고, 투자자는 체계적 위험에서만 보상을 받는다. 주식의 수익 중 얼마나 많은 부분이 분산될 수 없는지 결정하려면 그 주식의 수익과 다른 주식들의 수익 사이의 관계에 대한 측도가 필요하다.

상관계수(correlation coeffcient)는 두 확률변수 사이의 관계를 잴 때 많이 사용하는 통계 측도이다. 주식 i와 j에 대한 수익값으로 S개가 가능하며 $1 \le s \le S$에 대하여 각각 R_{is}와 R_{js}일 확률이 P_s로 동일하다고 하고, 주식 각각의 기대 수익을 $E(R_i)$와 $E(R_j)$, 각각의 수익에 대한 표준편차를 σ_i와 σ_j라 하자. 그러면 주식 i의 수익과 주식 j의 수익 사이의 상관계수는

$$\rho_{ij} = \frac{\sum_{s=1}^{S} P_s(R_{is} - E(R_i))(R_{js} - E(R_j))}{\sigma_i \sigma_j}$$

로 주어진다.

예 10.8. 예 10.7에 주어진 투자의 연수익률 R에 대한 정보에 더하여, 두 번째 투자의 연수익률 U가 다음과 같이 관련되어 있다고 한다. $P(R = 0.10, U = 0.15) = 0.50$, $P(R = 0.15, U = 0.20) = 0.30$, $P(R = -0.05, U = -0.10) = 0.20$. R와 U 사이의 상관계수 ρ_{RU}를 구하라.

풀이. 두 번째 주식의 기대 수익은 $E(U) = 0.5(0.15) + 0.3(0.20) + 0.2(-0.10) = 0.115$ 이고 표준편차는

$$\begin{aligned}\sigma &= \sqrt{0.5(0.15-0.115)^2 + 0.3(0.20-0.115)^2 + 0.2(-0.10-0.115)^2} \\ &= 0.1097\end{aligned}$$

이다. 그러므로 상관계수는

$$\begin{aligned}\rho_{RU} = \frac{1}{0.0709(0.1097)}&[0.5(0.10-0.085)(0.15-0.115) \\ &+ 0.3(0.15-0.085)(0.20-0.115) \\ &+ 0.2(-0.05-0.085)(-0.10-0.115)] \\ = 0.993&\end{aligned}$$

이다. △

두 주식 사이의 상관계수가 -1 이면 위험은 적절한 분산 투자로 제거된다. 두 주식 사이의 상관계수가 1 이면 위험은 분산 투자로 제거할 수 없다.

그러나 단 두 주식 사이 관계만 고려하는 것은 충분하지 않다. 모든 주식 사이의 관계를 고려하여야 한다. 주식의 위험을 재는 한가지 한 측도는 그 주식이 시장 포트폴리오에 끼치는 분산불가능한 위험의 정도이다. 미국 회사들이 발행한 주식에 대해 S&P 500이나 뉴욕증권거래소종합지수(NYSE Composite Index)와[8] 같은 지수가 시장 포트폴리오를 대리하는 것으로 사용된다. 이 위험 측도는 $\sigma_i \rho_{iM}$ 로 주어지는데, 여기서 σ_i 은 주식의 수익의 표준편차이고 ρ_{iM} 은 주식의 수익과 시장의 수익 사이의 상관계수이다.

좀더 많이 사용하는 주식의 위험 측도는 시장 포트폴리오의 위험에 대한 주식에 내재한 분산불가능한 위험의 양이다. 이 주식의 상대적 위험에 대한 측도는 주식의 베타(beta)로 알려져 있는데 식 $\beta_i = (\sigma_i/\sigma_M)\rho_{iM}$ 으로 주어진다. 여기서 σ_i 은 주식의 수익의 표준편차이고 σ_M 은 시장의 수익의 표준편차이고 ρ_{iM} 은 주식의 수익과 시장의 수익 사이의 상관계수이다. 예를 들어, R_M 이 S&P 500의 수익을 나타내면 ρ_{iM} 은 R_M 과 주어진 주식의 수익 사이의 상관계수이다.

σ_M 에 대한 σ_i 의 비율은 주식이 기준 포트폴리오(reference portfolio)의 변동성(volatility)에 비교할 때 얼마나 변동성이 있는지 계량한다. 그리고 상관계수는 그 상대적 변동성을 얼마나 중시하여야 하는지 잰다. 주식이 시장과 완벽한 상관 관계에 있다면 상대적 변동성은 중요하다. 상관 관계가 없다면 상대적 변동성은 전혀 중요하지 않다.

실제로는 투자자는 σ_i, σ_M, ρ_{iM} 을 모른다. 그러므로 이러한 변수를 추정하여야 한다. 필요한 값은 σ_i, σ_M, ρ_{iM} 의 사전추정(ex ante estimate)이다.[9]

[8] 뉴욕증권거래소종합지수는 뉴욕증권거래소에서 거래되는 모든 보통주를 포함한다. 자세한 계산법은 www.nyse.com/pdfs/methodology_nya.pdf에 나와있다.

[9] ex ante는 사전(before the fact)을 의미한다.

그러나 사전추정치를 사용하려면 모든 가능한 미래 수익과 그에 해당하는 확률을 알아야 하는데 이는 가능하다 해도 극히 어려운 과제이다. 그러므로 σ_i, σ_M, ρ_{iM}의 사후추정(ex post estimate)[10] 또는 기록에 입각한 추정이 이들의 사전추정값으로 자주 사용된다.

회귀선(regression line)은 설명 변수(explanatory variable)와 응답 변수(response variable) 사이의 관계를 설명하는 선이다. 주식의 특성선(characteristic line)은 주식의 수익과 시장 수익 간의 관계를 설명하는 최적 회귀선이다. 이 선의 기울기는 $b_i = (s_i/s_M)r_{iM}$으로 주어지는데, 여기서 s_i와 s_M은 각각 σ_i와 σ_M의 추정치이고 r_{iM}은 ρ_{iM}의 추정치이다 (276쪽의 부록 B.7을 보라). 그러므로 b_i는 β_i의 추정치이다. 달리 말하면 주식의 β의 추정치는 주식의 과거 수익을 시장 수익에 대해 회귀분석하여 얻는다.

이것이 단순하게 들릴 수도 있지만 남은 문제가 조금 있다. β_i를 추정할 때 사용하는 기간으로 지난 달, 지난 해, 지난 5년간, 지난 20년간 등 어느 것으로 해야 할까? β_i를 추정할 때 일일 수익, 주간 수익, 월간 수익, 분기 수익, 연간 수익 등 어느 것을 사용해야 할까? 시장 포트폴리오를 대표하는 것으로 어떤 지수를 사용해야 하는가? 유감스럽게도 이러한 질문에 대한 답은 아직 없다. 그러므로 b_i는 단지 β_i의 추정치이고 그 추정치의 값은 회귀분석에 사용된 특정 데이터에 의해 결정된다는 사실을 강조하는 것이 중요하다. 달리 말하면 다른 데이터를 사용하면 다른 추정치가 나온다는 것이다. 그러나 β_i의 추정과 관련한 어려움에도 불구하고 β_i는 적절한 위험 측도로 받아들여진다.

예 10.9. Amazon.com과 S&P 500의 종가와 주간 수익이 1999년 12월부터 2000년 6월까지 표 10.1에 나와있다.[11] 스프레드시트를 사용하여 Amazon.com의 β를 추정하라.

풀이. Excel® 로 S&P 500의 수익에 대한 Amazon.com의 수익을 회귀분석하였다. 회귀선(regression line)의 기울기는 2.214659이다. 그러므로 Amazon.com의 β 값 추정치는 2.21이다. △

주식의 가격은 기대되는 모든 미래의 배당금을 적절한 요구수익률로 할인하여 결정된다. 자본 자산 가격결정 모형(Capital Asset Pricing Model, CAPM)으로 알려진 모형은 주식에 대한 기대 수익과 위험 사이의 평형 관계(equilibrium relationship)를 명시해준다. 평형(equilibrium)은 기대수익률(expected rates of return)이 요구수익률(required rates of return)과 같아지는 상태로 정의된다. 이 모형에 따르면 투자자는 돈의 시간가치와 분산불가능한 위험에 대해 보상을 받는다.

R를 포트폴리오의 수익을 나타내는 확률변수라 할 때 포트폴리오의 기대 수익 $E(R)$을 포트폴리오의 수익의 표준편차 σ와 관련짓는 직선을 자본시장선(Capital Market Line)이라 한다. $(\sigma, E(R))$ 평면 위의 이 직선의 방정식은

$$E(R) = R_{rf} + \frac{E(R_M) - R_{rf}}{\sigma_M}\sigma$$

[10] ex post는 사후(after the fact)를 의미한다.

[11] 자료 출처 http://finance.yahoo.com/.

	Amazon.com		S&P 500	
	종가	수익	종가	수익
26-Jun-00	36.3125	0.071956	1454.60	0.009102
19-Jun-00	33.8750	−0.263587	1441.48	−0.015692
12-Jun-00	46.0000	−0.118563	1464.46	0.005155
5-Jun-00	52.1875	−0.098272	1456.95	−0.013748
29-May-00	57.8750	0.244624	1477.26	0.072016
22-May-00	46.5000	−0.116390	1378.02	−0.020562
15-May-00	52.6250	−0.020930	1406.95	−0.009860
8-May-00	53.7500	−0.081197	1420.96	−0.008146
1-May-00	58.5000	0.060023	1432.63	−0.013632
24-Apr-00	55.1875	0.053699	1452.43	0.012471
17-Apr-00	52.3750	0.117333	1434.54	0.057484
10-Apr-00	46.8750	−0.306198	1356.56	−0.105378
3-Apr-00	67.5625	0.008396	1516.35	0.011858
27-Mar-00	67.0000	−0.078246	1498.58	−0.018907
20-Mar-00	72.6875	0.121504	1527.46	0.043012
13-Mar-00	64.8125	−0.030841	1464.47	0.049747
6-Mar-00	66.8750	0.070000	1395.07	−0.010006
28-Feb-00	62.5000	−0.095841	1409.17	0.056856
21-Feb-00	69.1250	0.067568	1333.36	−0.009457
14-Feb-00	64.7500	−0.150123	1346.09	−0.029579
7-Feb-00	76.1875	−0.030231	1387.12	−0.026152
31-Jan-00	78.5625	0.273556	1424.37	0.047208
24-Jan-00	61.6875	−0.006042	1360.16	−0.056336
17-Jan-00	62.0625	−0.034047	1441.36	−0.016237
10-Jan-00	64.2500	−0.076370	1465.15	0.016428
3-Jan-00	69.5625	−0.086207	1441.47	−0.018908
27-Dec-99	76.1250	−0.154167	1469.25	0.007481
20-Dec-99	90.0000		1458.34	

표 10.1: Amazon.com과 S&P 500의 종가와 주간 수익

로 주어지는데, 여기서 R_{rf}는 무위험 수익률이고,[12] $E(RM)$은 시장의 기대 수익, σ_M은 시장의 수익의 표준편차이다. 자본시장선은 포트폴리오들의 효율 경계(effcient boundary)로, 시장 포트폴리오가 효율적이라 가정하면 모든 포트폴리오는 $(\sigma, E(R))$ 평면에 그리면 이 직선이나 그 밑에 있어야 한다. 이제 어떻게 개별 자산의 기대수익률이 그의 개별 위험과 관련되어 있는지 보기로 한다.

자산 i에 투자한 비율이 w이고 시장 포트폴리오에 투자한 비율이 $1 - w$인 포트폴리오를 생각하자. 이 포트폴리오의 기대수익률은

$$E(R_{i,w}) = wE(R_i) + (1 - w)E(R_M)$$

로, 여기서 $R_{i,w}$는 포트폴리오의 수익을 나타내는 확률변수이고 R_i는 자산 i의 수익을 나타내는

[12] 무위험 수익률(risk-free rate of return)로 보통 미국 재무성 증권의 수익률이 사용된다.

확률변수이다.[13] 이 포트폴리오의 표준편차는[14]

$$\sigma_{i,w} = \sqrt{w^2\sigma_i^2 + 2w(1-w)\sigma_{iM} + (1-w)^2\sigma_M^2}$$

이고, 여기서 σ_i는 R_i의 표준편차이고, σ_M은 R_M의 표준편차, σ_{iM}은 R_i와 R_M의 공분산이다.

w를 달리 하면 $(\sigma, E(R))$ 평면 위에서 다른 점 $(\sigma_{i,w}, E(R_{i,w}))$들이 생긴다. $w = 0$이면 모두 시장에 투자한 것이므로 $R_{i,0} = R_M$이고 $\sigma_{i,0} = \sigma_M$이며, 점 $(\sigma_M, E(R_M))$에서 자본시장선과 만난다.

자본시장선의 정의에 의해 점 $(\sigma_{i,w}, E(R_{i,w}))$는 결코 이 선을 건너갈 수 없다. 그래서 곡선 $(\sigma_{i,w}, E(R_{i,w}))$, $-\infty < w < \infty$는 $(\sigma_M, E(R_M))$에서 자본시장선에 접한다. 그러므로 $(\sigma_M, E(R_M))$에서 이 곡선의 기울기는 $(\sigma_M, E(R_M))$에서의 자본시장선의 기울기와 같게 된다.

자본시장선의 기울기는

$$\text{기울기} = \frac{E(R_M) - R_{rf}}{\sigma_M}$$

이고 w에서 곡선의 기울기는

$$\frac{dE(R_{i,w})}{d\sigma_{i,w}} = \frac{\frac{dE(R_{i,w})}{dw}}{\frac{d\sigma_{i,w}}{dw}} = \frac{E(R_i) - E(R_M)}{(w\sigma_i^2 + (1-2w)\sigma_{iM} - (1-w)\sigma_M^2)/\sigma_{i,w}}$$

이다. 그러므로 $w = 0$일 때

$$\frac{E(R_M) - R_{rf}}{\sigma_M} = \frac{E(R_i) - E(R_M)}{(\sigma_{im} - \sigma_M^2)/\sigma_M}$$

가 되어야 한다. 항들을 다시 배열하면

$$E(R_i) = R_{rf} + \beta_i(E(R_M) - R_{rf}), \tag{10.6}$$

가 된다. 단

$$\beta_i = \frac{\sigma_i}{\sigma_M}\rho_{iM}$$

이다.

식 (10.6)을 다음과 같이 해석할 수 있다. (평형일 때의 요구수익률과 같은) 기대수익률은 무위험 수익률에 위험 프리미엄을 더한 것과 같다. 위험 프리미엄은 β_i와 시장 위험 프리미엄에 비례한다. 시장 위험 프리미엄은 시장에 대한 기대 수익과 무위험 수익률 사이의 차이다.

예 10.10. 무위험 수익률이 $R_{rf} = 0.06$이고, 시장에 대한 기대 수익이 $E(RM) = 0.15$이고, 베타는 $\beta_i = 1.2$이다. 기대수익률은 몇인가?

풀이. 식 (10.6)에서 기대수익률은 $E(R_i) = 0.06 + 1.2(0.15 - 0.06) = 0.168$이다. △

[13] 그러므로 $R_{i,0} = R_M$이고 $R_{i,1} = R_i$이다. 여기서 사용하는 자산 i에 대한 수익 R_i와 173쪽의 주식에 대한 수익 R 중 가능한 어떤 값 R_s를 혼동하지 않기 바란다.

[14] 그러므로 $\sigma_{i,0} = \sigma_M$이고 $\sigma_{i,1} = \sigma_i$이다.

10.4 주식 포트폴리오

채권에서와 마찬가지로 신중한 투자자는 개별 주식보다 주식 포트폴리오에 투자한다. 이 전략의 가장 중요한 이점은 위험을 줄이는 것으로 앞 절에서 다룬 주제이다. 거기서 특히 우리는 투자자가 분산가능한 위험에 대해서 상쇄된 위치에 있지 않음을 보았다. 주식 포트폴리오는 기초를 이루는 다수의 주식들로 구성된다. 그러므로 포트폴리오의 가치는 기초 주식 가치의 함수이며, 포트폴리오의 위험은 기초 주식 위험의 함수이다.

포트폴리오의 가치는 단순히 기초 주식 가치의 합이다. 포트폴리오를 구성하는 주식의 종류가 n개이고 주식 i의 현재가치가 S_i, 그리고 포트폴리오에서 주식 i의 주식수가 N_i이면, 포트폴리오의 가치는

$$\text{포트폴리오의 가치} = \sum_{i=1}^{n} N_i S_i$$

이다.

예 10.11. 어느 투자자가 주식 X 150주와 주식 Y 200주를 보유하고 있다. 주식 X와 주식 Y의 현재가가 각각 \$50와 \$35이면, 포트폴리오의 가치는 몇인가?

풀이. 포트폴리오의 가치는 $150(\$50) + 200(\$35) = \$14,500$이다. △

개별 주식과 마찬가지로 주식 포트폴리오의 수익에 대한 변동성 측도로 표준편차를 많이 사용한다. 마찬가지로 주식 포트폴리오의 위험 측도로 많이 사용하는 것은 β이다.

포트폴리오의 분산은 기초 주식의 분산의 가중 평균이 아니다. 포트폴리오의 수익에 대한 표준편차도 기초 주식의 수익에 대한 표준편차의 가중 평균이 아니다. 주식의 수익이 다른 주식의 수익과 흔히 상호 연관되어 있음을 상기하자. 이 상관관계가 표준편차를 계산할 때 고려되어야 한다.

포트폴리오에서 주식 i에 투자한 부분은

$$w_i = \frac{N_i S_i}{\sum_{j=1}^{n} N_j S_j}$$

로 주어진다. P가 포트폴리오의 수익을 나타내는 확률변수이고, σ_i와 σ_j가 각각 주식 i의 수익과 주식 j의 수익의 표준편차, ρ_{ij}는 주식 i의 수익과 주식 j의 수익 사이의 상관계수라 하면, 포트폴리오의 수익의 표준편차는

$$\sigma_P = \sqrt{\sum_{i=1}^{n} w_i^2 \sigma_i^2 + 2 \sum_{i=1}^{n-1} \sum_{j=i+1}^{n} w_i w_j \sigma_i \sigma_j \rho_{ij}}$$

로 주어진다.

예 10.12. 어떤 포트폴리오가 세 주식 주식1, 주식2, 주식3으로 구성되어 있다. 다음 표에 포트폴리오가 각 주식에 투자한 비율과 각 주식의 수익의 표준편차가 나와 있다.

주식	포트폴리오에서의 비율	σ
1	0.25	0.05
2	0.40	0.07
3	0.35	0.02

주식1의 수익과 주식2의 수익 사이의 상관계수는 −0.80, 주식1의 수익과 주식2의 수익 사이의 상관계수는 −0.40, 주식1의 수익과 주식2의 수익 사이의 상관계수는 0.10이다. 포트폴리오의 수익의 표준편차는 몇인가?

풀이. 계산하면

$$\begin{aligned}\sigma_P &= [(0.25)^2(0.05)^2 + (0.40)^2(0.07)^2 + (0.35)^2(0.02)^2 \\ &\quad + 2(0.25)(0.40)(0.05)(0.07)(-0.80) \\ &\quad + 2(0.25)(0.35)(0.05)(0.02)(-0.40) + 2(0.40)(0.35)(0.07)(0.02)(0.10)]^{1/2} \\ &= 0.02\end{aligned}$$

이다. △

주식 포트폴리오의 베타를 계산하는 방법에는 두 가지가 있는데, 이 둘은 동치이다.

1. 포트폴리오의 수익의 표준편차가 σ_P 이고, 시장 수익의 표준편차가 σ_M, 포트폴리오의 수익과 시장 수익 사이의 상관계수가 ρ_{pM} 이면, 포트폴리오의 베타는

$$\beta_P = \frac{\sigma_P}{\sigma_M}\rho_{PM}$$

이다.

2. 주식 포트폴리오의 베타는 포트폴리오를 구성하는 주식들의 베타의 가중 평균이기도 하다. 포트폴리오를 구성하는 주식의 수가 n 이고, 주식 i 의 베타가 β_i, 주식 i 의 비율이 w_i 이면, 포트폴리오의 베타는

$$\beta_P = \sum_{i=1}^{n} w_i\beta_i$$

이다.

이들이 동치라는 사실은 다음과 같이 이 두 값이 모두 σ_{PM}/σ_M^2 와 같다는 사실에서 나온다.[15]

$$\beta_P = \frac{\sigma_P}{\sigma_M}\rho_{PM} = \frac{\sigma_P}{\sigma_M}\frac{\sigma_{PM}}{\sigma_P\sigma_M} = \frac{\sigma_{PM}}{\sigma_M^2}$$

[15] X 와 Y 의 공분산은 $\sigma_{XY} = \rho_{XY}\sigma_X\sigma_Y$ 을 만족함을 상기하자.

이며, 또한

$$\beta_P = \sum_{i=1}^{n} w_i\beta_i = \sum_{i=1}^{n} w_i \frac{\sigma_i}{\sigma_M}\rho_{iM} = \sum_{i=1}^{n} w_i \frac{\sigma_{iM}}{\sigma_M^2} = \frac{\sigma_{PM}}{\sigma_M^2}$$

이다.

예 10.13. 베타가 1.10인 주식이 25%이고 베타가 0.95인 주식이 30, 베타가 1.30인 주식이 45%인 포트폴리오가 있다. 이 포트폴리오의 베타는 몇인가?

풀이. 이 포트폴리오의 베타는 $0.25(1.10) + 0.30(0.95) + 0.45(1.30) = 1.145$이다. △

10.5 연습문제

걷기

10.1. 다음 표에 세 주식 S, T, U에 관한 데이터가 있다.

		12/31/98	3/31/99	6/30/99	9/30/99	12/31/99
가격	S	25	27	28	28	28
	T	30	32	33	35	33
	U	40	42	43	45	43
발행	S	100	200	200	200	200
주식	T	500	500	500	500	500
	U	300	450	450	550	550

(a) DJIA 방법으로 각 기간에 대한 세 주식의 가격 지수를 계산하라.

(b) S&P 500을 따라 가격 지수를 계산하라.

(c) 일련의 수익들 각각에 대한 산술평균 분기수익과 기하평균 분기수익을 계산하라.

10.2. 다음은 1995년에서 1998년까지 어떤 포트폴리오의 연간 수익과

1995	1996	1997	1998
22.55%	−13.66%	−18.23%	9.34%

1999년의 (백만달러 단위로 표기한) 배당금과 포트폴리오 가치이다.

	12/31/98	3/31/99	6/30/99	9/30/99	12/31/99
배당금	0	4	4	4	2
가치	200	195	200	200	210

(a) 1999년 각 분기당 포트폴리오의 수익률을 계산하라.

(b) 1999년 포트폴리오의 연간 수익률이 (210 – 200)/200 = 0.05 = 5%일 때, 5년에 대한 산술평균 수익과 기하평균 수익을 계산하라. 이들이 왜 다른지 설명하라.

10.3. DJIA를 구성하는 주식 리스트가 2004년 4월 8일 변경되었다. 리스트에서 삭제된 주식과 그 주식의 2004년 4월 7일 종가는 다음과 같다. AT&T ($19.52), International Paper ($42.40), Eastman Kodak ($25.49). 리스트에 추가된 주식과 그 주식의 2004년 4월 7일 종가는 다음과 같다. AIG ($76.25), Pfizer ($35.67), Verizon ($37.31). 2004년 4월 7일에 DJIA의 종가는 10,480.15이고 분모는 0.13500289였다. 2004년 4월 8일의 새로운 분모는 몇인가?

10.4. 1995년 11월 18일 DJIA에 속하는 회사인 International Paper가 2대1로 주식을 분할하였다. 1995년 11월 17일 DJIA는 4797.57에 마감하였고, International Paper는 $85.625에 마감하였다. 그 날 분모는 0.3549192였다. 1995년 11월 18일 분모는 몇인가?

10.5. 166쪽의 주식 가격에 대한 5일째의 밸류라인기하평균을 계산하라.

10.6. 모든 주식의 가격이 오르면 밸류라인기하평균에 어떤 일이 생기는가?

10.7. 모든 주식의 가격이 원래의 가격이 되면 밸류라인기하평균이 100임을 보여라.

10.8. 모든 주식의 가격이 두 배가 되면 밸류라인기하평균에 어떤 일이 생기는가?

뛰기

10.9. $i = 1, 2, \ldots, n$에 대하여 $x_i > 0$이면 $n \geq 2$에 대하여 이들의 산술평균은 $\bar{x} = (1/n)\sum_{i=1}^{n} x_i$이다.

(a) 어떤 d에 대하여

$$\frac{1}{d}\left(x_1 + \cdots + x_{j-1} + \frac{1}{2}x_j + x_{j+1} + \cdots + x_n\right) = \bar{x}$$

가 되는가?

(b) a, b, d_1을 양수라 하고, d_2를

$$\frac{a+b}{d_1} = \frac{a+\frac{1}{2}b}{d_2}$$

인 수라 하자.

(i) d_2를 a, b, d_1로 표현하라.

(ii) $\frac{1}{2}d_1 < d_2 < d_1$임을 보여라.

(c) (a)와 (b)가 어떻게 DJIA의 계산에 관련되는가?

10.10. S_n, T_n, U_n, V_n을 166쪽의 주식 S, T, U, V의 n일째 주가라 하자. n일의 밸류라인기하평균이 200이 되려면 어떤 관계가 성립하여야 하는가? 50이려면?

10.11. 166쪽의 (10.1)로부터 $m < t$인 임의의 m일에 대하여

$$VLG(t) = VLG(m)\left(\frac{S_1(t)}{S_1(m)}\frac{S_2(t)}{S_2(m)}\cdots\frac{S_n(t)}{S_n(m)}\right)^{1/n}$$

가 됨을 보여라.

10.12. 1980년에서 2005년 동안 DJIA, S&P 500, NASDAQ종합지수의 백분율로 얼마나 증가하였는지 계산하라.

10.13. 172쪽의 (10.4)를 만족하지만 (10.3)은 만족하지 않는 주식에 대한 가격, $S(0)$, $S(1)$, $\ldots$, 배당금, D_1, D_2, $\ldots$, 요구수익률 k의 예를 제시하라.

10.14. 174쪽의 예 10.7의 계산을 검증하라.

10.15. 176쪽의 예 10.8의 계산을 검증하라.

10.16. 178쪽의 예 10.9에 있는 Amazon.com와 S&P 500 자료에 대해 $\beta = 2.21$임을 검증하라.

복습문제

- DJIA란 무엇인가? 어떻게 계산하는가?
- 주식분할이 어떻게 DJIA에 영향을 끼치는가?
- Standard & Poor's 500이란 무엇인가? 어떻게 계산하는가?
- NASDAQ종합지수란 무엇인가? 어떻게 계산하는가?
- 밸류라인기하평균이란 무엇인가? 어떻게 계산하는가?
- 밸류라인산술평균이란 무엇인가? 어떻게 계산하는가?
- 밸류라인 정리란 무엇인가?
- 평균 분기수익 정리란 무엇인가?
- 보통주 정리란 무엇인가?
- 일정 성장 정리란 무엇인가?
- 주식의 위험 측도로 어떤 것이 있는가? 어떻게 계산하는가?
- 체계적 위험과 비체계적 위험 사이의 차이는 무엇인가?
- 베타란 무엇인가? 주식의 베타를 어떻게 계산하는가? 포트폴리오의 베타를 어떻게 계산하는가?
- CAPM이란 무엇인가?

11

옵션

아메리칸 옵션은 구매자에게 특정 상품을 특정 가격에 특정일 혹은 그 이전에 살거나 팔 수 있는 (의무가 아닌) 권리를 부여하는 계약이다. 옵션은 금, 밀, 튤립 구근, 외환, 영화 대본, 주식 등 다양한 제품에 대해 작성된다.[1] 예를 들면 금 소유자는 다음 30일 이내에 특정 가격에 구매할 권리를 팔 수도 있다. 옵션 구매자는 권리를 행사하지 않아도 된다. 그러나 구매자가 권리를 행사하면 판매자는 금을 팔아야 한다. 항공권에 관련한 최근의 흥미로운 사례를 [12]에서 볼 수 있다.

아만다 캔드릭이 MP3 플레이어를 $100에 파는 가게에 들렀다. 그러나 물건이 매진되고 후일구매표(rain check)도[2] 이미 다른 사람들이 모두 가져갔다. 어떤 사람이 후일구매표를 $10에 팔겠다고 하자 그것을 샀다. 후일구매표는 유효기간이 한 달이다. 옵션으로 표현하면 아만다는 지금부터 한 달 후가 **만기일**(expiration date)이고 **행사가격**(exercise price)이 $100인 **옵션**(후일구매표)을 **프리미엄**(premium) $10에 구매한 것이다.

다음과 같은 가능성들을 생각해 보자.

- 가게에 MP3 플레이어가 $90에 재입고되었다. 행사가격이 현재가격보다 높기 때문에 이 옵션은 **외가격**(out of the money)옵션이다.[3] 아만다는 MP3플레이어를 가게에서 $90에 살 수 있기 때문에 자신의 옵션을 행사할 필요가 없다.
- 가게에 MP3 플레이어가 $150에 재입고되었다. 행사가격이 현재가격보다 높기 때문에 이 옵션은 **내가격**(in the money)옵션이다. 아만다는 자신의 옵션을 행사하여 $150 짜리 물품을 $100에 구매할 수 있다.

[1] 옵션과 그 외 다른 증권에 대해 [14]에서 자세하게 다루고 있다. [24]는 옵션에 대해 쉽고 재미있게 해설하고 있다.

[2] 역자 주: 후일구매표(rain check)란 원래 비가 와서 공연이나 경기가 취소되었을 때 표를 구매한 관객에게 주는 다음에 사용할 수 있는 입장권를 뜻하였으나, 지금은 매장에 원하는 물건이 없을 때 후일 매장을 재방문하면 동일 가격에 구매할 수 있다고 보장하는 표를 뜻한다.

[3] 역자 주: 현재시점에서 권리를 행사하면 손실이 발생하는 상태에 있는 옵션, 즉 행사가치가 없는 옵션을 외가격(OTM) 옵션이라 한다

- 아만다가 MP3 플레이어를 선물로 받았다. 그래서 그녀는 자신의 옵션을 팔려 내놓았다. 옵션이 만기일에 외가격이면 아무런 가치가 없다. 옵션이 내가격이면 프리미엄은 양이고 MP3 플레이어의 가격이 상승함에 따라 증가하지만 MP3 플레이어의 가격과 만기일의 행사가격 사이의 차보다 커질 수는 없다.

옵션 구입 가격을 **프리미엄**(premium)이라 한다. 옵션을 행사하여 프리미엄을 제외하고 이익이 생기면 **내가격**이라 한다. 행사하는 것이 이익을 남기지 않는다면 **외가격**이라 한다. 자산의 가격이 행사가격과 같을 때 옵션은 **등가격**(at the money)이라 한다.

이 장에서는 주식 옵션을 다룰 것인데, 옵션은 보유자에게 주식을 특정한 기간 동안 특정한 가격에 팔거나 사는 권리를 부여한다. 그러므로 옵션 구매자는 주식을 팔거나 사는 권리를 갖지만 의무는 지지 않는다. 옵션 판매자(발행자(writer))는 옵션이 행사되면 주식을 팔거나 사야 한다. 주식을 보유하여 주식 가격이 큰 폭으로 내리는 것을 방지하고자 하는 투자자에게 옵션은 최저 가격을 보장해줄 수 있다. 공격적인 투자자에게는 옵션은 커다란 레버리지를 제공해줄 수 있다. 즉 주식 가격에서 작은 변화가 옵션 가치에 큰 변화를 일으킬 수 있다. 각 방향마다 주식 가격이 크게 움직이면 큰 이익을 낳는 옵션 전략들이 있다.

11.1 풋옵션과 콜옵션

아메리칸 옵션(American option)은 보유자에게 **행사가격**(exercise price 또는 strike price)이라 부르는 특정 가격에 **만기일**(expiration date)이라 부르는 특정일이나 그 이전에 자산을 사거나 팔 권리를 부여한다. **유러피언 옵션**(European option)은 같은 권리를 부여하지만 옵션을 만기일에만 행사할 수 있다.[4] 아메리칸이나 유러피언이라는 용어는 옵션의 형태를 지칭하는 것으로 옵션이 거래되는 지리학적 장소를 말하는 것이 아니다. **콜옵션**(call option)은 자산은 특정 가격에 살 권리를 부여한다. **풋옵션**(put option)은 자산을 특정한 가격에 팔 권리를 부여한다.

표 11.1에 2000년 8월 22일자 월스트리트저널에 실린 몇몇 옵션에 관한 정보가 나와 있다. 첫째 열에 기초 자산의 이름과 당시 가격이 있다. IBM이 이전 거래일 말에 $121.44로 거래되었음을 볼 수 있다. 둘째 열에 행사가격이 오름차순으로 나열되어 있다. IBM의 경우 행사가격은 $110, $115, $120, $125, $130, $135이다. 셋째 열에 만료월이 나열되어 있다. 거래소에 상장된 옵션인 경우 옵션을 거래하거나 행사하는 마지막 날은, 그 날 시장이 닫지 않는다면, 만료월의 셋째 금요일이다. 넷째 열에는 그 행사가격과 만기일에 해당하는 콜옵션에 대한 이전 거래일의 거래횟수(number of trades)가 나와 있다. 다섯 째 열에는 해당 콜옵션에 대한 마지막 거래가격이 나열되어 있다. 마지막 두 열에는 풋옵션에 대한 거래량과 종가가 나열되어 있다.

첫 줄은 그 콜옵션 보유자는 10월 셋째 금요일까지 언제든 행사가격 $110으로 IBM 주식을 구입할 수 있음을 보여준다. 이를 IBM 10월 110 콜옵션으로 부르며, 주당 $14.88에 팔린다. 이와는

[4] 다른 형태의 옵션들도 있다. 예를 들어 버뮤다형 옵션(Bermudian option)은 만기일 이전 특정일에 행사할 수 있다. 아시안 옵션(Asian option)은 옵션 기간 내의 자산 가격의 평균이 행사가격이 된다.

			— 콜옵션 —		— 풋옵션 —	
옵션	Strike	Exp.	Vol.	Last	Vol.	Last
IBM	110	Oct	14	14.88	673	2.56
121.44	115	Sep	174	8	636	1.56
121.44	115	Oct	18	11	595	4.13
121.44	115	Jan	11	16.50	546	7.13
121.44	120	Sep	570	5.13	865	3.13
121.44	125	Sep	1991	2.75	122	5.75
121.44	125	Oct	484	6	⋯	⋯
121.44	130	Sep	1136	1.13	⋯	⋯
121.44	130	Oct	984	4.13	30	11.75
121.44	135	Sep	688	0.38	5	13.50
121.44	135	Oct	608	2.69	⋯	⋯

표 11.1: 8월의 옵션 정보

달리 풋옵션 보유자는 같은 시간 구조에서 IBM 주식을 \$110에 팔 수 있다. 이를 IBM 10월 풋옵션이라 부르며, 주당 \$2.56에 팔린다.

옵션 거래는 100주당 계약 조건으로 이루어진다. 예를 들어 IBM 9월 120 콜옵션 1건 보유자가 옵션을 행사하면 보유자는 IBM 주식을 주당 \$120에 (수수료를 제외하고) 총액 \$12,000에 해당하는 100주를 구입한다. 이 거래에 대응하여 IBM 9월 120 콜옵션 발행자(판매자)가 관여하는 다른 거래가 이루어진다. IBM 9월 120 콜옵션의 종가는 \$5.13이다.

IBM 10월 110 콜옵션의 종가가 IBM 10월 115 콜옵션의 종가보다 높고 10월 110 풋옵션의 종가가 10월 115 풋옵션의 종가보다 낮다는 것에 유의하라. 또한 IBM 9월 115 콜옵션의 종가가 IBM 10월 115 콜옵션의 종가보다 낮다는 점도 유의하라 . 왜 이런 성질이 성립하는지에 대해 다음과 같이 설명할 수 있다.

- IBM 10월 110 콜옵션 보유자는 주식을 주당 \$110에 구입할 권리를 갖는 데 비해 10월 115 콜옵션 보유자는 주당 \$115에 구입할 권리를 갖는다. 이 때문에 IBM 10월 110 콜옵션이 10월 115 콜옵션보다 더 가치있으며, 따라서 더 가격이 높다.
- IBM 9월 115 콜옵션과 10월 115 콜옵션은 모두 IBM 주식을 주당 \$115에 구입할 권리를 주지만, IBM 10월 115 콜옵션이 IBM 9월 115 콜옵션보다 나중에 만료되기 때문에 10월 옵션 기간 동안 IBM 주식 가격에 대해 \$115보다 더 높아질 기회를 더 많이 갖게 된다. 그러므로 10월 옵션이 더 가치있으며 더 가격이 높게 된다.

옵션이 외가격이면, 옵션 가격은 내가격일 때에 비해 낮아진다. 콜옵션인 경우, 주식 가격이 행사가격보다 낮으면 옵션은 외가격이다. 주식 가격이 행사가격보다 훨씬 낮으면, 옵션이 쓸모없이 만료될 가능성이 매우 높으며, 특히 만기일이 가까우면 더욱 그렇다. 이 경우 옵션 가격은 낮아진다.

IBM 9월 135 콜옵션을 보면 옵션의 종가가 0.38이었는데, 옵션이 만료까지 약 1개월 남겨두고 있고 "깊은(deep)" 외가격이므로 이해할 수 있는 일이다.

옵션이 내가격이면 옵션의 가치는 높아진다. 사실 옵션이 깊은 내가격이면, 주식 가격이 $1 변하면 보통 옵션 가격이 약 $1 변한다. 콜옵션 만기일에 가까워질수록 옵션 가격이 더 낮아진다는 것에 또한 유의하자.

이 사실을 다음 정리를 증명해서 만기일의 콜옵션과 풋옵션의 가격을 계산하는 공식을 유도하여 계량화하기로 한다.

정리 11.1 (콜옵션과 풋옵션의 가격 정리[5]). T를 만료 시점, X를 행사가격, $S(T)$를 시간 T일 때 주식 가격, $C(T)$와 $P(T)$를 각각 주당 콜옵션과 풋옵션의 가격이라 하자. 그러면

$$C(T) = \begin{cases} 0, & S(T)\text{일 때}, \\ S(T) - X, & S(T) > X\text{일 때}, \end{cases} \tag{11.1}$$

이고

$$P(T) = \begin{cases} 0, & S(T) \geq X\text{일 때}, \\ X - S(T), & S(T) < X\text{일 때}, \end{cases} \tag{11.2}$$

이다.

증명. 그림 11.1로 표현된 식 (11.1)을 증명하고 식 (11.2)의 증명은 독자에게 남긴다 (문제 11.1을 보라).

옵션이 외가격이면, 즉 $S(T) \leq X$이면 투자자는 콜옵션을 구매하려 하지 않을 것이므로, $S(T) \leq X$이면 $C(T) = 0$이고, 이것이 (11.1)의 첫 부분이다.

이제 만기일 직전에 콜옵션의 가격이 $C(T)$이고, 기초 주식의 가격이 $S(T)$라 하자.

가능한 경우는 다음 세 경우뿐이다. $C(T) < S(T) - X$, $C(T) > S(T) - X$, 또는 $C(T) = S(T) - X$이다. 이제 처음 두 경우는 가능하지 않다고 보이면 세 번째인 식 (11.1)의 두 번째 부분이 나온다.

$C(T) < S(T) - X$이면, 투자자는 콜옵션을 구매하여 X에 행사하여 주식을 구입하고, 이를 $S(T)$에 팔아 $S(T) - C(T) - X$ 만큼의 이익을 남긴다. 그런 상황은 지속될 수 없다.

$C(T) > S(T) - X$이면 $C(T) + X > S(T)$이므로, 콜옵션을 구매하여 행사하는 비용 $C(T) + X$이 주식 가격보다 높다. 그러므로 주식을 원하는 투자자는 결코 콜옵션을 구매하지 않을 것이다.

그러므로 $S(T) > X$이면 $C(T) = S(T) - X$이다. □

[5]이 정리는 몇가지를 가정한다. 예를 들어 거래 비용이 없고, 콜옵션, 풋옵션, 주식을 주어진 가격에 구입할 수 있다고 가정한다.

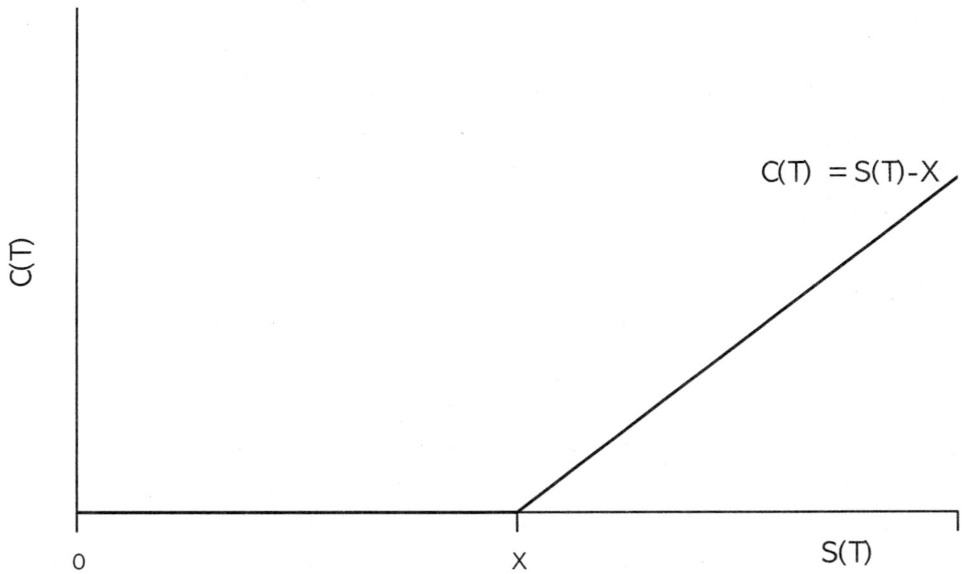

그림 11.1: 만기일의 콜옵션–주식 가격 관계

프리미엄에 영향을 끼치는 것에는 기초 주식의 가격, 만기일까지 남은 기간, 주식 수익의 변동성을 포함한 여러 요인들이 있다.[6] 만기일까지 남은 기간은 특히 중요하다. 옵션이 내가격이면, 옵션의 내재 가치는 주식 가격과 행사가격의 차로 정의된다. 옵션이 외가격이면, 내재 가치는 0이다. 시간가치는 프리미엄과 내재 가치의 차이다. 그러므로 프리미엄은 옵션의 내재 가치와 시간가치의 합과 같다.

예를 들어, 주식 가격이 주당 $35, 대응하는 콜옵션의 행사가격이 $30, 콜 프리미엄이 $7이면, 내재 가치는$35 - $30 = $5이고 시간가치는 $7 - $5 = $2이다.

일단 투자자가 옵션 포지션을 취한 다음에는 세 가지 선택이 가능하다.

1. 포지션을 청산한다. 옵션 발행자(판매자)가 시장에서 옵션을 재구입할 수 있다. 옵션 구매자는 계약을 판매할 수 있다. 두 경우 모두, 이러한 거래는 상쇄하는 거래로, 투자자의 옵션 포지션은 종료된다. 이것은 유러피언 옵션의 보유자가 만료되기 전에 이 자산을 처분할 수 있는 유일한 방법이다.

2. 포지션을 유지한다. 옵션이 외가격으로 만료되면, 옵션 발행자는 프리미엄을 실현하여 (수수료를 뺀) 수익을 취할 것이다.

[6] 주식의 변동성 측도 중에 연속복리로 계산한 주식 수익률의 분산도 있다.

3. 옵션을 행사한다. 예를 들어 콜옵션 구매자가 행사가격에 주식을 구매한다. 옵션 발행자는 주식을 행사가격에 매도한다.

어느 회사의 주식이 주당 $S(t)$에 거래되고 있다고 하고, 시간 $t(0 \leq t \leq T)$에 대응하는 콜옵션 가격이 $C(t)$, 대응하는 풋옵션 가격이 $P(t)$, 행사가격이 X라 하자. 실제로 투자자가 음의 금액에 해당하는 자산을 팔지는 않으므로 $S(t) \geq 0$, $X \geq 0$, $C(t) \geq 0$, $P(t) \geq 0$라 가정한다. 이제 다음 관계가 성립함을 보이기로 한다.

$$C(t) \geq S(t) - X, \tag{11.3}$$

$$P(t) \geq X - S(t). \tag{11.4}$$

식 (11.3)과 (11.4)의 증명은 지금부터 정의할 차익거래라는 개념을 이용한다. 차익거래(arbitrage)란 양의 확률로 이익을 낳는 무위험(no risk), 무순투자(no net investment) 전략이다. 달리 말하면 차익거래란 "공짜 점심"에 해당하는 투자이다. 실제로는 차익거래 상황이 오래 유지될 수 없으므로(왜?), 지금부터 **차익거래는 발생할 수 없다고 가정한다.**

식 (11.3)을 증명하자. 식 (11.4)의 증명은 독자에게 남긴다(문제 11.2를 보라). 명백히 $S(t) \leq X$이면 $S(t) - X \leq 0$이고 $C(t) \geq 0$이므로 식 (11.3)은 성립한다. 이제 남은 경우인 $S(t) > X$인 경우를 생각하자. $C(t) < S(t) - X$라 가정하고 이것에서 발생할 수 없는 차익거래 상황이 발생한다고 보임으로써 모순을 이끌어내고자 한다. $S(t) > X$이고 $C(t) < S(t) - X$이면, 투자자는 콜옵션을 $C(t)$에 구입하고 X에 행사하여 주식을 얻은 다음 이 주식을 $S(t)$에 판다. 그러면 투자자의 이익은 $C(t) + X < S(t)$이므로 $S(t) - C(t) - X > 0$이다. 거래가 (본질적으로 동시에) 이루어질 수 있다고 하고 거래 비용이 없다고 하면 투자자는 위험이 없고 순 기회 비용도 없는, 즉 차익거래를 할 수 있는 것인데 이는 있을 수 없다.

11.2 주식 분할과 배당금에 대한 조정

일반적으로 옵션 계약은 주식분할이나 10%이상 지급되는 배당금에 대해 조정되며 10% 이하로 지급되는 배당금에 대해서는 조정되지 않는다. 이러한 조정에 대한 일반적인 규칙을 서술하기로 한다. 그러나 미국 옵션결제조합(Options Clearing Corporation)의 규정(By-Laws)과 규칙(Rules)[7]에 기술된 것과 같이 조정위원회가 조정이 적절한지 결정할 최종 책임이 있다.

짝수 주식분할을 먼저 보기로 한다. 주식이 2대1로 분할되었다 하자. 8월 50 콜옵션 계약 소유자는 이제 두 개의 8월 25 콜옵션 계약을 소유한다. 각 계약은 이전과 같이 100주에 대한 것이다. 짝수 분할의 경우 행사가격은 분할 승수(지금 경우 2)로 나뉘고, 계약수는 분할 승수만큼 곱하게 된다. 홀수 분할인 경우, 예를 들어 5대2인 경우, 상황은 달라진다. 주식이 5대2로 분할되었다 하자. 그러면 8월 50 콜옵션 소유자는 8월 20 콜옵션을 하나 소유하지만 계약은 250주에 대한 것이 된다. 홀수 분할의 경우, 계약수는 변하지 않지만 계약당 주식수는 분할 승수(지금 경우 5/2)만큼 곱해지고 행사가격은 분할 승수만큼 나눠진다.

---

[7] `http://http://www.optionsclearing.com/about/publications/bylaws.jsp`에서 찾아볼 수 있다.

	Strike Price	계약 수	주식 수/계약
짝수 분할 (2 for 1)	25	2	100
홀수 분할 (5 for 2)	20	1	250
배당금 $>$ 10%	40	1	125
배당금 $\leq$ 10%	50	1	100 (불변)

표 11.2: 주식분할과 배당금이 옵션 가격에 미치는 효과

10%가 넘는 주식 배당에 대해서도 조정이 이뤄진다. 조정은 배당 전일에 하게 된다.[8] 어느 주식이 25% 배당을 선언했다 하자. 그러면 8월 50 콜옵션 계약 보유자는 이제 125주에 대한 8월 40 콜옵션 하나를 소유한다. 10% 이상의 주식 배당금의 경우, d가 배당금의 (소수로 표현한) 백분율이라 하면, 행사가격은 $1 + d$로 나누어야 한다. 계약당 주식수는 $1 + d$를 곱한다.

어떤 경우든, **전체 총액**(total aggregate price)(계약수 $\times$ 계약당 행사가격 $\times$ 계약당 주식 수)는 변하지 않는다는 사실에 유의하자. 예를 들어 앞의 예에서 전체 총액은 $1 \times 40 \times 125 = \$5,000$로 원래의 가격 $1 \times 50 \times 100 = \$5,000$과 같다. 표 11.2에 여러 가능성이 요약되어 있다.

11.3 옵션 전략

이제 몇 가지 일반적인 옵션 전략을 살펴보자. 특히 강조하여 볼 것은 이익과 손실 영역, 손익분기점, 최대 이익과 손실이다. 지금부터 거래 비용이 없고 지정된 가격이 실현될 수 있는 것으로 가정한다.

11.3.1 콜옵션 구매하기

시간 $t(0 \leq t < T)$일 때 주식 가격이 $S(t)$라 하고, 콜옵션 가격이 $C(t)$, 행사가격이 X라 하자. $X > S(t)$이면, 옵션은 외가격이고, 옵션은 행사될 수 없으므로 $X \leq S(t)$인 경우를 보기로 한다. 식 (11.3)에서 $C(t) \geq S(t) - X$이므로 콜옵션 보유자는 옵션을 매각하여 결과적으로 포지션을 청산함으로써 $C(t)$를 얻는다. 옵션 보유자가 옵션을 행사하고 곧바로 주식을 매각하면 보유자는 $S(t) - X$를 얻는다. 그런데 $S(t) - X \leq C(t)$이므로 만기일 이전에 콜옵션을 행사하는 것은 보유자에게 이득이 되지 않는다.

이제 만기일에 어떤 일이 생기는지 보기로 하자. 톰 캔드릭이 HIGH Corp의 주식에 낙관적(bullish)이라[9] 하자. 주식은 현재 주당 \$48이고, 9월 50 콜옵션은 주당 \$2이다. $X = 50$이므로, 옵션은 외가격이다. 톰은 9월 50 콜옵션 하나를 구입하여, 비용 C가 주당 \$2 들었다. 그가 계약을 만기일이나 그 이전에 매도하여 이익을 남길 필요충분조건은 당시 옵션 가격이 \$2 보다 큰 것이다.

[8] 회사가 배당을 선언할 때, 회사는 주식 구매자가 배당금을 받기 위해 주식 보유자로 회사 장부에 기록되어 있어야 할 날짜를 정한다. 이 날짜가 정해진 증권 거래소는 배당 전일을 정하게 되는데 보통 이 날짜는 기록일 이전 2 거래일째이다. 구매자가 주식을 배당 전일이나 이후에 구매하면 구매자는 다음 배당금을 받지 못한다. 대신 매도자가 받게 된다. 구매자가 배당 전일 이전에 주식을 구매하면 구매자가 배당을 받는다.

[9] 주식 가격이 상승할 것이라 믿는다면 낙관적(bullish)이라 한다. 주식 가격이 하락할 것이라 믿는다면 비관적(bearish)이라 한다.

그가 만기일까지 기다린다면 주당 계약 가격 $C(T)$는 (11.1)로 주어지며, 이 경우

$$C(T) = \begin{cases} 0, & S(T) \leq 50\text{일 때}, \\ S(T) - 50, & S(T) > 50\text{일 때}, \end{cases}$$

이다.

톰의 주당 이익 또는 손실은 $C(T) - C$이다. 그는 $C(T) > C$이면, 즉 $S(T) - 50 > 2$ 또는 $S(T) >$ \$52이면 이익이다. $C(T) < C$이면, 즉 $S(T) <$ \$52이면 그는 손실을 본다. 그의 총 이익은 $100(C(T) - C)$로, 음인 경우는 손실을 나타낸다. 그의 잠재적 이익은 만기일에 주식 가격이 \$1 오를 때 마다 그에 대응하여 옵션 가격이 \$1 오르므로 제한이 없다. 그의 잠재적 손실은 초기투자액 \$200(\$2 × 100주)로 제한된다. 그러므로 100주에 대한 총이익과 총손실을 그림 11.2로 나타낼 수 있다.

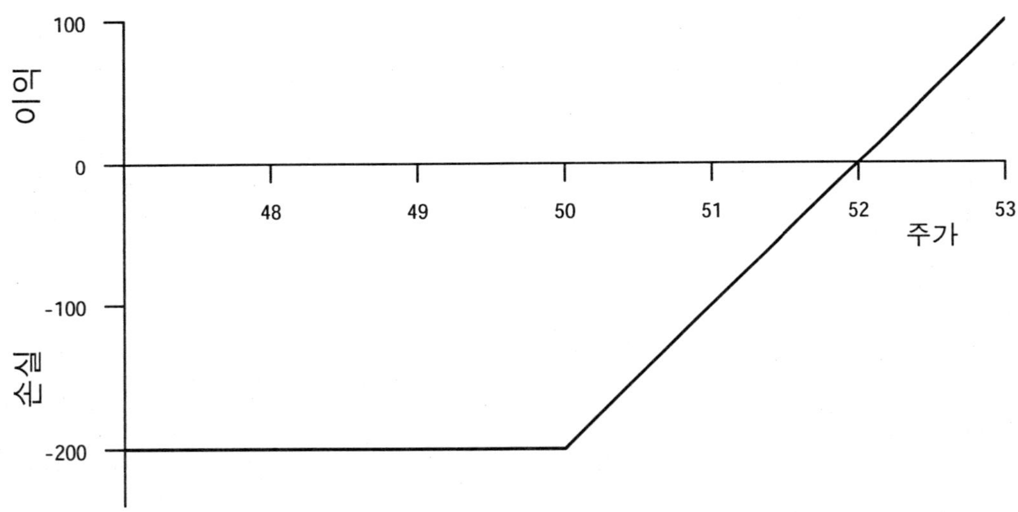

그림 11.2: 톰 캔드릭의 만기일 총이익

식 (11.1)에서

$$C(T) = \begin{cases} 0, & S(T) \leq X\text{일 때}, \\ S(T) - X, & S(T) > X\text{일 때}, \end{cases}$$

이 성립한다. C가 주당 콜옵션에 지불한 가격이라 하면, 주당 이익 $C(T) - C$는

$$\text{주당 이익} = \begin{cases} -C, & S(T) \leq X\text{일 때}, \\ S(T) - X - C, & S(T) > X\text{일 때}, \end{cases}$$

을 만족하므로 콜옵션을 구매할 때 이익-손실 도표는 그림 11.3과 같은 형태가 된다.

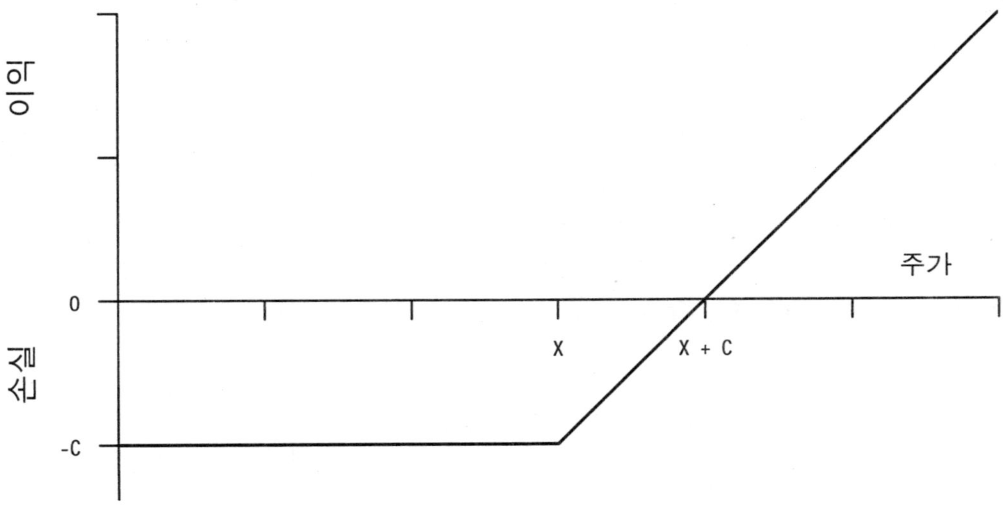

그림 11.3: 콜옵션을 매입할 때 만기일 시점의 주당 이익

그림 11.2과 11.3이 다른 것이라는 점에 유의하자. 그림 11.2는 총 이익을 나타낸다. 그림 11.3은 주당 이익을 나타낸다. 그러나 두 그림의 모양은 같다.

11.3.2 풋옵션 구매하기

헬렌 캔드릭 GOLO Corp의 주식에 비관적(bearish)이다. 주식은 주당 \$78에 거래되고 있고, 5월 80 풋옵션은 \$5에 팔린다. (풋옵션이 \$2 만큼 내가격이므로 내재 가치는 \$2이고, 시간가치는 \$3이다.) 헬렌은 GOLO에 대한 5월 80 풋옵션을 10 계약 구입하여, 총 비용 $10 \times \$5 \times 100 = \$5,000$을 사용하였다. P를 주당 풋옵션 가격이라 하면 $P = 5$이다.

만기일에 헬렌은 풋옵션을 매각하여 포지션을 청산할 수 있다. 만기일에 주당 풋옵션의 가격은 식 (11.2)로 주어지는데, 이 경우는

$$P(T) = \begin{cases} 0, & S(T) \geq 80\text{일 때}, \\ 80 - S(T), & S(T) < 80\text{일 때}, \end{cases}$$

과 같다.

헬렌의 주당 이익 또는 손실은 $P(T) - P$이다. 그녀는 $P(T) > P$, 즉 $80 - S(T) > 5$ 또는 $S(T) < \$75$이면 이득을 본다. $P(T) < P$, 즉 $S(T) > \$75$이면 손실을 본다. 그녀의 총 이익은 $10 \times 100(P(T) - P)$로, 음이면 손실을 나타낸다. 그녀의 최대 이익은 주식 가격이 0이 될 때

실현된다. (저자 중 한 명이 알아낸 것처럼 이는 실제로 가능하다.) 이때 풋옵션은 \$80에 팔리고, 헬렌의 총 이익은 $10 \times \$80 \times 100 - \$5,000 = \$75,000$이다. 톰의 경우와 마찬가지로, 헬렌의 최대 손실은 그녀의 초기투자액이고, 이 경우 \$5,000이다. 헬렌은 그녀의 포지션을 설정하기 위해 \$5,000만 지불하였지만, 그녀의 이익은 주가가 \$1 감소하면, 10개의 옵션 계약을 구매했으므로, $\$1 \times 10 \times 100 = \$1,000$가 된다. 헬렌에 대한 이익−손실 도표를 그리는 것은 문제 11.3으로 남긴다.

식 (11.2)에서

$$P(T) = \begin{cases} 0, & S(T) \geq X\text{일 때}, \\ X - S(T), & S(T) < X\text{일 때}, \end{cases}$$

이다. P를 주당 풋옵션에 지불한 금액이라 하면 주당 이익 $P(T) - P$는

$$\text{주당 이익} = \begin{cases} -P, & S(T) \geq X\text{일 때}, \\ S(T) - X - P, & S(T) < X\text{일 때}, \end{cases}$$

이다. 풋옵션 구입에 대한 주당 이익−손실 도표가 그림 11.4로 나와 있다. 그림에서 수직 절편(vertical intercept)의 값은 무엇인가? 그림에서 그것을 확인하라. 현실의 용어로는 그것이 무엇을 의미하는가?

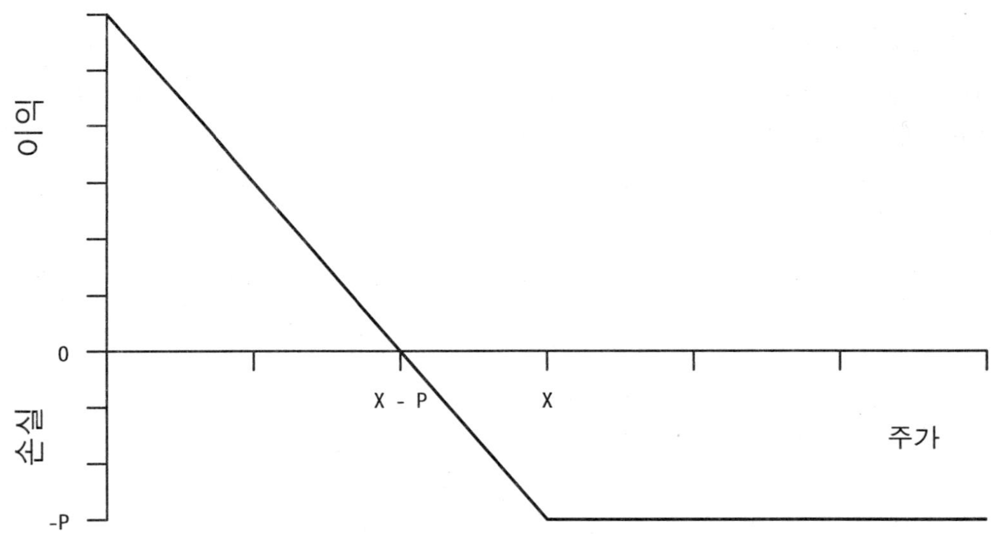

그림 11.4: 풋옵션을 매입할 때 만기일 시점의 주당 이익

11.3.3 콜옵션 발행하기

어느 회사의 주식에 비관적인 사람은 그 주식에 대한 콜옵션을 발행할 수 있다. 콜옵션 발행자는 콜옵션이 행사되면 행사가격에 주식을 팔아야 하는 의무가 있다. 콜옵션 발행자가 주식을 보유하고 있는지 아닌지에 따라 서로 다른 두 상황이 발생한다. 좀더 위험한 상황을 먼저 보자.

무차입 콜옵션 발행하기

무차입 콜옵션(uncovered call option)이란 콜옵션 발행자가 기초 주식을 보유하지 않고 발행하는 콜옵션을 말한다. 이는 발행자가 무한한 손실을 볼 가능성이 있으므로 매우 위험한 옵션 전략으로 여겨진다. 무차입 콜옵션 발행자는 **선물거래 증거금**(margin requirement)을 예치하여야 한다.

DROP Corp.의 주식이 현재 주당 \$63에 거래되고 있다. 9월 60 콜옵션(\$3 내가격)이 \$6에 판매되고 있다. 휴즈 켄드릭은 DROP에 대한 9월 60 콜옵션 10 계약을 발행하였다. 이 거래에 대한 그의 프리미엄은 $10 \times \$6 \times 100 = \$6,000$이다. 그는 주식을 보유하고 있지 않으므로 콜옵션은 무차입이다. 만기일에 DROP의 주가가 행사가격 \$60 이하로 종료되면 휴즈는 전체 프리미엄을 갖게 된다. 주식 가격이 만기일에 \$60 보다 높아지면 그는 프리미엄을 가지지만 $\$1 \times 10 \times 100 = \$1,000$에 $(S(T) - 60)$를 곱한 것을 잃게 된다. 따라서 그의 손익분기점은 \$66이다. $S(T) > 66$이면 그는 순 손실 $\$1,000(S(T) - 66)$을 입게 된다. 그러므로 그가 지닌 잠재적 손실 위험은 한계가 없다. 그림 11.5에 휴즈의 만기일 이익 또는 손실이 제시되어 있다.

DROP의 가격이 상승하면 휴즈는 증거금 유지 요청을 받을 것이다. 그는 언제라도 DROP에 대한 9월 60 콜옵션을 구입하여 그의 포지션을 청산할 수 있다.

일반적으로

$$\text{주당 이익} = \begin{cases} C, & S(T) \le X\text{일 때}, \\ X - S(T) + C, & S(T) > X\text{일 때}, \end{cases}$$

으로, 여기서 C는 주당 가격이고 X는 주당 행사가격이다. 그림 11.6에 이 경우의 주당 이익–손실 도표가 나와 있다.

차입 콜옵션 발행하기

차입 콜옵션(covered call option)은 발행자가 적정한 수의 기초 주식을 보유한다는 점에서 무차입 콜옵션과 다르다. 앞의 마지막 예에서 휴즈가 콜옵션 발행 전에 DROP의 주식 1,000주를 \$62에 구매했더라면 옵션이 행사되도 주식을 제공할 수 있었을 것이다.

이제 휴즈가 차입 콜옵션을 발행했고 그 이전에 DROP 주식 1,000주를 주당 \$62에 구매했다고 하고 그의 초기 포지션을 생각해보자. 그는 주식에 \$62,000를 지불하고 콜옵션에 대한 대가로 \$6,000를 받았다. 그러므로 포지션 설정에 든 순 비용은 \$56,000이다. 이 상황은 무차입 콜옵션의 경우보다 더 복잡하다. 만기일에 DROP의 주가가 \$60 이하로 종료되면 휴즈는 프리미엄 \$6,000을 갖게 된다. 그러나 만기일에 \$56로 종료되면 구입한 주식의 가치가 하락하기 때문에 그는 $\$1,000(62 - 56) = \$6,000$ 손실을 입게 된다. 주가가 \$56 이하로 종료되면 그는 순 손실을 본다.

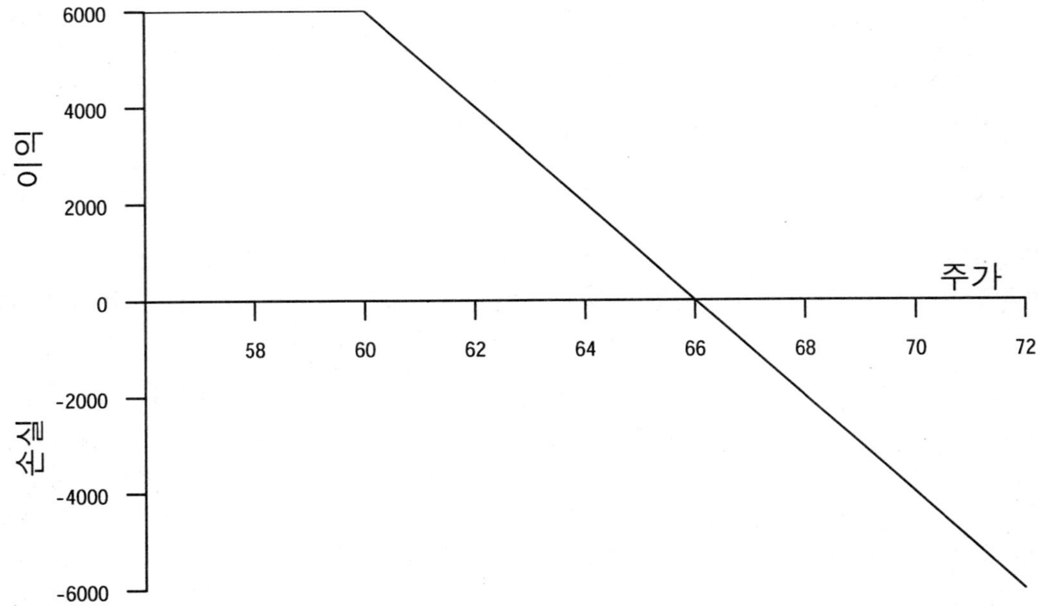

그림 11.5: 무차입 콜옵션 발행에 대한 휴즈 켄드릭의 만기일 포지션

그의 최대 이익은 DROP 주가가 만기일에 \$60 이상이 되는 경우에 발생한다. 그때 그의 이익은 콜옵션에 대한 \$6,000와 주식 구매 비용 $-\$2,000$을 합하여 순이익 $\$4,000$이 된다. 휴즈의 이익-손실 도표가 그림 11.7로 나와 있다.

일반적으로 차입 콜옵션 발행자에 대해

$$\text{주당 이익} = \begin{cases} S(T) - S(0) + C, & S(T) \le X\text{일 때}, \\ X + C - S(0), & S(T) > X\text{일 때}, \end{cases}$$

이 되는데, 여기서 $S(0)$는 주식 가격으로 지불한 금액이고 C는 주당 콜옵션으로 받은 금액, X는 주당 행사가격이다. 이 식을 증명하는 것을 문제 11.5로 남기고 대응하는 이익-손실 도표를 그리는 것도 독자에게 남긴다.

11.3.4 풋옵션 발행하기

어떤 주식에 낙관적인 사람이라면 그 주식에 대해 풋옵션을 발행할 수도 있다. 풋옵션 발행자는 옵션이 행사되면 주식을 행사가격에 구매해야 한다. 콜옵션을 발행하는 경우와 마찬가지로 풋옵션을 발행할 때도 두 가지 서로 다른 경우가 생긴다.

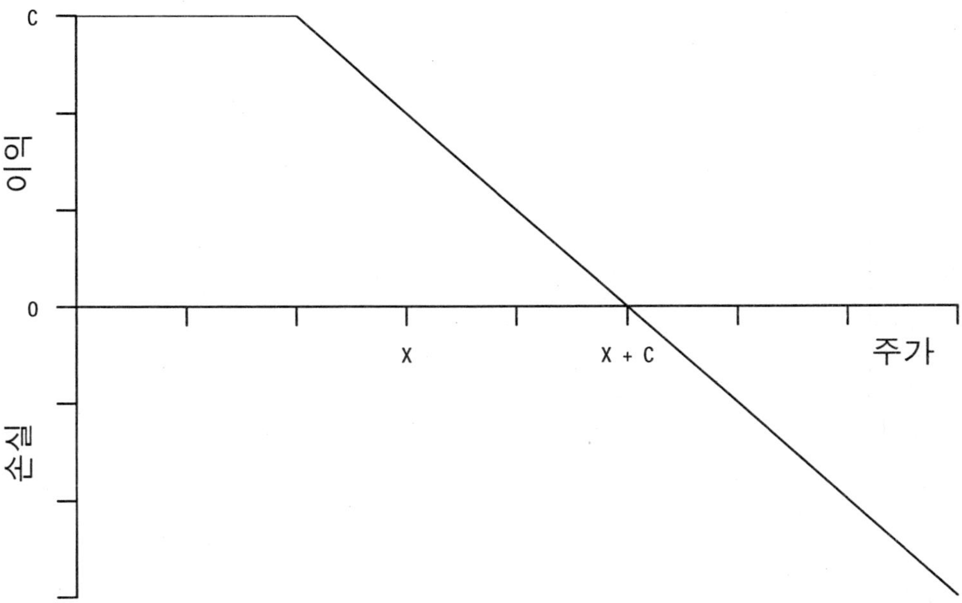

그림 11.6: 무차입 콜옵션 발행 포지션의 만기일 시점의 주당 이익

무차입 풋옵션 발행하기

이 경우는 풋옵션 발행자는 행사가격에 발행한 주식수를 곱한 것에 상응하는 현금을 적립하지도 않고 주식을 공매도(short the stock)하지도 않는 경우이다.[10] 무차입 풋옵션 발행자는 증거금 요구를 받는다.

톰 캔드릭은 RISE Corp.의 주식에 낙관적이다. 톰은 9월 50 풋옵션을 주당 \$2에 10 계약을 발행하였다. 거래에 대한 그의 프리미엄은 $10 \times \$2 \times 100 = \$2,000$이다. 톰이 전체 행사가격 $(10 \times \$50 \times 100 = \$50,000)$에 상응하는 현금을 적립하지도 않았고 주식을 공매도하지도 않았으므로, 이는 무차입 풋옵션에 해당하고, 톰은 증거금 요구를 받게 된다.

RISE의 주식이 만기일에 \$50보다 높은 가격에 종료되면 풋옵션은 행사되지 않고 톰은 프리미엄 \$2,000를 갖게 된다. 주식이 주당 \$50 밑으로 종료되면, 풋옵션이 행사될 것이고, 이 경우 그는 \$50 이하 \$1당 $10 \times \$1 \times 100 = \$1,000$의 손실을 보게 된다. 그러므로 톰의 손익분기점은 \$48이고 그의 최대 손실은 RISE가 파산하여 무가치해질 때이고, 그 때 톰은 주식을 구매해야 하므로 $10 \times \$50 \times 100 = \$50,000$를 잃고 프리미엄 \$2,000을 가지므로, 순손실 \$48,000을 보게 된다. 그림 11.8이 이익-손실 도표를 보여준다.

[10] "주식을 공매도한다(short the stock)"라는 표현과 "주식에 대해 공매도 포지션을 취한다(have a short position in the stock)"는 표현은 같은 것을 의미한다. 주식을 공매도한다는 것은 주식을 투자자로부터 빌려서 현재 시장 가격에 빌린 주식을 매각하는 것을 말한다.

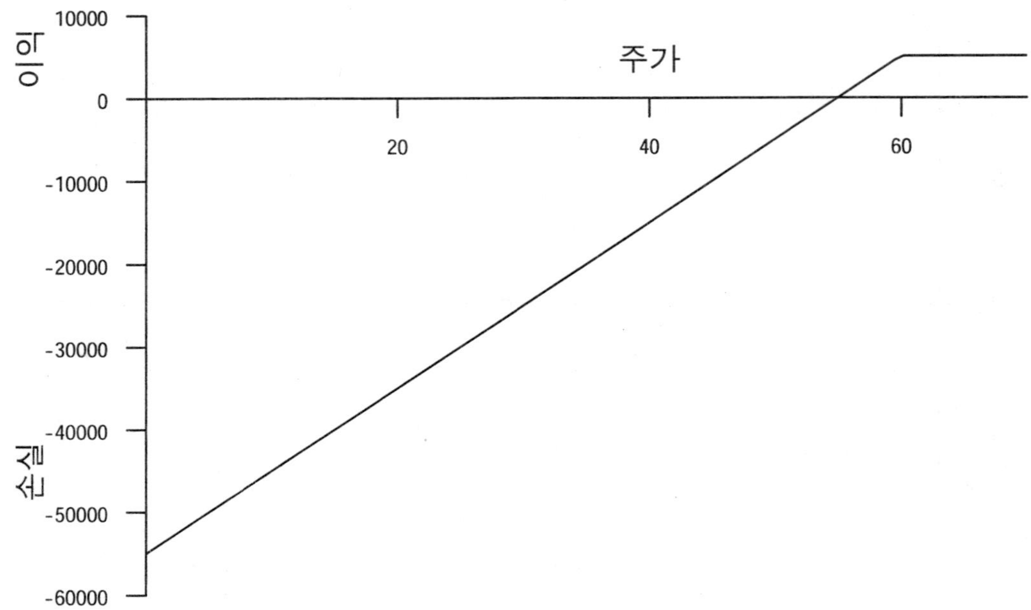

그림 11.7: 만기일 시점의 휴즈 켄드릭의 차입 콜옵션 발행 포지션

일반적으로 무차입 풋옵션에 대해

$$\text{주당 이익} = \begin{cases} P - X + S(T), & S(T) \le X\text{일 때}, \\ P, & S(T) > X\text{일 때}, \end{cases}$$

이며, 여기서 P는 풋옵션으로 받은 주당 가격, X는 주당 행사가격이다. 그림 11.9에 풋옵션 발행자에 대한 주당 이익–손실 도표가 나와 있다. 이를 증명하는 것은 문제 11.6로 남긴다.

차입 풋옵션 발행하기

풋옵션 발행자가 주식을 공매도하거나 전체 행사가격에 상응하는 현금을 적립하면 풋옵션은 차입 옵션으로 간주된다. 이 경우는 무차입 풋옵션의 경우보다 더 복잡하며, 발행자가 주식을 공매도하면 잠재적 손실에 한계가 없음을 보게 될 것이다.

앞의 마지막 예에서, 톰 캔드릭이 RISE의 주식을 투자회사에서 1,000주 빌려서 주당 $52에 매도하여 공매도하였다고 하자. 이 경우, 톰은 $52,000을 적립하고,[11] 그래서 차입 포지션을 취했다. 행사가격이 $50이고 톰이 주당 $2에 RISE에 대한 9월 50 풋옵션 10계약을 발행하였다.

이 경우 톰은 주식을 공매도했기 때문에 $52를 넘는 $1 마다 $10 \times \$1 \times 100 = \$1,000$를 잃게 된다. 톰의 손익분기점은 $54이다. 이 점에서 톰은 $10 \times \$54 \times 100 = \$54,000$을 공매도

[11] 여기에는 중개인에게 지급한 증거금은 포함되지 않는다.

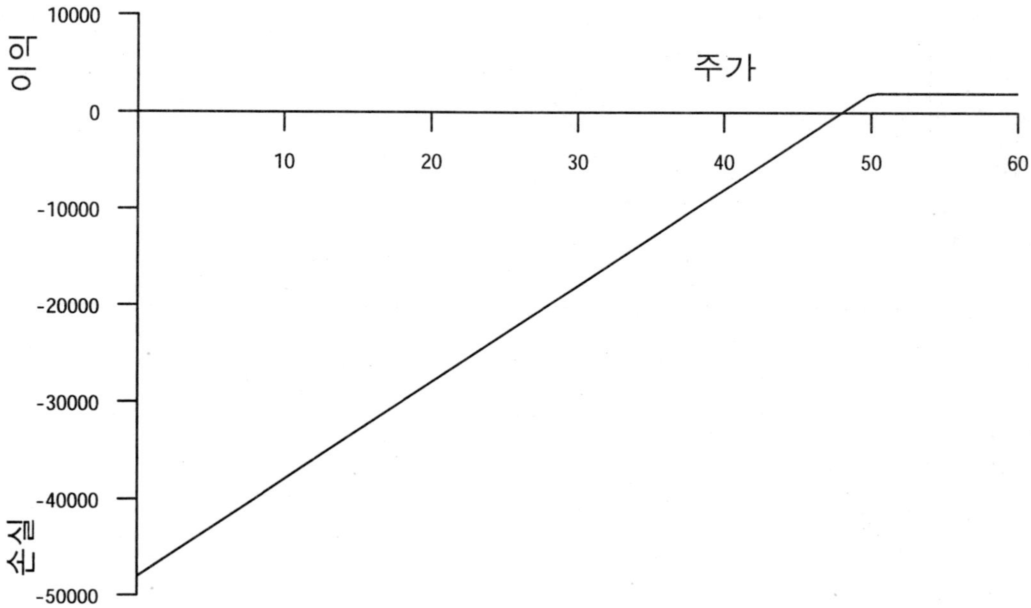

그림 11.8: 만기일 시점의 톰 캔드릭의 무차입 풋옵션 발행 포지션

포지션을 감당하기 위해 지불하므로 공매도하여 받은 금액과 풋옵션 발행으로 받은 금액의 합 $\$52,000 + \$2,000 = \$54,000$과 상쇄된다. 주식이 주당 \$54를 넘어 종료되면 톰은 돈을 잃게 되고 그 잠재적 손실에는 한계가 없다. 만기일에 주식이 주당 \$50 보다 높으면 풋옵션은 행사되지 않는다. 톰의 최대 이익은 만기일에 주식이 \$50 이하가 될 때이다. 만기일에 주식이 \$50 이하가 되면 풋옵션이 행사되고, 톰은 주식을 구매해야 하므로 $10 \times \$50 \times 100 = \$50,000$을 지불한다. 이 주식들로 그는 공매도 포지션을 감당한다. 그는 주식을 팔고 사서 $10 \times (\$52,000 - \$50,000) = \$2,000$의 이익을 보고, 풋옵션 판매로 \$2,000를 남겨, 이익으로 \$4,000을 남긴다. 그림 11.10이 이익–손실 도표를 보여준다.

일반적으로

$$주당 이익 = \begin{cases} S(0) + P - X, & S(T) \leq X일 때, \\ S(0) + P - S(T), & S(T) > X일 때, \end{cases}$$

이며, 여기서 $S(0)$는 공매도로 받은 주당 가격, P는 풋옵션 발행으로 받은 주당 가격, X는 주당 행사가격이며, $S(0) + P > X$라 가정한다. 차입 풋옵션 발행에 대한 주당 이익–손실 도표가 그림 11.11에 나와 있다. 문제 11.7에서 이를 증명한다. 이 그림에서 수직 절편의 값은 몇인가? 그림에서 이를 확인하라. 현실의 용어로 이것은 무엇을 의미하는가?

최대 이익은 만기일에 주식 가격이 X와 같거나 작을 때 생긴다. 손익분기점은 주식 가격이 $S(0) + P$일 때이며, 잠재적 손실에는 한계가 없다.

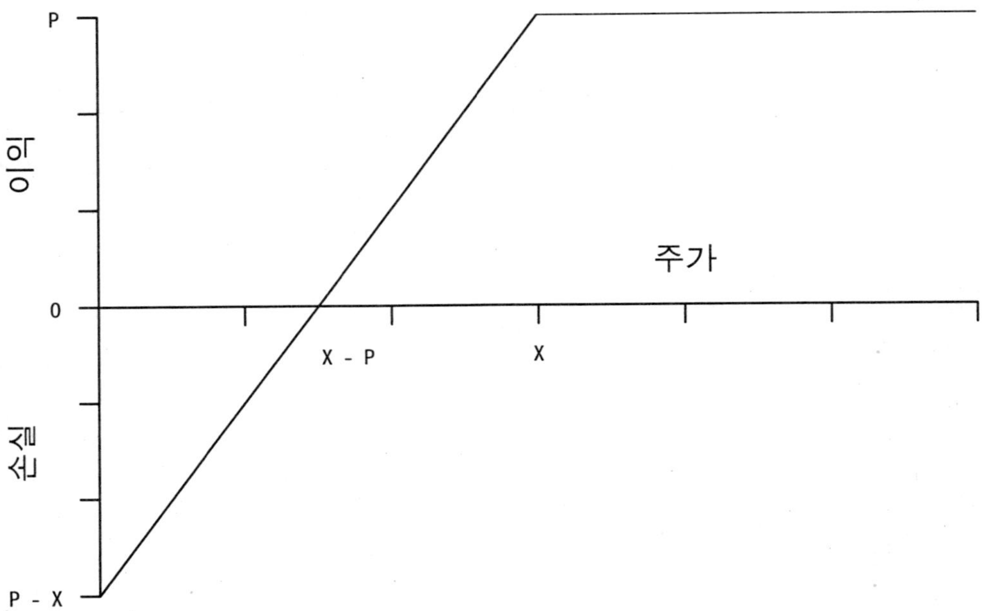

그림 11.9: 만기일 시점의 주당 무차입 풋옵션 발행 포지션

11.3.5 스트래들

스트래들(straddle)이란 행사가격과 만기일이 동일한 콜옵션 하나와 풋옵션 하나를 구매하거나 콜옵션 하나와 풋옵션 하나를 매도하는 것을 말한다. 주식 가격이 크게 변할 거라 기대하지만 변화 방향에 대해서는 확신하지 못하는 경우 스트래들을 구매한다. 주식 가격이 크게 상승하면 스트래들 구매자는 콜옵션에서 이익을 얻고, 주식 가격이 크게 낮아지면 구매자는 풋옵션에서 이익을 얻을 수 있다. 역으로 스트래들 발행자는 주식 가격이 변하지 않거나 변화가 매우 작아 옵션을 판매하여 받은 프리미엄에서 이익을 취할 수 있을 것을 기대한다. 여기서는 투자자가 스트래들을 구매하는 경우를 살핀다. 스트래들을 발행하는 경우는 연습문제로 남긴다 (문제 11.8을 보라).

헬렌 캔드릭이 MOVE Corp의 주식이 크게 변하게 될 것이라 믿지만 변화 방향에 대해서는 확신하지 못한다고 하자. MOVE는 현재 주당 \$40에 팔리고 있다. MOVE에 대한 6월 40 콜옵션은 주당 \$3에 팔리고 있고, 6월 40 풋옵션은 주당 \$2에 팔리고 있다. 헬렌은 MOVE에 대한 6월 40 콜옵션 10계약과 6월 40 풋옵션 10계약을 구매하고 합계 $(10 \times \$3 \times 100) + (10 \times \$2 \times 100) = \$5,000$을 지불하였다. MOVE가 만기일에 주당 \$40 밑이면 헬렌은 풋옵션 포지션에서 이익을 취한다. MOVE가 만기일에 주당 \$40 보다 높으면 콜옵션 포지션에서 이익을 취한다. 헬렌의 포지션에 대한 이익–손실 도표가 그림 11.12로 표현되었다.

헬렌은 MOVE가 만기일에 \$45나 \$35에 종료하면 득실이 없다. 만기일에 가격이 \$35와 \$45 사이이면 헬렌은 손실을 본다. 그녀의 최대 손실은 만기일에 MOVE가 행사가격 주당 \$40에 종료할 때 발생하며, 그 경우 그녀는 전체 프리미엄 \$5,000를 잃게 된다. 그녀가 콜옵션에서 얻을 수 있는

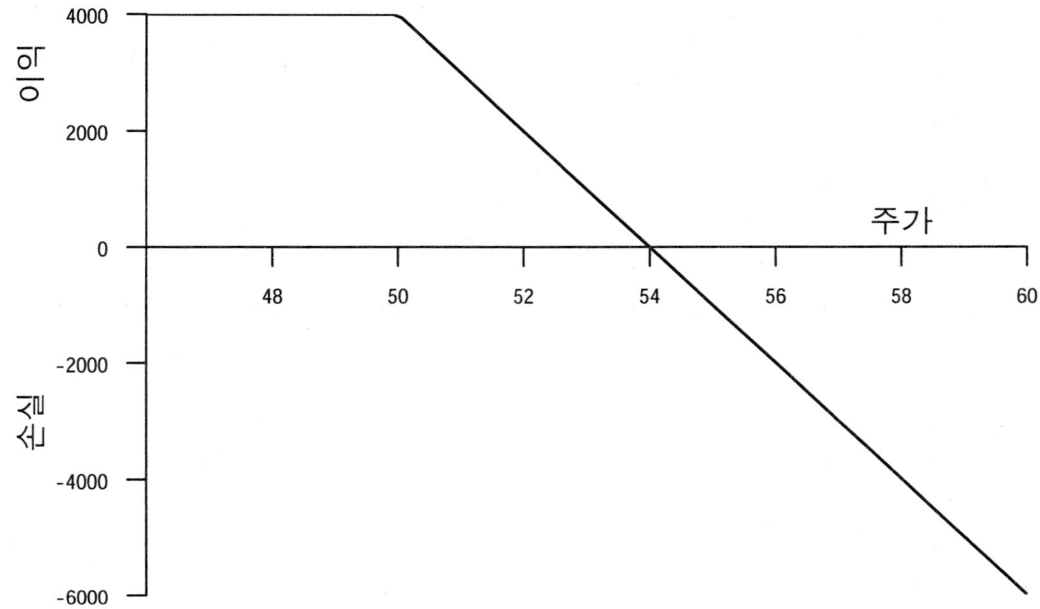

그림 11.10: 만기일 시점의 톰 캔드릭의 차입 풋옵션 발행 포지션

잠재적 이익에는 한계가 없으나, 풋옵션에서 얻을 수 있는 최대 이익은 주식 가격이 0이 될 때 발생하며 이 경우 풋옵션은 이익 \$40,000을 낳아 전체 이익이 $\$40,000 - \$5,000 = \$35,000$이 된다.

일반적으로

$$\text{주당 이익} = \begin{cases} X - S(T) - C - P, & S(T) \le X\text{일 때,} \\ S(T) - X - C - P, & S(T) > X\text{일 때,} \end{cases}$$

이고, 여기서 C는 콜옵션에 지불한 주당 가격, P는 풋옵션에 지불한 주당 가격, X는 주당 행사가격이다. 스트래들 구매자에 대한 주당 이익–손실 도표가 그림 11.13에 나와 있다. 이것이 맞는지 증명하는 것은 독자에게 문제 11.9로 남긴다. 이 그림에서 수직 절편의 값은 몇인가? 최솟값은 몇인가? 그림에서 이를 확인하라. 현실의 용어로 이것은 무엇을 의미하는가? 함수는 최댓값을 갖는가?

다른 옵션 전략들도 많이 있다. 여기서 논의한 전략들은 매우 보편적인 것들이다.

11.4 풋–콜 패리티 정리

모두 유러피언이며 같은 주식에 대한 옵션인 가격이 C인 콜옵션과 가격이 P인 풋옵션을 생각하자. (유러피언 옵션은 만기일 이전에는 행사할 수 없다.) 두 옵션에 대해 행사가격 X와 만기일 T는 모두 동일하다. $t = 0$에 두 포트폴리오를 형성한다. 하나는 콜옵션과 액면가 X이고 만기일이 T인 무위험 무이표채권으로 구성되었다. 다른 하나는 주식과 풋옵션으로 구성되었다.

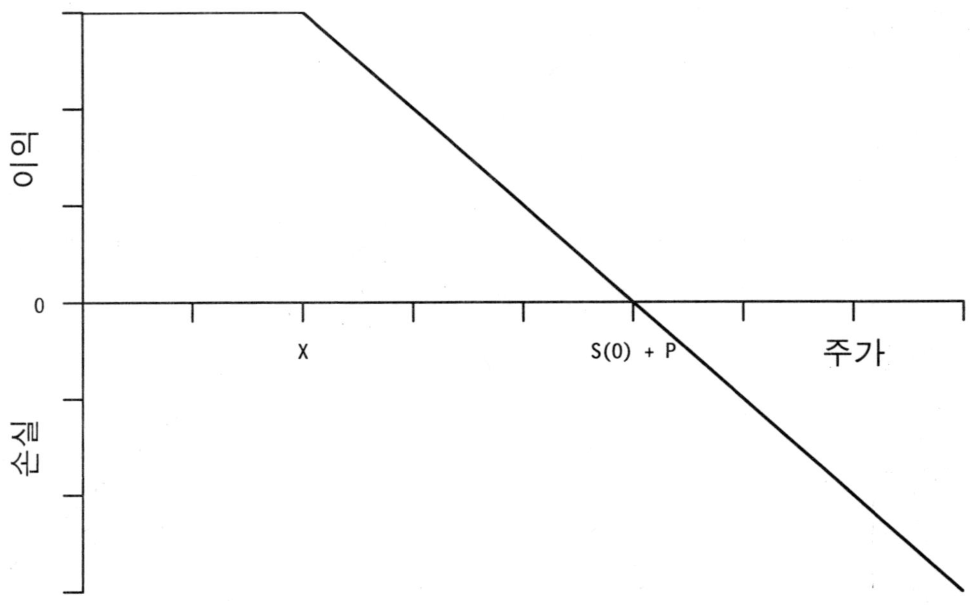

그림 11.11: 만기일 시점의 주당 차입 풋옵션 발행 포지션

두 포트폴리오를 시간 T에 비교하면 다음 표와 같다. 여기서 $S(T)$는 시간 T일 때의 주식 가격이다.

		$S(T) \leq X$	$S(T) > X$
포트폴리오 1:	콜옵션의 가치	0	$S(T) - X$
	채권의 가치	X	X
	가치 합계	X	$S(T)$
포트폴리오 2:	주식의 가치	$S(T)$	$S(T)$
	풋옵션의 가치	$X - S(T)$	0
	가치 합계	X	$S(T)$

그러므로 시간 T의 주식 가격에 무관하게 두 포트폴리오의 가치는 시간 T에 동일하게 된다. 따라서 차익거래가 없다는 가정에서 초기에 두 포트폴리오를 구성하는 비용은 같아야 한다.

첫 포트폴리오를 구성하는 비용은 $C + Xe^{-i^{(\infty)}T}$로, 여기서 $i^{(\infty)}$는 연속복리로 계산한 무위험 수익률이다. 둘째 포트폴리오를 구성하는 비용은 $S(0) + P$로, 여기서 $S(0)$는 시간 0일 때 주식 가격이다. 여기서 다음 정리가 나온다.

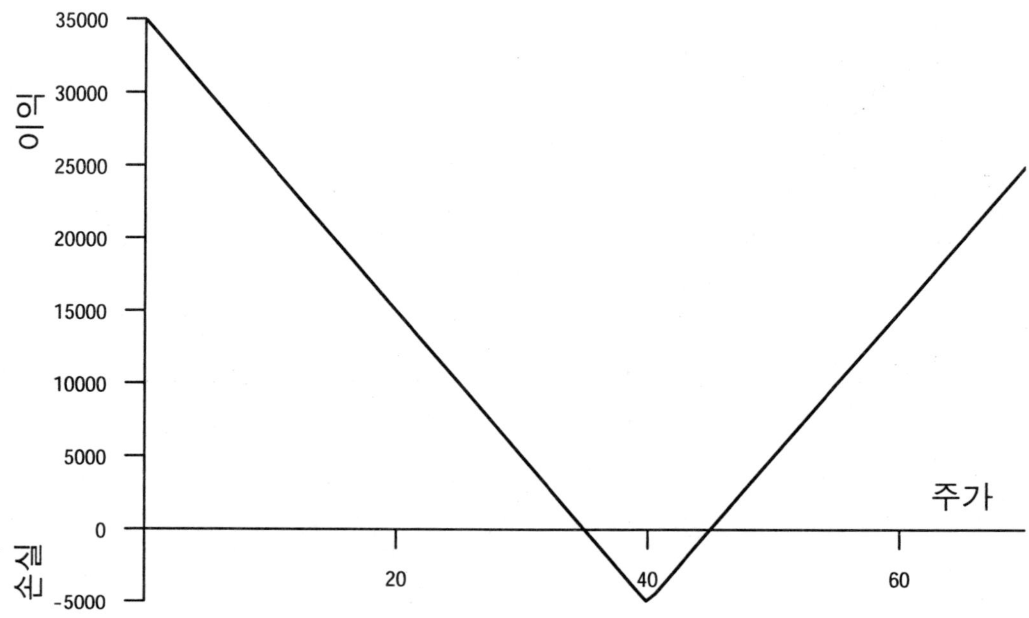

그림 11.12: 만기일 시점의 헬렌 캔드릭의 스트래들 발행 포지션

정리 11.2 (풋–콜 패리티 정리). C가 콜옵션의 가격이고, P가 풋옵션의 가격이며 (모두 같은 주식에 대해 발행된 유러피언 옵션이다), 두 옵션의 행사가격 X와 만기일 T가 같고, 시간 0일 때 주식 가격이 $S(0)$이고 주식 배당금이 없다고 하자. 그러면

$$C + Xe^{-i^{(\infty)}T} = S(0) + P$$

이다. 여기서 $i^{(\infty)}$은 연속복리로 계산한 무위험 수익률이다.

이 정리를 다음과 같이 볼 수 있다. $C + Xe^{-i^{(\infty)}T} < S(0) + P$라 하자. 그러면 둘째 포트폴리오의 가치가 첫째 포트폴리오의 가치보다 크다. 이로부터 투자자가 다음과 같은 차익거래 기회가 발생한다. 콜옵션을 C에 구입하고 채권을 $Xe^{-i^{(\infty)}T}$에 구입하며, 주식을 공매도하고 풋옵션을 P에 매도한다. 이 포지션을 설정하는 총 비용은 $C + Xe^{-i^{(\infty)}T} - S(0) - P < 0$이다. 즉 투자자는 초기에 순이익을 본다. 유러피언 옵션이며 콜옵션과 풋옵션이 만기일 이전에 행사할 수 없음을 생각하면, 시간 T에 다음과 같은 포지션이 가능하다.

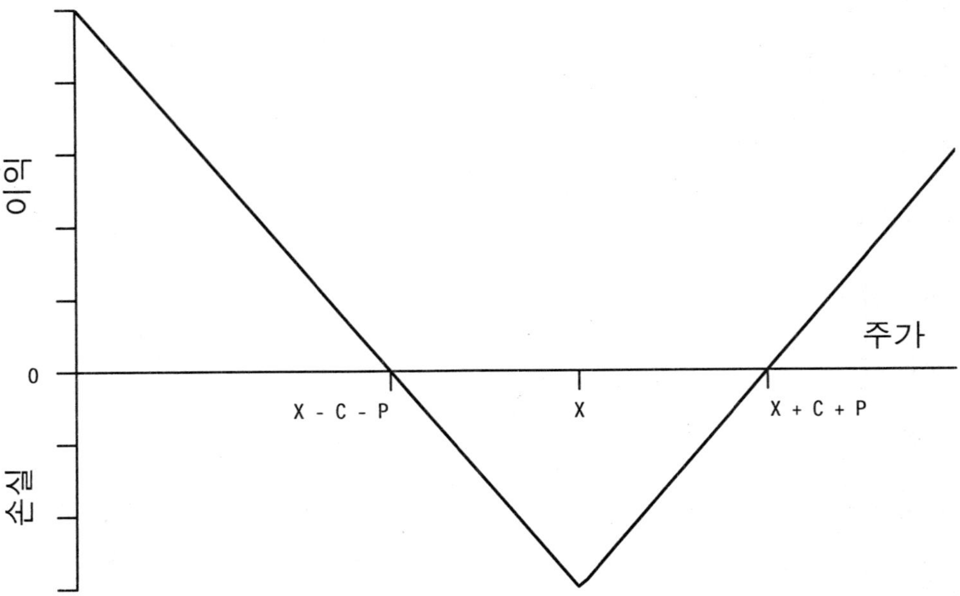

그림 11.13: 만기일 시점의 스트래들 포지션

	$S(T) \geq X$	$S(T) < X$
콜옵션의 가치	$S(T) - X$	0
채권의 가치	X	X
주식(공매도)의 가치	$-S(T)$	$-S(T)$
풋옵션(공매도)의 가치	0	$-(X - S(T))$
	0	0

그러므로 시간 T에 포트폴리오의 가치는 주식 가격 $S(T)$에 무관하게 0이다. 포트폴리오를 설정하는 초기에 순이익이 있었으므로, 무위험이며 보장된 이익이 존재한다. 여기서는 이러한 차익거래는 존재하지 않는다고 가정한다.

유사하게 $C + Xe^{-i^{(\infty)}T} > S(0) + P$이면 투자자는 콜옵션을 C에 공매도하고, 채권을 $Xe^{-i^{(\infty)}T}$에 공매도하고, 주식을 $S(0)$에 매입하고 풋옵션을 P에 매입한다. 문제 11.10에서 독자는 이것이 차익거래 기회에 이르게 한다는 것을 보이게 될 것이다.

다음 예는 풋–콜 패리티 정리의 용도를 보여준다.

예 11.1. HOT1은 현재 주당 \$95에 팔리고 있고, 배당금은 없으며, $T = 0.5$(6개월)에 만기가 되며 행사가격이 \$100로 같은 콜옵션과 풋옵션이 있다. 콜옵션은 \$5이고 풋옵션은 \$8이며 연속복리로 계산한 무위험 수익률은 10%이다.[12] 203쪽에서 논의한 포트폴리오 1과2를 구성하는 비용을 계산하라.

풀이. 포트폴리오 1.

$$C + Xe^{-i^{(\infty)}T} = 5 + 100e - 0.100.5 = 5 + 95.12 = 100.12.$$

포트폴리오 2.

$$S(0) + P = 95 + 8 = 103.$$

그러므로 첫째 포트폴리오를 구성하는 비용이 둘째 포트폴리오를 구성하는 비용보다 적다. 첫째 포트폴리오를 "매수"하고 둘째 포트폴리오를 "매도"함으로써 이 차익거래 상황을 이용할 수 있다. 즉 콜옵션을 \$5에 매입하고 채권을 \$95.12에 매입하며, 주식을 \$95에 공매도하고, 풋옵션을 \$8에 매도한다. 이는 순이익 \$2.88을 의미한다. (주식을 공매도했을 때 배당금이 나온다면 주식 대여자에게 이를 주어야 한다. 이것이 주식에 배당이 없다고 가정한 주 요인이다.) 시간 T(6개월)에 포트폴리오는 다음의 가치를 지닌다.

	$S(T) \leq X$	$S(T) > X$
콜옵션의 가치	0	$S(T) - 100$
채권의 가치	100	100
주식(공매도)의 가치	$-S(T)$	$-S(T)$
풋옵션(공매도)의 가치	$-100 + S(T)$	0
	0	0

원하는 결과가 나왔다. 포지션을 설정하면서 순이익 \$2.88을 얻었고, 시간 T에 포트폴리오의 가치는 주식 가격 $S(T)$에 무관하게 0이 된다. △

앞서 설정한 가정을 일부 살펴보자. 액면가 X이고 시간 T에 만기인 무위험 채권을 매입할 수 있다고 가정하였다. 채권이 무위험이어야 하므로 이 가정에 의하면 회사채(corporate bond), 지방채(municipal bond), 수의상환채(callable bond) 등에 투자하는 것은 배제된다. 정한 가치를 지닌 포트폴리오를 구성할 수 있다고도 가정하였다. 예를 들어, 주식, 채권, 콜옵션, 풋옵션을 주어진 가격에 사실상은 동시에 매입(혹은 공매도)할 수 있다고 하였다. 이것이 **유동성 가정**(liquidity assumption)이다. 옵션이 유러피언이라 가정하였고, 그래서 옵션은 만기일 이전에는 행사될 수 없다. 이전에 적어도 원칙적으로, 아메리칸 콜옵션이 만기 전에는 결코 행사되지 않는다고 하였지만 풋옵션을 행사하는 것이 합당한 경우가 있다. 다음 (극단적인) 경우가 이를 보여준다. 파산 준비중인 회사의 풋옵션을 매입하여 그후 주식 가격 0이 되었다 하자. 주식 가격이 더 낮아질 수 없으므로 명백히 풋옵션이 행사되어야 한다. 주식 가격이 0이 아니지만 아주 낮게 떨어져도 비슷한 얘기를 할 수 있다.

[12]풋옵션이 내가격이고, 그래서 콜옵션 보다 프리미엄이 더 높다는 사실에 유의하라.

11.5 옵션을 이용한 헤징

헤징(hedging)은 주어진 투자 또는 포트폴리오의 위험을 다른 자산에 투자하여 상쇄하는 것이다. 예를 들어, 특정 주식에 대한 투자와 함께 풋옵션을 매입하는 것이다.

예 11.2. 웬디 캔드릭 DROP의 주식을 주당 \$30에 100주 매입하였다. 그녀는 주가가 하락을 우려하여 잠재적 손실을 줄이기로 하였다. 그녀는 DROP에 대한 풋옵션을 행사가격 \$25에 1계약 구매하였다. DROP의 가격이 \$25 이하로 떨어지면 어떤 일이 생기는가?

풀이. 주식 가격이 \$25 이하로 떨어지면, 웬디는 풋옵션을 행사하여 주식 가격 하락으로 인한 손실을 $100 \times (\$30 - \$25) = \$500$로 제한할 수 있다. 이는 방어적 풋옵션(protective put)의 사례이다. 그녀가 주식에 주당 \$30를 지불하고, 풋옵션에 대해 지불하며, 매 거래마다 수수료를 지불한다는 점에 유의하라. △

이제 다음 예를 살펴보자. 연초에 GOUP가 주당 \$50에 거래되며 연말에 주당 \$25 또는 \$100가 될 수 있다. (가능성은 이것뿐이라 가정하자.) 연속복리로 계산한 무위험 수익률이 5%이고 GOUP에 대한 콜옵션은 행사가격이 \$75라 하자. 만기일에 주식 가격이 \$100이면 콜옵션 가격은 \$25이고, 주식 가격이 \$25이면 \$0이다. 이를 다음 표로 나타낼 수 있다.

	$S(T) \le X$	$S(T) > X$
$S(T)$	25	100
$C(T)$	0	25

헤징을 다음과 같이 예를 들어 설명할 수 있다. Δ주의 주식을 매수하고 \$B를 연속복리로 5% 할인한 현재가를 대출하여 포트폴리오를 생성하려 한다. 이 포트폴리오는 콜옵션 하나로 이루어진 또 다른 포트폴리오와 같은 가치를 갖게 될 것이다. 연말에 빌린 것이 B가 되려면 지금 $Be^{-i^{(\infty)}}$를 빌려야 한다. 원하는 포트폴리오를 구성하기 위해서는 다음 방정식이 만족되어야 한다.

$$\Delta S(T) - B = C(T),$$

여기서 $S(T)$는 연말의 주식 가격이고 $C(T)$는 만기일의 콜옵션 가격이다. 여기서 연립방정식

$$25\Delta - B = 0,$$
$$100\Delta - B = 25$$

이 나온다.

Δ와 B에 대해 풀면 $\Delta = 1/3$이고 $B = 25/3$이다. 그러므로 GOUP 1/3주를 주당 \$50에 매수하고 $(25/3)e^{-0.05} = \$7.93$을 대출한다. (분수 만큼의 주식을 매입할 수 있다고 가정였음에 유의하자.) 연말에 포트폴리오들은 다음 가치를 가진다.

		$S(T) \le X$	$S(T) > X$
포트폴리오1:	콜옵션 1개	0	25
	합계	0	25
포트폴리오 2:	GOUP 1/3주	8.33	8.33
	대출 상환	−8.33	−8.33
	합계	0	25

그러므로 첫째 포트폴리오를 GOUP 1/3과 연속복리 5%의 $7.93 대출로 복제하였다. 이것은 무엇을 의미하는가? 일반적인 차익거래 논법을 이용하면 포트폴리오를 구성하는 비용이 같다는 것이다. GOUP 1/3의 비용은 $1/3 \times \$50 = \$16.67$이다. 대출 비용은 $-\$7.93$이다. 그러므로 이 포트폴리오를 설정하는 전체 비용은 $8.74이다. 포트폴리오1이 콜옵션 하나로 구성되었으므로, GOUP에 대한 콜옵션의 가치는 $8.74이 된다.

이제 헤징 방법을 일반화하자. 현재 가격이 $S(0)$이고 시간 $T > 0$에 만기이며 행사가격이 X인 콜옵션을 가진 주식을 보유하고 있다. 연속복리 무위험 수익률이 $i^{(\infty)}$이다. 주식은 가격이 만기일에 S_U로 오르거나 S_D로 하락할 수 있으며, 이 두 가능성 외에는 없다고 가정한다. 주식 Δ주와 미래가 B에 무위험 투자한 현금으로 구성된 포트폴리오를 설정하려 한다. 그러면 헤지된 포트폴리오의 가치는 다음 두 방정식이 만족되면 시간 T의 주식 가격에 무관하게 콜옵션의 가치와 일치하게 된다.

$$\Delta S_U - B = C_U,$$
$$\Delta S_D - B = C_D,$$

여기서 S_U와 S_D는 만기일에 가능한 주식의 가치이고, C_U와 C_D는 대응하는 콜옵션의 가격이다. 이 방정식을 Δ와 B에 대해 풀어 보면

$$\Delta = \frac{C_U - C_D}{S_U - S_D}$$

로 점 (S_D, C_D)와 (S_U, C_U)를 지나는 직선의 기울기이고,

$$B = \frac{C_U S_D - C_D S_U}{S_U - S_D}$$

이다. 앞의 예에서 $S_D = 25$, $S_U = 100$, $C_D = 0$, $C_U = 25$이다.

이제 조금 다른 문제를 생각해보자. 주식 Δ주를 매입하고 콜옵션 하나를 매도하여 헤징하는 문제이다. 이전과 동일한 가정과 동일한 기호를 사용한다. 다음 양

$$\frac{C_U - C_D}{S_U - S_D}$$

을 **헤지비율**(hedge ratio)이라 부른다.

다음 정리가 성립한다.

정리 11.3 (헤지비율 정리). 헤지비율은 포트폴리오의 가치가 주식 가격에 의해 달라지지 않도록 하는 콜옵션 하나 매도에 대한 보유 주식의 비이다.

증명. 정리를 증명려면 단지 포트폴리오의 가치가 두 값 S_U와 S_D에 대해서 동일하다고 보이면 된다. 주식 가격이 S_U일 때, 포트폴리오의 가치는

$$\begin{aligned}\Delta S_U - C_U &= \frac{C_U - C_D}{S_U - S_D} S_U - C_U \\ &= \frac{C_U S_D - C_D S_U}{S_U - S_D}\end{aligned}$$

이다. 주식 가격이 S_D일 때, 포트폴리오의 가치는

$$\frac{C_U - C_D}{S_U - S_D} S_D - C_D = \frac{C_U S_D - C_D S_U}{S_U - S_D}$$

이다. 이것으로 정리의 증명이 완결되었다. □

헤지비율 정리의 중요한 특징은 그 결과가 주식 가격이 $S(0)$에서 S_U로 상승하거나 혹은 $S(0)$에서 S_D로 하락할 확률에 독립이라는 점이다.

앞의 예에서 $S_U = 100$, $S_D = 25$, $C_U = 25$, $C_D = 0$이고, 그래서 그 예에서

$$\Delta = \frac{25 - 0}{100 - 25} = \frac{1}{3}$$

였다. 다시 말하면 콜옵션 하나가 팔릴 때마다 주식 1/3주를 보유해야 한다는 것이다. 이 예를 참조하여, 콜옵션이 너무 높게 가격이 책정되었다고, 예를 들어 8.74 대신에 $C = 10$이라고 해보자. 그러면 $S(0) = 50$, $S_U = 100$, $S_D = 25$, $C_U = 25$, $C_D = 0$, $i^{(\infty)} = 0.05$이다.

이제 다음과 같이 차익거래를 통하여 이익을 얻을 수 있다. 콜옵션을 10에 세 개를 발행하고, 주식 하나를 50에 매입하고, 연속복리 5%로 $20를 빌린다. 초기 현금흐름은 $30 - 50 + 20 = 0$이므로 포트폴리오를 구성하는 데 비용이 들지 않는다. 만기일에 어떻게 되는지 보기로 하자.

	$S(T) = 25$	$S(T) = 100$
옵션 셋 발행	0.00	−75.00
주식 하나 매입	25.00	100.00
연속복리 5%로 $20 차입	−21.03	−21.03
	3.97	3.97

이것은 무위험 투자이다. 초기투자는 0이고 만기일에 주식 가격이 어떻게 되든 이익이 $3.97가 된다. 원하는 이익을 얻기 위해서는 그저 헤지비율 1/3(콜옵션 하나가 팔릴 때 마다 주식 1/3주를 매입)을 이용하고 초기 비용이 없게 무위험 이자율로 충분한 돈을 빌리기만 하면 된다.

11.6 주식 시장 가격 모형

바셰리에Bachelier는 1900년에 쓴 그의 박사학위 논문 [2]에서 주식 시장 가격 결정에 대한 연구의 초석을 놓았다. 다른 접근법에 관한 논의는 [6]을 참조하라. 이 절과 다음 절의 내용은 많은 부분이 [23]에서 전개된 논법을 따른다.

이제 옵션의 가격 결정을 논의하자. 옵션 가격이 많은 부분이 기초 주식의 가격에 의존하므로 먼저 주식의 가격 결정을 논의할텐데, 주식의 가격 결정은 또한 어떻게 주식 시장 가격이 모형화되느냐에 달려있다.

시간에 따른 주식 가격의 변화를 추적한다고 하자. $S(t)$, $0 \le t < \infty$, 를 시간이 t일 때 주식 가격이라 하자.

이러한 가격을 나타내는 모형 중에 **브라운운동 모형**(Brownian motion model)이 있다. 이 모형에서는 $0 \le t_0 < t_1 < \cdots < t_{n-1} < t_n (n \ge 1)$이면 $S(t_{i+1}) - S(t_i)(i = 0, 1, \ldots, n-1)$가 평균이 $\mu(t_{i+1} - t_i)$이고 분산이 $\sigma^2(t_{i+1} - t_i)$인 정규분포를 따르고 확률변수 $S(t_1) - S(t_0), \ldots, S(t_n) - S(t_{n-1})$는 독립이다. $S(t_0)$는 알려져 있다고 가정한다.

그러므로 주식 가격 변화는 평균과 분산이 구간의 길이에 선형인 정규분포를 따른다. 가격 변화는 이전 가격에 독립이다. 이 모형의 한 가지 단점은 변화 $S(t_{i+1}) - S(t_i)$가 시간 t_i일 때의 가격 $S(t_i)(i = 0, 1, \ldots, n-1)$에 의존하지 않는다는 것이다. 그러므로 예를 들어 시간 t_n일 때 가격이 $S(t_n) = \$2.00$인 주식과 가격이 $S(t_n) = \$100.00$인 주식 모두에 대해 다음 기간 동안 가격이 \$1.00 오를 확률이 똑같게 된다.

이 모형을 수정한 모형은 가격 차보다 가격 비율 $S(t_{i+1})/S(t_i)$을 고려한다. 이것이 **기하브라운운동 모형**(Geometric Brownian Motion Model)이다. 이 모형에서는 비율 $S(t_1)/S(t_0), \ldots, S(t_n)/S(t_{n-1})$이 독립이고 확률변수 $\ln(S(t_{i+1})/S(t_i))$가 평균이 $\mu(t_{i+1} - t_i)$이고 분산이 $\sigma^2(t_{i+1} - t_i)(i = 0, 1, \ldots, n-1)$인 정규 확률변수라 가정한다. 이 모델에서 $S(t_{i+1})/S(t_i)$는 로그정규분포(로그정규분포)를 따르고, 두 주식이 동일한 모수 σ^2를 가지는 이러한 분포를 따른다면, 주식이 같은 퍼센트로 가격이 오를 가능성은 각 주식에 대해 동일한다.

주식 가격의 **이항 모형**(binomial models)은 이산 모형(discrete model)이다. 주식이 일정한 시간 간격 $[0, T]$ 동안 거래된다고 가정하고, 간격을 균등하게 나누어진 n개의 부분간격

$$\left[0, \frac{T}{n}\right], \left(\frac{T}{n}, \frac{2T}{n}\right], \ldots, \left(\frac{(n-1)T}{n}, T\right]$$

으로 나눈다. $t_0 = 0, t_1 = T/n, \ldots, t_n = T$라 둔다. 이를 n단계 모형이라 부른다.

모형은 다음과 같다. 시간 t_i에 주식 가격이 $S(t_i)$이면, 시간 t_{i+1}에 가격은 확률 $P(t_i)$로 가격 $S_U(t_{i+1})$로 오르거나 확률 $1 - P(t_i)$로 가격 $S_D(t_{i+1})$로 하락한다.[13] 또한 가격 변화 $S(t_1) - S(t_0); S(t_2) - S(t_1), \ldots, S(t_n) - S(t_{n-1})$는 독립이다. 그러면 각 시간 t_{i+1}에 주식 가격은 $S_U(t_{i+1})$ 혹은 $S_D(t_{i+1})$가 될 수 있고, 그 값은 이전 가격 $S(t_i)$와 확률 $P(t_i)$에만 의존한다. 이

[13] 확률 $P(t_i)$와 $1 - P(t_i)$를 천이확률(transition probabilities)이라 부른다.

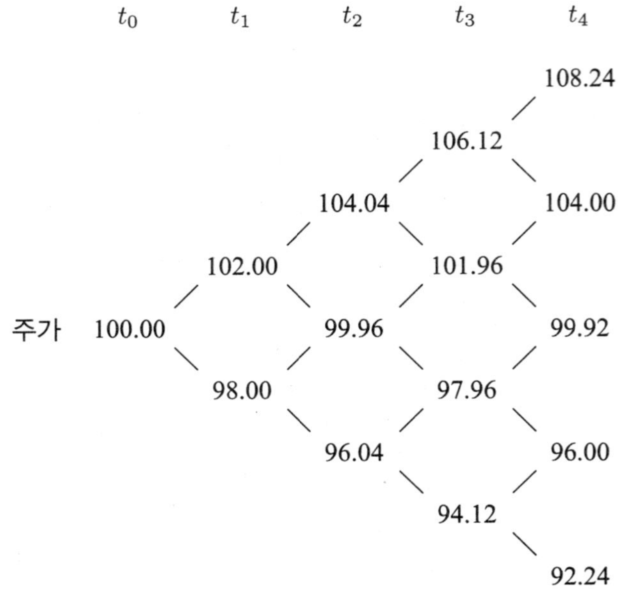

표 11.3: 예 11.3에 대한 표준 이항 트리

(재결합 트리(recombining tree)) 모형은 하락 후 상승한 주식 가치와 상승 후 하락한 주식 가치가 동일하다는 가정을 포함한다.

실제 사용되는 간단한 모형부터 시작하자. 이는 **표준 이항 트리**(standard binomial tree)로, 여기서는 $P(t_i)$와 비율 $S_U(t_{i+1})/S(t_i)$와 $S_D(t_{i+1})/S(t_i)$가 $i = 0, \ldots, n-1$에 대해 일정한 상수라 가정한다. 그 상수들을 각각 p, u, d라 하고, u와 d를 **상승비**(up ratio)와 **하락비**(down ratio)라 부른다.

예 11.3. 표 11.3이 $n = 4$, $u = 1.02$, $d = 0.98$, 그리고 $S(t_0) = 100$에 대한 표준 이항 트리임을 확인하라. 모든 값은 소수점 두 자리로 반올림하였다.

풀이. 이 트리를 다음 방식으로 작성할 수 있다. 둘째 열의 노드(node)는 $100 \times 1.02 = 102$과 $100 \times 0.98 = 98$로부터 나온다. 셋째 열에서 가격 99.96인 노드는 상승 후 하락 또는 하락 후 상승한 두 기간이 지난 주식 가격을 나타낸다. 그러므로 $100 \times 1.02 \times 0.98 = 100 \times 0.98 \times 1.02 = 99.96$이다. (직관과 다르게 초기 가격인 100이 아님에 유의하라.) 시간 t_2에 주식 가격으로 세 가지가 가능하다. 잇따라 두 번 하락하거나, (순서에 상관없이) 한 번 상승하고 한 번 하락하거나, 잇따라 두 번 상승하거나에 따라 96.04, 99.96, 104.04가 된다. △

각 단계에서 확률이 p와 $1-p$이고 이항 모형이므로, $P(S(t_1) = 102.00) = p$는 시간이 t_0에서 t_1으로 변할 때 가격이 상승할 확률이고 $P(S(t_1) = 98.00) = 1-p$는 하락할 확률이다. 다른 확률도 같은 방식으로 계산할 수 있다. 예를 들어, $P(S(t_2) = 96.04) = (1-p)^2$이고 $P(S(t_2) = 99.96) = p(1-p) + (1-p)p = 2p(1-p)$이다. $P(S(t_2) = 104.04)$은 어떻게 되는가?

여기서 아직 p 값을 명시하지 않았다. 먼저 한 단계 모형을 생각하자. $S(t_1)$가 확률변수이므로, 기댓값을 계산할 수 있고, 그 값은 $pS_U(t_1)+(1-p)S_D(t_1)$와 같다. 여기서 $S_U(t_1)$은 상승 후 가격이고 $S_D(t_1)$은 하락 후 가격이다.

이제 주어진 (연속복리로 계산한) 수익률이 나오는 p를 결정하고자 한다. $i^{(\infty)}$를 연간 요구 수익률이라 하자. 그러면 초기 가격이 $S(t_0)$였으므로, $S(t_1)$의 기댓값이 $\delta_t = t_1 - t_0$이라 할 때 $S(t_0)e^{i^{(\infty)}\delta_t}$가 되기를 원한다. 그러므로 $pS_U(t_1)+(1-p)S_D(t_1) = S(t_0)e^{i^{(\infty)}\delta_t}$이어야 한다.

p에 대해 풀면

$$p = \frac{S(t_0)e^{i^{(\infty)}\delta_t} - S_D(t_1)}{S_U(t_1) - S_D(t_1)}$$

이다. 표준 트리의 경우, 모든 i에 대해 $P(t_i) = p$, $S_U(t_{i+1})/S(t_i) = u$, $SD(t_{i+1})/S(t_i) = d$ 이다. 그러므로

$$p = \frac{e^{i^{(\infty)}\delta_t} - d}{u-d} \tag{11.5}$$

이다. 이 경우 $pu + (1-p)d = e^{i^{(\infty)}\delta_t}$이다. 여기서 다음 결과가 나온다.

정리 11.4. 초기 가격이 $S(t_0)$, 천이확률 p와 $1-p$, 상승비율과 하락비율이 각각 u와 d인 n단계 표준 이항 트리에 대해, $S(t_1)$의 기댓값이 $\delta_t = t_1 - t_0$이라 할 때 $S(t_0)e^{i^{(\infty)}\delta_t}$라 하자. 그러면 $i = 0, 1, \ldots, n$에 대하여 $S(t_i)$의 기댓값은 $S(t_0)e^{i^{(\infty)}\delta_t}$이다. 그러므로 주식 가격의 기댓값은 연간수익률 $i^{(\infty)}$(연속복리)로 투자한 $S(t_0)$의 수익과 같다.

증명. 주식 가격이 k번 상승하고 $i-k$번 하락하면, 그에 따른 가격은 $k = 0, \ldots, i$에 대해 $u^k d^{i-k} S(t_0)$이다. 그런데 이런 일은 각각 확률 $p^k(1-p)^{i-k}$로 서로 다른 $\binom{i}{k}$번 발생한다.

따라서

$$P\left(S(t_i) = u^k d^{i-k} S(t_0)\right) = \binom{i}{k} p^k (1-p)^{i-k}$$

이다. 그래서 $S(t_i)$의 기댓값 $E(S(t_i))$는

$$E(S(t_i)) = \sum_{k=0}^{i} \binom{i}{k} (pu)^k ((1-p)d)^{i-k} S(t_0) = S(t_0)(pu + (1-p)d)^i$$

이다. 그런데 $pu + (1-p)d = e^{i^{(\infty)}\delta_t}$이다. 그러므로 $E(S(t_i)) = S(t_0)e^{i^{(\infty)} i \delta_t}$이다. □

$S(t)$를 시간이 t일 때 주식 가격이라 하고, $i = 0, 1, \ldots, n-1$에 대하여 $\Delta t = t_{i+1} - t_i = T/n$라 두고 시간 $0 = t_0 < t_1 < \cdots < t_n = T$를 생각하자. 시간 t_i에 주식 가격이 $S(t_i)$이면, 시간 t_{i+1}에 주식 가격이 확률 p로 $uS(t_i)$이고 확률 $1-p$로 $dS(t_i)$이다. 여기서 $u = e^{\sigma\sqrt{\Delta t}}$이고 $d = e^{-\sigma\sqrt{\Delta t}}$이고, 따라서 (11.5)에서

$$p = \frac{e^{i^{(\infty)}\Delta t} - d}{u-d} = \frac{e^{i^{(\infty)}\Delta t} - e^{-\sigma\sqrt{\Delta t}}}{e^{\sigma\sqrt{\Delta t}} - e^{-\sigma\sqrt{\Delta t}}}$$

가 성립한다. p와 Δt가 $\Delta t = T/n$이므로 n에 대한 함수임에 유의하자. n을 충분히 크게 하면

$$e^{-\sigma\sqrt{\Delta t}} < e^{i^{(\infty)}\Delta t} < e^{\sigma\sqrt{\Delta t}},$$

즉 $d < e^{i^{(\infty)}\Delta t} < u$라 할 수 있고 이것이 $0 < p < 1$임을 보장한다.

정리 11.5. u, d, p를 앞에서와 같이 둘 때, 확률변수 $S(t_n)/S(0)$, $n = 1, 2, \ldots$는 모수가 $\left(i^{(\infty)} - \frac{1}{2}\sigma^2\right)T$와 $\sigma^2 T$인 로그정규 확률 변수(lognormal random variable)로 분포수렴한다(converges in distribution).

증명. 각 n에 대하여 $i = 1, 2, \ldots, n$일 때

$$X_i = \begin{cases} 1, & S(t_i) = uS(t_{i-1})\text{일 때,} \\ 0, & S(t_i) = dS(t_{i-1})\text{일 때,} \end{cases}$$

라 정의한다. 그러면 확률변수 $X_i(i = 1, 2, \ldots, n)$는 모수가 1과 p인 독립 이항 확률변수이다. $X = \sum_{i=1}^{n} X_i$라 두면, X는 모수가 n과 p인 독립 이항 확률변수이다. 이제

$$S(t_n) = S(n\Delta t) = S(t_0)u^X d^{n-X} = S(t_0)d^n \left(\frac{u}{d}\right)^X$$

또는

$$\frac{S(t_n)}{S(t_0)} = d^n \left(\frac{u}{X}\right)^X$$

이 성립한다. 그러므로

$$\ln\left(\frac{S(t_n)}{S(t_0)}\right) = n \ln d + X \ln\left(\frac{u}{d}\right)$$

이다. 그런데

$$\ln d = \ln\left(e^{-\sigma\sqrt{\Delta t}}\right) = -\sigma\sqrt{\Delta t}$$

이고

$$\ln\left(\frac{u}{d}\right) = \ln\left(\frac{e^{\sigma\sqrt{\Delta t}}}{e^{-\sigma\sqrt{\Delta t}}}\right) = 2\sigma\sqrt{\Delta t}$$

이므로,

$$\ln\left(\frac{S(t_n)}{S(t_0)}\right) = -n\sigma\sqrt{\Delta t} + 2X\sigma\sqrt{\Delta t}$$

이다. 이를

$$\begin{aligned}\ln\left(\frac{S(t_n)}{S(t_0)}\right) &= (2p-1)n\sigma\sqrt{\Delta t} + 2(X - np)\sigma\sqrt{\Delta t} \\ &= (2p-1)n\sigma\sqrt{\Delta t} + \frac{(X - np)}{\sqrt{np(1-p)}} 2\sqrt{np(1-p)}\sigma\sqrt{\Delta t}\end{aligned}$$

라 쓸 수 있다.

이제

$$
\begin{aligned}
p &= \frac{e^{i^{(\infty)}\Delta t} - d}{u-d} \\
&= \frac{e^{i^{(\infty)}\Delta t} - e^{-\sigma\sqrt{\Delta t}}}{e^{\sigma\sqrt{\Delta t}} - e^{-\sigma\sqrt{\Delta t}}} \\
&= \frac{\sigma\sqrt{\Delta t} + i^{(\infty)}\Delta t - \frac{1}{2}\sigma^2\Delta t}{2\sigma\sqrt{\Delta t}} + \Delta t\text{차 항들} \\
&= \frac{1}{2} + \frac{i^{(\infty)} - \frac{1}{2}\sigma^2}{2\sigma}\sqrt{\Delta t} + \Delta t\text{차 항들}
\end{aligned}
$$

가 되므로

$$
(2p-1)n\sigma\sqrt{\Delta t} = \left(\frac{i^{(\infty)} - \frac{1}{2}\sigma^2}{\sigma}\sqrt{\Delta t} + \Delta t\text{차 항들}\right)\frac{\sigma^2 T}{\sqrt{\Delta t}}
$$

이고, 여기서

$$
\lim_{n\to\infty}(2p-1)n\sigma\sqrt{\Delta t} = \left(i^{(\infty)} - \frac{1}{2}\sigma^2\right)T
$$

가 된다. 또한

$$
\begin{aligned}
\lim_{n\to\infty} 2\sqrt{np(1-p)}\sigma\sqrt{\Delta t} &= \lim_{n\to\infty} 2\sqrt{p(1-p)}\sigma\sqrt{T} \\
&= \sigma\sqrt{T}
\end{aligned}
$$

이 성립한다. 269쪽의 부록 B.4의 이항수렴정리(Binomial Convergence Theorem)로부터

$$
Z_n = \frac{(X-np)}{\sqrt{np(1-p)}} \xrightarrow{d} Z,
$$

즉 표준정규 확률변수로 수렴한다. 그러므로

$$
\ln\left(\frac{S(t_n)}{S(t_0)}\right) \xrightarrow{d} \left(i^{(\infty)} - \frac{1}{2}\sigma^2\right)T + \sigma\sqrt{T}Z
$$

즉 평균 $\left(i^{(\infty)} - \frac{1}{2}\sigma^2\right)T$ 이고 분산 $\sigma^2 T$ 인 정규 확률변수로 수렴한다. □

11.7 옵션 가격 결정

이제 이항 트리를 이용하여 옵션 가격 결정을 논해 보자. 초기 주식 가격 $S(t_0)$, 초기 콜옵션 가격 $C(t_0)$ 인 표준 이항 트리를 생각한다. 시간 t_1 에 주식 가격이 $S_U(t_1)$ 또는 $S_D(t_1)$ 이며, 단 $S_D(t_1) < S_U(t_1)$ 이다. 이 둘만 가능하다고 한다. 한 단계 트리에서는 시간 t_1 에 콜옵션 가격으로 $C_U(t_0)$ 와 $C_D(t_1)$ 가 가능하다. 주식 Δ 주와 미래가 B 로 무위험 투자한 현금으로 구성된 포트폴리오를 구성한다. 이때 비용은, $i^{(\infty)}$ 가 연속복리 무위험 수익률이고 $\delta_t = t_1 - t_0$ 이면, $\Delta S(t_0) + Be^{-i^{(\infty)}\delta_t}$ 이다.

시간 t_1에 포트폴리오의 가치는 주식 가격이 $S_U(t_1)$이면 $\Delta S_U(t_1)+B$이고 주식 가격이 $S_D(t_1)$이면 $\Delta S_D(t_1)+B$이다.

이 경우에 포트폴리오의 가치가 옵션 가격과 대등해지려면

$$\Delta S_U(t_1)+B=C_U(t_1),$$
$$\Delta S_D(t_1)+B=C_D(t_1)$$

이어야 한다.

Δ와 B에 대해 풀면

$$\Delta=\frac{C_U(t_0)-C_D(t_1)}{S_U(t_1)-S_D(t_1)}$$

와

$$B=C_U(t_1)-\frac{C_U(t_0)-C_D(t_1)}{S_U(t_1)-S_D(t_1)}S_U(t_1)=\frac{C_D(t_1)S_U(t_1)-C_U(t_1)S_D(t_1)}{S_U(t_1)-S_D(t_1)}$$

가 된다.

시간 t_1에 포트폴리오의 가치가 시간 t_1에 콜옵션의 가치와 일치하므로 $C(t_0)=\Delta S(t_0)+Be^{-i^{(\infty)}\delta_t}$이어야 한다. 그러므로

$$C(t_0)=\frac{C_U(t_0)-C_D(t_1)}{S_U(t_1)-S_D(t_1)}S(t_0)+\left(\frac{C_D(t_1)S_U(t_1)-C_U(t_0)S_D(t_1)}{S_U(t_1)-S_D(t_1)}\right)e^{-i^{(\infty)}\delta_t}$$

이다.

따라서 헤지를 위해 주식 $(C_U(t_0)-C_D(t_1))/(S_U(t_1)-S_D(t_1))$주와 액면가 B인 무위험 투자를 구매하여야 한다.

이 경우

$$C(t_0)e^{i^{(\infty)}\delta_t}=pC_U(t_1)+(1-p)C_D(t_1)$$

가 됨을 보일 수 있다. 여기서 p는

$$p=\frac{S(t_0)e^{i^{(\infty)}\delta_t}-S_D(t_1)}{S_U(t_1)-S_D(t_1)}$$

이다. 그러므로

$$0<\frac{S(t_0)e^{i^{(\infty)}\delta_t}-S_D(t_1)}{S_U(t_1)-S_D(t_1)}<1$$

이면 $C(t_0)e^{i^{(\infty)}\delta_t}$를 시간 t_1에 콜옵션 가격의 기댓값으로 생각할 수 있다. 이 식은 표준 이항 트리인 경우 $d<e^{i^{(\infty)}\delta_t}<u$와 동치임에 유의하자.

이를

$$C(t_0)=[pC_U(t_1)+(1-p)C_D(t_1)]e^{-i^{(\infty)}\delta_t} \tag{11.6}$$

와 같이 쓸 수 있고, 이 식을 시간 t_1에 콜옵션 가격의 기댓값을 시간 t_0에 할인한 것으로 생각할 수 있다.

$S_D(t_1) < S_U(t_1)$이고

$$\frac{1}{\delta_t}\ln\left(\frac{S_D(t_1)}{S(t_0)}\right) < i^{(\infty)} < \frac{1}{\delta_t}\ln\left(\frac{S_U(t_1)}{S(t_0)}\right)$$

이면 $0 < p < 1$, 즉

$$0 < \frac{S(t_0)e^{i^{(\infty)}\delta_t} - S_D(t_1)}{S_U(t_1) - S_D(t_1)} < 1$$

이 성립함을 알 수 있다.

표준 이항 트리가 아니라면, 달리 말하면 상승비율과 하락비율 u와 d가 상수가 아니라면, 천이확률은 달라질 수 있다.

이제 한 단계 모형을 임의의 단계로 확장하자. 시간 t_0에 시작하며 대응하는 콜옵션의 만기가 t_n인 n단계 표준 이항 트리가 있다 하자. 또한 각 노드에서 주식 가격을 알고 있고 대응하는 콜옵션의 행사가격도 안다고 하자. 그러면 트리의 각 노드에서 식 (11.6)으로 주어지는 정당한 콜옵션 가격을 계산할 수 있다.

앞의 212쪽의 표 11.3에 주어진 트리를 다시 그려보자.

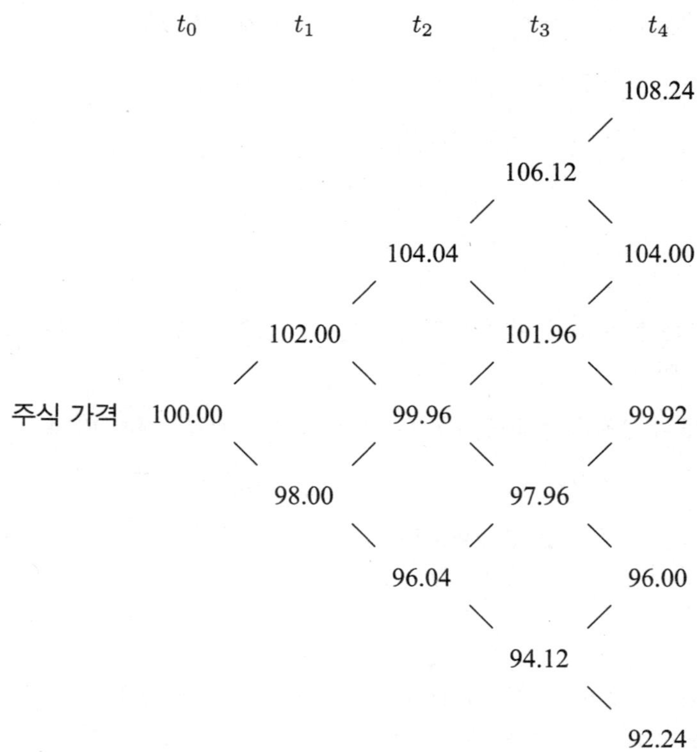

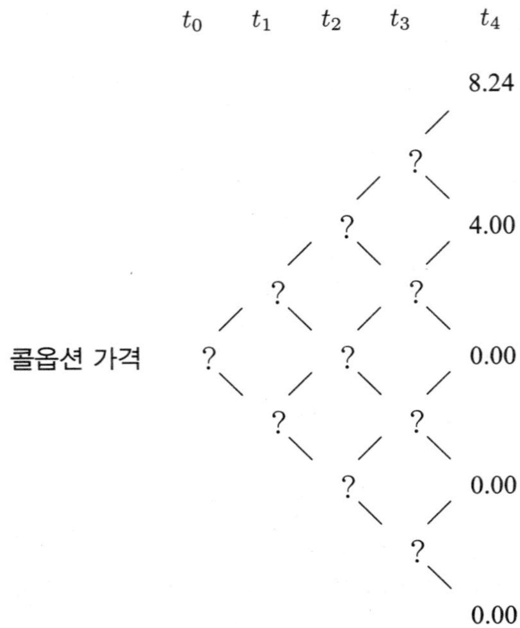

시간 t_4(만기)일 때 콜옵션 가격은 그 시간에 대응하는 주식 가격에 의해 유일하게 결정된다. 즉 t_4에 콜옵션 가격은 $S(t_4) > 100$이 $S(t_4) - 100$이고 $S(t_4) \leq 100$이다.

행사가격이 100이라 가정하고, "후진 추론(backward induction)"을 사용하여 누락된 값을 채워 넣자. $i^{(\infty)} = 0.05$이고 $\delta_t = 1/12$일 때 시간 t_3에 콜옵션 가격을 생각하자. 이때

$$C(t_3) = [pC_U(t_4) + (1-p)C_D(t_4)]e^{-i^{(\infty)}\delta_t}$$

가 되어야 한다. 단 $e^{-i^{(\infty)}\delta_t} = e^{-1/240}$이다. 또한

$$p = \frac{e^{1/240}S(t_3) - S_D(t_4)}{S_U(t_4) - S_D(t_4)}$$

이어야 한다.

다음으로 다루는 것이 표준 이항 트리이므로 이 p 값은 트리 전체에 걸쳐 동일함에 유의하자. 이 경우, $p = 0.6044$이다.

시간 t_3에 상단의 분지(branch)는 $C_U(t_4) = 8.24$와 $C_D(t_4) = 4.00$이다. 그래서

$$\begin{aligned} C(t_3) &= [pC_U(t_4) + (1-p)C_D(t_4)]e^{-i^{(\infty)}\delta_t} \\ &= [0.6044(8.24) + 0.3956(4.00)]e^{-1/240} \\ &= 6.54 \end{aligned}$$

가 된다.

같은 식으로 위에서 둘째 분지는 $S_U(t_4) = 104.00$, $S_D(t_4) = 99.92$, $C_U(t_4) = 4.00$, $C_D(t_4) = 0.00$이다. 이로부터 $C(t_3) = 2.41$이 된다. 밑의 두 분지는 $C(t_3) = 0$이다. 유사하게 시간 t_2에

상단의 분지는 $SU(t_3) = 106.12$, $SD(t_3) = 101.96$, $C_U(t_2) = 6.54$, $C_D(t_2) = 2.41$이다. 이로부터 $C(t_2) = 4.88$이다.

계산을 모두 마치면 다음 트리가 된다.

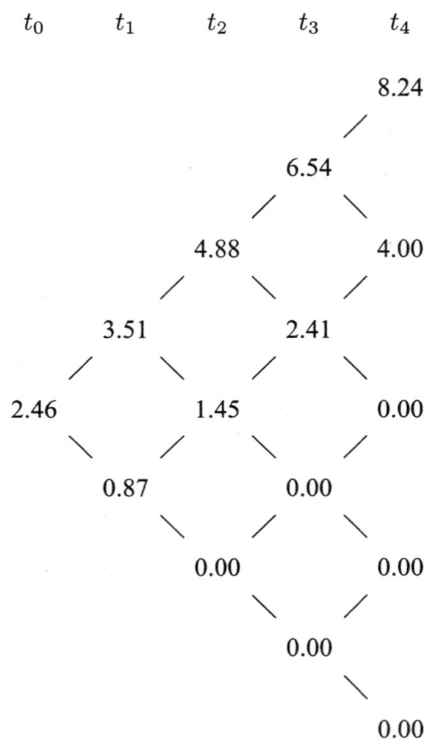

콜옵션 가격은 각 시간 t_i에 관계식 $C(t_i) + X \geq S(t_i)$ (콜옵션 가격과 행사가격의 합은 주식 가격과 같거나 크다)을 만족한다. 그렇지 않으면 (즉 $C(t_i) + X < S(t_i)$이면), 투자자는 콜옵션을 구매하고 행사하여 획득한 주식을 팔아, 이익 $S(t_i) - (C(t_i) + X) > 0$을 보게 되며, 이 이익은 보장되게 된다.

또한 콜옵션 가격 몇몇은 0이다. 예를 들어 주식이 처음 두 기간동안 하락하면 가격이 $96.04가 되며, 이때 만기일(시간 t_4)에 가능한 최고 가격은 $99.92로서 행사가격보다 낮다.

표준 이항 트리가 아닌 이항 트리를 유연한 트리(flexible tree)라 부른다. 각 노드에서의 주식 가격과 행사가격이 주어지는 경우, 연속복리 무위험 수익률을 안다면 공정한 옵션 가격을[14] 계산할 수 있다.

WILD사 주식에 대한 다음 예를 보자.

[14]공정한 옵션 가격이란 그 가격으로는 차익거래 기회가 존재하지 않는 가격을 말한다.

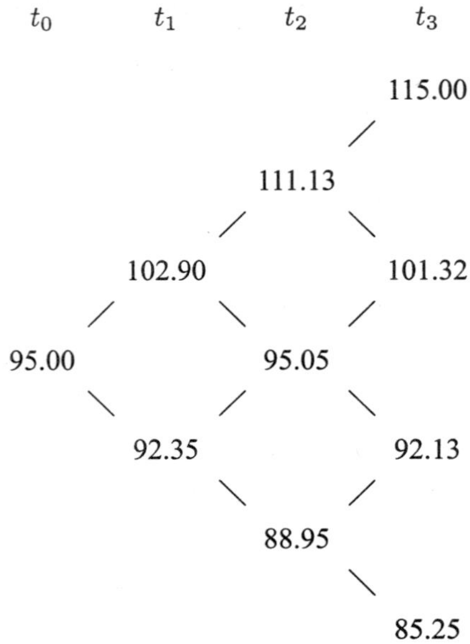

이것은 3단계 트리이다. 연속복리 무위험 수익률이 4%이고 행사가격이 \$100라 가정하자. 이전처럼 $\delta_t = 1/12$이고, 따라서 옵션은 3개월 안에 만기가 된다.

식

$$C(t_i) = [pC_U(t_{i+1}) + (1-p)C_D(t_{i+1})]e^{-i^{(\infty)}\delta_t}$$

과

$$p = \frac{S(t_i)e^{i^{(\infty)}\delta_t} - S_D(t_{i+1})}{S_U(t_{i+1}) - S_D(t_{i+1})}$$

을 이용한다.

계산하면 $e^{-i^{(\infty)}\delta_t} = e^{-0.04/12}$이고 $e^{i^{(\infty)}\delta_t} = e^{0.04/12}$이다. 시간 t_3에 콜옵션의 가치는, 만기일에 콜옵션의 가격이 $S(t_3) - X$와 0 중 큰 쪽이기 때문에, 위에서부터 15.00, 1.32, 0.00, 0.00이다. 시간 t_0, t_1, t_2, t_3에 각 분지에서 p를 재계산해야 한다. 예를 들어, 시간 t_2에 위 분지에 대해 $S(t_2) = 111.13$, $S_U(t_3) = 115.00$, $S_D(t_3) = 101.32$이다. 그러면

$$p = \frac{e^{0.04/12}(111.13) - 101.32}{115.00 - 101.32} = 0.7442$$

이고

$$C(t_2) = [0.7442(15.00) + 0.2558(1.32)]e^{-0.04/12} = 11.46$$

이다. 236쪽의 문제 11.26에서 이 트리에 대한 콜옵션 가격을 계산한다.

11.8 블랙-숄즈 옵션 가격 결정 모형

214쪽의 정리 11.5에서 특별한 주식의 이항 모형을 조사하였는데, 그것은 극한에서 각 시간 t에 대해 비 $S(t)/S(0)$가 모수가 $\left(i^{(\infty)} - \frac{1}{2}\sigma^2\right)T$와 $\sigma^2 T$인 로그정규 확률변수인 기하브라운운동 모형으로

수렴한다. 이 절에서 **블랙–숄즈 공식**(Black-Scholes formula)을 유도한다. 이 기하브라운운동 모형을 이용한 블랙–숄즈 공식에서 주식에 대한 유러피언 콜옵션의 공정한(차익거래가 없는) 가격 $C(0)$을 계산할 수 있다.

정의에 따라 로그정규 확률변수의 자연로그는 정규 확률변수이다. 그런데 이 정규 확률변수가 기댓값이 μ이고 분산이 σ^2이면, 로그정규 확률변수는 기댓값이 $e^{\mu+\sigma^2/2}$이다. 이러한 고찰에서 사용하기 적절한 것으로 (모수가 $\left(i^{(\infty)} - \frac{1}{2}\sigma^2\right)T$와 $\sigma^2 T$인) 로그정규 확률변수를 생각하게 된다. 이러한 조건하에서 $S(t)$는 $E(S(t)) = e^{i^{(\infty)}t}S(0)$인 로그정규 분포를 가진다는 것을 보일 수 있다. (문제 11.29와 11.30을 보라.) 이제 이러한 분포를 가지는 주식에 대한 공정한 콜옵션 가격을 찾아보자.

지금부터 주식 가격 $S(t)$와 변동성 $\sigma > 0$는 214쪽의 정리 11.5에서와 같은 것으로 한다. 행사가격은 X, 만기일까지 남은 기간은 T년, 연속복리 무위험 수익률은 $i^{(\infty)}$라 둔다.

블랙–숄즈 공식 유도

190쪽의 식 (11.1)에서 시간 T에 주식 가격 $S(T)$, 콜옵션의 가격 $C(T)$, 행사가격 X가

$$C(T) = \begin{cases} 0, & S(T) \le X\text{일 때}, \\ S(T) - X, & S(T) > X\text{일 때} \end{cases}$$

로 연관되어 있으므로 [15]

$$C(T) = [S(T) - X]^+$$

이다.

시간[16] $t = 0$에 옵션의 공정한 가격 $C(0)$를 찾기 위해, 만기일 콜옵션의 기댓값 $E(C(T))$를 연속복리 무위험 수익률로 할인하면,

$$C(0) = e^{-i^{(\infty)}T}E(C(T)) = e^{-i^{(\infty)}T}E\left([S(T) - X]^+\right)$$

이다.

이제

$$S(T) = S(0)\frac{S(T)}{S(0)} = S(0)e^{\ln(S(T)/S(0))} = S(0)e^W$$

이다. 여기서 $W = \ln(S(T)/S(0))$이고, 따라서 W는 평균 $\left(i^{(\infty)} - \frac{1}{2}\sigma^2\right)T$, 분산 $\sigma^2 T$, 밀도함수

$$f(w) = \frac{1}{\sqrt{2\pi\sigma^2 T}}e^{-\frac{1}{2}\left(w - \left(i^{(\infty)} - \frac{1}{2}\sigma^2\right)T\right)^2/(\sigma^2 T)}, \qquad -\infty < w < \infty$$

인 정규 확률변수이다.

---

[15] 함수 $[x]^+$는 $x > 0$이면 x이고 $x \le 0$이면 0으로 정의된다.

[16] 옵션의 공정한 가격을 계산할 때 ($S(0), X, i^{(\infty)}, \sigma^2$와 함께) 중요한 것은 단지 만기까지 남은 기간 T이므로 $t = 0$(현재 시간이 0)이라 항상 가정할 수 있다.

그러므로

$$C(0) = e^{-i^{(\infty)}T} E\left([S(T) - X]^+\right) = e^{-i^{(\infty)}T} E\left([S(0)e^W - X]^+\right)$$

이고, 따라서 $E\left([S(0)e^W - X]^+\right)$를 계산하기만 하면 되며, 지금부터 그 계산을 수행하기로 한다.

계산하려는 값은

$$E\left([S(0)e^W - X]^+\right) = \frac{1}{\sqrt{2\pi\sigma^2 T}} \int_{-\infty}^{\infty} [S(0)e^W - X]^+ e^{-\frac{1}{2}\left(w - \left(i^{(\infty)} - \frac{1}{2}\sigma^2\right)T\right)^2/(\sigma^2 T)}\, dw$$

이다.

그런데 $S(0)e^W - X \geq 0$일 필요충분조건이 $W \geq \ln(X/S(0))$이므로,

$$E\left([S(0)e^W - X]^+\right) = \frac{1}{\sqrt{2\pi\sigma^2 T}} \int_{\ln(X/S(0))}^{\infty} (S(0)e^w - X) e^{-\frac{1}{2}\left(w - \left(i^{(\infty)} - \frac{1}{2}\sigma^2\right)T\right)^2/(\sigma^2 T)}\, dw$$

이다. 이 적분은 두 적분 I_1과 I_2의 차이

$$E\left([S(0)e^W - X]^+\right) = I_1 - I_2$$

로서, I_1과 I_2은

$$\begin{aligned} I_1 &= \frac{1}{\sqrt{2\pi\sigma^2 T}} \int_{ln(X/S(0))}^{\infty} S(0)e^w e^{-\frac{1}{2}\left(w - \left(i^{(\infty)} - \frac{1}{2}\sigma^2\right)T\right)^2/(\sigma^2 T)}\, dw \\ &= \frac{S(0)}{\sqrt{2\pi\sigma^2 T}} \int_{ln(X/S(0))}^{\infty} e^{w - \frac{1}{2}\left(w - \left(i^{(\infty)} - \frac{1}{2}\sigma^2\right)T\right)^2/(\sigma^2 T)}\, dw \end{aligned}$$

이고[17]

$$I_2 = \frac{1}{\sqrt{2\pi\sigma^2 T}} \int_{ln(X/S(0))}^{\infty} X e^{-\frac{1}{2}\left(w - \left(i^{(\infty)} - \frac{1}{2}\sigma^2\right)T\right)^2/(\sigma^2 T)}\, dw$$

이다. 이를 차례로 계산하기로 하자.

I_1를 계산하기 위해

$$u = \frac{w - \left(i^{(\infty)} + \frac{1}{2}\sigma^2\right)T}{\sigma\sqrt{T}}$$

라 두면

$$\begin{aligned} & w - \frac{1}{2}\frac{\left(w - \left(i^{(\infty)} - \frac{1}{2}\sigma^2\right)T\right)^2}{\sigma^2 T} \\ &= -\frac{1}{2}\frac{-2\sigma^2 Tw + \left(w^2 - 2\left(i^{(\infty)} - \frac{1}{2}\sigma^2\right)Tw + \left(i^{(\infty)} - \frac{1}{2}\sigma^2\right)^2 T^2\right)^2}{\sigma^2 T} \\ &= -\frac{1}{2}\frac{\left(w^2 - 2\left(i^{(\infty)} + \frac{1}{2}\sigma^2\right)Tw + \left(i^{(\infty)} + \frac{1}{2}\sigma^2\right)^2 T^2\right) - 2i^{(\infty)}\sigma^2 T^2}{\sigma^2 T} \\ &= -\frac{1}{2}u^2 + i^{(\infty)}T \end{aligned}$$

[17] I_2가 행사가격 X에 시간 T에 옵션이 내가격일 확률을 곱한 것임에 유의하라.

이므로

$$e^{w-\frac{1}{2}\left(w-\left(i^{(\infty)}-\frac{1}{2}\sigma^2\right)T\right)^2/(\sigma^2 T)} = e^{-\frac{1}{2}u^2}e^{i^{(\infty)}T}$$

가 된다. 이를 I_1에 치환하면

$$\begin{aligned} I_1 &= S(0)e^{i^{(\infty)}}T\frac{1}{\sqrt{2\pi}}\int_{-\delta}^{\infty} e^{-\frac{1}{2}u^2}\,du \\ &= S(0)e^{i^{(\infty)}}T(1-\Phi(-\delta)) \end{aligned}$$

로, 여기서 δ와 $\Phi(x)$는

$$\delta = \frac{\left(i^{(\infty)}+\frac{1}{2}\sigma^2\right)^2 - \ln(X/S(0))}{\sigma\sqrt{T}}$$

와

$$\Phi(x) = \frac{1}{\sqrt{2\pi}}\int_{-\infty}^{x} e^{-t^2/2}\,dt$$

이다. 그런데 (문제 11.32을 보라),

$$\Phi(\delta) = 1-\Phi(-\delta)$$

이므로

$$I_1 = S(0)e^{i^{(\infty)}T}\Phi(\delta)$$

이다.

이제 I_2를 보자. 다음

$$v = \frac{w-\left(i^{(\infty)}-\frac{1}{2}\sigma^2\right)T}{\sigma\sqrt{T}}$$

를 I_2에 치환하면

$$\begin{aligned} I_2 &= \frac{X}{\sqrt{2\pi}}\int_{-\delta+\sigma\sqrt{T}}^{\infty} e^{-\frac{1}{2}v^2}\,dv \\ &= X\left(1-\Phi\left(-\delta+\sigma\sqrt{T}\right)\right) \\ &= X\Phi\left(\delta-\sigma\sqrt{T}\right) \end{aligned}$$

이다.

마침내

$$E\left([S(0)e^W - X]^+\right) = e^{i^{(\infty)}T}S(0)\Phi(\delta) - X\Phi\left(\delta-\sigma\sqrt{T}\right)$$

가 되고, 이를

$$C(0) = e^{-i^{(\infty)}T}E\left([S(0)e^W - X]^+\right)$$

에 치환하면 유명한 **블랙–숄즈 공식**(Black-Scholes formula)

$$C(0) = S(0)\Phi(\delta) - Xe^{-i^{(\infty)}T}\Phi\left(\delta-\sigma\sqrt{T}\right) \tag{11.7}$$

이 나오는데, 여기서 δ와 $\Phi(x)$는

$$\delta = \frac{\left(i^{(\infty)} + \frac{1}{2}\sigma^2\right)T - \ln(X/S(0))}{\sigma\sqrt{T}} \tag{11.8}$$

와

$$\Phi(x) = \frac{1}{\sqrt{2\pi}}\int_{-\infty}^{x} e^{-t^2/2}\,dt \tag{11.9}$$

로 주어지는 것이다.

블랙-숄즈 공식의 의의

블랙-숄즈 공식 (11.7)은 주식 가격이 기하브라운운동을 따른다는 가정하에서 유러피언 콜옵션의 가격을 결정한다. 이 결과에 이르게 한 이론은 [3]에 담겨 있으며 아직도 매우 중요하다. 1997년, 마이런 숄즈Myron Scholes와 로버트 머튼Robert Merton은 이 공식을 전개시킨 공로로 노벨경제학상을 공동수상하였다.[18]

블랙-숄즈 공식 (11.7)은 몇가지 이유에서 중요한 결과이다. 그것은 많은 부분에서 수학적 추론에 기초하는 금융의 현대적 이론으로 이끈 결과 중의 하나이다. 블랙-숄즈 가격 공식은 5개의 양을 포함하는데 그 중 넷은 관측가능하므로 추정해야 할 양은 단 하나 σ이다.

블랙-숄즈 가정

블랙-숄즈 공식 (11.7)을 유도할 때 암암리에 다음 둘을 가정하였다.

1. 주식 가격은 기하브라운운동을 따른다.

   이 가정의 결과는 다음으로 귀결된다.

   - 연속복리 무위험 수익률 $i^{(\infty)}$는 상수이다. 무위험 수익률은 만기일 콜옵션의 기댓값을 할인하는 데 사용한다. 무위험 수익률은 기하브라운운동 모형의 모수 $\left(i^{(\infty)} - \frac{1}{2}\sigma^2\right)T$에도 등장하므로 상수가 아니라면 주식 가격이 기하브라운운동을 따른다는 가정에 어긋난다.
   - 변동성 σ는 상수이다. 이 상수 변동성 가정이 없다면 주식 가격이 변하지 않아도 옵션의 가치가 변할 수 있다. 이렇게 되면 모형이 성립하지 않는다.
   - 주식 가격은 시간에 따라 연속적이다. 그렇지 않으면 주식 가격에 불연속적 비약이 있게 되고, 이 모형이 성립하지 않는다.
   - 주식의 존속 기간에 배당금은 없다. 배당금은 흔히 주식 가격의 비약과 연결된다. 그러한 비약은 주식 가격이 기하브라운운동을 따른다는 가정에 어긋난다.[19]
   - 시간 t에 비율 $S(t)/S(0)$는 로그정규분포를 따른다.

[18]휘셔 블랙Fischer Black은 노벨상을 수여할 당시 이미 사망하였다. 로버트 머튼Robert Merton은 같은 시기에 [19]에서 옵션에 관한 유사한 이론을 전개하였다.

[19]그렇지만 배당금의 형태에 따라 대체 모형을 사용할 수 있다.

2. 차익거래 기회는 없다.

이러한 가정은 실제 세상에서 일반적으로 만족되지 않는다. 예를 들어 주식 가격의 비약은 때로 크게 발생하기도 한다. 그럼에도 옵션 가격 결정의 수학적 구조를 제공한다는 이 결과의 중요성을 낮추어 평가해서는 안 된다.

블랙–숄즈 공식 해설

- 블랙–숄즈 공식 (11.7)에서 공정한 콜옵션의 가격에 대해 정확하게 답을 구할 수 있는데, 이는 이 모형이 지닌 놀라운 성질 중 하나이다.
- 블랙–숄즈 공식 (11.7)은 두 부분, $S(0)\Phi(\delta)$와 $Xe^{-i^{(\infty)}T}\Phi\left(\delta-\sigma\sqrt{T}\right)$로 이루어져 있다. 문제 11.35에서
$$\Phi(\delta)=\frac{\partial C(0)}{\partial S(0)}$$
를 보이게 된다. 문제 11.36에서 $\Phi\left(\delta-\sigma\sqrt{T}\right)$이 옵션이 만기일에 내가격일, 즉 $S(T)>X$일 확률임을 보이게 될 것이다. 그러므로 블랙–숄즈 공식을 다음과 같이 해석할 수 있다. $C(0)$는 현재 주식 가격 $S(0)$에 $S(0)$에 대한 $C(0)$의 변화율을 곱한 것에 옵션이 만기일에 내가격 $(S(T)>X)$이면 X이고 아니면 0인 현금흐름의 현재가를 더한 것과 같다.
- 유일한 관측불가능한 양 σ를 흔히 과거의 기록에서 추정한다. 또다른 방법은 소위 **내재변동성**(implied volatility) 이용하는 것이다. $S(0)$, $C(0)$, X, T, $i^{(\infty)}$를 알면, σ가 블랙–숄즈 공식 (11.7)에서 유일하게 미결정된 양이므로, 공식에서 σ를 추정할 수 있다. 이렇게 하려면 σ를 나머지 양들에서 (11.7)을 풀어 σ를 구하는 해석적 방법이 없으므로 수치해석을 써야 한다.
- 204쪽의 풋–콜 패리티 정리를 이용하여 유러피언 풋옵션의 가격에 대한 블랙–숄즈 공식, 즉
$$P(0)=-S(0)\Phi(-\delta)+e^{-i^{(\infty)}T}\Phi\left(-\delta+\sigma\sqrt{T}\right)$$
을 이끌어낼 수 있다. (문제 11.33을 보라.)
- 배당금이 있는 주식에 대한 유러피언 옵션에 대한 공식, 몇몇 아메리칸 콜옵션에 대한 공식이 존재한다. 현재로서는 아메리칸 풋옵션의 가치에 대해 알려진 해석적 공식은 없다.
- 여기서 블랙–숄즈라는 주제를 소개만 하였다. 이 주제를 더 깊게 다루는, 예를 들어 [5]와 [7]과 같은 훌륭한 책과 논문이 많이 있다.
- 블랙–숄즈 공식 (11.7)을 이용하려면
$$\Phi(x)=\frac{1}{\sqrt{2\pi}}\int_{-\infty}^{x}e^{-t^2/2}\,dt$$
을 여러 x 값에 대해 추정하여야 한다. 이 해설에 바로 이어서 본론을 벗어나 이 작업을 수행하는 여러 방법을 살펴본다. 내용이 독자에게 새로운 것이 아니라면 230쪽의 예 11.4로 직행하기 바란다.

$\Phi(x)$ 계산법에 관한 보론

블랙–숄즈 공식 (11.7)을 적용하려면 여러 x에 대한

$$\Phi(x) = \frac{1}{\sqrt{2\pi}} \int_{-\infty}^{x} e^{-t^2/2}\, dt$$

를 추정하여야 한다. 이 절에서 이를 위한 이용가능한 자료에 따라 다른 4가지 방식을 논의한다. 이를 예 11.4에서 사용된 $\Phi(0.1584)$, $\Phi(-0.1245)$, $98\Phi(0.1584) - 100e^{-0.025}\Phi(-0.1245)$를 계산하는 맥락에서 살펴본다.

1. **표**

   여기서는 265쪽의 표 B.1(이 표에는 0.00에서 2.99까지, 0.01 단계마다, 소수점 이하 4자리까지 값이 기록되어 있다) 또는 [1]의 966쪽 표 26.1(이 표에는 0.00에서 2.00까지, 0.02 단계마다, 소수점 이하 15자리까지 값이 기록되어 있다)와 같은 참조표를 사용한다.

   이 방법의 장점은 해야 할 것이 표 B.1 또는 [1]의 표 26.1를 보고 $\Phi(0.1584)$의 값을 찾기만 하면 된다는 것이다. 그러면 어떻게 하는가? 0.1584를 표에 있는 값에 가까운 것으로 반올림한다. 이제 표를 이용하여 계산을 수행하고 그 추정치를 $\Phi_{T_1}(x)$와 $\Phi_{T_2}(x)$로 나타낸다.

   (a) 표 B.1에서 0.1584에 가장 가까운 항목은 0.16이므로

   $$\Phi_{T_1}(0.1584) \approx \Phi(0.16) = 0.5636$$

   라 추정한다.

   $\Phi(-0.1245)$를 추정할 때는 음의 값이 이 표에([1]의 표 26.1에도) 없으므로 조금 더 불편하다. 이 경우 항등식(문제 11.32를 보라)

   $$\Phi(-x) = 1 - \Phi(x)$$

   을 사용하여

   $$\Phi(-0.1245) = 1 - \Phi(0.1245)$$

   라 쓴다. 다시 0.1245이 표 B.1에 없으므로 표에 있는 항목 중 가까운 값, 즉 0.12로 반올림하여

   $$\Phi_{T_1}(0.1245) \approx \Phi(0.12) = 0.5478$$

   라 추정하면

   $$\Phi_{T_1}(-0.1245) \approx 1 - 0.5478 = 0.4522$$

   가 된다.

   그러므로

   $$98\Phi(0.1584) - 100e^{-0.025}\Phi(-0.1245) \approx 11.1293$$

   이다.

(b) [1]의 표 26.1에서 0.1584에 가장 가까운 항목은 0.16이므로

$$\Phi_{T_2}(0.1584) + \Phi(0.16) = 0.563559462891433$$

라 추정한다.

$\Phi(-0.1245)$를 추정하기 위해 다시 항등식

$$\Phi(-0.1245) = 1 - \Phi(0.1245)$$

을 이용한다. 다시 0.1245이 표 26.1에 없으므로 표에 있는 항목 중 가까운 값, 즉 0.12로 반올림하여

$$\Phi_{T_2}(0.1245) \approx \Phi(0.12) = 0.547758426020584$$

라 추정하면

$$\Phi_{T_2}(-0.1245) \approx 1 - 0.547758426020584 = 0.452241573979416$$

가 된다.

그러므로

$$98\Phi(0.1584) - 100e^{-0.025}\Phi(-0.1245) \approx 11.121258390018500$$

이다.

2. 선형보간법(`linear interpolation`)

여기서는 앞 부분에서 언급한 표 중의 하나와 93쪽의 (6.7)로 서술된 선형보간법을 사용한다. 이제 두 표를 이용하여 계산을 수행하고 그 추정값을 $\Phi_{LI_1}(x)$와 $\Phi_{LI_2}(x)$로 나타내자.

(a) 표 B.1에서, 0.1584에 가까운 양쪽 항목이 0.15와 0.16이고 $\Phi(0.15) = 0.5596$와 $\Phi(0.16) = 0.5636$임을 알 수 있다. 식 (6.7)을 $l = 0.1584$, $a = 0.15$, $b = 0.16$라 놓고 이용하면

$$\begin{aligned}\Phi_{LI_1}(0.1584) &= \frac{0.16 - 0.1584}{0.16 - 0.15}\Phi(0.15) + \frac{0.1584 - 0.15}{0.16 - 0.15}\Phi(0.16) \\ &= 0.16(0.5596) + 0.84(0.5636) \\ &= 0.56296\end{aligned}$$

이다.

같은 방법으로

$$\begin{aligned}\Phi_{LI_1}(-0.1245) &= 1 - \Phi_{LI_1}(0.1245) \\ &= 1 - \left(\frac{0.13 - 0.1245}{0.13 - 0.12}\Phi(0.12) + \frac{0.1245 - 0.12}{0.13 - 0.12}\Phi(0.13)\right) \\ &= 1 - 0.55(0.5478) - 0.45(0.5517) \\ &= 0.450445\end{aligned}$$

이다.

그러므로

$$98\Phi(0.1584) - 100e^{-0.025}\Phi(-0.1245) \approx 11.2377$$

이다.

(b) [1]의 표 26.1에서 0.1584에 가까운 양쪽 항목이 0.15와 0.16이고 $\Phi(0.14) = 0.555670004805907$과 $\Phi(0.16) = 0.563559462891433$임을 알 수 있다. 식 (6.7)을 $l = 0.1584$, $a = 0.15$, $b = 0.16$라 놓고 이용하면

$$\begin{aligned}\Phi_{LI_2}(0.1584) &= \frac{0.16 - 0.1584}{0.16 - 0.14}\Phi(0.15) + \frac{0.1584 - 0.14}{0.16 - 0.14}\Phi(0.16)\\ &= 0.08(0.555670004805907) + 0.92(0.563559462891433)\\ &= 0.562928306244591\end{aligned}$$

이다.

같은 방법으로

$$\begin{aligned}\Phi_{LI_2}(-0.1245) &= 1 - \Phi_{LI_2}(0.1245)\\ &= 1 - \left(\frac{0.14 - 0.1245}{0.14 - 0.12}\Phi(0.12) + \frac{0.1245 - 0.12}{0.14 - 0.12}\Phi(0.14)\right)\\ &= 1 - 0.775(0.547758426020584) - 0.225(0.555670004805907)\\ &= 0.450461468752718\end{aligned}$$

이다.

그러므로

$$98\Phi(0.1584) - 100e^{-0.025}\Phi(-0.1245) \approx 11.233020465833200$$

이다.

$\Phi(x)$가 모든 x에 대해 양수이고 $x > 0$에서 아래로 오목하므로(문제 11.32을 보라), 94쪽의 정리 6.4에 대한 해설을 이용하여 $\Phi_{LI_2}(0.1584)$이 $\Phi(0.1584)$에 대한 낮은 추정값(underestimate)이라 할 수 있다. 즉

$$\Phi_{LI_2}(0.1584) = 0.562928306244591 < \Phi(0.1584)$$

이다.

또한 $\Phi(x)$이 $x < 0$에서 위로 오목하므로 $\Phi_{LI_2}(-0.1245)$는 $\Phi(-0.1245)$에 대한 높은 추정값(overestimate)이라 할 수 있다. 즉,

$$\Phi_{LI_2}(-0.1245) = 0.450461468752718 > \Phi(-0.1245)$$

이다.

마지막으로,

$$\Phi_{LI_2}(0.1584) < \Phi(0.1584), \qquad -\Phi_{LI_2}(-0.1245) < -\Phi(-0.1245)$$

이므로

$$\begin{aligned}&98\Phi_{LI_2}(0.1584) - 100e^{-0.025}\Phi_{LI_2}(-0.1245)\\ <&98\Phi(0.1584) - 100e^{-0.025}\Phi(-0.1245)\end{aligned}$$

이고, 따라서 11.233020465833200는 낮은 추정값이다. 즉,

$$11.233020465833200 < 98\Phi(0.1584) - 100e^{-0.025}\Phi(-0.1245)$$

이다.

3. 수치근사

여기서는 수치근사(numerical approximation)를 사용한다. $\Phi(x)$의 근삿값을 구하는 데 사용하는 공식이 많이 있다([1]의 932쪽을 보라). 여기서 둘을 제시하고자 하는데, 각각 $\Phi_{NA_1}(x)$와 $\Phi_{NA_2}(x)$로 나타내기로 한다.

(a) 첫째 근사는

$$\Phi_{NA_1}(x) = 1 - \frac{e^{-x^2/2}}{\sqrt{2\pi}}\left(a_1t + a_2t^2 + a_3t^3\right)$$

로 여기서 t는

$$t = \frac{1}{1+px}$$

이며 $p = 0.33267$, $a_1 = 0.4361836$, $a_2 = -0.1201676$, $a_3 = 0.9372980$이다. 이 근사식은 오차가 1.0×10^{-5}보다 작다. 이 수치근사를 이용하여

$$\begin{aligned}\Phi_{NA_1}(0.1584) &= 0.5629382,\\ \Phi_{NA_1}(-0.1245) &= 0.4503966,\\ 98\Phi(0.1584) - 100e^{-0.025}\Phi(-0.1245) &\approx 11.2403182\end{aligned}$$

를 구할 수 있다.

(b) 둘째 근사는

$$\Phi_{NA_2}(x) = 1 - \frac{e^{-x^2/2}}{\sqrt{2\pi}}\left(b_1t + b_2t^2 + b_3t^3 + b_4t^4 + b_5t^5\right)$$

로 여기서 t는

$$t = \frac{1}{1+px}$$

이며 $p = 0.2316419$, $b_1 = 0.319381530$, $b_2 = -0.356563782$, $b_3 = 1.781477937$, $b_4 = -1.821255978$, $b_5 = 1.330274429$이다. 이 근사는 오차가 7.5×10^{-8}보다 작다. 이 수치근사를 이용하여

$$\begin{aligned} \Phi_{NA_2}(0.1584) &= 0.56292921, \\ \Phi_{NA_2}(-0.1245) &= 0.45045863, \\ 98\Phi_{NA_2}(0.1584) - 100e^{-0.025}\Phi_{NA_2}(-0.1245) &= 11.23338582 \end{aligned}$$

를 구할 수 있다.

4. 정확한 값

여기서는 스프레드시트나 복잡한 공학계산기 또는 재무계산기에서 나오는 "정확한 값"을 사용한다. 이 값을 $\Phi_E(x)$라 나타내자.

엑셀(Microsoft® Excel)에서 명령어 `NORMSDIST(x)`는 $\Phi(x)$을 계산해 준다. 이를 이용하면

$$\begin{aligned} \Phi_E(0.1584) &= 0.56292920, \\ \Phi_E(-0.1245) &= 0.45045966, \\ 98\Phi(0.1584) - 100e^{-0.025}\Phi(-0.1245) &\approx 11.23328500 \end{aligned}$$

이다.

선형보간법에서 예측했듯이

$$\begin{aligned} \Phi_{LI_2}(0.1584) &< \Phi_E(0.1584), \\ \Phi_{LI_2}(-0.1245) &> \Phi_E(-0.1245) \end{aligned}$$

이고

$$\begin{aligned} &98\Phi_{LI_2}(0.1584) - 100e^{-0.025}\Phi_{LI_2}(-0.1245) \\ <&98\Phi_E(0.1584) - 100e^{-0.025}\Phi_E(-0.1245) \end{aligned}$$

임을 알 수 있다.

표 11.4에 이러한 근사들이 4자리까지 반올림하여 비교하였다. 이제 $\Phi(x)$를 추정할 수 있으므로 블랙–숄즈 공식 (11.7)을 사용할 수 있다.

예 11.4. 주식의 현재 가격이 \$98이고, 이 주식에 대한 유러피언 콜옵션의 행사가격이 \$100, 만기일까지 남은 기간이 0.5 (반년), 연속복리 무위험 연수익률이 5%, 변동성이 0.4일 때, 블랙–숄즈 공식 (11.7)을 사용하여 옵션의 공정한 가격을 구하라.

	$\Phi(0.1584)$	$\Phi(-0.1245)$	$98\Phi(0.1584) - 100e^{-0.025}\Phi(-0.1245)$
T_1	0.5636	0.4522	11.1293
T_2	0.5636	0.4522	11.1213
LI_1	0.5630	0.4504	11.2377
LI_2	0.5629	0.4505	11.2330
NA_1	0.5629	0.4504	11.2403
NA_2	0.5629	0.4505	11.2334
E	0.5629	0.4505	11.2333

표 11.4: $\Phi(x)$의 추정치 비교

풀이. 여기서 $S(0) = 98$, $X = 100$, $T = 0.5$, $i^{(\infty)} = 0.05$, $\sigma = 0.4$이다. 식 (11.8)로부터

$$\delta = \frac{0.05 + \frac{1}{2}(0.16)0.50 - \ln(100/98)}{0.40\sqrt{0.50}} \approx 0.1584$$

이고

$$\delta - \sigma\sqrt{T} \approx -0.1245$$

이므로

$$C(0) = 98\Phi(0.1584) - 100e^{-0.025}\Phi(-0.1245)$$

이다. 여기에 나오는 값들은 표 11.4에 있는 Φ를 추정할 때 사용한 값들이다. 그러므로 $C(0)$ 값을 결정할 $\Phi(0.1584)$와 $\Phi(-0.1245)$로 사용할 값은 표 11.4에서 어느 추정치를 택하느냐에 달려있다.

표 B.1을 사용한다면, $C(0) \approx 11.13$이고, 따라서 옵션 가격이 약 \$11.13이다. 반면 "정확한" 계산으로는 $C(0) \approx 11.23$이고, 따라서 옵션 가격이 약 \$11.23가 된다. △

블랙–숄즈 양들의 의존성

블랙–숄즈 옵션 가격 $C(0)$를 계산하는 데 사용되는 양은 5개, 즉 $S(0)$, X, T, $i^{(\infty)}$, σ이므로 $C(0)$를 이 양들의 함수라 생각할 수 있다. 이 다섯 개의 양들 사이에, 그리고 $C(0)$의 이들에 대한 편미분 사이에 여러 관계가 성립한다. 앞서 $\Phi(\delta) = \partial C(0)/\partial S(0)$로 $S(0)$에 대한 $C(0)$의 변화율임을 보았다. 이 편미분을 델타라 부르고 Δ로 나타낸다. 다음에 "그릭스(Greeks)"[20]이라 부르는 이러한 양들을 블랙–숄즈의 양으로 나타낸 값과 함께 나열하였다.

- 델타(Delta):

  $$\Delta = \frac{\partial C(0)}{\partial S(0)}$$

  델타는 현재 가격 $S(0)$의 변화에 대한 가격 $C(0)$의 변화의 민감도를 잰다.

  $C_{dS}(0)$가 $S(0)$가 가격이 dS 만큼 변한 후의 공정한 가격이라 하면, 국소적 선형성(local linearity)에 의해,

  $$C_{dS}(0) - C(0) \approx dS\,\frac{\partial C(0)}{\partial S(0)} = dS\,\Delta$$

[20]표기에 사용하는 기호가 그리스 문자여서 이렇게 부른다.

이다.

그러므로 $S(0)$가 \$1 오르면 $C(0)$는 약 \$$\Delta$ 변하게 된다. 식 (11.7)으로 주어진 $C(0)$를 $S(0)$에 대해 편미분하면

$$\Delta = \frac{\partial C(0)}{\partial S(0)} = \Phi(\delta)$$

가 됨을 알 수 있다(문제 11.35를 보라).

$\Phi(\delta) > 0$이므로, $C(0)/S(0) > 0$이고, 따라서 다른 모든 양이 상수로 일정하다면 $C(0)$는 $S(0)$와 함께 증가한다. 그러므로 $C(0)$가 약 \$$\Delta$ 변한다는 것은 $C(0)$가 \$$\Delta$ 만큼 감소가 아닌 증가한다는 것이다.

- 감마(Gamma):

$$\Gamma = \frac{\partial \Delta}{\partial S(0)} = \frac{\partial^2 C(0)}{\partial S(0)^2}$$

감마는 현재 가격 $S(0)$의 변화에 대한 Δ의 변화의 민감도를 잰다.

Δ를 $S(0)$에 대해 편미분하면

$$\Gamma = \frac{\partial \Delta}{\partial S(0)} = \frac{\partial^2 C(0)}{\partial S(0)^2} = \frac{\Phi'(\delta)}{S(0)\sigma\sqrt{T}}$$

가 된다(문제 11.37을 보라).

$\Phi'(\delta)/(S(0)\sigma\sqrt{T}) > 0$이므로 $\partial^2 C(0)/\partial S(0)^2 > 0$이고, 따라서 다른 모든 양이 상수로 일정하다고 가정하고 $C(0)$를 $S(0)$에 대해 그래프를 그리면 위로 오목하다.

- 쎄타(Theta):

$$\Theta = \frac{\partial C(0)}{\partial T}$$

쎄타는 옵션 만기일까지의 기간 T의 변화에 대한 가격 $C(0)$의 변화의 민감도를 잰다.[21]

(11.7)로 주어진 $C(0)$를 T에 대해 편미분하면,

$$\Theta = \frac{\partial C(0)}{\partial T} = \frac{S(0)\sigma}{2\sqrt{T}}\Phi'(\delta) + i^{(\infty)}Xe^{-i^{(\infty)}T}\Phi(\delta - \sigma\sqrt{T})$$

가 됨을 알 수 있다(문제 11.38을 보라).

우변이 양이므로, $\partial C(0)/\partial T > 0$이고, 따라서 다른 모든 양이 상수로 일정하다고 가정하면 $C(0)$는 T와 함께 증가한다. 그러므로 만기일까지의 기간 T가 하루 감소하면 $C(0)$가 약 \$$\Theta/365$ 감소한다.

- 로(rho):

$$\rho = \frac{\partial C(0)}{\partial i^{(\infty)}}$$

로는 연속복리 무위험 수익률 $i^{(\infty)}$의 변화에 대한 가격 $C(0)$의 변화의 민감도를 잰다.

[21] 쎄타를 때로 $\Theta = -\partial C(0)/\partial T$로 나타내기도 한다.

(11.7)로 주어진 $C(0)$를 $i^{(\infty)}$에 대해 편미분하면,

$$\rho = \frac{\partial C(0)}{\partial i^{(\infty)}} = XTe^{-i^{(\infty)}T}\Phi(\delta - \sigma\sqrt{T})$$

가 됨을 알 수 있다(문제 11.39를 보라).

우변이 양이므로, $C(0)/i^{(\infty)} > 0$이고, 따라서 다른 모든 양이 상수로 일정하다고 가정하면 $C(0)$는 $i^{(\infty)}$와 함께 증가한다. 그러므로 $i^{(\infty)}$가 0.01 증가하면 $C(0)$가 약 \$$0.01\rho$ 증가한다.

- 베가(Vega)[22]:

$$V = \frac{\partial C(0)}{\partial \sigma}$$

베가는 주식의 변동성 σ의 변화에 대한 가격 $C(0)$의 변화의 민감도를 잰다.

(11.7)로 주어진 $C(0)$를 σ에 대해 편미분하면,

$$V = \frac{\partial C(0)}{\partial \sigma} = S(0)\sqrt{T}\Phi'(\delta)$$

가 됨을 알 수 있다(문제 11.40을 보라).

우변이 양이므로, $\partial C(0)/\partial\sigma > 0$이고, 따라서 다른 모든 양이 상수로 일정하다고 가정하면 $C(0)$는 σ와 함께 증가한다. 그러므로 σ가 1 증가하면 $C(0)$가 약 \$$V$ 증가한다.

이러한 방정식에서 그릭스에 관한 다음 조건을 얻을 수 있다.

$$-\Theta + \frac{1}{2}\sigma^2 S^2(0)\Gamma + i^{(\infty)}S(0)\Delta - i^{(\infty)}C(0) = 0$$

(문제 11.47을 보라.) 그릭스를 편미분으로 대치하면 편미분방정식

$$-\frac{\partial F}{\partial T} + \frac{1}{2}\sigma^2 S^2(0)\frac{\partial^2 F}{\partial S(0)^2} + i^{(\infty)}S(0)\frac{\partial F}{\partial S(0)} - i^{(\infty)}F = 0 \tag{11.10}$$

을 얻는다. 이 편미분방정식의 해 F는 주식 가격 $S(0)$, 행사가격 X, 만기일까지 남은 기간 T, 연속복리 수익률 $i^{(\infty)}$, 변동성 $\sigma > 0$로 서술한 콜옵션의 공정한 가격[23] $F = C(0)$, 또는 풋옵션의 공정한 가격[24] $F = P(0)$을 제시한다.

왜 $\partial C(0)/\partial X$가 그릭스에 포함하지 않았는지 궁금할 것이다. 그 이유는 X가 옵션 존속 기간동안 상수이기 때문이다. 그 값이 발행할 때 명시된다. 그러므로 X의 변화에 대한 $C(0)$의 민감성은 옵션 매입자나 판매자에게 아무런 의미가 없다. 그러나 수학적으로는 여전히 계산할 수 있으며 문제 11.41에서 이를 수행한다. 그 결과 $C(0)$는 X의 감소함수임을 알 수 있다. 왜 이를 예상할 수 있는지 설명하라.

---

[22]이 편미분은 그리스 문자를 따라 명명된 것이 아니라 거문고자리에서 가장 밝은 별의 이름을 따서 이름지어졌다.

[23]경계조건이

$$F(T) = \begin{cases} 0, & S(T) \le X\text{일 때,} \\ S(T) - X, & S(T) > X\text{일 때} \end{cases}$$

로 주어질 때

[24]경계조건이

$$F(T) = \begin{cases} 0, & S(T) \ge X\text{일 때,} \\ X - S(T), & S(T) < X\text{일 때} \end{cases}$$

로 주어질 때

11.9 연습문제

걷기

11.1. 다음을 확인하라.

$$P(T) = \begin{cases} 0, & S(T) \geq X\text{일 때}, \\ X - S(T), & S(T) < X\text{일 때}. \end{cases}$$

11.2. 192쪽의 식 (11.4)을 증명하라.

11.3. 195쪽에 서술된 헬렌의 풋옵션 구매에 대한 이익–손실 도표를 그려라.

11.4. 197쪽에 있는 무차입 콜옵션 발행에 대한 주당 이익 공식을 증명하라. 그림 11.6이 올바르다는 것을 확증하라.

11.5. 198쪽에 있는 차입 콜옵션 발행에 대한 주당 이익 공식을 증명하고, 이에 대한 이익–손실 도표를 그려라.

11.6. 200쪽에 있는 무차입 콜옵션 발행에 대한 주당 이익 공식을 증명하라. 그림 11.9가 올바르다는 것을 확증하라.

11.7. 201쪽에 있는 차입 콜옵션 발행에 대한 주당 이익 공식을 증명하라. 그림 11.11이 올바르다는 것을 확증하라.

11.8. 202쪽의 MOVE 주식을 참조하여, MOVE에 대한 스트래들 발행자의 이익–손실 도표를 작성하라.

11.9. 203쪽에 있는 스트래들 발행에 대한 주당 이익 공식을 증명하라. 그림 11.13이 올바르다는 것을 확증하라.

11.10. 만약 $C + Xe^{-i^{(\infty)}T} > S(0) + P$이면, 206쪽에서 논의한 포지션이 차익거래 기회를 낳는다는 것을 보여라.

11.11. BIG1이 현재 주당 \$100에 거래되고 있다. BIG1에 대한 풋옵션이 \$7이고, 행사가격은 \$105이며, 만기까지의 기간은 6개월이며, 연속복리 무위험 수익률은 4%이다. 풋–콜 패리티 관계를 만족시키려면 콜옵션의 가격은 얼마가 되어야 하는가?

11.12. $X = \$100$, $C = \$8$, $P = \$2$, $S(0) = \$105$, $i^{(\infty)} = 0.05$, $T = 1$(1년)이라 하자. 풋–콜 패리티 관계가 성립하는가? 성립하지 않으면, 양의 이익을 확실하게 만들어내는 차익거래 포트폴리오를 기술하라. 이익은 얼마인가?

11.13. $C + Xe^{-i^{(\infty)}T} > S(0) + P$일 때, 만들 수 있는 차익거래 포트폴리오를 기술하라.

11.14. 배당금의 경우 유러피언 옵션에 대한 더 일반적인 풋–콜 패리티 관계가 있다. 조건은

$$C + PV(X) + PV(\text{배당금}) = S(0) + P$$

이다. 여기서 PV는 현재가를 나타낸다. 배당금은 단 한 번 만기일에 $\$D$가 지불되었다고 가정한다. 이 경우 적절한 관계를 유도하라.

11.15. 204쪽의 풋–콜 패리티 정리는 옵션을 만기일에만 행사할 수 있는 유러피언 옵션에 대해 성립한다. 풋–콜 패리티 관계가 성립하지 않으면 아메리칸 옵션에 대해 차익거래 기회를 만들어내는 경우가 있는가? [힌트: 아메리칸 콜옵션은 조기에 행사되지 않지만 아메리칸 풋옵션은 어떤 경우 행사될 수도 있음을 상기하라.]

11.16. 208쪽의 GOUP 주식에 관한 예와 동일한 조건을 가정하고, 콜옵션과 같은 행사가격($75)과 만기(1년)를 가진 GOUP에 대한 풋옵션을 하나 보유하고 있다고 하자. GOUP 주식 Δ^* 주와 현금 B달러로 구성되고, 현재 시점으로 할인되었으며, 하나의 풋옵션으로 구성된 포트폴리오와 동일한 수익을 낳는 포트폴리오를 작성하라.

11.17. 다음을 증명하라.

$$\Delta = \frac{C_U - C_D}{S_U - S_D}, \qquad B = \frac{C_U S_D - C_D S_U}{S_U - S_D}.$$

(209쪽을 보라.)

11.18. 콜옵션에 대한 헤지비율은 결코 음수가 될 수 없음을 보여라. $S_D < X$이고 또한 $S_U < X$이면 Δ의 값은 몇인가? 그 답으로부터 무엇을 추론할 수 있는가?

11.19. 212쪽의 예 11.3에 있는 이항 트리에 등장하는 값들을 검증하라.

11.20. 이 문제는 212쪽의 예 11.3를 기본으로 한다. $p = 0.6$라 가정하자. 주식이 처음 두 달동안 가격이 하락하여, 두 달 후 가격이 $96.04이면, 만기일에 기대 가격은 몇인가? [힌트: 만기일에 가능한 가격은 $99.92, $96.00, $92.24이다. 이러한 가격에 도달할 가능성을 계산하고 적절한 확률변수를 고려하라.]

11.21. 표준 이항 트리에 대하여 다음을 증명하라.

$$p = \frac{S(t_0)e^{i^{(\infty)}\delta_t} - S_D(t_1)}{S_U(t_1) - S_D(t_1)}.$$

11.22. 초기 주식 가격이 $S(t_0) = \$200$인 n단계 표준 이항 트리를 생각하자. 한 달 후 주식 가격의 기댓값이 $E(S(t_1)) = \$201$라 하자.

(a) 6개월후 주식 가격의 기댓값은 몇인가?

(b) 1년후 주식 가격의 기댓값은 몇인가?

(c) 연속복리 수익률은 얼마인가?

(d) 연간복리 수익률은 얼마인가?

(e) 반년복리 수익률은 얼마인가?

뛰기

11.23. 표준 이항 트리에서, $p = 0.5$, $0 < d \leq u$, $u = 1/d$ (따라서 $ud = 1$) 초기 주식 가격이 $S(t_0)$라 하자.

(a) $S(t_1)$의 기댓값 $E(S(t_1))$은 몇인가?

(b) $E(S(t_1))$의 가능한 최솟값은 몇인가?

11.24. $d = 0$인 극한의 경우의 표준 이항 트리를 생각하자.

(a) $E(S(t_n))$의 값은 몇인가? $(n \geq 1)$

(b) $\lim_{n\to\infty} E(S(t_n))$의 가능한 값들은 무엇인가?

(c) 어떤 조건 아래서 $\lim_{n\to\infty} E(S(t_n)) = 0$인가?

11.25. 218쪽의 트리에 대한 콜옵션 가격을 검증하라.

11.26. 220쪽에서 다룬 트리에 대한 콜옵션 가격을 계산하라.

11.27. 249쪽의 문제 A.4에서 임의의 두 실수 x와 y, 양의 정수 n에 대해 다음이 성립함을 보인다.

$$(x+y)^n = \sum_{k=0}^{n} \binom{n}{k} x^k y^{n-k}.$$

이 결과가 어떻게 이항분포와 관련되는가?

11.28. SLOW회사 주식에 대한 다음 3단계 이항 트리를 생각하자. 행사가격이 \$200이고 연속복리 수익률이 8%라 가정하자. 콜옵션에 대해 대응하는 트리를 작성하라. p의 값에 대하여 무슨 말을 할 수 있는가? (220쪽을 보라.)

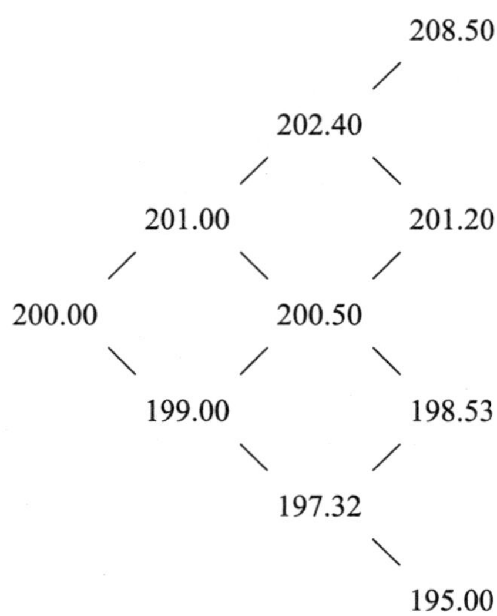

11.29. X를 $Y = \ln X$가 평균이 μ이고 분산이 σ^2인 정규분포를 가지는 로그정규 확률변수라 하자. $E(X) = e^{\mu+\sigma^2/2}$이고

$$\sigma_X^2 = e^{2\mu+2\sigma^2} - e^{2\mu+\sigma^2}$$

임을 보여라. (221쪽을 보라.)

11.30. $S(t)$가 $E(S(t)) = e^{i^{(\infty)}t}S(0)$인 로그정규분포를 가짐을 보여라. (221쪽을 보라.)

11.31. 다른 값들은 변화없이 $T = 0$이라 두면 223쪽의 (11.7)에 있는 블랙–숄즈 옵션 가격은 어떻게 되는가? 이를 $X < S(0)$, $X = S(0)$, $X > S(0)$인 세 경우에 (다른 값들은 고정하고) T가 0으로 갈 때 δ의 극한을 택하여 검증하라. ($\Phi(\infty) = 1, \Phi(-\infty) = 0$임을 기억하라.)

11.32. 함수

$$\Phi(x) = \frac{1}{\sqrt{2\pi}} \int_{-\infty}^{x} e^{-t^2/2}\, dt$$

가 모든 x에 정의되어 있고 다음 성질을 가짐을 보여라.

(a) $\Phi(x) > 0$.

(b) $\Phi(-x) = 1 - \Phi(x)$.

(c) $\Phi(x)$는 증가함수이다.

(d) $\Phi(x)$는 $x > 0$에서 아래로 오목이고, $x < 0$에서 위로 오목이다.

11.33. 다음 식을 증명하라.

$$P(0) = -S(0)\Phi(-\delta) + e^{-i^{(\infty)}T}\Phi\left(-\delta + \sigma\sqrt{T}\right)$$

(225쪽을 보라.)

11.34.

$$\delta = \frac{\left(i^{(\infty)} + \frac{1}{2}\sigma^2\right)^2 - \ln(X/S(0))}{\sigma\sqrt{T}}$$

일 때(224쪽의 (11.8)을 보라),

$$S(0)\Phi'(\delta) - Xe^{-i^{(\infty)}T}\Phi'\left(\delta - \sigma\sqrt{T}\right) = 0$$

임을 보여라. [힌트: $\ln\left(\Phi'(\delta)/\Phi'\left(\delta - \sigma\sqrt{T}\right)\right)$에서 시작하라.]

11.35. 다음을 보여라.

$$\Phi(\delta) = \frac{\partial C(0)}{\partial S(0)}.$$

(225쪽을 보라.) [힌트: 문제 11.34를 이용하라.]

11.36. $\Phi\left(\delta - \sigma\sqrt{T}\right)$가 옵션 만기일에 내가격일, 즉 $S(T) > X$일 확률과 같음을 보여라. (225쪽을 보라.)

11.37. 다음을 보여라.

$$\frac{\partial^2 C(0)}{\partial S(0)^2} = \frac{\Phi'(\delta)}{S(0)\sigma\sqrt{T}}.$$

(232쪽을 보라.)

11.38. 다음을 보여라.

$$\frac{\partial C(0)}{\partial T} = \frac{S(0)\sigma}{2\sqrt{T}}\Phi'(\delta) + i^{(\infty)}Xe^{-i^{(\infty)}T}\Phi(\delta - \sigma\sqrt{T}).$$

(232쪽을 보라.)

11.39. 다음을 보여라.

$$\frac{\partial C(0)}{\partial i^{(\infty)}} = XTe^{-i^{(\infty)}T}\Phi(\delta - \sigma\sqrt{T}).$$

(233쪽을 보라.)

11.40. 다음을 보여라.

$$\frac{\partial C(0)}{\partial \sigma} = S(0)\sqrt{T}\Phi'(\delta).$$

(233쪽을 보라.)

11.41. 다음을 보여라.

$$\frac{\partial C(0)}{\partial X} = -e^{-i^{(\infty)}T}\Phi(\delta - \sigma\sqrt{T}).$$

(233쪽을 보라.)

11.42. 230쪽의 예 11.4에서 $S(0)$를 \$98에서 \$102로 바꾸고 다른 네 값은 바꾸지 않는다고 하자. 새로운 블랙–숄즈 옵션 가격을 계산하라. 이것이 직관과 일치하는가? 이를 이 예에 대한 그릭 Δ를 계산하여 검증하라.

11.43. 223쪽의 (11.7)에서 X를 \$100에서 \$99로 바꾸고 적절한 그릭을 이용하여 문제 11.42처럼 수행하라.

11.44. 223쪽의 (11.7)에서 $i^{(\infty)}$를 0.05에서 0.10로 바꾸어라. 새로운 블랙–숄즈 옵션 가격을 계산하라. 이것이 직관과 일치하는가? 이를 이 예에 대한 그릭 ρ를 계산하여 검증하라.

11.45. 223쪽의 (11.7)에서 T를 0.50에서 0.25로 바꾸고 적절한 그릭을 이용하여 문제 11.44처럼 수행하라.

11.46. 223쪽의 (11.7)에서 σ를 0.4에서 0.5로 바꾸고 적절한 그릭을 이용하여 문제 11.44처럼 수행하라. (이 경우 직관은 통하지 않을 수 있다)

11.47. 식

$$-\Theta + \frac{1}{2}\sigma^2 S^2(0)\Gamma + i^{(\infty)}S(0)\Delta - i^{(\infty)}C(0) = 0$$

와

$$-\frac{\partial C(0)}{\partial T} + \frac{1}{2}\sigma^2 S^2(0)\frac{\partial^2 C(0)}{\partial S(0)^2} + i^{(\infty)}S(0)\frac{\partial C(0)}{\partial S(0)} - i^{(\infty)}C(0) = 0$$

을 보여라. (233쪽을 보라.)

11.48. 블랙–숄즈 공식

$$C(0) = S(0)\Phi(\delta) - Xe^{-i^{(\infty)}T}\Phi\left(\delta - \sigma\sqrt{T}\right),$$

을 (여기서 δ는

$$\delta = \frac{\left(i^{(\infty)} + \frac{1}{2}\sigma^2\right)T - \ln(X/S(0))}{\sigma\sqrt{T}}$$

이고, 0이 (고정된) 현재 시각이면 T는 (변수인) 만기까지의 남은 시간이다) 다시 써서

$$C(t) = S(t)\Phi(\delta^*) - Xe^{-i^{(\infty)}(T^*-t)}\Phi\left(\delta^* - \sigma\sqrt{T^*-t}\right),$$

로 (여기서 δ^*는

$$\delta^* = \frac{\left(i^{(\infty)} + \frac{1}{2}\sigma^2\right)(T^*-t) - \ln(X/S(0))}{\sigma\sqrt{T^*-t}}$$

이고, t는 (변수인) 현재 시각이고 T^*는 (고정된) 만기일이다) 할 수 있음을 보여라.

11.49. 문제 11.48의 조건 아래서 블랙–숄즈 편미분방정식 (11.10)이

$$-\frac{\partial F}{\partial T} + \frac{1}{2}\sigma^2 S^2(0)\frac{\partial^2 F}{\partial S(0)^2} + i^{(\infty)}S(0)\frac{\partial F}{\partial S(0)} - i^{(\infty)}F = 0$$

가 됨을 보여라.

복습문제

- 콜옵션이란 무엇인가?
- 풋옵션이란 무엇인가?
- 주식 가격과 만기일까지 남은 기간이 콜옵션(풋옵션)의 가격에 어떻게 영향을 미치는가?
- 차입 콜옵션이란 무엇인가?
- 차입 풋옵션이란 무엇인가?
- 풋–콜 패리티 정리는 무엇을 말하는가?
- 헤지비율 정리는 무엇을 말하는가?
- 이항 트리란 무엇인가?
- 차익거래를 설명하라.
- 블랙–숄즈 정리는 무엇을 말하는가? 어떤 조건을 가정하는가?
- 그리스 문자란 무엇이고 무엇을 재는가?

A

부록 : 귀납법, 재귀관계식, 부등식

A.1 수학적 귀납법

수학적 귀납법(mathematical induction)은 정수 변수를 포함하는 명제를 증명하는 데 사용하는 기법이다. 때로 명제는 정수 n을 포함하는

$$1 + 2 + 4 + \cdots + 2^{n-1} = 2^n - 1, \qquad n = 1, 2, \ldots$$

와 같은 항등식이거나

$$n^2 > 2n + 1, \qquad n = 3, 4, \ldots$$

과 같은 정수 n을 포함하는 부등식이다.

이 두 경우에 명제 $P(n)$이 있어서 이를 $n \geq n_0$에 대해 증명해야 한다. 수학적 귀납법 기법은 두 단계로 이루어져 있다.

A.1. $P(n)$이 참임을 n의 초깃값, 즉 $n = n_0$에 대해 증명한다. 이를 **기본단계**(basic step)라 한다.

A.2. $P(k)$가 참임을 가정하고 그 결과로서 $P(k+1)$가 참임을 증명한다. 이를 **귀납단계**(inductive step)라 부른다.

이 두 단계가 증명되었다면 $P(n)$은 다음 이유로 $n \geq n_0$에 대해 참이다. 기본단계로부터 $P(n_0)$이 참임을 알 수 있다. $k = n_0$에 대한 귀납단계로부터 $P(n_0)$가 참이면 $P(n_0 + 1)$이 참이 됨을 알 수 있다. 이것과 다시 귀납단계를 사용하여 $P(n_0 + 2)$이 참임을 보일 수 있고, 이 과정을 계속한다.

예 A.1. 귀납법으로

$$1 + 2 + 4 + \cdots + 2^{n-1} = 2^n - 1, \qquad n = 1, 2, \ldots$$

를 증명하라.

풀이. 여기서 $n_0 = 1$이고 명제 $P(n)$은 $1 + 2 + 4 + \cdots + 2n - 1 = 2^n - 1$이다.

기본단계: $P(n_0)$, 즉 $P(1)$이 참임을 보여야 한다. 명제 $P(1)$은 $1 = 2^1 - 1$로 분명히 참이다.

귀납단계: $P(k)$가 참인 결과로 $P(k+1)$가 참임을 보여야 한다. 즉

$$1 + 2 + 4 + \cdots + 2k = 2^{k+1} - 1$$

이

$$1 + 2 + 4 + \cdots + 2(k-1) = 2^k - 1$$

의 결과로 참임을 보여야 한다.

이제

$$\begin{aligned} 1 + 2 + 4 + \cdots + 2^k &= 1 + 2 + 4 + \cdots + 2^{k-1} + 2^k \\ &= (1 + 2 + 4 + \cdots + 2^{k-1}) + 2^k \\ &= (2^k - 1) + 2^k \\ &= 2^{k+1} - 1 \end{aligned}$$

가 성립한다. 수학적 귀납법에 의해 등식은 모든 정수 $n \geq 1$에 대해 참이다. △

예 A.2. 귀납법으로

$$n^2 > 2n + 1, \qquad n = 3, 4, \ldots$$

를 보여라.

풀이. 여기서 $n_0 = 3$이고 명제 $P(n)$은 $n^2 > 2n + 1$이다.

기본단계: $P(n_0)$, 즉 $P(3)$이 참임을 보여야 한다. 명제 $P(3)$은 명제 $3^2 > 2 \times 3 + 1$, 즉 $9 > 7$로 명백하게 참이다.

귀납단계: $P(k+1)$이 $P(k)$가 참인 결과로 참임을 보여야 한다. 즉

$$(k+1)^2 > 2(k+1) + 1$$

이

$$k^2 > 2k + 1$$

의 결과임을 보여야 한다.

이제

$$\begin{aligned}(k+1)^2 &= k^2+2k+1\\ &> (2k+1)+2k+1\\ &= 2k+(2k+2)\\ &> 2k+3\\ &= 2(k+1)+1\end{aligned}$$

이 성립한다.

수학적 귀납법에 의해 부등식은 모든 정수 $n \geq 3$에 대해 참이다. △

수학적 귀납법을 종종 n번째 도미노가 넘어지면 그 다음 도미노도 넘어지는 무한히 긴 도미노 행렬로 비유하기도 한다. 이는 귀납단계이고, 도미노 중 하나인 n_0번째가 넘어지지 않으면 어느 것도 넘어지지 않는다. 이것이 기본단계이다. n_0번째 도미노가 넘어지면 $n \geq n_0$인 모든 도미노가 넘어진다.

A.2 재귀관계식

정의 A.1. $P_0, P_1, P_2, \ldots$ 사이의 **재귀관계식**(recurrence relation)이란

$$P_{n+m} = f(P_n, P_{n+1}, \ldots, P_{n+m-1})$$

와 같은 형태의 방정식으로, 이에 의해 P_{n+m}이 앞의 항에 의해 결정된다.

재귀관계식 해설

- 재귀관계식을 또한 **유한 차분방정식**(finite difference equation)이라고도 부른다.
- 양의 정수 m은 재귀관계식의 **차수**(order)이다. 예를 들어 재귀관계식

$$P_{n+2} = (n+1)P_n, \qquad n = 0, 1, 2, \ldots,$$

  은 2차 재귀관계식이다.
- 재귀관계식을 푸는 일반적인 방법은 없다. 그러나 1차 재귀관계식은

$$Q_n = Q_{n-1}, \qquad n = 1, 2, \ldots$$

  형태로 고쳐 쓸 수 있으면 풀 수 있다. 이 형태로 양변을 1에서 N까지 더하면

$$\sum_{n=1}^{N} Q_n = \sum_{n=1}^{N} Q_{n-1}$$

이 된다. 양변에서 같은 항을 소거하면

$$Q_N = Q_0$$

을 얻는다. 그러므로 재귀관계식 $Q_n = Q_{n-1}$은 해 $Q_n = Q_0$가 있다.
($Q_n = Q_{n-1}$으로부터 이를 보이는 또다른 방법은 이 식에서 $Q_1 = Q_0$, $Q_2 = Q_1$, 등등이 성립함을 인식하는 것이다. 그러면

$$Q_n = Q_{n-1} = Q_{n-2} = \cdots = Q_2 = Q_1 = Q_0$$

이 되므로 해가 $Q_n = Q_0$이다.)

예 A.3. 다음 재귀관계식을 풀어라 ($n = 1, 2, \ldots$).

(a) $P_n = -P_{n-1}$
(b) $P_n = aP_{n-1}$, 단 a는 상수
(c) $nP_n = P_{n-1}$
(d) $P_n = (n+1)P_{n-1}$
(e) $P_n = P_{n-1} + a$, 단 $a \neq 0$는 상수
(f) $P_n = P_{n-1} + ba^n$, 단 $a \neq 0$, $b \neq 0$는 상수

풀이. .

(a) 재귀관계식

$$P_n = -P_{n-1}$$

을 $(-1)^n P_n = (-1)^{n-1} P_{n-1}$, 즉 $Q_n = (-1)^n P_n$이라 하면 $Q_n = Q_{n-1}$으로 쓸 수 있다. 이 식은 해 $Q_n = Q_0$, 즉 $(-1)^n P_n = (-1)^0 P_0$를 가지므로 $P_n = (-1)^n P_0$이다.

(b) 재귀관계식

$$P_n = aP_{n-1}$$

을 $P_n/a^n = P_{n-1}/a^{n-1}$, 즉 $Q_n = P_n/a^n$이라 하면 $Q_n = Q_{n-1}$으로 쓸 수 있다. 이 식은 해 $Q_n = Q_0$, 즉 $P_n/a^n = P_0/a^0$를 가지므로 $P_n = a^n P_0$이다.

(c) 재귀관계식

$$nP_n = P_{n-1}$$

을 $n!Pn = (n-1)!P_{n-1}$, 즉 $Q_n = n!P_n$이라 하면 $Q_n = Q_{n-1}$으로 쓸 수 있다. 이 식은 해 $Q_n = Q_0$, 즉 $n!Pn = 0!P_0$를 가지므로 $P_n = P_0/n!$이다.

(d) 재귀관계식

$$P_n = (n+1)P_{n-1}$$

을 $P_n/(n+1)! = P_{n-1}/n!$, 즉 $Q_n = P_n/(n+1)!$이라 하면 $Q_n = Q_{n-1}$으로 쓸 수 있다. 이 식은 해 $Q_n = Q_0$, 즉 $Pn/(n+1)! = P_0/1!$를 가지므로 $P_n = (n+1)!P_0$이다.

(e) 재귀관계식

$$P_n = P_{n-1} + a$$

을 $P_n - a = P_{n-1}$ 또는 $P_n - na = P_{n-1} - (n-1)a$, 즉 $Q_n = P_n - na$라 하면 $Q_n = Q_{n-1}$으로 쓸 수 있다. 이 식은 해 $Q_n = Q_0$, 즉 $P_n - na = P_0 - 0a$를 가지므로 $P_n = na + P_0$이다.

(f) 재귀관계식

$$P_n = P_{n-1} + ba^n$$

을 $P_n - ba^n = P_{n-1}$ 또는

$$P_n - ba^n - b\sum_{i=0}^{n-1} a^i = P_{n-1} - b\sum_{i=0}^{n-1} a^i$$

또는

$$P_n - b\sum_{i=0}^{n} a^i = P_{n-1} - b\sum_{i=0}^{n-1} a^i,$$

즉 $Q_n = P_n - b\sum_{i=0}^{n} a^i$라 하면 $Q_n = Q_{n-1}$으로 쓸 수 있다. 이 식은 해 $Q_n = Q_0$, 즉 $P_n - b\sum_{i=0}^{n} a^i = P_0 - b$를 가지므로 $P_n = b\sum_{i=0}^{n} a^i + P_0 - b = b\sum_{i=0}^{n} a^i + P_0$이다.

△

A.3 부등식

정리 A.1 (산술–기하 평균 부등식(Arithmetic-Geometric Mean Inequality)). $a_1, a_2, \ldots, a_n$이 음이 아니고 모두 0은 아닌 수라 하면

$$(a_1 a_2 \ldots a_n)^{1/n} \leq \frac{a_1 + a_2 + \cdots + a_n}{n}$$

이 성립하고 등호가 성립할 필요충분조건은 $a_1 = a_2 = \cdots = a_n$이다.

증명. 산술–기하 평균 부등식의 증명은 두 단계로 진행된다. 먼저 귀납법으로 $n = 2^m$에 대하여, 즉

$$(a_1 a_2 \ldots a_{2^m})^{1/2^m} \leq \frac{a_1 + a_2 + \cdots + a_{2^m}}{2^m}$$

을 증명하고 다음에 빠진 n들을 채워 넣는다.

$m = 1$일 때

$$(a_1 a_2)^{1/2} \leq \frac{a_1 + a_2}{2}$$

을 보이기로 하자. 그런데 $(a_1 - a_2)^2 \geq 0$에서 $a_1^2 + a_2^2 \geq 2a_1a_2$이므로 원하는 부등식이 증명되었다. 등호가 성립할 필요충분조건은 $a_1 = a_2$이다.

부등식이 m에 대해 성립한다 하고 $m+1$일 때, 즉

$$(a_1a_2 \dots a_{2^{m+1}})^{1/2^{m+1}} \leq \frac{a_1 + a_2 + \cdots + a_{2^{m+1}}}{2^{m+1}}$$

이고 등호가 성립할 필요충분조건이 $a_1 = a_2 = \cdots = a_{2^{m+1}}$ 임을 보이다.

이제

$$(a_1a_2 \dots a_{2^{m+1}})^{1/2^{m+1}} = \left[(a_1a_2 \dots a_{2^m})^{1/2^m}(a_{2^m+1}a_{2^m+2} \dots a_{2^{m+1}})1/2^m\right]^{1/2}$$

이다. 그런데

$$\left[(a_1a_2 \dots a_{2^m})^{1/2^m}(a_{2^m+1}a_{2^m+2} \dots a_{2^{m+1}})1/2^m\right]^{1/2} \leq \left[\left(\frac{a_1 + a_2 + \cdots + a_{2^m}}{2^m}\right)\left(\frac{a_{2^m+1} + a_{2^m+2} + \cdots + a_{2^{m+1}}}{2^m}\right)\right]^{1/2}$$

이고 등호가 성립할 필요충분조건은 $a_1 = a_2 = \cdots = a_{2^{m+1}}$ 이고 $a_{2^m+1} = a_{2^m+2} = \cdots = a_{2^{m+1}}$ 이다. 이제

$$\left[\left(\frac{a_1 + a_2 + \cdots + a_{2^m}}{2^m}\right)\left(\frac{a_{2^m+1} + a_{2^m+2} + \cdots + a_{2^{m+1}}}{2^m}\right)\right]^{1/2} \leq \frac{1}{2}\left[\left(\frac{a_1 + a_2 + \cdots + a_{2^m}}{2^m}\right) + \left(\frac{a_{2^m+1} + a_{2^m+2} + \cdots + a_{2^{m+1}}}{2^m}\right)\right]$$

이고 등호가 성립할 필요충분조건은 $a_1 + a_2 + \cdots + a_{2^m} = a_{2^m+1} + a_{2^m+2} + \cdots + a_{2^{m+1}}$ 이다. 이것이 원하는 부등식이고 등호가 성립할 필요충부조건은 $a_1 = a_2 = \cdots = a_{2^{m+1}}$ 이다.

이제 $n \neq 2^m$ 인 경우를 생각하자. $a_{n+1} = a_{n+2} = \cdots = a_{2^m} = A$, 단 $A = \frac{a_1+a_2+\cdots+a_n}{n}$ 이라 두자. 그러면

$$\left(a_1a_2 \dots a_nA^{2^m-n}\right)^{1/2^m} \leq \frac{a_1 + a_2 + \cdots + a_n + (2^m - n)A}{2^m} = A$$

또는

$$a_1a_2 \dots a_nA^{2^m-n} = A^{2^m},$$

즉

$$a_1a_2 \dots a_n \leq A^n$$

이 성립한다. 등호가 성립할 필요충분조건은 $a_1 = a_2 = \cdots = a_n$ 이다. 이로써 증명이 완결되었다. □

정리 A.2.

$$\left(1 + \frac{r}{n-1}\right)^{n-1} < \left(1 + \frac{r}{n}\right)^n.$$

증명. 이를 증명하기 위해 $a_1 = 1$, $a_2 = a_3 = \cdots = a_n = 1 + r/(n-1)$이라 놓고 산술-기하 평균 부등식을 사용하면,

$$\left[1\left(1+\frac{r}{n-1}\right)^{n-1}\right]^{1/n} \leq \frac{1+(n-1)\left(1+\frac{r}{n-1}\right)}{n}$$

또는

$$\left[\left(1+\frac{r}{n-1}\right)^{n-1}\right]^{1/n} \leq \frac{n+r}{n} = 1+\frac{r}{n}$$

을 얻는다. □

정리 A.3 (코시-슈바르츠의 부등식(Cauchy-Schwarz Inequality)).

$$\left(\sum_{i=1}^{n} a_i b_i\right)^2 \leq \left(\sum_{i=1}^{n} a_i^2\right)\left(\sum_{i=1}^{n} b_i^2\right).$$

등호가 성립할 필요충분조건은 어떤 상수 λ에 대해 $a_i = \lambda b_i$이거나 모든 i에 대해 $b_i = 0$이다.

증명. $b_1 = b_2 = \cdots = b_n = 0$이면 코시-슈바르츠의 부등식은 명백히 참이므로 모든 b_i가 0은 아닌 경우에 집중하기로 하면, $\sum_{j=1}^{n} b_j^2 \neq 0$이다. λ를

$$\lambda = \frac{\sum_{j=1}^{n} a_j b_j}{\sum_{j=1}^{n} b_j^2}$$

라 두고

$$0 \leq \sum_{i=1}^{n}(a_i - \lambda b_i)^2 = \sum_{i=1}^{n} a_i^2 - 2\lambda \sum_{i=1}^{n} a_i b_i + \lambda^2 \sum_{i=1}^{n} b_i^2$$

를 생각한다. 명백히 부등식이 성립할 필요충분조건은 모든 i에 대해 $a_i = \lambda b_i$이다. 그렇지 않다면

$$0 < \sum_{i=1}^{n} a_i^2 - 2\frac{\sum_{j=1}^{n} a_j b_j}{\sum_{j=1}^{n} b_j^2}\sum_{i=1}^{n} a_i b_i + \left(\frac{\sum_{j=1}^{n} a_j b_j}{\sum_{j=1}^{n} b_j^2}\right)^2 \sum_{i=1}^{n} b_i^2$$

로, 고쳐 쓰면

$$0 < \sum_{i=1}^{n} a_i^2 - \frac{\left(\sum_{j=1}^{n} a_j b_j\right)^2}{\sum_{j=1}^{n} b_j^2}$$

이다. 이것은 코시-슈바르츠의 부등식이다. □

정리 A.4 (횔더의 부등식(H¨older's Inequality)). $1/p + 1/q = 1$인 $p > 1$와 q에 대해

$$\left|\sum_{i=1}^{n} u_i v_i\right| \leq \left(\sum_{i=1}^{n} |u_i|^p\right)^{1/p} \left(\sum_{i=1}^{n} |v_i|^q\right)^{1/q}$$

가 성립한다.

증명. 일반성을 잃지 않고 적어도 하나의 u_i 값이 0이 아니고 또 적어도 하나의 v_i 값이 0이 아니라 가정할 수 있다. 또한 $u_i \geq 0$이고 모든 i에 대해 $v_i \geq 0$라 가정할 수 있다. (왜?) $p > 0$이라 하고 q를 $1/p + 1/q = 1$가 되도록 정의한다. 고정된 $y > 0$에 대하여 함수 $f(x) = xy - x^p/p$를 생각하자. $f'(x) = y - x^{p-1}$이므로 $f'(x) = 0$일 필요충분조건은 $x = y^{1/(p-1)}$이다. 이 x 값에 대해,

$$f(x) = y^{1/(p-1)+1} - \frac{y^{p/(p-1)}}{p} = y^{p/(p-1)}\left(1 - \frac{1}{p}\right) = \frac{y^q}{q}$$

이다. 따라서 모든 $x \geq 0$에 대하여, $xy \leq x^p/p + y^q/q$이다. 이제

$$x_i = \frac{u_i}{\left(\sum_{i=1}^n |u_i|^p\right)^{1/p}}$$

라 하고

$$y_i = \frac{v_i}{\left(\sum_{i=1}^n |v_i|^q\right)^{1/q}}$$

라 하면

$$u_i v_i \leq \left(\frac{1}{p}\frac{|u_i|^p}{\sum_{i=1}^n |u_i|^p} + \frac{1}{q}\frac{|v_i|^q}{\sum_{i=1}^n |v_i|^q}\right)\left(\sum_{i=1}^n |u_i|^p\right)^{1/p}\left(\sum_{i=1}^n |v_i|^q\right)^{1/q}$$

가 성립한다. $i = 1, 2, \ldots, n$까지 더하면

$$\begin{aligned}\sum_{i=1}^n u_i v_i &\leq \left(\frac{1}{p} + \frac{1}{q}\right)\left(\sum_{i=1}^n |u_i|^p\right)^{1/p}\left(\sum_{i=1}^n |v_i|^q\right)^{1/q} \\ &= \left(\sum_{i=1}^n |u_i|^p\right)^{1/p}\left(\sum_{i=1}^n |v_i|^q\right)^{1/q}\end{aligned}$$

가 된다. 여기서 횔더의 부등식이 나온다. □

코시-슈바르츠의 부등식은 횔더의 부등식의 $p = q = 2$인 특수한 경우임에 주목하자.

A.4 연습문제

A.1. $n = 1, 2, \ldots$에 대하여

$$\sum_{k=1}^n k = \frac{1}{2}n(n+1)$$

임을 귀납법으로 증명하라.

A.2. $n = 1, 2, \ldots$에 대하여

$$\sum_{k=1}^n k^2 = 6n(n+1)(2n+1)$$

임을 귀납법으로 증명하라.

A.3. $n = 1, 2, \ldots$에 대하여

$$\sum_{k=1}^{n} k^3 = 4n^2(n+1)^2$$

임을 귀납법으로 증명하라.

A.4. 다음을 생각하자.[1]

$$\binom{n}{k} = \frac{n!}{k!(n-k)!}.$$

(a) 다음을 증명하라.

$$\binom{n}{k-1} + \binom{n}{k} = \binom{n+1}{k}.$$

(b) (a)와 귀납법을 이용하여 이항전개

$$(a+b)^n = \sum_{k=0}^{n} \binom{n}{k} a^k b^{n-k}$$

을 증명하라.

A.5. 귀납법을 이용하여 삼각부등식

$$\left| \sum_{k=1}^{n} x_k \right| \leq \sum_{k=1}^{n} |x_k|$$

을 증명하라.

A.6. n개의 원소를 가진 집합의 부분집합[2]의 개수는 2^n임을 보여라.

A.7. $n = 0, n = 1, n = 2, n = 4, n = 5$에 대하여 $f(n) = n^2 + n + 41$이 소수임을 보여라. 이를 더 큰 n 값, 예를 들어 $n = 10$까지 해보라. 이것이 $f(n)$이 모든 n에 대하여 소수임을 뜻하는가? 그렇다면 증명하라. 아니면 반례, 즉 $f(n)$이 1이 아닌 두 양의 정수의 곱이 되는 n을 찾아라.

[1] $0! = 1$이고 $n > 0$에 대하여 $n! = n(n-1)(n-2)\ldots(3)(2)(1)$임을 기억하라.

[2] 공집합은 모든 집합의 부분집합임을 기억하라.

B

부록: 통계학

10장과 11장의 여러 자료를 이해하려면 확률과 통계에 관한 기본 지식이 필요하다. 참고 도서로 [13]과 [20]이 도움이 된다.

B.1 집합론

정해진 개수(무한일 수도 있다)의 결과가 나올 수 있는 (동전 던지기와 같은) 실험을 생각하자. 모든 결과의 집합을 실험의 **표본공간**(sample space)이라 부른다. **사건**(event)이란 표본공간의 부분집합이다. 사건들이 공통인 원소를 갖지 않으면 서로 배반(mutually exclusive 또는 disjoint)이라 한다. 임의의 두 사건 A와 B에 대해 다음과 같이 정의한다.

1. A와 B의 합집합 $A \cup B$는 A 또는 B(또는 A와 B 모두)에 속하는 원소의 집합이다.
2. A와 B의 교집합 $A \cap B$는 A와 B 모두에 속하는 원소의 집합이다.
3. A의 여집합 A^c는 A에 속하지 않는 원소의 집합이다.
4. 공집합 $\emptyset$은 원소를 갖지 않는 집합이다.
5. A의 모든 원소가 또한 B의 원소일 때 A를 B의 부분집합(subset)이라 하고 $A \subset B$라 쓴다.
6. $A \subset B$이고 $B \subset A$이면 $A = B$라 한다.

1과 2를 다음과 같이 확장한다.

1′ $A_1, A_2, \ldots, A_n$이 사건들이면 $A_1 \cup A_2 \cup \cdots \cup A_n$은 사건 $A_1, A_2, \ldots, A_n$ 중 적어도 하나에 속하는 원소로 구성된 사건이다.

2′ $A_1, A_2, \ldots, A_n$이 사건들이면 $A_1 \cap A_2 \cap \cdots \cap A_n$은 각 사건 $A_1, A_2, \ldots, A_n$ 모두에 속하는 원소로 구성된 사건이다.

$1'$과 $2'$는 자명한 방식으로 가산 무한개인 사건 $A_1, A_2, \ldots$에 대해 확장된다.

B.2 확률

확률측도(probability measure)란 다음과 같은 사건들의 집합 위에 정의된 실수값 함수 $P(\cdot)$이다.

1. 임의의 사건 A에 대해 $0 \le P(A) \le 1$이다.
2. $A_1, A_2, \ldots$가 서로 배반인 사건이면 $P(A_1 \cup A_2 \cup \cdots) = P(A_1) + P(A_2) + \cdots$ 이다.
3. S가 표본공간이면 $P(S) = 1$이다.

2로부터 $P(\emptyset) = 2P(\emptyset)$이 되어, $P(\emptyset) = 0$이 됨을 알 수 있다.

$A \cup A^c = S$이고 A와 A^c가 서로 배반이므로 $P(A) + P(A^c) = P(S)$이고, 따라서 임의의 사건 A에 대해 $P(A^c) = 1 - P(A)$이다.

두 사건 A와 $P(B) > 0$인 B에 대해 B가 주어질 때 A의 **조건부확률**(conditional probability)을 $P(A|B) = P(A \cap B)/P(B)$로 정의한다.

다음 예를 보자. $P(A \cap B) = 0.10$, $P(A) = 0.40$, $P(B) = 0.30$라 하자. $P(A|B) = P(A \cap B)/P(B) = 0.10/0.30 = 0.33$이고 $P(B|A) = P(A \cap B)/P(A) = 0.25$이 된다.

A와 B가 $P(A \cap B) = P(A)P(B)$를 만족할 때 **독립**(independent)이라 한다. A와 B가 독립이고, $P(B) > 0$이면 $P(A|B) = P(A \cap B)/P(B) = (P(A)P(B))/P(B) = P(A)$이므로 $P(A|B) = P(A)$이면 A와 B가 독립이다.

독립성의 정의를 다음과 같이 확장할 수 있다. 사건 $A_1, A_2, \ldots, A_n$이 $l = 2, \ldots, n$과 서로 다른 $i_1, i_2, \ldots, i_l \subset \{1, \ldots, n\}$에 대해 $P(A_{i_1} \cap A_{i_2} \cap \cdots \cap A_{i_l}) = P(A_{i_1})P(A_{i_2}) \ldots P(A_{i_l})$을 만족하면 독립이라 한다.

다음 예를 보자. $P(A_1 \cap A_2 \cap A_3) = 0.125$, $P(A_1 \cap A_2) = P(A_1 \cap A_3) = P(A_2 \cap A_3) = 0.25$라 하고, $P(A_1) = P(A_2) = P(A_3) = 0.50$라 하자. A_1, A_2, A_3가 독립인 사건임을 쉽게 보일 수 있다.

독립성의 정의는 자명한 방식으로 가산 무한개인 사건 $A_1, A_2, \ldots$에 대해 확장된다.

B.3 확률변수

확률변수(random variable)란 표본공간 위에 정의된 실수값 함수이다. 확률변수의 **확률분포**(probability distribution)는 **분포함수**(distribution function)에 의해 결정된다. 확률변수 X의 분포함수(distribution function of a random variable X)는, 임의의 실수 x에 대해,

$$F(x) = P(X \le x)$$

로 주어진다.

예 B.1. LMN회사의 주식을 생각하자. X는 주식 가격의 시간당 변화량이다. X의 확률분포로서 다음과 같다고 가정한다. $P(X = -0.50) = 0.15$, $P(X = -0.25) = 0.20$, $P(X = 0) = 0.20$, $P(X = 0.25) = 0.20$, $P(X = 0.50) = 0.25$. 주식 가격이 시간에 따라 증가할 확률과 감소할 확률을 구하라.

풀이. 사건 $(X > 0)$은 한 시간 후에 주식 가격이 증가할 사건이다. $P(X > 0) = P(X = 0.25) + P(X = 0.50) = 0.20 + 0.25 = 0.45$임에 주목한다. 이것은 한 시간 후에 주식 가격이 증가할 확률이다. 또한 $P(X < 0) = P(X = -0.50) + P(X = -0.25) = 0.15 + 0.20 = 0.35$이다. 이것은 한 시간 후에 주식 가격이 감소할 확률이다. 그러므로 주식 가격은 감소하기보다 증가할 확률이 높다. △

B.3.1 이산확률변수

확률변수가 가질 수 있는 값이 가산개일 때 확률변수를 **이산확률변수**(discrete random variable)라 한다. 예 B.1의 확률변수는 이산확률변수이다. 임의의 이산확률변수 X에 대하여 X의 확률함수 $f(x)$는 모든 실수 x에 대해 $f(x) = P(X = x)$로 정의된다. $f(x)$가 확률함수일 필요충분조건은 모든 x에 대해 $f(x) \geq 0$이고

$$\sum_{\text{모든 } x} f(x) = 1$$

임에 유의하자.

예 B.2. 예 B.1의 확률변수 X의 확률함수를 구하라.

풀이. 확률함수는 $f(-0.50) = 0.15$, $f(-0.25) = 0.20$, $f(0) = 0.20$, $f(0.25) = 0.20$, $f(0.50) = 0.25$, 그 외의 경우는 $f(x) = 0.00$으로 주어진다. △

LMN회사의 시간당 가격 변화 평균에 관심을 둔다고 하자. 이 경우 다음 정의에 도달하게 된다. 가능한 값이 $x_1, x_2, \ldots$인 이산확률변수 X에 대하여 X의 **평균**(mean) 또는 **기대치**(expected value)를, 다음 합이 존재할 경우,

$$\mu = E(X) = \sum_{\text{모든 } x} x f(x)$$

로 정의한다. μ는 X의 가능한 값들의 가중 평균이고, 이때 가중치 $f(x)$의 합이 1임에 유의하자.

LMN회사에 대해

$$\begin{aligned}\mu &= E(X) \\ &= -0.50 \times 0.15 - 0.25 \times 0.20 + 0.0 \times 0.20 + 0.25 \times 0.20 + 0.50 \times 0.25 \\ &= 0.05\end{aligned}$$

로 5센트이다. 이는 가중치가 없거나 가중치가 균일한 경우인 $-0.50 - 0.25 + 0.0 + 0.25 + 0.50 = 0.0$과 다르다는 것에 유의하자.

예 B.3. Y를 OPQ회사 주식의 시간당 가격 변화를 나타내는 확률변수라 하자. 이 확률변수는 다음 확률변수를 갖는다.

y	$f(y)$
-0.5	0.20
0.0	0.50
0.5	0.30

Y의 기대치를 구하라.

풀이. 기대치는 $E(Y) = -0.50 \times 0.20 + 0 \times 0.50 + 0.50 \times 0.30 = 0.05$로 5센트이다. △

시간당 가격 변화 평균이 두 회사 LMN와 OPQ에 대해 같음에 유의하자. 그러나 두 확률변수의 확률분포는 상당히 다르다. 예를 들어, $P(Y = -0.50) = 0.20 > P(X = -0.50) = 0.15$이고 $P(Y = 0.50) = 0.30 > P(X = 0.50) = 0.25$이다. 따라서 양 끝값 -0.50와 0.50을 취할 확률이 Y가 더 높다.

확률변수가 가질 수 있는 값의 변동성을 서술하기 위해 다음을 정의한다.

X가 유한 평균 $E(X)$를 가지는 이산확률변수일 때 X의 분산을

$$\sigma^2 - E\left((X-\mu)^2\right) = \sum_{\text{모든 } x} (x-\mu)^2 f(x)$$

로 정의한다. σ^2이 무한일 수도 있으며 $\sigma^2 = 0$일 필요충분조건은 $f(\mu) = 1$임에 유의하자. X의 **표준편차**(standard deviation)는 $\sigma = \sqrt{\sigma^2}$이다.

$$\begin{aligned}
\sigma^2 &= \sum_{\text{모든 } x} (x-\mu)^2 f(x) \\
&= \sum_{\text{모든 } x} (x^2 - 2\mu x + \mu^2) f(x) \\
&= \sum_{\text{모든 } x} x^2 f(x) - 2\mu \sum_{\text{모든 } x} x f(x) + \mu^2) \sum_{\text{모든 } x} f(x) \\
&= \sum_{\text{모든 } x} x^2 f(x) - 2\mu^2 + \mu^2 \\
&= \sum_{\text{모든 } x} x^2 f(x) - \mu^2
\end{aligned}$$

임에 유의하자.

LMN회사에 대해

$$\begin{aligned}\sigma^2 &= (-0.50-0.05)^2\times 0.15+(-0.25-0.05)^2\times 0.20\\&\quad+(0.00-0.05)^2\times 0.20+(0.25-0.05)^2\times 0.20+(0.50-0.05)^2\times 0.25\\&= 0.1225\end{aligned}$$

이다. 또한 σ^2을 다음과 같이 계산할 수도 있다.

$$\begin{aligned}\sigma^2 &= \sum_{\text{모든 } x} x^2 f(x)-\mu^2\\&= (-0.50)^2\times 0.15+(-0.25)^2\times 0.20+(0)^2\times 0.20+(0.25)^2\times 0.20+(0.50)^2\times 0.25-(0.05)^2\\&= 0.1225\end{aligned}$$

Y의 분산이 0.1225와 같음을 보이는 것은 연습문제로 남긴다. 이는 두 이산확률변수가 동일한 평균과 분산을 가지면서도 서로 다른 확률분포를 가질 수 있음을 보여준다.

B.3.2 확률변수의 독립성

$X_1, X_2, \ldots, X_n$이 동일한 표본공간 위에서 정의된 확률변수일 때, 임의의 실수 $x_1, x_2, \ldots, x_n$에 대해

$$P(X_1\le x_1, X_2\le x_2,\ldots,X_n\le x_n)=P(X_1\le x_1)P(X_2\le x_2)\cdots P(X_n\le x_n)$$

이면 이들이 독립(independent)이라 한다. 확률변수가 무한히 많을 때, 이들의 모든 유한개의 모임이 독립일 때 이들이 독립이라 한다.

X_1, X_2, …, X_n이 독립인 확률변수이고 A_1, A_2, …, A_n이 사건 (X_1, A_1), (X_2, A_2), …, (X_n, A_n)이 정의되는 실수들일 때,

$$P(X_1\subset A_1, X_2\subset A_2,\ldots,X_n\subset A_n)=P(X_1\subset A_1)P(X_2\subset A_2)\cdots P(X_n\subset A_n)$$

이다.

더욱이 f_1, f_2, …, f_n가 $f_1(X_1)$, $f_2(X_2)$, …, $f_n(X_n)$가 확률변수인 함수라면 $f_1(X_1)$, $f_2(X_2)$, …, $f_n(X_n)$은 독립인 확률변수이다.

또한 X_1, X_2, …, X_n이 독립인 확률변수이고 $i=1,2,\ldots,n$에 대하여 $E(|X_i|^n)$이 유한이면

$$E(X_1X_2\cdots X_n)=E(X_1)E(X_2)\cdots E(X_n)$$

이다.

이제 (편향되었을 수도 있는) 동전을 반복하여 던지는 사례로 구성된 다음 실험을 생각하자.

1. 시행(trial)의 횟수 n은 사전에 정해져 있다.

2. 각 시행의 결과는 성공이거나 실패 중 하나이다.

3. 각 시행의 성공 확률은 $p(0 \leq p \leq 1)$이다.

4. 모든 시행은 독립이다.

확률변수 X_1, X_2, $\ldots$, X_n을 i번째 시행이 성공하면 $X_i = 1$, i번째 시행이 실패하면 $X_i = 0$으로 정의한다. X_1, X_2, $\ldots$, X_n 독립임을 알 수 있다.

$X = \sum_{i=1}^{n} X_i$라 하자. 그러면 X는 n번 시행에서 성공한 횟수이다. 조건 1에서 4까지를 만족하는 확률변수는 **이항확률변수**(binomial random variable)이다. X의 확률분포가 매개변수 n와 p에 의해 완전히 결정됨에 유의하자. 이제 X의 확률분포, 평균, 분산을 결정하자.

정리 B.1. X가 매개변수가 n과 p인 이산확률변수라하면 다음이 성립한다.

(a) $f(x) = P(X = x) = \binom{n}{x} p^x (1-p)^{n-x}, \qquad x = 0, \ldots, n.$

(b) $\mu = E(X) = np.$

(c) $\sigma^2 = E\left((X-\mu)^2\right) = np(1-p).$

증명. (a) 시행 횟수 k에 대한 귀납법으로 증명한다. (a)가 $k = 1$에 대해 참이다. 왜냐하면 이 경우 $f(0) = P(X = 0) = 1 - p$이고 $f(1) = P(X = 1) = p$이기 때문이다. 이제 (a)가 $k = 1, \ldots, n-1$에 대해 참이라 가정한다. (a)가 $k = n$에 대해 참임을 보여야 한다. 이 경우, $x = 0, \ldots, n$에 대해 $f(x) = P(X = x) = P($처음 $n-1$번 시행에서 x번 성공하고 n번째 시행에서 실패$) + P($처음 $n-1$번 시행에서 $x-1$번 성공하고 n번째 시행에서 성공$)$이다. ($x = 0$이면 두 번째 확률은 0임에 유의하자.) 독립성에 의해,

$$
\begin{aligned}
f(x) &= P(X = x) \\
&= \binom{n-1}{x} p^x (1-p)^{(n-1)-x} (1-p) + \binom{n-1}{x-1} p^{x-1} (1-p)^{(n-1)-(x-1)} p \\
&= \left[\binom{n-1}{x} + \binom{n-1}{x-1}\right] p^x (1-p)^{n-x}
\end{aligned}
$$

이다. 이제 249쪽의 문제 A.4에 의해

$$\binom{n-1}{x} + \binom{n-1}{x-1} = \binom{n}{x}$$

가 성립하므로

$$f(x) = P(X = x) = \binom{n}{x} p^x (1-p)^{n-x}$$

이다. 이것으로 (a)가 증명되었다.

(b) 대수적으로 조작하여 (b)를 증명한다. X의 평균은

$$\begin{aligned}
\mu = E(X) &= \sum_{\text{모든 } x} xf(x) \\
&= \sum_{x=0}^{n} x\binom{n}{x} p^x (1-p)^{n-x} \\
&= \sum_{x=0}^{n} x\frac{n!}{x!(n-x)!} p^x (1-p)^{n-x} \\
&= \sum_{x=1}^{n} x\frac{n!}{x!(n-x)!} p^x (1-p)^{n-x} \\
&= np\sum_{x=1}^{n} \frac{(n-1)!}{(x-1)!(n-x)!} p^{x-1} (1-p)^{n-x}
\end{aligned}$$

로 주어진다. $y = x - 1$라 두자. 그러면

$$\begin{aligned}
E(X) &= np\sum_{y=0}^{n-1} \binom{n-1}{y} p^y (1-p)^{(n-1)-y} \\
&= np
\end{aligned}$$

이다. 여기서 $\binom{n-1}{y} p^y (1-p)^{(n-1)-y}$는 매개변수가 $n-1$과 p인 이항확률변수의 값이 $y(y = 0, 1, \ldots, n-1)$와 같게 될 확률이라는 사실을 이용하였다.

(c) 이 부분의 증명은 독자에게 남긴다(문제 B.2를 보라).

□

다음 세 가지 이항분포를 생각하자. 각 경우에 시행 횟수 n는 4로 같지만 확률 p는 0.1, 0.5, 0.9로 서로 다르다.

x	$p = 0.1$	$p = 0.5$	$p = 0.9$
0	0.6561	0.0625	0.0001
1	0.2916	0.2500	0.0036
2	0.0486	0.3750	0.0486
3	0.0036	0.2500	0.2916
4	0.0001	0.0625	0.6561

$p = 0.1$에 대한 그래프(그림 B.1)와 $p = 0.9$에 대한 그래프(그림 B.2)는 거울상이고 $p = 0.5$에 대한 그래프(그림 B.3)은 평균 $\mu = np = 4 \times 0.50 = 2.0$에 대해 대칭임을 알 수 있다. 표에서 이를 알 수 있는가?

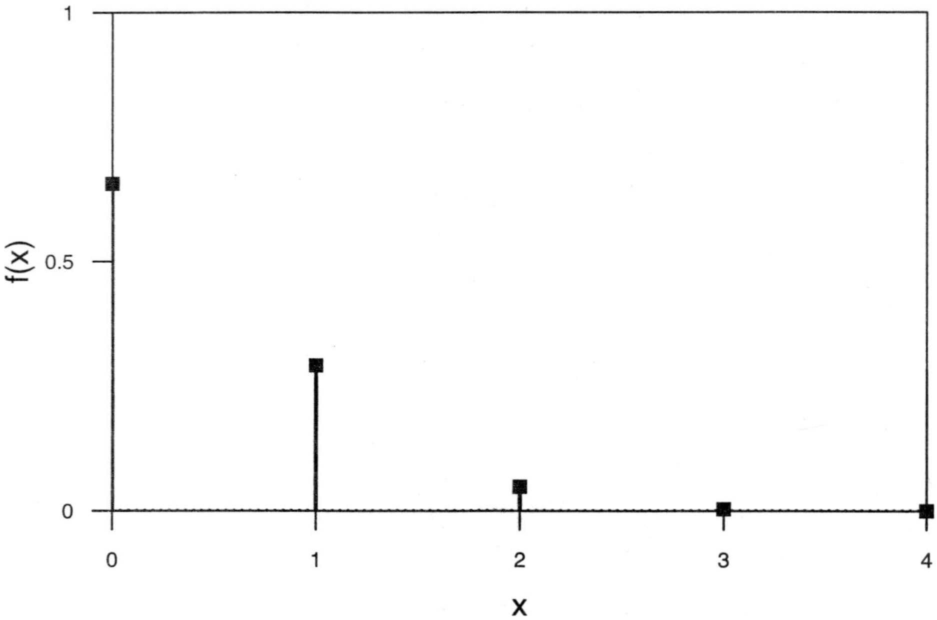

그림 B.1: $n = 4$이고 $p = 0.1$인 이항분포

B.3.3 듀레이션과 확률변수

8장에서 듀레이션 개념을 현금흐름의 미래가의 시간가중평균으로 도입하였다. 8장의 기호를 사용하여 $0 \le k \le n$라 하고 $C(k)$를 1년에 m번 지급되는 현금흐름의 기간 k의 현금흐름이라 하고, y를 기간당 이자율이라 하자. 모든 k에 대해 $C(k) \ge 0$라 가정한다.

이때 듀레이션을

$$d = \frac{\sum_{k=0}^{n} \frac{k}{m} C(k)(1+y)^{-k}}{\sum_{k=0}^{n} C(k)(1+y)^{-k}}$$

라 정의한다. 이제 기댓값이 $E(X) = d$인 확률변수 X를 정의하자.

$0 \le k \le n$일 때 $f(k)$를

$$f(k) = \frac{C(k)(1+y)^{-k}}{\sum_{k=0}^{n} C(k)(1+y)^{-k}}$$

라 정의한다. 그러면 $0 \le k \le n$에 대해 $0 \le f(k) \le 1$이고 $\sum_{k=0}^{n} f(k) = 1$가 되므로 $f(k)$를 확률로 생각할 수 있다. 이제 X를 $k = 0, \ldots, n$에 대해 $P(X = k/m) = f(k)$를 만족하는 확률변수라 하자. 정의로부터 $E(X) = d$이다.

서로 다른 두 현금흐름

$$C(0), \ldots, C(n) \text{과 } D(0), \ldots, D(n)$$

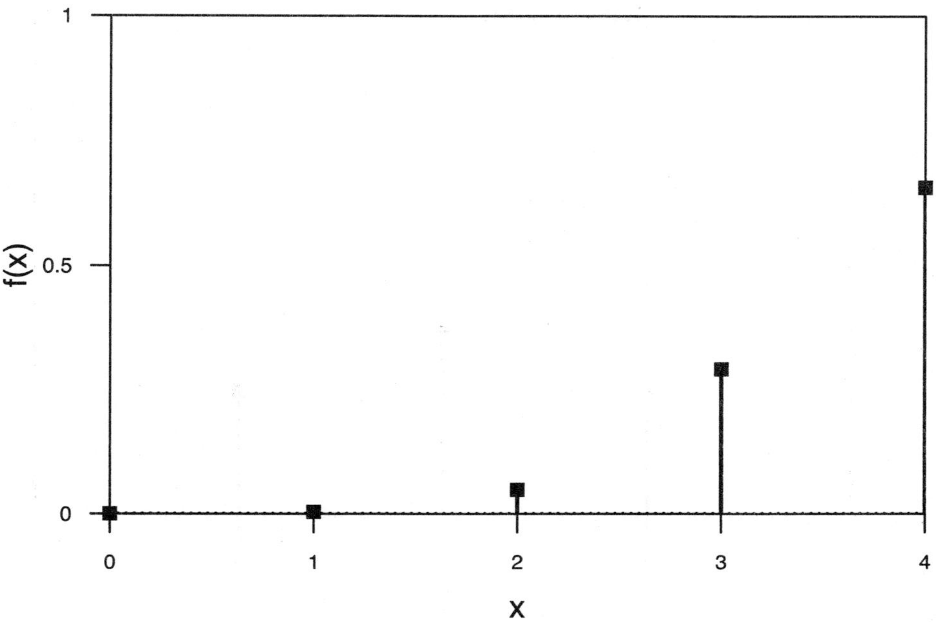

그림 B.2: $n = 4$이고 $p = 0.9$인 이항분포

을 생각하자. $k = 0, \ldots, n$에 대하여 $C(k) \geq 0$, $D(k) \geq 0$, $k = 0, \ldots, n$이고, $\sum_{k=0}^{n} C(k) = \sum_{k=0}^{n} D(k)$, 현금흐름은 1년에 m번 지급되고, 기간당 이자율은 y이고, 두 현금흐름의 듀레이션은 동일하다고 하자.

무엇을 보고 투자자가 두 현금흐름 중 하나가 다른 것보다 더 낫다고 판단할까? 여기서 현금흐름을 확률변수의 관점에서 보고, 현금흐름의 "**변동성**(variability)"을 재는 측도를 이끌어 낼 것인데, 이 측도는 어느 현금흐름이 더 나은지 결정하는 데 도움을 줄 것이다.

현금흐름 $C(0), \ldots, C(n)$을 생각하고, X를 분포가 $P(X = k/m) = f(k)$, $k = 0, \ldots, n$으로 주어지는 확률변수라 하자. 그러면

$$
\begin{aligned}
\sigma^2 &= E((X - E(X))^2) \\
&= E - ((X - d)^2) \\
&= \sum_{k=0}^{n} \left(\frac{k}{m}\right)^2 f(k) - d^2
\end{aligned}
$$

라 할 수 있다. 여기서 $E(X) = d$라는 사실을 이용하였다.

다음 예는 이 아이디어의 이용 사례를 보여준다. 두 현금흐름

$$(C(0), \ldots, C(4)) = (10, 10, 10, 10, 10)$$

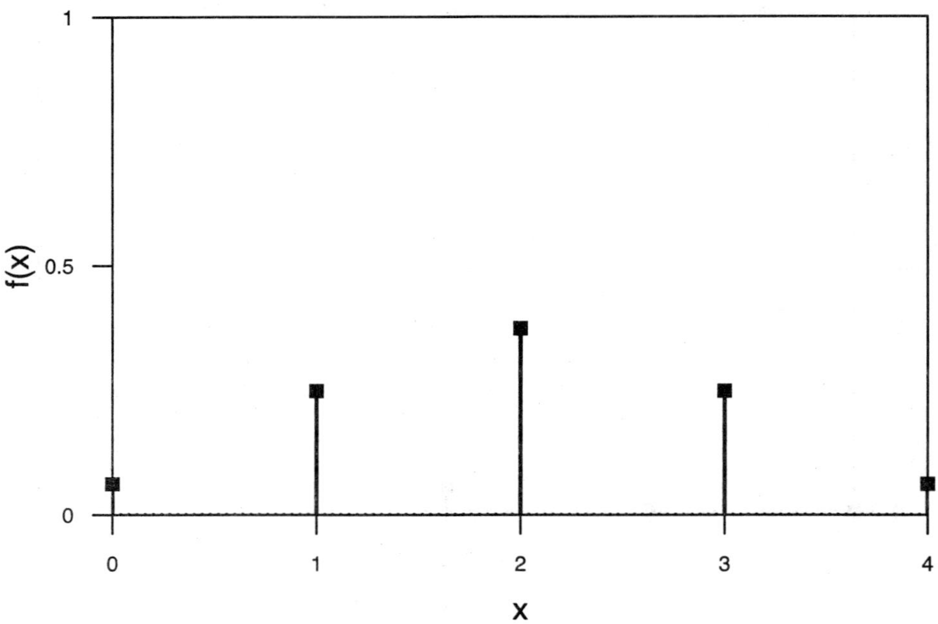

그림 B.3: $n = 4$이고 $p = 0.5$인 이항분포

와

$$(D(0), \ldots, D(4)) = (23.7809, 0, 0, 0, 26.2191)$$

이 있다 하자. 또한 두 경우 모두 $y = 0.05$이고 $m = 2$라 하자. $\sum_{k=0}^{n} C(k) = \sum_{k=0}^{n} D(k) = 50$임을 알 수 있다. X_1과 X_2를 두 현금흐름에 관련된 확률변수라 하자. 첫째 현금흐름에 대해,

$$\begin{aligned} f(k) &= P(X_1 = k/m) \\ &= P(X_1 = k/2) \\ &= \frac{(1.05)^{-k}}{\sum_{k=0}^{4}(1.05)^{-k}} \end{aligned}$$

라 하자. 그러면 $f(0) = 0.2200$, $f(1) = 0.2095$, $f(2) = 0.1995$, $f(3) = 0.1900$, $f(4) = 0.1810$이고, $E(X_1)$은

$$d_1 = \frac{\sum_{k=0}^{n} \frac{k}{m} C(k)(1+y)^{-k}}{\sum_{k=0}^{n} C(k)(1+y)^{-k}} = 0.9513$$

이다.

둘째 현금흐름에 대해서는

$$g(k) = P(X_2 = (k/2)) = \begin{cases} 0.5244, & k = 0\text{일 때}, \\ 0, & k = 1, 2, 3\text{일 때}, \\ 0.4756 & k = 4\text{일 때}, \end{cases}$$

이고 $d_2 = 0.9513$이다.

그러므로 두 현금흐름은 같은 총현금흐름 50, 같은 듀레이션 0.9513를 가진다. 이제 X_1와 X_2의 분산을 비교하자. X_1의 분산은 $\sigma^2_{X_1} = \sum_{k=0}^{4}(k/2)^2 f(k) - d_1^2 = 0.4985$이다. 유사한 계산으로 $\sigma^2_{X_2} = 0.9975$임을 보일 수 있다.

X_2의 분산이 X_1의 분산의 약 2배이다. 이는 둘째 현금흐름에 양의 흐름이 각각 양 끝에 있는 단 2개 (23.7809와 26.2191)뿐인 반면 첫째 현금흐름은 고르다는(각 기간마다 10) 사실을 반영한다. 일정한 현금흐름을 원하는 투자자는 첫째 흐름을 선호하고, 즉시 큰 현금을 받고 싶지만 잔금은 늦어도 괜찮은 투자자는 둘째 흐름을 선호할 수도 있다.

B.3.4 연속 확률변수

센티미터로 표기하는 높이, 파운드로 표기하는 무게, 미터로 표기하는 길이와 같은 양을 측정하는 확률변수는, 가능한 값들이 가산(countable)이 아니므로 이산 확률변수가 아니다. 이러한 경우 다음과 같이 정의한다.

확률변수 X의 분포함수(distribution function) $F(x)$가 모든 x에 대해 미분가능일 때 X를 **연속 확률변수**(Continuous Random Variable)라 한다. 연속 확률변수는 불가산(uncountable) 개의 값을 취할 수 있으므로 확률 계산을 확률을 더하는 식으로 할 수는 없다. 대신 이러한 확률변수는 **밀도함수**(density function)로 특성이 규정되고, 확률은 적분으로 계산된다. 연속 확률변수의 밀도함수는 모든 실수 x에 대해

$$f(x) = \frac{d}{dx}F(x)$$

로 정의된다. $f(x)$가 밀도함수일 필요충분조건은 모든 x에 대해 $f(x) \geq 0$이고

$$\int_{-\infty}^{\infty} f(x)\,dx = 1$$

임을 알 수 있다. 그리고

$$F(x) = P(X \leq x) = \int_{-\infty}^{x} f(t)\,dt$$

이 성립한다.[1]

다음 예를 보자. X를 구간 $[0,1]$ 위의 균등분포(uniform distribution)라 하자. 다시 말하면 $x < 0$이면 $F(x) = P(X \leq x) = 0$, $0 \leq x \leq 1$이면 $F(x) = x$, $x > 1$이면 $F(x) = 1$이라 하자. 이 경우 $x \leq 0$이면 $f(x) = 0$, $0 < x < 1$이면 $f(x) = 1$, $x \geq 1$이면 $f(x) = 0$임을 쉽게 알 수 있다.[2]

[1] $\int_x^x f(t)\,dt = 0$이므로 $P(X < x) = P(X \leq x)$이다.
[2] $f(x)$가 $x = 0$이나 $x = 1$에서 어떻게 정의되는지는 문제가 되지 않다.

밀도함수가 $f(x)$ 인 연속 확률변수 X 의 평균(mean)을 다음 적분이 존재하면

$$\mu = E(X) = \int_{-\infty}^{\infty} xf(x)\,dx$$

로 정의한다. $E(X)$ 가 존재하면 X 의 분산(variance)을

$$\sigma^2 = E((X-\mu)^2) = \int_{-\infty}^{\infty} (x-\mu)^2 f(x)\,dx$$

로 정의한다. 표준편차(standard deviation)는 $\sigma = \sqrt{\sigma^2}$ 이다. 분산 σ^2 는 무한일 수 있지만, 실제 대부분의 경우 $0 < \sigma^2 < \infty$ 이다.

가장 중요한 연속 확률변수는 **정규 확률변수**(normal random variable)로서, 평균 μ 와 분산 σ^2 로 특성이 규정된다. 정규 확률변수는 투자의 수익률 모형에서 핵심적인 역할을 수행한다. 정규 확률변수는 다음과 같이 정의된다.

확률변수 X 가 $-\infty < \mu < \infty$ 와 $0 < \sigma^2 < \infty$ 에 대해

$$F(x) = P(X \le x) = \frac{1}{\sqrt{2\pi\sigma^2}} \int_{-\infty}^{x} e^{-(t-\mu)^2/(2\sigma^2)}\,dt$$

이면 모수(parameter)가 μ 와 σ^2 인 **정규분포**(normal distribution)를 따른다고 한다. 그러므로 모수가 μ 와 σ^2 인 정규 확률변수의 밀도함수는 $-\infty < x < \infty$ 에 대해

$$f(x) = \frac{1}{\sqrt{2\pi\sigma^2}} e^{-(x-\mu)^2/(2\sigma^2)}$$

로 주어진다.

정리 B.2. 정규 확률변수에 대하여 다음 성질이 성립한다.

(a) $f(x)$ 는 밀도함수이다.
(b) X 의 기댓값은 $E(X) = \mu$.
(c) X 의 분산은 $\sigma^2 = E\left((X-\mu)^2\right)$.

증명.

(a) 증명하려면 다변수 해석학이 필요하며 여기서는 생략한다.
(b) 치환 $w = x - \mu$ 를 이용하여,

$$\begin{aligned} E(x) &= \frac{1}{\sqrt{2\pi\sigma^2}} \int_{-\infty}^{\infty} xe^{-(x-\mu)^2/(2\sigma^2)}\,dx \\ &= \frac{1}{\sqrt{2\pi\sigma^2}} \int_{-\infty}^{\infty} (x-\mu+\mu)e^{-(x-\mu)^2/(2\sigma^2)}\,dx \\ &= \frac{1}{\sqrt{2\pi\sigma^2}} \left(\int_{-\infty}^{\infty} (x-\mu)e^{-(x-\mu)^2/(2\sigma^2)}\,dx + \int_{-\infty}^{\infty} \mu e^{-(x-\mu)^2/(2\sigma^2)}\,dx \right) \\ &= \frac{1}{\sqrt{2\pi\sigma^2}} \int_{-\infty}^{\infty} we^{-w^2/(2\sigma^2)}\,dw + \frac{\mu}{\sqrt{2\pi\sigma^2}} \int_{-\infty}^{\infty} e^{-(x-\mu)^2/(2\sigma^2)}\,dx \end{aligned}$$

를 얻는다. 두 적분이 존재하며, 대칭성에 의해 첫째 적분의 값은 0이다. $f(x)$가 밀도함수이므로 둘째 적분의 값은 μ이다.

(c) 이 증명은 독자에게 연습문제로 남긴다.

□

그림 B.4에 평균 $\mu = 100$이 같고 분산 $\sigma^2 = 0.5, 1.0, 2.0$은 다른 정규 확률변수의 밀도함수들이 나와 있다. 그래프가 모두 평균 $\mu = 100$에 대해 좌우가 대칭이고 σ^2가 커질수록 더 완만해짐을 알 수 있다.

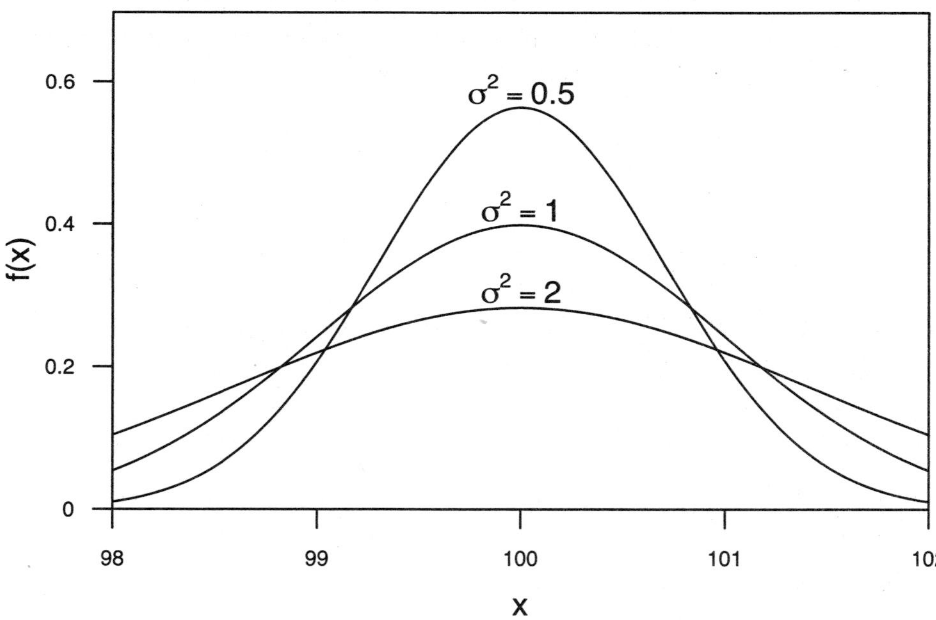

그림 B.4: 평균 $\mu = 100$, 분산 $\sigma^2 = 0.5, 1.0, 2.0$인 정규 확률변수의 밀도함수

정규분포가 지닌 한 가지 흥미롭고 유용한 성질은 정규분포가 선형변환에 대해 불변이라는 사실이다.

정리 B.3. X가 평균이 μ이고 분산이 σ^2인 정규분포를 따르고, a와 b가 임의의 두 실수라 하면, 확률변수 $Y = aX + b$는 평균이 $a\mu + b$이고 분산이 $a^2\sigma^2$인 정규분포를 따른다.

증명. 지금부터 일반성을 잃지 않고 $a > 0$이라 가정한다. y를 임의의 실수라 하자. 그러면

$$\begin{aligned} E(x) &= P(Y \leq y) \\ &= P(aX + b \leq y) \\ &= P(X \leq (y-b)/a) \\ &= \frac{1}{\sqrt{2\pi\sigma^2}} \int_{-\infty}^{(y-b)/a} e^{-(x-\mu)^2/(2\sigma^2)}\, dx \end{aligned}$$

이다. 치환 $t = ax + b$을 이용하면

$$P(Y \leq y) = \frac{1}{\sqrt{2\pi a^2\sigma^2}} \int_{-\infty}^{y} e^{-(t-(a\mu+b))^2/(2a^2\sigma^2)}\, dx$$

이 되는데, 이는 평균이 $a\mu + b$이고 분산이 $a^2\sigma^2$인 정규 확률변수의 분포함수이다. 이로써 정리의 증명이 끝났다. □

표 B.1은 Z가 **표준정규 확률변수**(standard normal random variable)(평균이 $\mu = 0$이고 분산이 $\sigma^2 = 1$인 정규 확률변수)일 때 **표준정규분포함수**(standard normal distribution function) $F(z)$의 값을 나타낸 것이다. 함수 $F(z_0)$를 $\Phi(z_0)$로 나타낸다. 그러므로

$$\Phi(z_0) = P(Z \leq z_0) = \frac{1}{\sqrt{2\pi}} \int_{-\infty}^{z_0} e^{-t^2/2}\, dt$$

이다.

다음 예는 이 표를 사용한 예이다.

예 B.4. 어떤 투자의 일일 가격변화 X가 평균 $\mu = 0.05$이고 분산이 σ^2인 정규분포를 이룬다고 하자. 어느날 가격변화가 다음과 같을 확률은 몇인가?

(a) 0.05보다 작다.

(b) −0.05보다 크다.

(c) 0.15보다 크다.

(d) −0.05와 0.15 사이이다.

풀이. $Z = aX + b$로서, 여기서 $a = 1/0.10$이고 $b = -0.05/0.10$라 하자. Z가 표준정규분포를 가짐을 쉽게 알 수 있다. 여기 몇 가지 계산에서 Z의 분포함수가 0에 대해 대칭이라는, 즉 임의의 실수 z에 대해 $P(Z \geq z) = P(Z \leq -z)$라는 사실을 이용한다.

(a)

$$\begin{aligned} P(X < 0.05) &= P((X-0.05)/0.10 < (0.05-0.05)/0.10) \\ &= P(Z < 0) \\ &= 0.5000. \end{aligned}$$

z_0	0.00	0.01	0.02	0.03	0.04	0.05	0.06	0.07	0.08	0.09
0.0	0.5000	0.5040	0.5080	0.5120	0.5160	0.5199	0.5239	0.5279	0.5319	0.5359
0.1	0.5398	0.5438	0.5478	0.5517	0.5557	0.5596	0.5636	0.5675	0.5714	0.5753
0.2	0.5793	0.5832	0.5871	0.5910	0.5948	0.5987	0.6026	0.6064	0.6103	0.6141
0.3	0.6179	0.6217	0.6255	0.6293	0.6331	0.6368	0.6406	0.6443	0.6480	0.6517
0.4	0.6554	0.6591	0.6628	0.6664	0.6700	0.6736	0.6772	0.6808	0.6844	0.6879
0.5	0.6915	0.6950	0.6985	0.7019	0.7054	0.7088	0.7123	0.7157	0.7190	0.7224
0.6	0.7257	0.7291	0.7324	0.7357	0.7389	0.7422	0.7454	0.7486	0.7517	0.7549
0.7	0.7580	0.7611	0.7642	0.7673	0.7704	0.7734	0.7764	0.7794	0.7823	0.7852
0.8	0.7881	0.7910	0.7939	0.7967	0.7995	0.8023	0.8051	0.8078	0.8106	0.8133
0.9	0.8159	0.8186	0.8212	0.8238	0.8264	0.8289	0.8315	0.8340	0.8365	0.8389
1.0	0.8413	0.8438	0.8461	0.8485	0.8508	0.8531	0.8554	0.8577	0.8599	0.8621
1.1	0.8643	0.8665	0.8686	0.8708	0.8729	0.8749	0.8770	0.8790	0.8810	0.8830
1.2	0.8849	0.8869	0.8888	0.8907	0.8925	0.8944	0.8962	0.8980	0.8997	0.9015
1.3	0.9032	0.9049	0.9066	0.9082	0.9099	0.9115	0.9131	0.9147	0.9162	0.9177
1.4	0.9192	0.9207	0.9222	0.9236	0.9251	0.9265	0.9279	0.9292	0.9306	0.9319
1.5	0.9332	0.9345	0.9357	0.9370	0.9382	0.9394	0.9406	0.9418	0.9429	0.9441
1.6	0.9452	0.9463	0.9474	0.9484	0.9495	0.9505	0.9515	0.9525	0.9535	0.9545
1.7	0.9554	0.9564	0.9573	0.9582	0.9591	0.9599	0.9608	0.9616	0.9625	0.9633
1.8	0.9641	0.9649	0.9656	0.9664	0.9671	0.9678	0.9686	0.9693	0.9699	0.9706
1.9	0.9713	0.9719	0.9726	0.9732	0.9738	0.9744	0.9750	0.9756	0.9761	0.9767
2.0	0.9772	0.9778	0.9783	0.9788	0.9793	0.9798	0.9803	0.9808	0.9812	0.9817
2.1	0.9821	0.9826	0.9830	0.9834	0.9838	0.9842	0.9846	0.9850	0.9854	0.9857
2.2	0.9861	0.9864	0.9868	0.9871	0.9875	0.9878	0.9881	0.9884	0.9887	0.9890
2.3	0.9893	0.9896	0.9898	0.9901	0.9904	0.9906	0.9909	0.9911	0.9913	0.9916
2.4	0.9918	0.9920	0.9922	0.9925	0.9927	0.9929	0.9931	0.9932	0.9934	0.9936
2.5	0.9938	0.9940	0.9941	0.9943	0.9945	0.9946	0.9948	0.9949	0.9951	0.9952
2.6	0.9953	0.9955	0.9956	0.9957	0.9959	0.9960	0.9961	0.9962	0.9963	0.9964
2.7	0.9965	0.9966	0.9967	0.9968	0.9969	0.9970	0.9971	0.9972	0.9973	0.9974
2.8	0.9974	0.9975	0.9976	0.9977	0.9977	0.9978	0.9979	0.9979	0.9980	0.9981
2.9	0.9981	0.9982	0.9982	0.9983	0.9984	0.9984	0.9985	0.9985	0.9986	0.9986

표 B.1: 좌측 표준 정규 누적확률

(b)

$$
\begin{aligned}
P(X > -0.05) &= P((X - 0.05)/0.10 > (-0.05 - 0.05)/0.10) \\
&= P(Z > -1) \\
&= P(Z \leq 1) \\
&= 0.8413.
\end{aligned}
$$

(c)

$$\begin{aligned} P(X > 0.15) &= P(Z > (0.15 - 0.05)/0.10) \\ &= P(Z > 1) \\ &= 1 - P(Z \le 1) \\ &= 0.1587. \end{aligned}$$

(d)

$$\begin{aligned} P(-0.05 < X < 0.15) &= P(-1 < Z < 1) \\ &= P(Z < 1) - P(Z \le -1) \\ &= 0.8413 - 0.1587 \\ &= 0.6826. \end{aligned}$$

△

$X_i(i = 1, 2, \ldots, n)$가 독립인 정규 확률변수들이고, 각 i에 대해 X_i가 평균이 μ_i이고 분산이 σ_i^2이면, $\sum_{i=1}^n X_i$는 평균이 $\sum_{i=1}^n \mu_i$이고 분산이 $\sum_{i=1}^n \sigma_i^2$인 정규분포를 따름을 보일 수 있다.

다음 정리를 증명없이 서술한다.[3]

정리 B.4 (중심극한정리(The Central Limit Theorem)). $X_1, X_2, \cdots$가 독립이고 평균 μ, $-\infty < \mu < \infty$, 분산이 σ^2, $0 < \sigma^2 < \infty$인 공통 분포함수를 가지는 확률변수들이면, 임의의 실수 z에 대해

$$\lim_{n \to \infty} P\left(\frac{\frac{1}{n}\sum_{i=1}^n X_i - \mu}{\sigma/\sqrt{n}} \le z \right) = \Phi(z)$$

이다. 여기서 $\Phi(z) = P(Z \le z)$는 z에서 값을 구한 표준정규확률변수 Z의 분포함수이다.

이를

$$Z_n = \frac{\frac{1}{n}\sum_{i=1}^n X_i - \mu}{\sigma/\sqrt{n}}$$

가 표준정규분포로 분포수렴한다고(converges in distribution)[4] 하고 $Z_n \xrightarrow{d} Z$라 쓴다. 확률변수X_1, X_2, $\cdots$에 주어진 제약은 이들이 독립이고, 동일한 분포를 따르며, 유한하고 0이 아닌 분산을 가진다는 것임에[5] 유의하자.

예 B.5. 공정한 동전을 아주 여러번 던진다고 해 보자. 확률변수 X_1, $X_2, \cdots$을 i번째 동전 던지기의 결과가 앞면이면 $X_i = 1$, 뒷면이면 $X_i = 0$으로 정의한다. 각 확률변수 X_i는 모수 $n = 1$과 $p = 0.50$

[3] 중심극한정리의 증명은 [17]에서 찾아볼 수 있다.

[4] $X_1, X_2, \cdots$와 Y가 분포함수가 각각 Φ_1, Φ_2, $\cdots$와 ψ인 확률변수들이라 하자. ψ가 연속인 각 점에서 $\Phi_n(x) \to \psi(x)$이면 X_n이 Y로 분포수렴한다(converges in distribution)고 하고 $X_n \xrightarrow{d} Y$라 쓴다.

[5] 확률변수가 유한한 분산을 가지면, 평균도 유한하다.

인 이항분포를 따른다. 동전던지기가 독립적으로 n번 던져졌다고 하면, $X = \sum_{i=1}^{n} X_i$는 평균이 $0.5n$이고 분산이 $n \times 0.5 \times 0.5 = 0.25n$인 정규분포를 따른다. 다음 질문에 답하라.

(a) 동전을 100번 던지면, $P(X = 50)$은 몇인가?

(b) 동전을 100번 던지면, $P(X \geq 60)$은 몇인가?

(c) 동전을 100번 던지면, $P(40 \leq X \leq 60)$은 몇인가?

풀이. 이러한 확률들을 중심극한정리를 이용하여 근사할 수 있다. $n = 100$이고 $p = 0.50$이면, 확률변수 X는 평균이 $\mu = E(X) = np = 50$이고 분산이 $\sigma^2 = np(1-p) = 100 \times 0.50 \times 0.50 = 25$인 이항분포를 따른다는 사실을 이용한다. 그러므로, $(\sum_{i=1}^{100} X_i - 50)/5$를 표준정규분포로 근사할 수 있다. X가 이산 확률변수이고 Z는 연속 확률변수이므로, 중심극한정리를 이용하려면 $(X = 50)$와 같은 사건을 $(49.5 < X < 50.5)$와 같이 다시 서술할 필요가 있다는 것에 유의하자.

(a)

$$
\begin{aligned}
P(X = 50) &= P(49.5 < X < 50.5) \\
&= P((49.5 - 50)/5 < (X - 50)/5 < (50.5 - 50)/5) \\
&\approx P(-0.1 < Z < 0.1) \\
&= P(Z \leq 0.1) - P(Z \leq -0.1) \\
&= 0.5398 - 0.4602 \\
&= 0.0796.
\end{aligned}
$$

(b)

$$
\begin{aligned}
P(X \geq 60) &= P(X \geq 59.5) \\
&= P((X - 50)/5 \geq (59.5 - 50)/5) \\
&\approx P(Z \geq 1.90) \\
&= 1 - P(Z \leq 1.90) \\
&= 1 - 0.9713 \\
&= 0.0287.
\end{aligned}
$$

(c)

$$\begin{aligned}P(40 \le X \le 60) &= P(39.5 \le X \le 60.5)\\ &= P((39.5-50)/5 \le (X-50)/5 \le (60.5-50)/5)\\ &\approx P(-2.10 \le Z \le 2.10)\\ &= P(Z \le 2.10) - P(Z \le -2.10)\\ &= 0.9821 - 0.0179\\ &= 0.9642.\end{aligned}$$

△

또다른 중요한 연속 확률변수로 로그정규 확률변수가 있다. 확률변수 X를 $Y = \ln X$가 정규분포를 따르면 **로그정규 확률변수**(lognormal random variable)라 한다. X는 양의 값만 가질 수 있음에 유의하자. 로그정규분포는 보통 투자에 대한 수익률을 모형화할 때 많이 사용한다. $Y = \ln X$가 평균이 μ이고 분산이 σ^2인 정규분포를 따른다고 하자. $x \le 0$에 대해 $f(x) = 0$이고 $x > 0$에 대해 $f(x) > 0$임에 유의하자. 밀도함수를 유도하는 것은 독자에게 맡긴다.

B.4 적률

중심극한정리가 많은 경우에 잘 통하지만, 한 개 혹은 그 이상의 가정이 충족되지 않는 경우가 있다. 평균과 분산에 대한 조건($-\infty < \mu < \infty, 0 < \sigma^2 < \infty$)은 실제 경우에 보통 만족되지만, 다른 조건은 만족되지 않는 수가 있다. 예를 들어, 각 i에 대해 X_i가 i에 의존할 수 있다. 또다른 예로 X_1, X_2, ⋯, X_n이 독립 확률변수가 아닌 경우도 있다. 두 경우 모두 중심극한정리가 적용되지 않지만, 그럼에도 $Z_n = (X_1 + \cdots + X_n - n\mu)/(\sigma\sqrt{n})$이 표준정규확률변수 Z로 분포수렴할 수 있다.

이러한 경우를 좀더 살펴보기 위해 **적률생성함수**(moment generating function) 개념을 소개한다. X를 확률변수, t를 실수라 하자. 확률변수 X의 적률생성함수는 모든 다음 값이 존재하는 t에 대해 $M_X(t) = E(e^{tX})$라 정의한다. 임의의 확률변수에 대해 $M_X(0)$가 존재하지만, $t \ne 0$에 대해 $M_X(t)$가 존재하지 않는 확률변수도 있다.

다음 두 경우를 생각하자.

경우 1. X를 $n = 1$이고 성공확률이 p인 이항확률변수라 하자. 그러면

$$M_X(t) = E(e^{tX}) = pe^{t\times 1} + (1-p)e^{t\times 0} = pe^t + (1-p)$$

이다.

경우 2. X가 평균이 μ이고 분산이 σ^2인 정규분포를 따른다고 하자. 그러면

$$\begin{aligned} M_X(t) &= E(e^{tX}) \\ &= \frac{1}{\sqrt{2\pi\sigma^2}} \int_{-\infty}^{\infty} e^{tx} e^{-(x-\mu)^2/(2\sigma^2)}\, dx \\ &= \frac{1}{\sqrt{2\pi\sigma^2}} \int_{-\infty}^{\infty} e^{tx-(x-\mu)^2/(2\sigma^2)}\, dx \end{aligned}$$

이다. 식

$$\begin{aligned} tx - \frac{(x-\mu)^2}{2\sigma^2} &= \frac{1}{2\sigma^2}\left(2\sigma^2 tx - (x-\mu)^2\right) \\ &= \frac{1}{2\sigma^2}\left(-(x-(\sigma t+\mu))^2 + \sigma^4 t^2 + 2\mu\sigma^2 t\right) \end{aligned}$$

이 성립한다. 그러므로

$$M_X(t) = e^{\mu t + \sigma^2 t^2/2} \frac{1}{\sqrt{2\pi\sigma^2}} \int_{-\infty}^{\infty} e^{-(x-(\sigma^2 t+\mu))^2/(2\sigma^2)}\, dx$$

이다. v를

$$v = \frac{x-(\sigma^2 t+\mu)}{\sigma}$$

라 하면

$$\begin{aligned} M_X(t) &= e^{\mu t + \sigma^2 t^2/2} \frac{1}{\sqrt{2\pi}} \int_{-\infty}^{\infty} e^{-v^2/2}\, dv \\ &= e^{\mu t + \sigma^2 t^2/2} \end{aligned}$$

가 된다. X가 $X = Z$로서 표준정규 확률변수인 중요한 경우일 때 $M_X(t) = e^{t^2/2}$이다.

중심극한정리가 적용될 수 없는 경우, 증명없이 서술하는[6] 다음 정리는 확률변수들의 극한 분포를 끌어낼 때 유용하다.

정리 B.5 (적률생성함수 수렴정리(Moment Generating Function Convergence Theorem)). $Z_1, Z_2, \cdots$를 $M_{Z_n}(t)$가 모든 실수 t와 모든 $n \geq 1$에 대해 존재하는 확률변수들이라 하자. 그러면 어떤 확률변수 T가 있어 $M_{Z_n}(t)$가 모든 실수 t에 대해 $M_T(t)$로 수렴하면, $P(Z_n \leq x)$는 모든 실수 x에 대해 $P(T \leq x)$로 수렴한다. 그러므로 적률생성함수가 수렴하면 분포함수는 수렴하고 $Z_n \xrightarrow{d} T$이다.

적률생성함수 수렴정리를 사용하여 유용한 다음 정리를 증명할 수 있다.

정리 B.6 (이항 수렴정리(Binomial Convergence Theorem)). 모든 n에 대해 $S_n = X_1 + X_2 + \cdots + X_n$으로서 확률변수 X_1, X_2, $\cdots$, X_n는 독립이고 $i = 1, 2, \ldots, n$에 대하여 $P(X_i = 1) = p_n$, $P(X_i = 0) = 1 - p_n$라 하자. S_n은 모수가 n과 p_n인 이항분포를 따른다. $Z_n = (S_n - np_n)/\sqrt{np_n(1-p_n)}$이라 하고 n이 ∞로 갈 때 p_n이 $p(0 < p < 1)$로 수렴하면, $Z_n \xrightarrow{d} Z$이다.

[6] 적률생성함수 수렴정리의 증명 중 하나를 [8]에서 찾아볼 수 있다.

증명. 적률생성함수 수렴정리를 사용한다.

여기서 $i = 1, 2, \ldots, n$에 대하여 $P(X_i = 1) = p_n$이고 $P(X_i = 0) = 1 - p_n$이다. 각 n에 대하여 X_i가 n에 의존할 수도 있음에 주의하는 것이 중요하다.

그러면

$$\begin{aligned}
M_{Z_n}(t) &= E(e^{tZ_n}) \\
&= E\left(e^{t(S_n - np_n)/\sqrt{np_n(1-p_n)}}\right) \\
&= E\left(e^{t(X_1+X_2+\cdots+X_n - np_n)/\sqrt{np_n(1-p_n)}}\right) \\
&= E\left(e^{t(X_1 - p_n)/\sqrt{np_n(1-p_n)}}\right) \cdots E\left(e^{t(X_n - p_n)/\sqrt{np_n(1-p_n)}}\right) \\
&= \left(E\left(e^{t(X_1 - p_n)/\sqrt{np_n(1-p_n)}}\right)\right)^n
\end{aligned}$$

로, 여기서 각 $n \geq 1$에 대해 X_i들이 독립이고 동일한 분포(independent and identically distributed)를 따른다.

모든 t에 대해

$$\lim_{n\to\infty} M_{Z_n}(t) = M_Z(t) = e^{t^2/2}$$

임을 보여야 한다.

$e^{t(X_1 - p_n)/\sqrt{np_n(1-p_n)}}$을 $t = 0$ 근방에서 테일러급수(Taylor series)로 전개하면

$$e^{t(X_1 - p_n)/\sqrt{np_n(1-p_n)}} = 1 + \frac{t(X_1 - p_n)}{\sqrt{np_n(1-p_n)}} + \frac{t^2(X_1 - p_n)^2}{2!np_n(1-p_n)} + \cdots$$

가 된다. 이제 $E(X_1 - p_n) = 0$이고 $E(X_1 - p_n)^2 = \sigma^2_{X_1} = p_n(1 - p_n)$이므로, 모든 n에 대하여

$$E\left(1 + \frac{t(X_1 - p_n)}{\sqrt{np_n(1-p_n)}} + \frac{t^2(X_1 - p_n)^2}{2np_n(1-p_n)}\right) = 1 + \frac{t^2}{2n}$$

이다. 그러므로

$$M_{Z_n(t)} = \left(1 + \frac{t^2}{2n}(1 + r_n)\right)^n$$

이고, 여기서

$$r_n = 2\sum_{k=3}^{\infty} \frac{t^{k-2}n^{1-k/2}}{k!} E\left(\left(\frac{X_1 - p_n}{\sqrt{np_n(1-p_n)}}\right)^k\right)$$

이다. 이제,

$$\left|\frac{X_1 - p_n}{\sqrt{np_n(1-p_n)}}\right| = \begin{cases} \sqrt{\frac{1-p_n}{p_n}}, & X_1 = 1\text{일 때}, \\ \sqrt{\frac{p_n}{1-p_n}}, & X_1 = 0\text{일 때} \end{cases}$$

가 된다. 그러므로 충분히 큰 n에 대해

$$\left|\frac{X_1 - p_n}{\sqrt{np_n(1-p_n)}}\right| \leq cM$$

이고, 여기서 c는 1보다 큰 임의의 수이고

$$M = \max\left(\sqrt{\frac{1-p}{p}}, \sqrt{\frac{p}{1-p}}\right)$$

이다. 따라서

$$\begin{aligned}\left|\frac{t^{k-2}n^{1-k/2}}{k!}E\left(\left(\frac{X_1-p_n}{\sqrt{np_n(1-p_n)}}\right)^k\right)\right| &\leq |\frac{t^{k-2}n^{1-k/2}}{k!}(cM)^k \\ &= t^{k-2}n^{1-k/2}\frac{(cM)^k}{k!}\end{aligned}$$

이다.

이것으로부터 n이 무한히 커지면 r_n은 0으로 접근함을 알 수 있다. 그러므로

$$\lim_{n\to\infty} M_{Z_n}(t) = M_Z(t) = e^{t^2/2}$$

가 된다.(279쪽의 문제 B.20을 보라.) 적률생성함수 수렴정리에 의해 이것이

$$Z_n \xrightarrow{d} Z$$

를 증명한다. □

B.5 확률변수의 결합분포

X와 Y가 같은 표본공간 위에 정의된 두 이산확률변수라 하자. 그러면 X와 Y의 **결합분포**(joint distribution)를 다음 결합확률함수 $f(x,y)$에서 결정할 수 있다. X와 Y의 결합확률함수 f는 모든 실수 x와 y에 대하여, $f(x,y) = P(X=x, Y=y)$로 정의한다. 다음 확률변수 X와 Y의 결합확률분포를 생각하자.

$X\backslash Y$	-1	0	1
0	1/12	1/8	1/24
1	1/6	1/4	1/12
2	1/12	1/8	1/24

그래서, 예를 들어, $f(1,0) = P(X=1, Y=0) = 1/4$이고 $f(0,1) = P(X=0, Y=1) = 1/24$이다. X의 확률함수를 다음과 같이 계산할 수 있음을 알 수 있다.

$$P(X=0) = f(0,-1) + f(0,0) + f(0,1) = \frac{1}{4}$$

$$P(X=1) = f(1,-1) + f(1,0) + f(1,1) = \frac{1}{2}$$

또한 유사하게

$$P(X=2)=\frac{1}{4}$$

가 된다. 여기서 $E(X)=1$과 $\sigma_X^2=0.5$도 계산할 수 있다.

이 방법으로 Y의 확률함수, 그래서 모수 $E(Y)$와 σ_Y^2도 계산할 수 있다. 또한 확률변수 XY의 확률함수도 구할 수 있는데, $P(XY=-2)=1/12$, $P(XY=-1)=1/6$, $P(XY=0)=5/8$, $P(XY=1)=1/12$, $P(XY=2)=1/24$이다. 여기서 $E(XY)$와 σ_{XY}^2를 계산할 수 있다. 독자들은 이 계산을 해 보아야 한다.

이 데이터를 그림으로 그리면 그림 B.5가 된다. 그림에서는 X와 Y 사이에 선형관계가 강하게 보이지는 않는다.

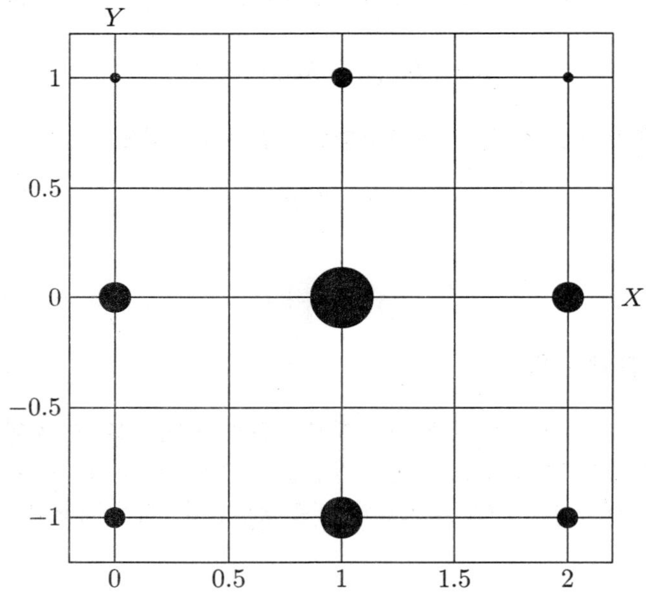

그림 B.5: X와 Y의 결합확률함수

한편 다음 확률변수 S와 T의 결합확률분포를 생각하자.

$S\backslash T$	-1	0	1
0	1/6	1/8	1/24
1	1/12	1/8	1/12
2	1/24	1/12	1/4

이 데이터를 그림으로 그리면 그림 B.6이 된다.

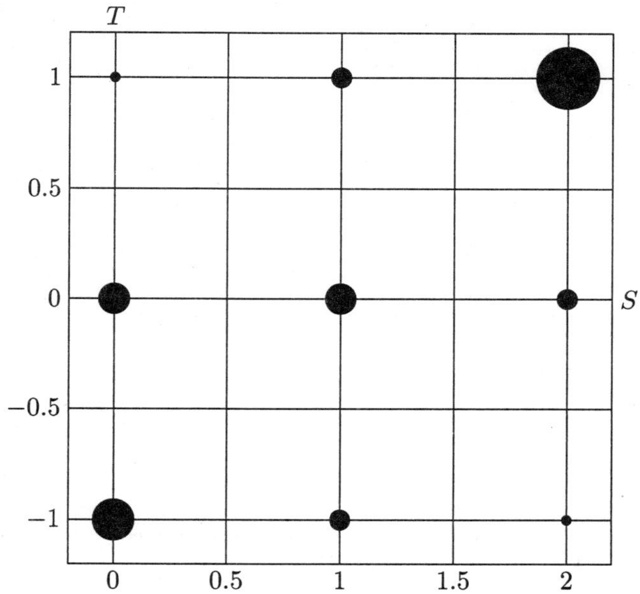

그림 B.6: S와 T의 결합확률함수

이 경우 S와 T 사이에 양의 선형관계가 보인다. 예를 들어 $f(0,-1) = P(S=0, T=-1) = 1/6$이고, 그에 비하면 $f(0,1) = P(S=0, T=1) = 1/24$이다. 또한 $f(2,1) = 1/4$이고 $f(2,-1) = 1/24$이다. 큰 S 값은 큰 T 값과 함께 나타날 가능성이 더 높고, 작은 S 값은 작은 T 값과 함께 나타날 가능성이 더 높다.

선형성 측도(measure of linearity)는 공분산으로 주어지며, 확률변수 X와 Y의 공분산은

$$\sigma_{XY} = E((X - E(X))(Y - E(Y))) = E(XY) - E(X)E(Y)$$

로 정의된다. 이 절 서두에 주어진 확률변수 X와 Y에 대하여 $\sigma_{XY} = 0$인 반면, 확률변수 S와 T에 대해서는 $\sigma_{ST} = 0.3299$이다. 그러나 이 선형성 측도는 측정 단위에 의존한다. 예를 들어 $\sigma_{(2S)T} = 2\sigma_{ST} = 0.6597$임을 쉽게 알 수 있다. 단위가 없는 선형성 측도는 **상관계수**(correlation coefficient)로서, 확률변수 X와 Y에 대해

$$\rho_{XY} = \frac{\sigma_{XY}}{\sqrt{\sigma_X^2 \sigma_Y^2}}$$

로 정의된다. 이 측도를 사용하면 $\rho_{XY} = 0$이고 $\rho_{ST} = 0.4831$이다. 횔더의 부등식(Hölder's Inequality)에 의해 $-1 \leq \rho_{XY} \leq 1$가 된다. $\rho_{XY} = 1$일 필요충분조건은 어떤 $b > 0$에 대해 $Y = a + bX$가 되는 것이고, $\rho_{XY} = -1$일 필요충분조건은 어떤 $d < 0$에 대해 $Y = c + dX$가 되는 것이(문제 B.17을 보라.)

B.6 선형 회귀

가족의 크기와 가족 연소득 사이의 관계에 관하여 수집된 다음 데이터를 생각하자.

가족 내의 아동 수, X	가족 연소득(천달러), Y
1	55
2	47
3	45
4	43
5	40
6	38

이 데이터를 그리면 그림 B.7이 된다.

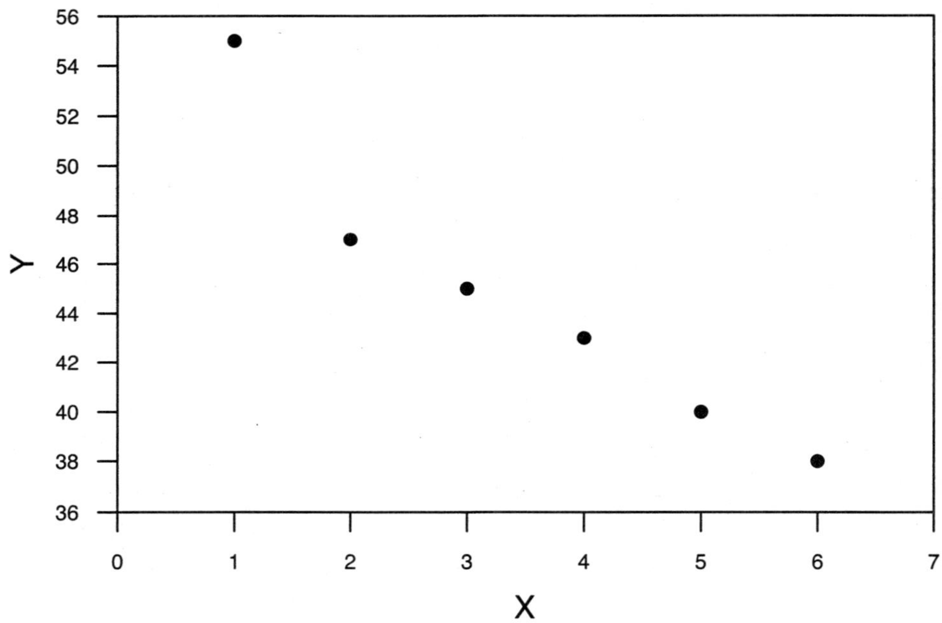

그림 B.7: 가족 연소득 대 가족 내의 아동수

X와 Y 사이의 관계를 서술하는 이 데이터에 직선(**회귀선**(regression line)이라 부른다)을 합치시키려 한다. 이 절의 주제는 어떻게 직선을 "가장 잘" 합치시킬 것인가이다. n개의 순서쌍 $(x_1, y_1), (x_2, y_2), \ldots, (x_n, y_n)$이 있는 일반적인 경우를 생각하자. 데이터에 직선을 합치시키는 한 가지 가능한 기준은 직선 $\hat{y} = a + bx$으로 오차의 절댓값의 합이 최소가 되는 것을 선택하는 것이다. 다시 말하면, $\sum_{i=1}^{n} |y_i - (a + bx_i)|$를 최소로 만드는 직선을 찾는 것이다. 어떤 경우에는 이것이 합리적인 기준이지만 몇 가지 결함이 있다.

예를 들어, 그림 B.8에 나타난 다음 데이터를 보자.

x	y
1	1
2	2
3	2
4	1

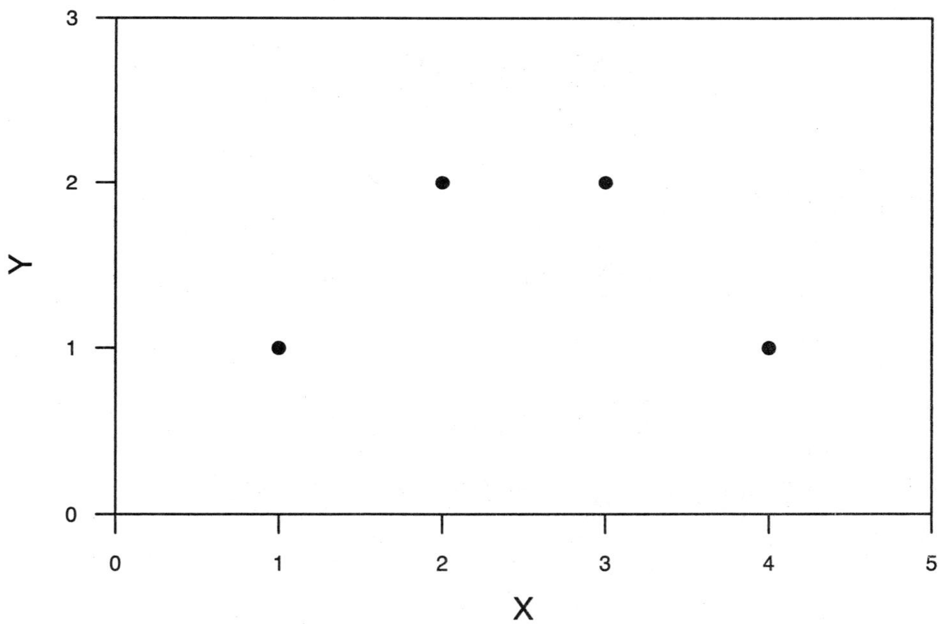

그림 B.8: 데이터

이제 가능한 세 직선 $L1 : y = 1.0(a = 1, b = 0)$, $L2 : y = 1.5(a = 1.5, b = 0)$, $L3 : y = 2.0(a = 2, b = 0)$을 생각하자. 세 직선 모두 오차의 절댓값의 합이 2로 같음을 쉽게 보일 수 있다. 그러므로 현 기준으로는 이 세 직선에서 하나를 구별해 낼 방법은 없다. 일반적으로 오차의 절댓값의 합을 최소화하는 직선이 여러개 있을 수 있다. 또한 이런 식으로 "가장 합치하는" 직선을 찾는 방법은 보통은 통계 분석과 잘 맞지 않는다.

직선을 2변량(bivariate) 데이터 집합에 합치시키는 가장 보편적인 방법은 "최소제곱" 판별법을 사용하는 것이다. 이 판별법에서는 오차의 제곱의 합 $\sum_{i=1}^{n}(y_i - (a + bx_i))^2$을 최소화하는 직선 $\hat{y} = a + bx$을 선택한다. 이 방법을 선호하는 이유는 직선이 유일하게 결정되며 응용 및 이론 통계에 유용하게 적용되기 때문이다. 이제 **최소제곱 회귀선**(least-squares regression line)을 이끌어 내는 a와 b에 대한 방정식을 유도하자.

n개의 점 $(x_1, y_1), (x_2, y_2), \ldots, (x_n, y_n)$이 있다고 하자. 그리고 $\sum_{i=1}^{n}(y_i - (a + bx_i))^2$을 최소화하는 직선 $\hat{y} = a + bx$을 찾아야 한다고 하자. 미적분을 사용하여 a와 b에 관한 방정식을 유도하기로 한다. 먼저 식 $\sum_{i=1}^{n}(y_i - (a + bx_i))^2$을 a에 대해 미분하고 0과 같다고 둔다. 그 다음 (원래의) 식을 b에 대해 미분하고 0과 같다고 둔다. 그러면 a와 b에 관한 두 일차방정식이 생기고, 이를 풀어 원하는 값을 얻을 수 있다.

먼저 a에 대해 미분하여

$$-2\sum_{i=1}^{n}(y_i - (a + bx_i)) = 0$$

가 되므로

$$\sum_{i=1}^{n} y_i = na + b\sum_{i=1}^{n} x_i$$

이다.

다음으로 b에 대해 미분하면

$$-2\sum_{i=1}^{n} x_i(y_i - (a + bx_i)) = 0$$

이므로

$$\sum_{i=1}^{n} x_i y_i = a\sum_{i=1}^{n} x_i + b\sum_{i=1}^{n} x_i^2$$

이다. $\bar{x} = \sum_{i=1}^{n} x_i/n$라 하고 $\bar{y} = \sum_{i=1}^{n} y_i/n$라 하여 a와 b에 대해 풀면

$$a = \bar{y} - b\bar{x}$$

와

$$b = \frac{\sum_{i=1}^{n}(x_i - \bar{x})(y_i - \bar{y})}{\sum_{i=1}^{n}(x_i - \bar{x})^2}$$

가 된다. 최소제곱 회귀선은 $y = a + bx$이다.

뒤로 돌아가서 그림 B.8에 표시된 데이터를 보면 $L2 : y = 1.5$가 최소제곱 회귀선임을 쉽게 알 수 있다. 가족의 크기와 가족 연소득에 대한 최소제곱 회귀선을 계산하는 일은 연습문제로 남긴다. 그 예에서 b는 0보다 큰가, 작은가, 아니면 같은가? 그림 B.7에서 a의 값을 추정해보라.

B.7 확률변수의 모수 추정

X와 Y를 평균이 $E(X)$와 $E(Y)$, 분산이 σ_X^2와 σ_Y^2, 공분산이 σ_{XY}, 상관계수가 ρ_{XY}인 확률변수라 하자. 실제 세계에서는 보통 이러한 모수들을 모르므로 **확률표본**(random sample)에서 추정해야 한다.

예 B.6. 다음 표본은 어느 대학 신입생의 언어 시험 성적과 고등학교 학점 평균으로 구성되었다. 이 표본을 이용하여 모수 $E(X)$, $E(Y)$, σ_X^2, σ_Y^2, σ_{XY}, ρ_{XY} 를 추정하라.

언어 시험 성적, X	고등학교 학점 평균, Y
35	2.73
50	2.93
62	3.25
58	3.30
75	3.49

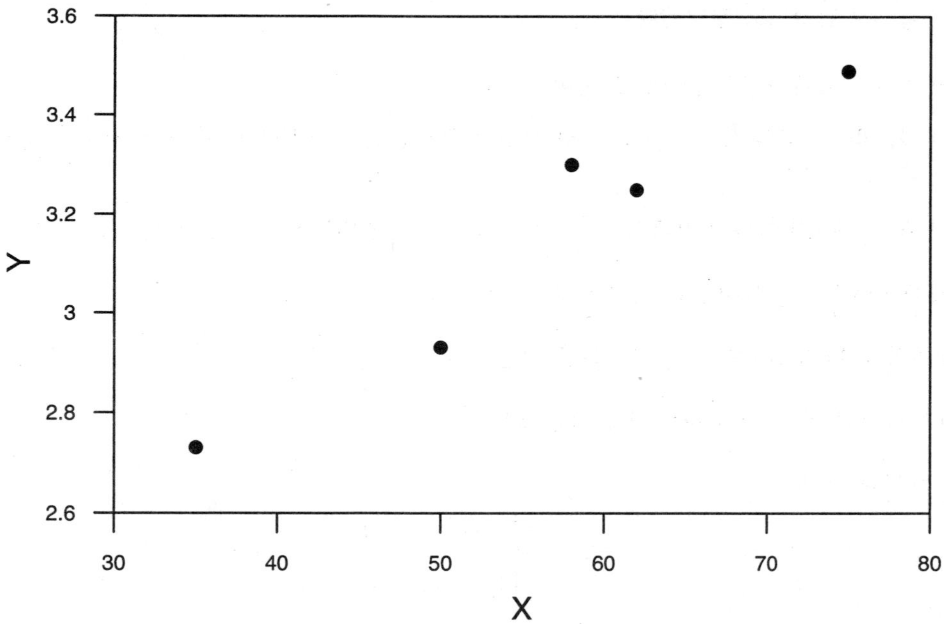

풀이. 일반적으로 모든 순서쌍 (X, Y) 으로 이루어진 모집단에서 추출한 **이항 확률표본**(bivariate random sample) $(x_1, y_1), (x_2, y_2), \ldots, (x_n, y_n)$ 이 있다고 하자.

1. $E(X)$ 의 추정값은 $\bar{x} = \sum_{i=1}^{n} x_i/n$, **표본평균**(sample mean)이다. 이 예에서, $\bar{x} = 56$ 으로 $x_1, x_2, \ldots, x_5$ 의 **산술평균**(arithmetic average)이다. $E(Y)$ 의 추정값은 $\bar{y} = 3.14$ 이다.

2. σ_X^2 의 추정값은 $s_X^2 = \sum_{i=1}^{n}(x_i - \bar{x})^2/(n-1)$, **표본분산**(sample variance)이다. 이 예에서, σ_X^2 의 추정값은 $s_X^2 = 219.50$ 이고, σ_Y^2 의 추정값은 $s_Y^2 = 0.0931$ 이다.

3. σ_{XY}의 추정값은 $s_{XY} = \sum_{i=1}^{n}(x_i - \bar{x})(y_i - \bar{y})/(n-1)$이다. 이 예에서, σ_{XY}의 추정값은 $s_{XY} = 4.375$이다.

4. ρ_{XY}의 추정값은 $r_{XY} = s_{XY}/\sqrt{s_X^2 s_Y^2}$, 표본상관계수이다. 이 예에서, ρ_{XY}의 추정값은 $r_{XY} = 0.9678$이다. **추정량**(estimator) r은 **모상관계수**(population correlation) ρ와 같은 제약식을 만족한다. 즉 $-1 \le r \le 1$이다. $r_{XY} = 0.9678$가 1에 아주 가까워서 X와 Y 사이에 강한 선형 관계가 있음을 보여준다. 그림에서 이 사실을 명확하게 볼 수 있다.

△

B.8 연습문제

B.1. X가 확률변수이고 $(X \subset A)$가 사건일 때, 지시변수(indicator variable) $1_{(X \subset A)}$는 $X \subset A$이면 1, $X \not\subseteq A$이면 0으로 정의된다.

(a) $E(1_{(X \subset A)}) = P(X, A)$임을 보여라.

(b) $A_1, A_2, \ldots, A_n$가 서로소(disjoint)이면 $E(1_{(X \subset A_1)}) + E(1_{(X \subset A_2)}) + \cdots + E(1_{(X \subset A_n)})$은 무엇인가?

(c) X_1과 X_2가 독립인 확률변수이고 x_1과 x_2가 실수이면 $E(1_{(X_1 < x_1)} 1_{(X_2 < x_2)})$는 무엇인가?

B.2. 이항확률변수의 분산이 $np(1-p)$이 됨을 검증하라.

B.3. 260쪽의 $f(k)$와 261쪽의 $g(k)$의 값을 검증하라.

B.4. 261쪽에서 $d_1 = d_2 = 0.9513$임을 검증하라.

B.5. $\lambda > 0$이라 하고

$$f(x) = \begin{cases} c\frac{\lambda^x}{x!}, & x = 0, 1, \ldots \\ 0, & \text{그 외} \end{cases}$$

라 하자.

(a) 어떤 상수 c에 대해 $f(x)$가 확률함수가 되는가?

(b) $E(X)$는 몇인가?

(c) σ^2는 몇인가?

B.6. X를 임의의 확률변수라 하고 X의 적률생성함수를 $M_X(t)$라 하자. $M_X(0)$의 값은 몇인가?

B.7. 273쪽의 σ_{XY}와 σ_{ST}의 계산을 검증하라.

B.8. $\sum_{i=1}^{n}(x_i - \bar{x}) = 0$임을 증명하라.

B.9. $\sum_{i=1}^{n}(x_i-\bar{x})^2=\sum_{i=1}^{n}x_i^2-(\sum_{i=1}^{n}x_i)^2/n$ 임을 증명하라.

B.10. 1980년부터 2005까지의 DJIA와 NASDAQ 지수들 사이의 상관계수를 계산하라.

B.11. 최소제곱 회귀선에 대한 계수 a와 b를 유도할 때, $\sum_{i=1}^{n}(y_i-(a+bx_i))^2$를 a와 b에 대하여 미분하고 미분을 0으로 두고 직선에 대한 절편과 기울기를 구하였다. 이것이 이 값들이 제곱한 오차의 합을 최소화한다고 보장하기에 충분한가? 아니라면 증명을 완결하라.

B.12. $(x_1,y_1),(x_2,y_2),\ldots,(x_n,y_n)$이 주어졌다고 하고, $\sum_{i=1}^{n}\left(y_i-\left(c+dx_i+ex_i^2\right)\right)^2$를 최소로 하려 한다고 하자. 즉 2차함수 $\hat{y}=c+dx+ex^2$로서 제곱한 오차의 합을 최소화하는 함수를 찾으려 한다. 미적분을 이용하여 상수 c,d,e의 적절한 값을 유도하라.

B.13. 277쪽의 표본 통계의 값들을 검증하라.

B.14. X를 밀도함수가

$$\frac{1}{\sqrt{2\pi\sigma^2}}e^{-(x-\mu)^2/(2\sigma^2)}$$

인 정규분포라 하자. $\sigma^2=E\left((X-\mu)^2\right)$임을 보여라. [힌트: 부분적분을 사용하라.]

B.15. X를 $Y=\ln X$가 평균이 μ이고 분산이 σ^2인 정규 분포가 되는 로그정규분포라 하자. X의 밀도함수를 유도하라.

B.16. 코시–슈바르츠 부등식을 사용하여 $\sum_{i=1}^{n}x_i^2\geq\left(\sum_{i=1}^{n}x_i\right)^2/n$ 임을 증명하라.

B.17. 횔더 부등식(Hölder Inequality)를 이용하여 $-1\leq r_{XY}\leq 1$임을 증명하라.

B.18. 1980년부터 2005까지의 DJIA 데이터에 대한 표본 평균과 표본 분산을 계산하라.

B.19. 임의의 실수 x에 대하여, $[x]^+$를

$$[x]^+=\begin{cases}x, & x>0\text{일 때},\\ 0, & x\leq 0\text{일 때}\end{cases}$$

로 정의하자.

(a) 언제 $[ax]^+=ax$인가?

(b) $[x]^++[y]^+=[x+y]^+$인가? 이를 증명하거나 반례를 들어라. 거짓이라면, 어떤 조건 아래서 참이 되는가?

B.20. $n\geq 1$에 대해 $r(n)$을 n의 함수로서 n이 무한히 커짐에 따라 0으로 수렴한다고 하자. 임의의 x에 대하여 $(1+(x+r(n))/n)^n$이 n이 무한히 커짐에 따라 e^x으로 수렴함을 보여라. [힌트: 임의의 y에 대하여 $(1+(y/n))^n$이 e^y로 수렴한다는 사실을 이용하라.]

문제 해답

1.1 0.075 = 7.5%

1.2 0.075 = 7.5%; 같다.

1.3 \$3.29

1.4 90일 이전에 인출할 때

1.5 212일

1.6 210일

1.9 1998년 10월 4일과 1998년 10월 31일

1.10 아니오

2.2 0.0678 = 6.78%; 단리

2.3 \$28.84

2.4 0.099 = 9.9%; 0.1041 = 10.41%

2.5 5.893년; 0.071225 = 7.1%

2.6 0.1487 = 14.87%

2.7 \$6727.50

2.8 IRR = 0

2.9 0.1487, 0.1583, 0.1161

2.10 11.798 = 1179.8%

2.11 \$315, 241.71

2.12 같다

2.13 0.0772 = 7.72%

2.14 위로 오목

2.16 7%, 8%, 9%, 반올림 후

2.17 8, 9, 10, 11년

2.18 0.0639 = 6.39%

2.19 \$3,980.11

2.20 $x = -1.32, 1, 1.034$

2.21

(a) 0.06015
(b) 0.0609
(c) 0.0618

2.22

(a) \$593.51
(b) \$660.76
(c) \$463.51
(d) \$537.71

2.23

(a) 0.0497
(b) 0.05016
(c) 0.05017
(d) 0.0503

2.24

(a) 0.0719
(b) 0.071
(c) 0.0714

(a)가 가장 높다

2.25 $0.1712 = 17.12\%$

2.43 아니오

2.45 $n = 1,\ C(0) = -1,\ C(1) = -1$

2.49 $0.0785 = 7.85\%$

3.2 1921, 1922, 1927, 1928, 1930, 1931, 1932, 1933, 1938, 1939, 1949, 1955

3.3 0.03512, 0.027137, 0.02550

3.4 아니오; -0.009

3.5 \$253.98

3.6 $0.0670 = 6.7\%$

3.12 $(i_{\text{eff}}(1-t) - i_{\text{inf}})/(1 + i_{\text{inf}})$

3.14 $f(x) = \begin{cases} x, & x \leq 1, \\ 2 - x, & x > 1 \end{cases}$

4.3 월복리라면 참

4.4 \$14,285.71

4.5 \$25,750.00

4.6 \$7,506.13

4.7 \$9,675.71

4.8 \$9,748.28

4.9 \$1,450.53

4.10 \$1,313.04

4.11 \$245.92

4.12 \$10,222.58

4.13 $0.0814 = 8.14\%$

4.14 $0.104 = 10.4\%$

4.15 \$5,841.18

4.16 \$5,408.78

4.17 \$334.25

4.24 참

5.3 (a) \$16,377.98

5.6 그렇다; 그렇다

5.7 (a) $0.05 = 5\%$

6.6 $0.025 = 2.5\%$

6.7 아니오

6.8 \$394.91, 정확하다

6.9 13.22, 12.68, 12.15, 11.62, 11.08 132.16, 126.83, 121.50, 116.16, 110.83 145.38, 139.51, 133.64, 127.78, 121.91

$0.10 = 10\%$

11, 12, 13년에 대한 추정치는 너무 크다.

6.11 아니다, 절반 이전에 상환이 끝난다

6.14 \$132.16, \$118.71, \$90.88, \$73.90, \$264.31, \$237.41, \$181.75, \$147.80

7.2 226개월 (18 년 10개월), \$4,786.66; 58개월 (4년10개월), \$3,141.25

7.5 아니오, 6

7.6 그렇다

7.7 그렇다

7.11 더 적은 이자 총액을 지불한다

7.12 증가한다

7.14 그렇다

7.15 자리수가 9가 아니면 그렇다

8.9 휴즈: 채권 1: 0.0506, 채권 2: 0.1025, 포트폴리오: 0.0764

톰: 채권 3: 0.0404, 채권 4: 0.09203, 포트폴리오: 0.0816.

8.10 \$3,000.00

8.11 $0.0975 = 9.75\%$

8.12

(a) \$12,940.07
(b) $0.08 = 8\%$

8.13 웬디: 9.313년, 9.042년 아만다: 7.286년, 7.074년

8.14 8.360년, 8.117년

8.22

(a) 2
(b) $2/y^2$
(c) $2/(1+4y^2)^{3/2}$

아니오; (a); 아니오

8.23

(a) e^y
(b) 1
(c) $e^y/(1+e^2y)^{3/2}$

아니오; (b); 아니오

8.24

(a) $-1/(1-y^2)^{3/2}$
(b) $-1/(1-y^2)^2$
(c) -1

예; (c); 예

9.1 AT&T: T \$26.03 International Paper: IP \$34.00 Verizon: VZ \$33.48

9.2 (a) March 13, 1986년 3월 13일

9.3 휴즈

9.5 주당 \$20 미만

9.6 주당 \$34.62

9.9 이익: 톰 \$3300,

웬디 \$2533.33

주당 이익이 웬디가 더 크다. 전체 이익이 톰이 더 크다.

9.10 27.273주

10.1

(a) 31.67, 33.67, 34.67, 36.00, 34.67
(b) 10, 13.66, 14.05, 16.22, 15.51
(c) DJIA: 산술 0.02357, 기하 0.02289; S&P 500: 산술 0.1263, 기하 0.1159

10.2

(a) $-0.005, 0.046, 0.02, 0.06$
(b) 산술 0.01; 기하 -0.00134;

산술–기하평균 부등식

10.3 0.1409

10.4 0.3460

10.5 101.3203

10.6 증가한다

10.8 두 배가 된다

10.10 200: 상대 가격 곱: 16

50: 상대 가격 곱: 1/16

10.12 DJIA: 1011.79%, S&P 500: 819.48%, NASDAQ: 989.91%

10.13 $S(t) = 2^t + 1, D_t = 1, k = 1$

11.11 \$4.08

11.12 아니오. 콜옵션을 \$8에 구입, 액면가 \$100인 무이표채권을 $e^{-0.05}100 = \$95.12$에 구입, 주식을 \$105에 공매도, 풋옵션을 \$2에 공매도. 이익 \$3.88

11.14 $S(t_0) + P = C + (X+D)e^{-i^{(\infty)}T}$

11.16 $\Delta^* = -2/3, B = 200/3$

11.20 96.8096

11.22

(a) 206.076
(b) 212.336
(c) 0.0599
(d) 0.0617
(e) 0.06076

11.23

(a) $(u + 1/u)S(t_0)/2$
(b) $S(t_0)$

11.24

(a) $(pu)^n S(t_0)$
(b) $0, S(t_0), \infty$
(c) $pu < 1$

11.26 15, 1.32, 0, 0, 11.46, 0.46, 0, 6.048, 0.281, 1.896

11.28 어떤 $p > 1$이다.

11.42 13.59

11.43 11.68

11.44 12.36

11.45 7.46

11.46 13.95

A.7 아니오; $f(41) = 41{\cdot}43$

B.1

(a)
(b) $P[X \subset A_1] + \cdots + P[X \subset A_n]$
(c) $P[X_1 < x_1]P[X_2 < x_2]$

B.5

(a) $c = e^{-\lambda}$
(b) λ
(c) λ

B.6 1

B.10 0.9371

B.18 평균 $= 5138.804$,

분산 $= 14862318.404$

B.19

(a) $ax \geq 0$
(b) 반례: $x = 1, y = -1$.

$x \geq 0$이고 $y \geq 0$일 때 또는 $x \leq 0$이고 $y \leq 0$일 때 참이다.

참고문헌

1. Abramowitz, M., Stegun, I.A.: *Handbook of Mathematical Functions with Formulas, Graphs and Mathematical Functions*, Dover, New York (1972)
2. Bachelier, L.: *Théorie de la Spéculation. Annales Scientifiques de l'École Normale Supérieure*, **17**, 21–86 (1900)
3. Black, F., Scholes, M.S.: The Pricing of Options and Corporate Liabilities. *Journal of Political Economy*, **81**, 637—654 (1973)
4. Bodie, Z., Kane A., Marcus, A.J.: *Investments*, 6th Edition. McGraw-Hill/Irwin, Boston (2005)
5. Chriss, N.A.: *Black-Scholes and Beyond: Option Pricing Models*. McGraw-Hill, New York (1997)
6. Cootner, P.: *The Random Character of Stock Market Prices*. M.I.T. Press, Cambridge, Mass (1964)
7. Cox, J.C., Ross, S.A., Rubinstein, M.: Option Pricing: A Simplified Approach.*Journal of Financial Economics*, **7**, 229–263 (1979)
8. Curtiss, J.H.: A Note on the Theory of Moment Generating Functions, Ann. Math. Stat., **13**, 430–433 (1942)
9. de Heer, R.: *The Realty Bluebook Financial Tables*. Dearborn Financial Publishing, Inc., Chicago (1995)
10. Eisenson, M.: *The Banker's Secret*. Villard Books, New York (1990)
11. Fabozzi, F.J., Mann S.V.: *The Handbook of Fixed Income Securities*, 7th Edition. McGraw-Hill, New York (2005)
12. Guillermo, G., Kou, S., Phillips, R.: Revenue Management of Callable Products, Preprint. (2004)
13. Hogg, R.V., McKean, J.W., Craig, A.T.: *Introduction to Mathematical Statistics*, 6th Edition. Prentice Hall, Upper Saddle River, New Jersey (2005)
14. Hull, J.C.: *Options, Futures and Other Derivatives*, 6th Edition. Prentice Hall, Upper Saddle River, New Jersey (2006)
15. James, J., Webber, N.: *Interest Rate Modelling*. John Wiley and Sons, New York (2000)

16. Kellison, S.G.: *The Theory of Interest*, 2nd Edition. McGraw-Hill/Irwin, Homewood, Illinois (1991)

17. Lindeberg, J.W.: Eine neue Herleitung des Exponentialgesetzes in der Wahrscheinlichkeitsrechnung, Math. Z., **15**, 211—225 (1922)

18. Luenberger, D.G.: *Investment Science.* Oxford University Press, New York (1997)

19. Merton, R.C.: Theory of Rational Option Pricing, *Bell Journal of Economic and Management Science*, **4**, 141–183 (Spring 1973)

20. Mood, A.M., Graybill, F.A., Boes, D.C.: *Introduction to the Theory of Statistics*, 3rd Edition. McGraw-Hill, New York (1973)

21. Ostrom, D.: Japanese Interest Rates Enter Negative Territory. *Japanese Economics Institute Weekly Review*, **43**, 4—5 (1998)

22. Rodriguez, R.J.: Bond Duration, Maturity, And Concavity: A Closer Second Look. To be presented at the FMA Annual Meeting, Salt Lake City, Utah, in October 2006, as reported on the web page http://www.fma.org/SLC/Papers/DurationConcavity0106FMA.pdf.

23. Ross, S.M.: *An Elementary Introduction to Mathematical Finance: Option and Other Topics*, 2nd Edition. Cambridge University Press, New York (2002)

24. Thorp, E.O., Kassouf, S.M.: *Beat the Market, A Scientific Stock Market System.* Random House, New York (1967)

찾아보기

수리금융의 이해

지은이 데이비드 러브락·메리루 멘델·A. 레리 라이트
옮긴이 박기현
펴낸이 조경희
펴낸곳 경문사
펴낸날 2015년 3월 5일 1판 1쇄
2016년 9월 1일 1판 2쇄
등 록 1979년 11월 9일 제313-1979-23호
주 소 04057, 서울특별시 마포구 와우산로 174
전 화 (02)332-2004 팩스 (02)336-5193
이메일 kyungmoon@kyungmoon.com
facebook facebook.com/kyungmoonsa

값 14,000원

ISBN 978-89-6105-893-3